铁路货车段修基本工艺

陈　雷　黄　毅　编著

杨绍清　主审

中　国　铁　道　出　版　社

2012年·北　京

内 容 简 介

本书按照《铁路货车段修规程》所规定的段修工作内容和标准，制定了通用货车段修基本工作过程，并依据工作过程对货车各部检修工艺流程、工装设备、检测器具、材料、工序、技术要求、质量检查等内容提出了基本工艺要求，是货车段修工作和专业管理的重要指导，是段修作业指导书编制基础内容之一。

本书可作为铁路货车检修管理部门编制货车段修工艺规程的基础资料以及检修系统干部、职工的学习资料，亦可作为《铁路货车段修规程》的配套工具书籍。

图书在版编目(CIP)数据

铁路货车段修基本工艺/陈雷，黄毅编著．—北京：中国铁道出版社，2009.1(2012.2 重印)
ISBN 978-7-113-09610-6

Ⅰ．铁…　Ⅱ．①陈…②黄…　Ⅲ．铁路车辆：货车—段修—生产工艺　Ⅳ．U279.3

中国版本图书馆 CIP 数据核字(2009)第 006478 号

书　　名：铁路货车段修基本工艺

作　　者：陈　雷　黄　毅　编著
　　　　　杨绍清　主审

责任编辑：韦和春　　电话：(021)73139　　电子信箱：tdpress@126.com
封面设计：薛小卉
责任校对：孙　玫
责任印制：郭向伟

出版发行：中国铁道出版社(100054，北京市宣武区右安门西街 8 号)
网　　址：http://www.tdpress.com
印　　刷：北京鑫正大印刷有限公司
版　　次：2009 年 1 月第 1 版　2012 年 2 月第 2 次印刷
开　　本：787 mm×1092 mm　1/16　印张：23.25　字数：576 千
印　　数：4001～6000 册
书　　号：ISBN 978-7-113-09610-6
定　　价：54.00 元(含光盘)

编 委 会

前　言

随着铁路货车新车型、新技术、新工艺、新材料广泛应用，铁路货车提速重载能力显著提高，实现了技术升级换代，货车整车、配件技术均发生了重大变化；铁路运输组织形式不断优化，运输效率加速增长，对铁路货车运行及使用状态提出了更高的要求。为确保铁路货车运行安全，保证检修质量，满足新技术条件、新管理体制下段修生产和质量控制需要，给铁路局直管站段体制下车辆管理部门提供专业管理的技术基础资料，铁道部运输局装备部组织编制了《铁路货车段修基本工艺》一书，供全路货车管理部门和段修单位使用。

《铁路货车段修基本工艺》以《铁路货车段修规程》以及《铁路货车段修检测技术》为依据，在铁道部颁发的有关文件、电报要求的基础上，根据既有铁路货车段修工艺编写。本书突出了新车型、新技术的段修技术特点以及对工艺的要求，明确了铁路通用货车段修基础工艺，对段修工艺提出了系统标准和要求，是货车段修工作和专业管理的重要指导，是段修作业指导书编制基础内容之一，可以作为铁路货车检修管理部门编制货车段修工艺规程的基础资料以及检修系统干部、职工的学习资料，亦可作为《铁路货车段修规程》的配套工具书籍。

本书按照《铁路货车段修规程》所规定的段修工作内容和标准，制定了通用货车段修基本工作过程，并依据工作过程对货车各部检修工艺流程、工装设备、检测器具、材料、工序、技术要求、质量检查等内容提出了基本工艺要求，文字简洁，结构合理，图文并茂，便于理解和掌握，能有效地指导货车段修工作。

本书从专业管理和生产组织角度出发，按照“依据严谨、利于管理、便于生产、覆盖面广、规范性好、适应性强”的要求编制，严格执行铁道部颁布规章、标准的有效版本，兼顾段修生产实际，内容覆盖了现有主要车型段修全过程，提供了便于学习掌握的图示，本书内容采取模块化编制，适应性强，便于今后随着技术要求的发展而扩展、修订。

本书内容如有与铁道部颁布标准、要求不一致的，以铁道部颁布标准、要求为准。各铁路局在制定本局货车段修工艺规程时，可以根据本局工作实际，在本书基础上增加内容要求、变更相关工作过程，但不能减少、简化本书所要求的段修基本过程和基本内容。随着铁路货车检修技术发展，检修工艺也应随之相应发展。

本书由杨绍清主审，陈雷、黄毅编著，何立文、徐英龙、李锦慧、翟永熙、徐占山、董杰、郭乃哲、章薇、姚艳玲、余明贵、王春山、刘吉远、赵长波、周磊、孙泉、刘常宝、王东、孙蕾、白正方、高玉志、姜岩、邵文东、张曙光、王文泳、马力、张万翔、周琦、詹怡彬、陈余辉、马琦龙参加了本书的编写工作。在编写过程中，得到了齐齐哈尔轨道交通装备有限责任公司、南车长江车辆有限公司、南车二七车辆有限公司、抚顺官铁设备量具研制有限公司、沈阳铁路局、北京铁路局、太原铁路局等单位在技术、资料、人员、会务等方面的大力支持，在此对上述人员及单位表示感谢。

本书涉及面广，内容多，技术复杂，由于编者水平有限，难免存在不足之处，恳请广大读者批评指正，以促进铁路货车段修工艺的进一步完善、发展。

编　者

2008 年 12 月

目　录

一、车　体

二、车钩缓冲装置

三、转向架

四、现车制动装置

五、制 动 梁

六、空气制动装置

七、车号自动识别标签

八、油漆与标记

九、车辆落成及检查

十、综合部分

一、车　　体

底架各梁及盖板检修		HG101-2008

一、适用范围：通用货车底架各梁及盖板检修。

二、工艺流程：预检→焊修→质量检查。

三、工装设备：氧-乙炔割炬、电焊设备、烘干箱、保温筒。

四、检测器具：钢直尺、钢卷尺。

五、所需材料：氧气、乙炔、电焊条（J422、J506、J502 及国标、铁标规定的相同性能的其他牌号焊条）。

六、工序及技术要求：

工　　序	技　术　要　求
1. 预检	车辆架修前须有专职的检查人员对底架各梁及盖板进行预检，对检查发现的故障确定施修方案，并按《车辆及零部件检修、交验标识》HG1001-2008 的要求标注标识，同时记录在《货车检修记录单》（车统—22B）中。
2. 焊条使用	1. 车体钢结构为耐候钢材质时，须使用耐候钢材质钢板挖补、截换、补强，并使用 J502 或 J506 焊条焊修。 2. 普碳钢与耐候钢焊接时可使用普碳钢焊条。 3. 车体钢结构为普碳钢材质时，使用普碳钢 Q235A（A3）钢板补强。 4. 高强度耐候钢手工焊选用 J556CrNiCu 焊条；气体保护焊选用 TH550-NQ-Ⅱ焊丝；埋弧焊选用 TH550-NQ-Ⅲ焊丝，配合焊剂 SJ101。
3. 中梁、牵引梁补强、焊修	1. 下翼板横裂纹、上翼板横裂纹超过单侧翼板宽的 50%时，补角形补强板。 2. 腹板横裂纹，裂纹端部距上、下翼板的距离不足 50 mm（长大货物车不大于 100 mm），或裂纹长度超过腹板高的 20%时，补角形补强板。 3. 上翼板横裂纹未超过单侧翼板宽的 50%，腹板横裂纹端部距上、下翼板的距离超过 50 mm（长大货物车不大于 100 mm），或裂纹长度不足腹板高的 20%时补平形补强板。 4. 纵裂纹时焊修。 5. 中梁下翼板、腹板腐蚀深度超过 50%时堆焊或补平行补强板。 6. 牵引梁内侧局部磨耗深度大于 3 mm 时堆焊或挖补。牵引梁腹板内侧面的磨耗深度在同一横断面大于梁厚的 50 %，高度大于梁高的 50%时，堆焊或挖补。同一侧前后从板座处均磨耗超限需补强时，须连接两从板座，补通长补强板。

续上表

工　　序	技　术　要　求
3. 中梁、牵引梁补强、焊修	7. 中梁下翼板、腹板、下盖板麻点腐蚀直径大于 ϕ20 mm，且深度大于原板厚度的 50%，或直径小于 ϕ20 mm 且穿孔时堆焊或补强。
4. 侧梁、端梁、枕梁、横梁补强、焊修	1. 翼板横裂纹长度未超过翼板宽的 50%时焊修。 2. 翼板横裂纹长度超过翼板宽的 50%但未延及腹板时，补平形补强板，延及时补角形补强板。 3. 侧梁、端梁、枕梁、横梁、斜撑梁纵裂纹时焊修。 4. 枕梁、横梁与中梁（包括牵引梁）、侧梁连接处焊缝开焊时，须割除原焊波重焊，焊波高于基准面 2 mm。 5. 侧梁下翼板、腹板麻点腐蚀直径大于 ϕ20 mm，且深度大于原板厚度的 50%，或直径小于 ϕ20 mm 且穿孔时堆焊或补强。 6. 各梁上下盖板裂纹时焊修、截换或补强；中梁下盖板横裂纹（包括对接焊缝开焊）时须补强。燕尾形盖板根部裂纹时，焊装马蹄形补强板；尾部裂纹时，两侧对称焊装平行补强板，见图 101-1。 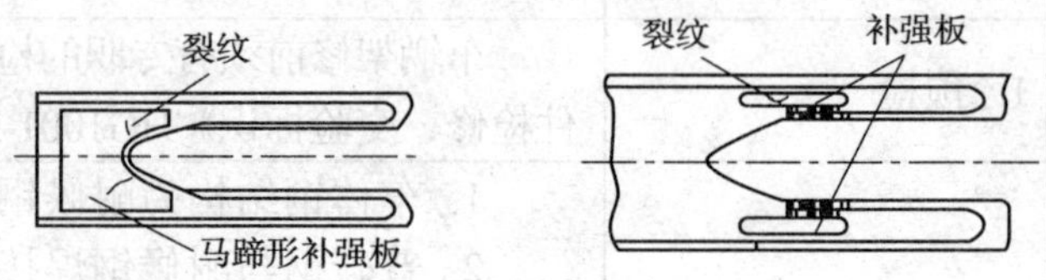 图 101-1　燕尾形盖板裂纹补强示意 7. 上下心盘座隔板裂纹时焊修，见图 101-2，上下心盘座两隔板焊缝开焊或裂纹延及中梁时，腹板横裂纹长度小于 30 mm 时焊修；焊缝开焊时须清除原焊缝，补焊成 8 mm×8 mm 的焊角。上下翼板横裂纹长度不大于翼板宽的 50%时焊修，焊波须高于基准面 2 mm。 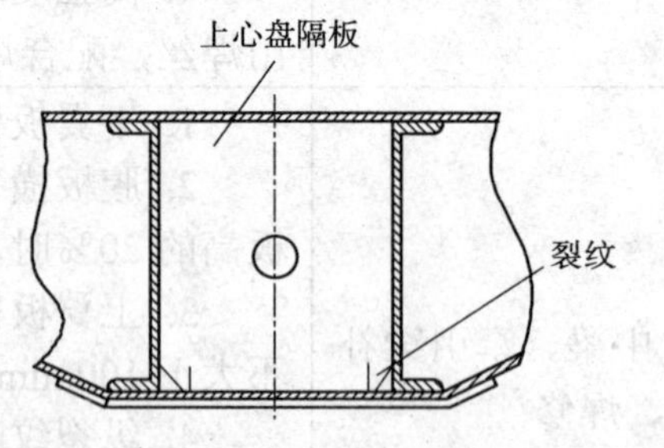 图 101-2　上心盘座隔板裂纹焊修示意 8. X_{6B} 型集装箱平车心盘座前加强盖板为搭接者，裂纹或焊缝开裂时更换，更换时须符合图样 ECH33A-01-05-103。 9. 中梁下盖板腐蚀深度大于 50%时补强。其他各梁盖板腐蚀严重时，补强、挖补或更换。 10. 现车原有的补强板及接口位置，虽不符合上述规定，但经鉴定状态良好能确保安全时，可不处理。

续上表

工 序	技 术 要 求
5. 调修、开坡口、钻孔、裂纹焊修及焊后加工	1. 中、侧梁补角形补强板时，须在加修部位支镐，将加修部位调至水平线以上，在没有自重弯曲应力条件下补强。 2. 在裂纹末端钻 ϕ8～ϕ10 mm 的止裂孔(止裂孔不焊堵)。 3. 沿裂纹处铲 60°～70° 的 V 形坡口。 4. 焊缝施焊按《车辆配件焊修》HG1005-2008、《高强度耐候钢焊接》HG1008-2008 要求执行，不得将止裂孔焊堵。 5. 不须补强的焊缝须有 2～3 mm 的增强焊波；须补强的焊缝须打磨平整。 6. 中、侧、枕、横梁连接处焊波裂纹、开焊时，割除原焊波重焊，并加焊 2～3 mm 的增强焊波。
6. 补强板下料	1. 根据裂纹部位，腐蚀大小和具体情况下料，补强板长度大于 500 mm，高度大于 200 mm 时，须钻塞焊孔，孔距、孔与边缘距离均为 100～500 mm，孔径为 ϕ20～ϕ25 mm。 2. 补强板形状：根据检查鉴定情况确定补角形或平形补强板。 3. 角形补强板上部为抹角梯形，下部煨边；平形补强板为长方形，抹去四角。 4. 补强板尺寸： （1）翼板补强板（平形）： 厚度：与翼板相同；宽度：与翼板同宽，但应留有焊接余量；长度：须盖过裂纹每侧 300 mm 以上或盖过腐蚀部位边缘各 50 mm。 （2）腹板补强板（平形、角形）： 厚度：焊结构者，大于原梁腹板厚度 90%。高度：焊结构者，大于腹板高度的 50%，且须盖过腹板裂纹端部或腐蚀边缘 50 mm 以上；铆结构者，高度与腹板相同。长度：焊结构者，大于梁高的 1.5 倍。 （3）上、下盖板补强： 厚度：各梁上下盖板补强板厚度不小于原盖板厚度。宽度：与原盖板相同。长度：焊结构者，须盖过裂纹每侧 300 mm 及以上。 （4）燕尾形盖板尾部的补强板长度须盖过裂纹每侧 200 mm 及以上；枕梁或跨过中梁的横梁下盖板横裂纹位于中梁下方或两侧各 100 mm 以内时，须焊装元宝形补强板，长度盖过中梁两侧 200 mm 及以上，见图 101-3。

续上表

工　　序	技　　术　　要　　求
6. 补强板下料	厚度：焊结构者，大于原梁腹板厚度90%。 高度：焊结构者，大于腹板高度的50%，且须盖过腹板裂纹端部或腐蚀边缘50 mm以上。 长度：焊结构者，大于梁高的1.5倍。 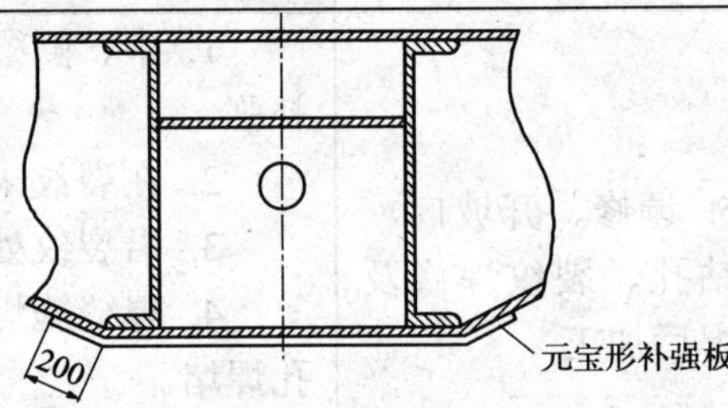 图 101-3　枕梁或跨过中梁的横梁下盖板补强示意
7. 补强板焊接	1. 基本技术要求： （1）补强板与梁的结合面须清除锈垢后涂防锈底漆，待底漆干燥后使用。 （2）补强板与梁须对正、密贴，点焊后塞焊。 （3）补强板周围焊缝采用逆向分段法施焊，见图101-4。 （4）补强板焊接时须按《车辆配件焊修》HG1005-2008要求进行施焊。 2. 特殊要求： （1）中梁上的补强板距主管孔、杠杆孔、枕梁、横梁腹板小于50 mm时，须延伸过上述孔或腹板外侧50 mm以上，其补强板高度为腹板高度的80%以上，见图101-5。 （2）两根中梁(牵引梁除外)的相对补强板两端均须错开150 mm及以上，见图101-6。 （3）同一根中梁相邻两补强板内端部距离须不小于300 mm，同一根侧梁相邻两补强板内端部距离须不小于100 mm。 （4）侧梁横裂纹、腐蚀距枕梁、横梁腹板大于100 mm时，补强板可不穿过枕梁、横梁，可与枕梁、横梁相接；不大于100 mm时，补强板须穿过枕梁、横梁，并与枕梁、横梁用角钢连接，见图101-7。 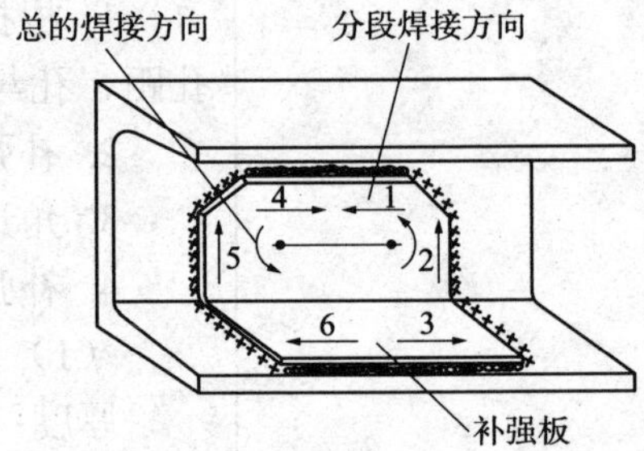 图 101-4　逆向分段法施焊示意 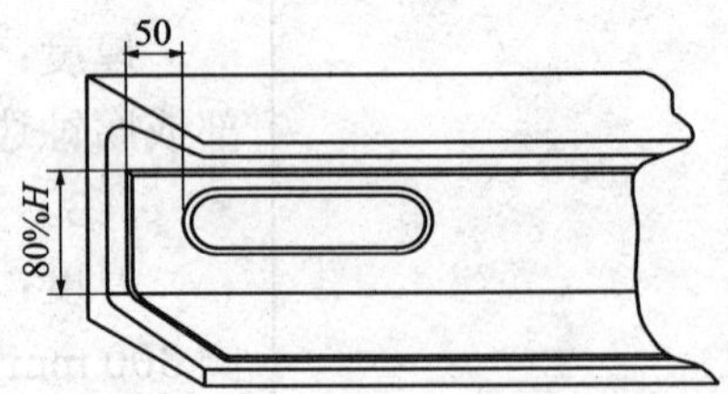 图 101-5　中梁补强板位置示意

续上表

<table>
<tr><th>工　　序</th><th>技　术　要　求</th></tr>
<tr><td>7. 补强板焊接</td><td>（5）侧梁在侧柱内侧局部腐蚀穿孔时，补强板须穿过枕梁、横梁，宽度与侧梁腹板高度相同，长度须超过侧柱两翼板边缘 50 mm 以上；侧梁横裂纹、腐蚀距枕梁、横梁腹板大于 100 mm 时，补强板可不穿过枕梁、横梁，可与枕梁、横梁相连接，见图 101-8。
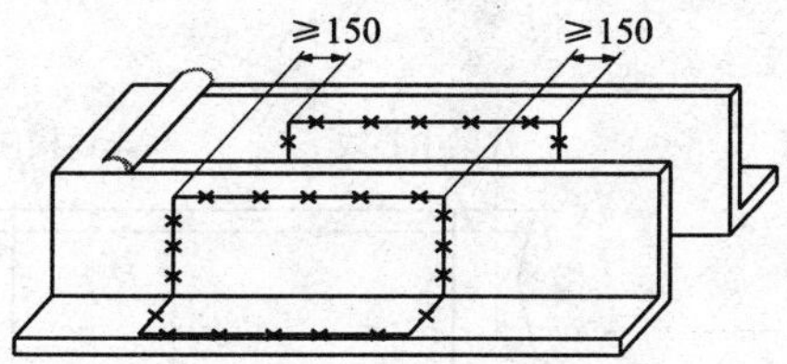
图 101-6　两根中梁相对补强板位置示意
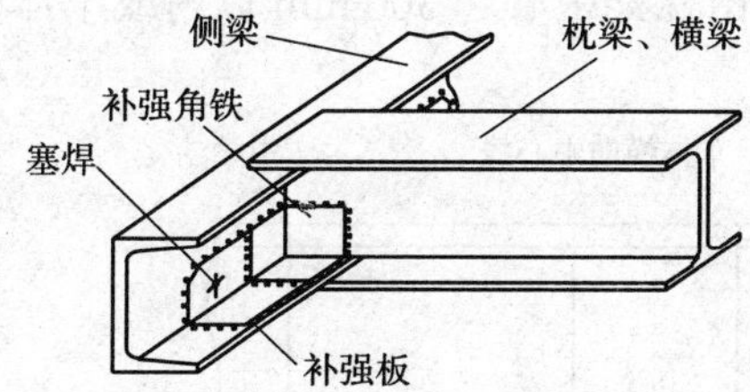
图 101-7　侧梁补强示意
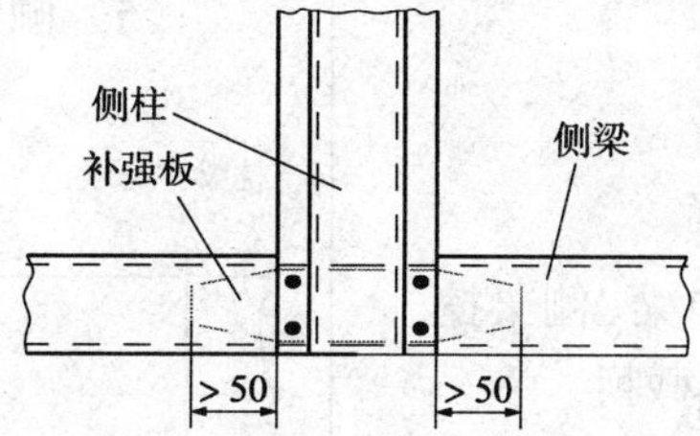
图 101-8　侧梁补强示意
（6） 同一梁上新装补强板与原有梁上良好补强板内端之距离，中梁不足 300 mm，侧梁不足 100 mm 时，须换为通长补强板。
（7）角形补强板须与下翼板密贴。补强板穿过枕梁、横梁者，焊修后须用角钢将补强板与枕梁、横梁相连接，并焊接牢固。</td></tr>
<tr><td>8. 中梁、侧梁挖补或截换</td><td>1. 换装的槽钢、工字钢、乙型钢应与原梁规格尺寸相同。
2. 挖补时钢板材料、厚度与原梁相同。
3. 截换时须斜接：接口采取腹板斜接，翼板直接，棚车、罐车允许翼板斜接，腹板直接；斜接口的夹角不大于 45°。
4. 截换时须开坡口，不得在翼板边缘起弧，焊缝须有 2 mm 以上增强焊波，并须两面焊。
5. 中梁、侧梁截换时，其接口位置须符合以下要求：
（1）中梁、侧梁接口均不超过 2 个，但槽钢侧梁不超过 4 个。
（2）两中梁相邻接口须错开 300 mm 以上，但接口在牵引梁根部或枕梁处时，须错开 50 mm 以上。
（3）中梁接口须距车体横向中心线 1000 mm 以上，距枕梁中心线 600 mm 以上(不包括牵引梁)，距横梁腹板</td></tr>
</table>

续上表

<table>
<tr><th>工　序</th><th>技　术　要　求</th></tr>
<tr><td>8. 中梁、侧梁挖补或截换</td><td>或孔边缘 50 mm 以上。
（4）中梁及单层下盖板：由枕梁中心线起 600 mm 内或车体横向中心线左右各 1 000 mm 内不允许有接口。见图 101-9。
（5）侧梁：由枕梁中心起 300 mm 以内或车体横向中心线左右各 800 mm 以内不允许有接口。见图 101-10。
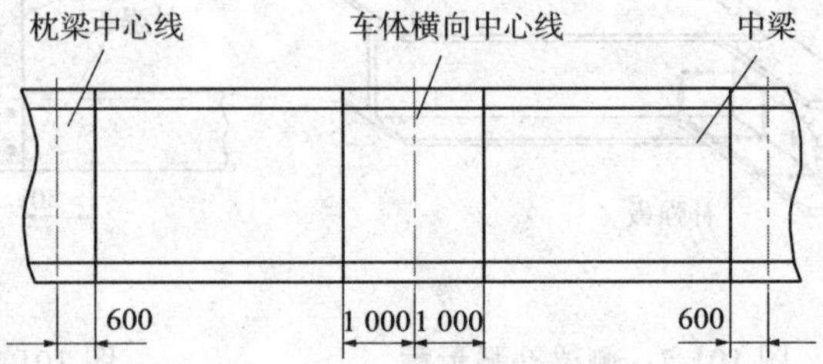

图　101-9
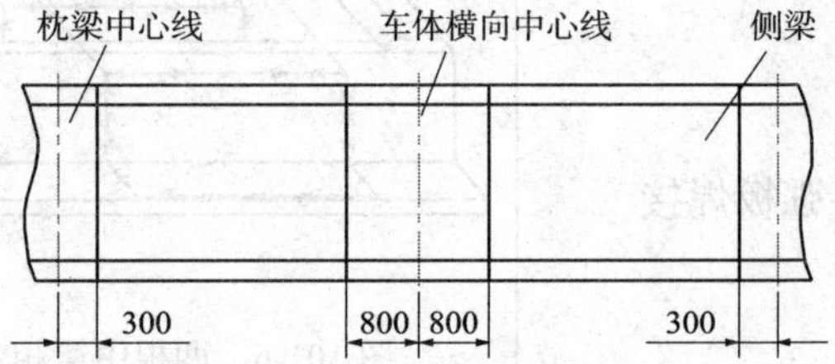

图　101-10
（6）棚车侧梁在中门处截换时，接口须为门立柱外侧 200 mm 以上。
（7）挖补、截换处，原与枕、横梁的连接应恢复；不能焊接时，应采用角钢连接。</td></tr>
<tr><td>9. 各梁盖板裂纹、腐蚀、补强、截换</td><td>1. 中梁下盖板横裂纹（包括焊缝开焊）时，焊修磨平后补强。补强板厚度不小于原盖板厚度，宽度与原盖板相同，长度每侧距裂纹不少于 300 mm。
2. 中梁下盖板车上截换时须斜接，接口夹角不大于 60°，可单面焊；车下截换时，可直接，但须双面焊。
3. 中梁下盖板截换时接口须距车体中心线 400 mm 以上，并须将原下盖板接口处两侧焊缝向内切开 100 mm 以上。接口不得超过 2 个，另一端须为自由端，先焊接口，再焊两侧。新组装时，两端面不得有横焊缝。
4. 中梁下盖板腐蚀深度超过 50％时补强，补强板长度须盖过腐蚀边缘 50 mm 以上。
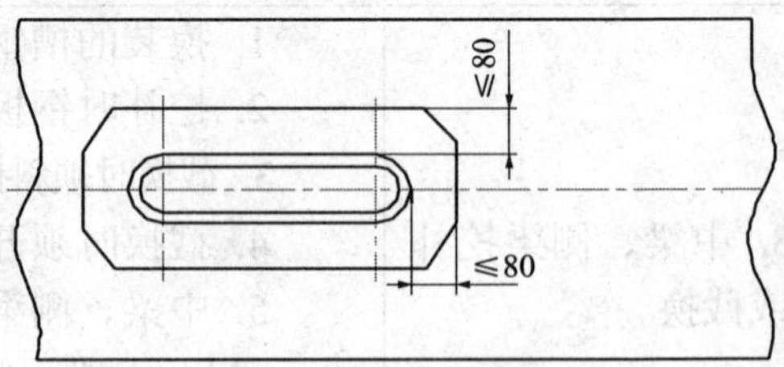

图 101-11　补环行补强板示意</td></tr>
</table>

续上表

工　序	技　术　要　求
9. 各梁盖板裂纹、腐蚀、补强、截换	5. 中梁下盖板漏水孔腐蚀严重或裂纹时，补环行补强板。见图 101-11。 6. 枕梁或跨过中梁的横梁下盖板横裂纹，其位置在中梁下方或两侧各 100 mm 以内时，须加装元宝形补强板，长度须盖过中梁两侧，每侧不少于 200 mm。 7. 其他各梁盖板腐蚀严重时补强、挖补或截换。
10. 各梁截换要求	1. 中梁、侧梁、枕梁及其盖板，敞车上侧梁、侧柱截换时须斜接，接口与梁、柱纵向中心线夹角为：中梁、侧梁、枕梁、上侧梁腹板、侧柱不大于 45°；中梁、枕梁下盖板不大于 60°。 2. 挖补、截换时，须符合原设计的材质、形状和厚度的要求。
11. 质量检查	1. 底体架新截换、新挖补、新补强部分金属结合面在组装前均须涂防锈漆，外露部分须涂底漆及面漆。 2. 交验时要对故障部位的施修情况重点检查，按《车辆及零部件检修、交验标识》HG1001-2008 的要求交验。

	底架各梁弯曲、变形检测、调修	HG102-2008

一、适用范围：通用货车底架各梁弯曲、变形检测、调修。

二、工艺流程：预检→选择调修点→调修→调修后检测。

三、工装设备：调梁设备、液压装置或千斤顶、氧-乙炔割炬。

四、检测器具：钢直尺、钢卷尺、直角尺、定位铁、线坠、测绳（ϕ1 mm棉线绳）。

五、工序及技术要求：

<table>
<tr><th>工　序</th><th>技　术　要　求</th></tr>
<tr><td>1. 预检</td><td>须有专职的检查人员对底架各梁进行预检，对检查发现的故障确定施修方案，并按《车辆及零部件检修、交验标识》HG1001-2008 的要求标注标识，同时记录在《货车检修记录单》（车统—22B）中。</td></tr>
<tr><td>2. 检测中、侧梁在枕梁间下垂</td><td>

1. 检修限度：中梁、侧梁在枕梁间下垂量大于 30 mm 时调修；中梁不超限，侧梁超限时可将侧梁调至中梁现有挠度。

2. 检测要求:以中梁或侧梁与两枕梁内侧结合处下翼板边缘为基点连线，测量连线与中梁或侧梁间的最大垂直距离。

3. 检测说明:将定位铁分别贴靠在中梁与 1、2 位枕梁结合处下翼板下边缘或侧梁与 1、2 位枕梁结合处腹板外侧下边缘，将测绳拉直，用钢直尺测量中梁或侧梁下垂最低点与测绳的垂直距离，即为中梁或侧梁的下垂量，见图 102-1。

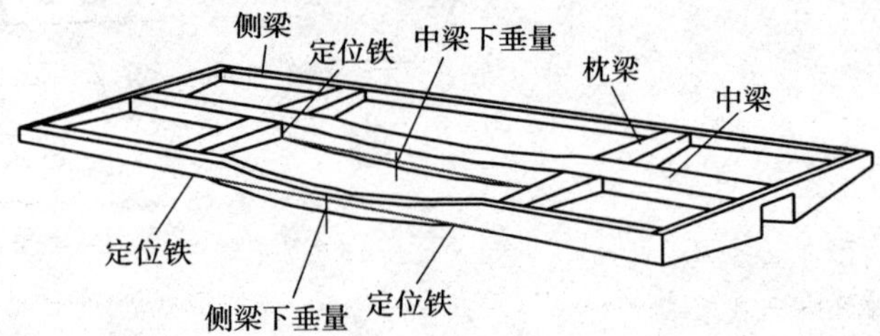

图 102-1　中梁、侧梁在枕梁间下垂检测示意

</td></tr>
<tr><td>3. 检测金属辅助梁弯曲</td><td>

1. 检修限度：金属辅助梁弯曲大于 20 mm 调修。

2. 检测要求：以金属辅助梁与中梁和下侧梁接合处下翼板下边缘为基点连线，测量连线与弯曲处的最大垂直距离。

3. 检测说明：在金属辅助梁与中梁和侧梁结合处下翼板下边缘拉测绳，用钢直尺测量测绳与金属辅助梁下平面最大弯曲处的垂直距离，即为金属辅助梁弯曲量，见图 102-2。

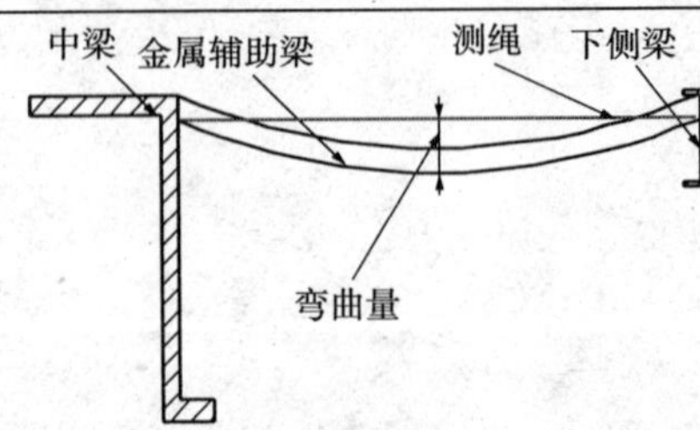

图 102-2　金属辅助梁弯曲检测示意

</td></tr>
</table>

续上表

工　　序	技　术　要　求
4. 检测牵引梁或枕梁外侧的侧梁上挠或下垂	1. 检修限度：牵引梁或枕梁外侧的侧梁上挠或下垂不大于 20 mm，超过时调修。 2. 检测要求：以两枕梁中心为测量基准，测量牵引梁或枕梁外侧的侧梁上挠或下垂量。 3. 检测说明：使用等高机具架车，使两枕梁水平中心线与轨面平行，用钢卷尺测量牵引梁（侧梁）与枕梁结合处下翼板下平面至两轨面上平尺的垂直距离；测量牵引梁（侧梁）与端梁结合处下翼板下平面至两轨面上平尺的垂直距离，两者差值为牵引梁（侧梁）上挠或下垂量，见图 102-3。 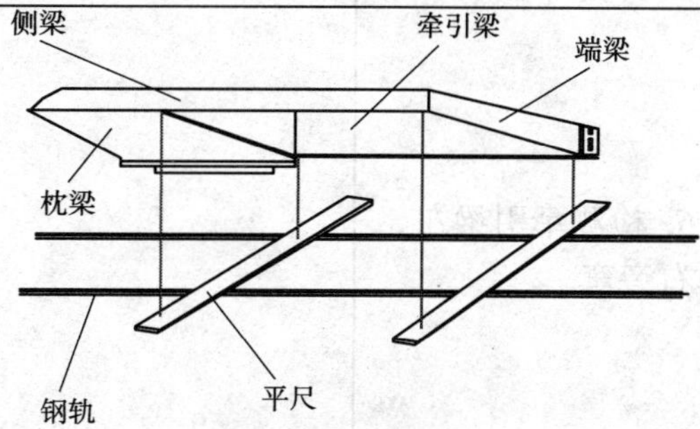 图 102-3　牵引梁或枕梁外侧的侧梁上挠或下垂检测示意
5. 检测中梁、侧梁旁弯	1. 检修限度：中梁、侧梁旁弯大于 30 mm 调修。 2. 检测要求：以中梁或侧梁与两枕梁内侧结合处下翼板边缘为基点连线，测量连线与中梁或侧梁间的最大水平距离。 3. 检测说明：将定位铁分别贴靠在 1、2 位枕梁与中梁或侧梁结合处下翼板下平面边缘，将测绳拉直，用钢直尺测量中梁或侧梁旁弯最大处与测绳的水平距离，即为中梁或侧梁的旁弯量，见图 102-4。 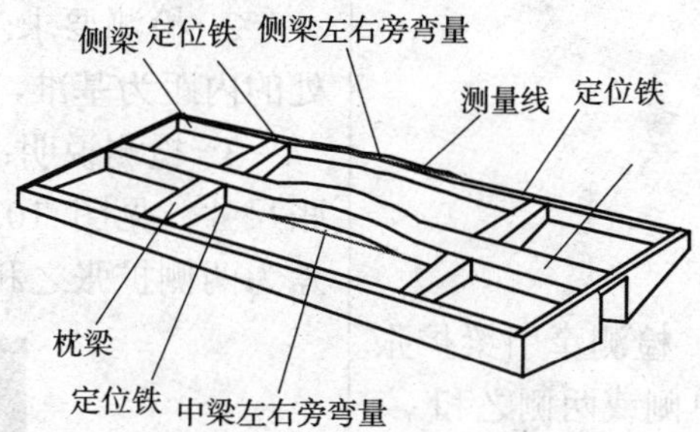 图 102-4　中梁、侧梁旁弯检测示意
6. 检测牵引梁左、右旁弯	1. 检修限度：牵引梁左、右旁弯不大于 20 mm，超限时调修。 2. 检测要求：以枕梁腹板垂线为基准，测量牵引梁下翼板左、右旁弯最大值。 3. 检测说明：将等长于牵引梁的直角尺贴靠于枕梁腹板和牵引梁下翼板根部，用钢直尺测量牵引梁下翼板在

续上表

工　序	技　术　要　求
6. 检测牵引梁左、右旁弯	端梁结合处与直角尺的水平距离，即为牵引梁左、右旁弯尺寸，见图 102-5。 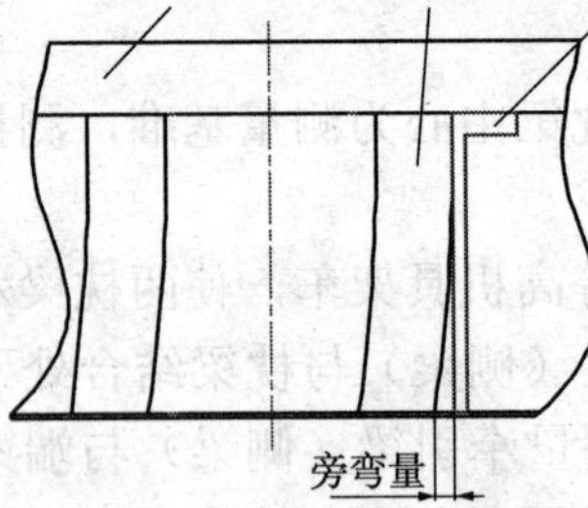 图 102-5　牵引梁左、右旁弯检测示意
7. 检测牵引梁扩张单侧或两侧之和	1. 检修限度：牵引梁扩张单侧超过 20 mm 或两侧之和超过 30 mm 时调修。 2. 检测要求:以牵引梁内侧腹板下缘未扩张处为基准，测量牵引梁单侧扩张；以牵引梁后从板座两侧未扩张处的内距为基准，测量牵引梁两侧扩张之和。 3. 检测说明：将平尺贴靠在牵引梁内侧腹板下缘，用塞尺测量牵引梁与平尺最大处间隙，即为牵引梁单侧扩张尺寸，见图 102-6；分别测量牵引梁后从板座两侧未扩张处的内距和牵引梁两侧扩张处最大内距，两实测值之差为两侧扩张之和，图 102-7。  图 102-6　牵引梁单侧扩张检测示意  图 102-7　牵引梁两侧扩张之和检测示意

续上表

工　序	技　术　要　求
8. 检测侧墙板、端墙板内凹、外胀	1. 检修限度：货车侧墙板、端墙板内凹、外胀 ⑴有盖货车大于 40 mm、⑵敞车侧墙板大于 30 mm、⑶敞车端墙板大于 50 mm 时调修。 2. 检测要求：以墙板未变形部位为基准，测量墙板内凹、外胀最大深度。 3. 检测说明：在墙板内凹、外胀两侧未变形部位，使用等高定位铁拉与墙板平行的测绳，测绳处于墙板内凹、外胀最深处上方，测绳不得与侧柱、加强筋等相抵触，用钢直尺检测墙板内凹、外胀最深处与测绳的垂直距离，实测值减去定位铁高度，为墙板内凹、外胀尺寸，见图 102-8、图 102-9。 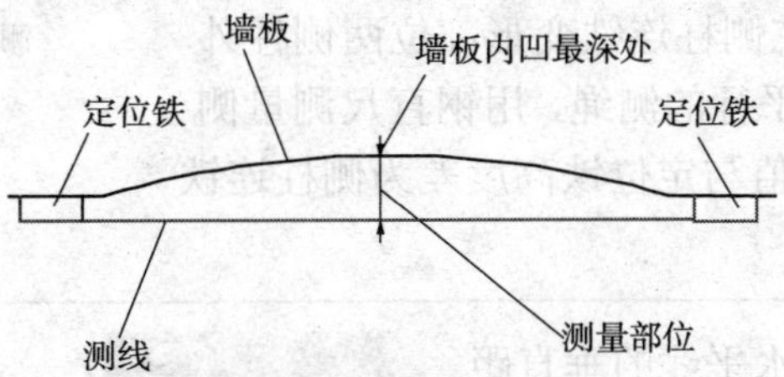 图 102-8　内凹检测示意 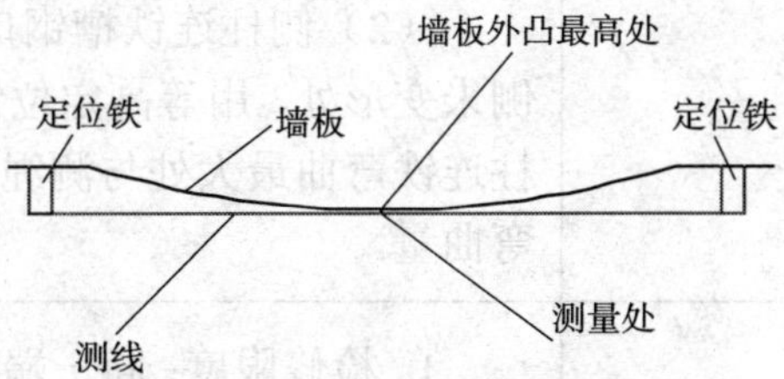 图 102-9　外胀检测示意
9. 检测无盖货车上侧梁、上端梁弯曲	1. 检修限度：上侧梁全长内外旁弯、上端梁内外旁弯、上侧梁上端梁在两柱间上下弯曲大于 50 mm 时调修。 2. 检测要求：以上侧梁或上端梁两端为基点连线，测量连线与上侧梁或上端梁间的最大水平距离。 3. 检测说明：将等高定位铁分别贴靠在上侧梁或上端梁两端，将测绳拉直，用钢直尺测量上侧梁或上端梁弯曲最大处与测绳的水平距离，即为上侧梁或上端梁弯曲量，见图 102-10。 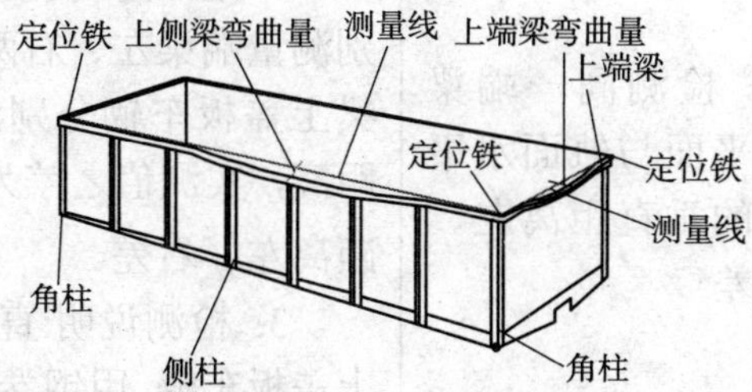 图 102-10　上端梁弯曲检测示意

续上表

工　　序	技　术　要　求
10. 检测敞车侧柱连铁弯曲	1. 检修限度：敞车侧柱连铁弯曲大于 20 mm 时调修。 2. 检测要求：以侧柱连铁未变形部位为基准，测量侧柱连铁最大变形量。 3. 检测说明： （1）侧柱连铁槽钢口朝向车内时：在侧柱连铁变形部位两侧柱外侧未变形处，用等高定位铁拉与侧柱连铁平行的测绳，测绳不得与侧柱抵触，用钢直尺测量侧柱连铁弯曲最大处与测绳的水平距离，测值与定位铁高度差为侧柱连铁弯曲量，见图 102-11。 （2）侧柱连铁槽钢口朝向车外时：在侧柱连铁变形部位两侧柱外侧未变形处，用等高定位铁拉与侧柱连铁平行的测绳，用钢直尺测量侧柱连铁弯曲最大处与测绳的水平距离，测值与定位铁高度差为侧柱连铁弯曲量。 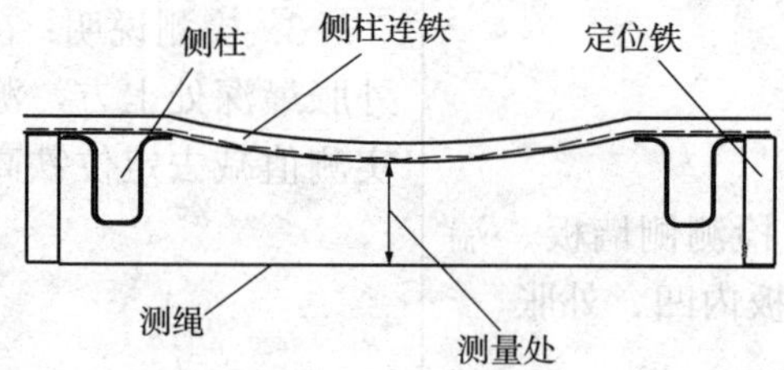 图 102-11　侧柱连铁弯曲检测示意
11. 检测同一端梁上平面与轨面水平线的垂直距离左、右差	1. 检修限度：同一端梁上平面与轨面水平线的垂直距离左、右相差不大于 20 mm。 2. 检测要求：以钢轨面为基准，有端梁上盖板车辆分别测量端梁左、右两侧上盖板至钢轨面的垂直距离，无端梁上盖板车辆分别测量两侧梁下平面处至钢轨面的垂直距离，实测值之差为同一端梁上平面与轨面水平线的垂直距离左、右差。  图 102-12　有端梁上盖板车辆检测示意 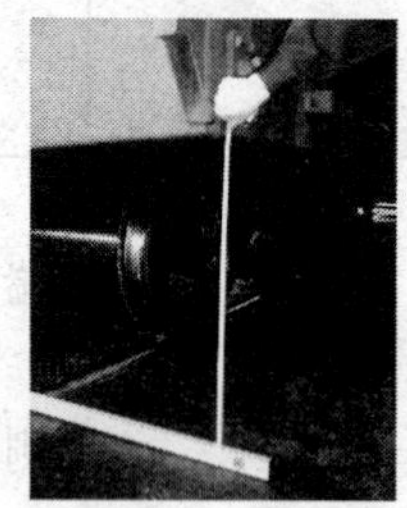 图 102-13　无端梁上盖板车辆检测示意 3. 检测说明：直尺放置于两钢轨上平面，有端梁上盖板车辆，用钢卷尺测量直尺与钢轨接触面至端梁上平面两端处的垂直距离；无端梁上盖板车辆，用钢卷尺测量直尺与钢轨接触面至两侧梁下翼板下平面处的垂直距离，测值之差不大于 20 mm，见图 102-12、图 102-13。

续上表

工　　序	技　术　要　求
12. 检测棚车等有棚顶车辆车体倾斜	1. 检修限度：棚车等有棚顶车辆车体倾斜大于 30 mm 时调修。 2. 检测要求：车辆在平直线路上，测量有棚顶车辆车体侧壁与侧梁外侧倾斜量。 3. 检测说明：将车辆置于平直线路上，将线坠自车体倾斜的角柱顶端作铅垂线，用钢直尺测量侧梁与铅垂线间的水平距离，即为车体倾斜尺寸，见图 102-14。 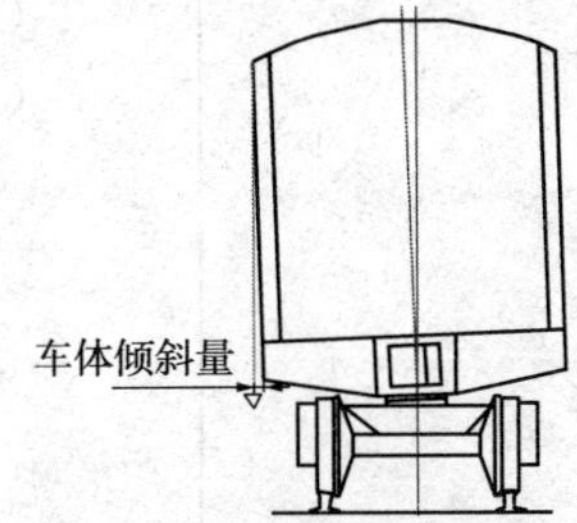 图 102-14　有棚顶车辆车体倾斜检测示意
13. 调修“四点”选择	1. 需采用加热与外加顶力的方法调修的各梁须正确选择支撑点、固定点、施力点、加热点的位置（图 102-15）； 2. 支撑点：应选择在靠近开始发生弯曲的部位； 3. 施力点：一般在弯曲点，除根据变形位置选定外，还应考虑施力时便于操作； 4. 固定点：应选择在支点与力点之间，或支点外方； 5. 加热点：选定在局部拉伸变形最大的部位，对缓和的弯曲变形，选定梁高 1/2～2/3 处向下三角形作为加热区域，分数处进行，对较大弯曲部分或凸起部分应普遍加热。 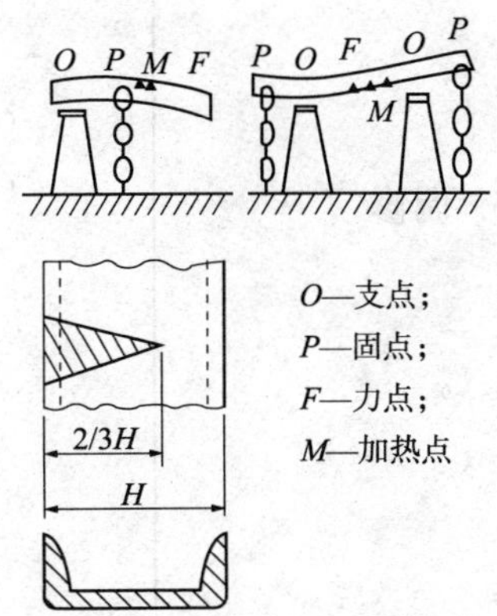 图　102-15
14. 调修前准备	调修牵引梁下垂、上翘、左右旁弯时，应将三角补强板拆开；从板座处弯曲时，调修前应将其拆下，调修后进行加装。
15. 调修	1. 底架各梁弯曲调修时一般采用调梁机冷调，用镐顶到调修梁上挠量达水平线以上 15～20 mm 时停镐，并保持 2～5 min；

续上表

<table>
<tr><th>工　　序</th><th>技　术　要　求</th></tr>
<tr><td>15. 调修</td><td>（1）中梁、侧梁下垂调修参照图 102-16；
（2）牵引梁或枕梁外侧的侧梁下垂调修参照图 102-17；
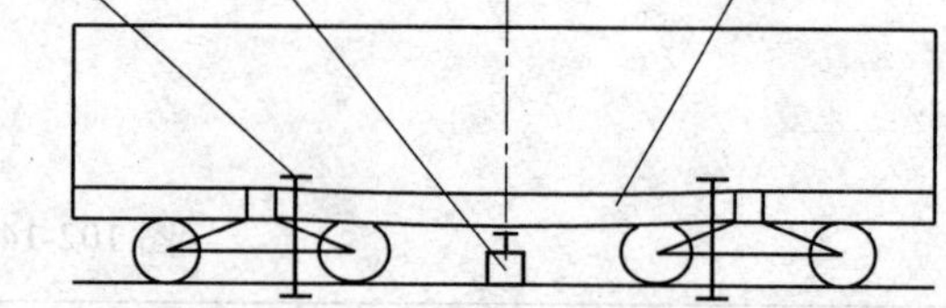

图　102-16
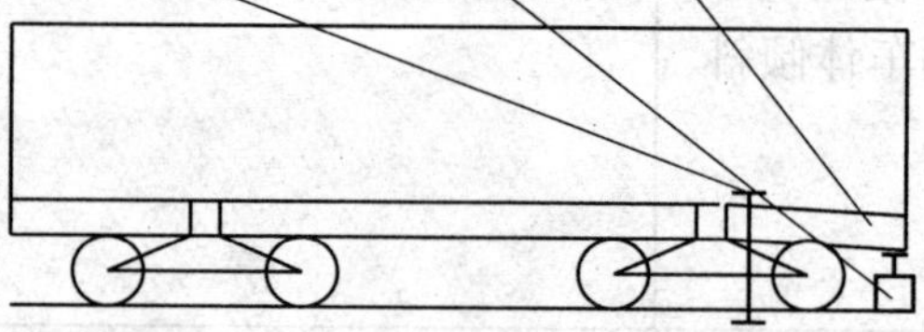

图　102-17
（3）牵引梁旁弯调修参照图 102-18；
（4）中、侧梁旁弯调修参照图 102-19；
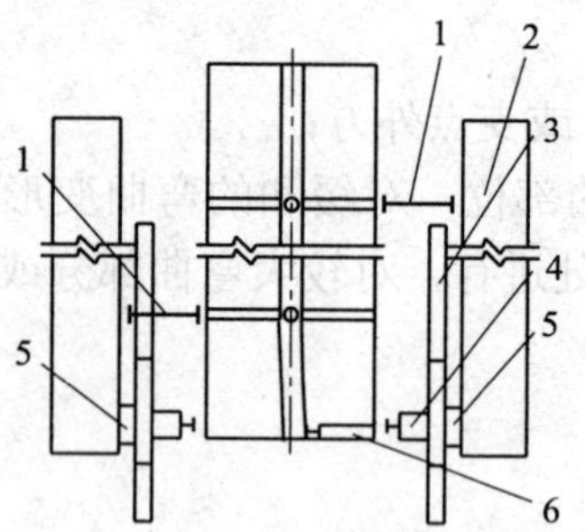
图　102-18
1—撑杆；2—着力台；3—调梁机机架；
4—底架旁弯调直油缸；5—楔铁及工作油缸；6—顶杆
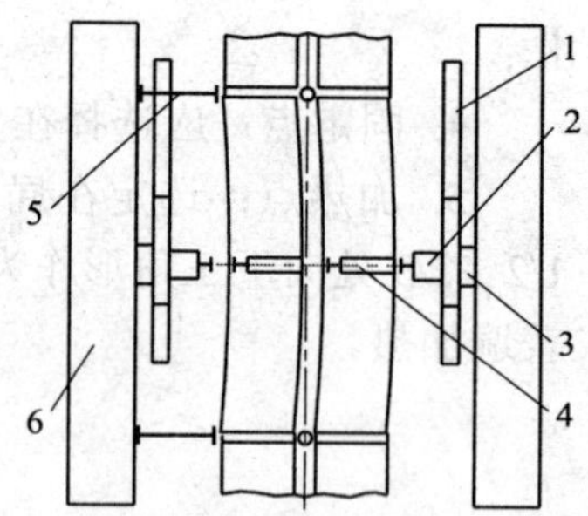
图　102-19
1—调梁机机架；2—底架旁弯工作油缸；3—楔铁及工作油缸；4—顶杆；5—撑杆；6—着力台</td></tr>
</table>

续上表

工　　序	技　术　要　求
15. 调修	（5）车体倾斜（由底体架变形造成者）调修参照图 102-20。 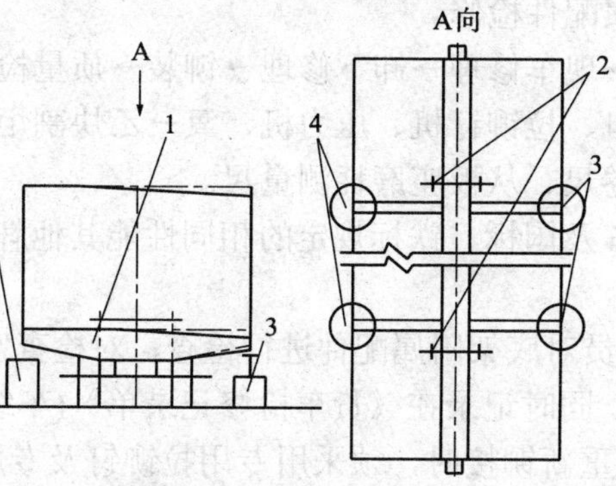 图　102-20 1—底架；2—拉紧装置；3—底架下部工作油缸；4—支撑 2. 梁弯曲若冷调不能达到要求时，应采用热调，在该处加作用力进行调修。加热后禁止用水浇降温。待加热处自然冷却至常温后方可将顶镐落下。 3. 梁局部变形时，在变形处加热到 700～800 ℃（不得超过 800 ℃），当金属呈现微红色时用镐顶或锤打恢复原形。
16. 调修后检测	1. 中梁、侧梁在枕梁间下垂过限调修时，中、侧梁均调修至水平 0～12 mm。 2. 侧梁过限，而中梁不过限者，允许侧梁调修至中梁现有挠度。 3. 牵引梁或枕梁外侧的侧梁上挠或下垂可调至水平线±5 mm（以两枕梁中心为测量基准）。 4. 牵引梁左右旁弯可调至≤5 mm。 5. 端梁上平面的水平差调修至相差不超过 10 mm。
17. 质量检查	1. 加热调修的底架、车体钢结构金属表面均须涂防锈漆及面漆。 2. 交验时要对故障部位的施修情况重点检查，按《车辆及零部件检修、交验标识》HG1001-2008 的要求交验。

	底架附属配件检修	HG103-2008

一、适用范围：通用货车底架各附属配件检修。

二、工艺流程：检查→附属件拆除→现车修理→卸下修理→铆装→质量检查。

三、工装设备：铆钉炉、液压铆钉机、拉铆钉机、压力机、氧－乙炔割炬、电焊设备。

四、检测器具：钢板尺、直角尺、卷尺、从板座磨耗测量尺。

五、所需材料：电焊条（J422、J506及国标、铁标规定的相同性能其他牌号）、Q235A（A3）钢板、耐侯钢板、防锈漆。

六、基本要求：

1．检修车辆须有专职的检查人员对底架附属配件进行检查，对检查发现的故障确定施修方案，并按《车辆及零部件检修、交验标识》HG1001-2008 的要求标注标识，同时记录在《货车检修记录单》(车统—22B)中。

2．采用专用拉铆钉连接的部件重新铆接时，须采用专用拉铆钉及专用设备。铆接时执行《车辆部件拉铆钉铆接》HG1010-2008。高强度耐候钢焊修时执行《高强度耐候钢焊接》HG1008-2008。

3．专用拉铆钉铆接后，零部件的接触面间须严密，在距铆钉中心 50 ㎜范围内用厚 0.5 ㎜的塞尺测量，不得触及铆钉杆，触及时须重新铆接。

4．底体架新截换、新挖补、新补强部分和加热调修的底架、车体钢结构及铆接配件金属结合面在组装前均须涂防锈漆，外露部分须涂底漆及面漆。

七、工序及技术要求：

工　　序	技　　术　　要　　求
1.牵引梁内侧磨耗板检修	1. 牵引梁内侧磨耗板焊缝开裂时焊修，裂纹或磨耗深度：厚度为 10 mm 者大于 3 mm，厚度为 3 mm 者大于 1 mm 时更换。 2. $C_{63A}(C_{63})$型车牵引梁上部磨耗板的磨耗深度大于 1 mm 时更换，两侧磨耗板磨耗深度大于 2 mm 时更换，磨耗板材质为 Q345B。 3. 70 t 级货车牵引梁内侧磨耗板焊缝开裂时焊修，上部磨耗板磨耗大于 2 mm 时更换，两侧磨耗板磨耗大于 3 mm 时更换。上部磨耗板材质为 27SiMn，规格为 204 mm×204 mm×12 mm，两侧满焊；两侧磨耗板材质为 Q235A，规格为 250 mm×140 mm×10 mm，两侧段焊。

续上表

工 序	技 术 要 求
2. 钩尾框限位挡板检修	1. 装用 13、13A、13B 型车钩的各型货车，牵引梁内部无钩尾框限位挡板的，加装挡板。 2. 已装有限位挡板的，焊波开裂时切除原焊波后焊修，弯曲变形时调修或更换。
3. 从板座检修	1. 前、后从板座工作面磨耗深度大于 3 mm 时焊修；其他部位磨耗深度大于 8 mm 时焊修后恢复原型。内距为 625^{0}_{-3} mm，超限时，不分解者，可焊装厚度不大于 4 mm 的钢板调整,同一断面上的两从板座工作面位置度为 2 mm；分解者，须堆焊后加工。修理后同一断面上的两从板座工作面位置度为 1 mm。C_{63A}(C_{63})型车、70 t 级货车后从板座磨耗板剩余厚度小于 4 mm 时更换，磨耗板材质为 Q345B。 2. 裂纹时焊修，但横裂纹长度大于该处截面高的 50%时，须分解焊修或更换，弯曲后与梁的贯通间隙大于 5 mm 时调修。 3. 新铆从板座与牵引梁间隙不大于 1 mm（用 1 mm 塞尺检测不得触及铆钉杆）。 4. B 型后从板座侧面裂纹延及上平面或下平面时，焊修后在裂纹处下平面补平形补强板，补强板规格为 250 mm×80 mm×10 mm，中间部分裂纹时焊修。不得改为 A 型后从板座。 5. P_{63} 型车、进口 C_{62B} 型车后从板座横裂纹与工作面的距离不大于 300 mm，长度大于该处截面高的 30%时，须更换后从板座；横裂纹与工作面的距离不大于 300 mm，长度不大于该处截面高的 30%时，或横裂纹与工作面的距离大于 300 mm，长度大于该处截面高的 30%时焊修后，须在裂纹处下平面补平形补强板。与后从板座一体的上心盘座裂纹时焊修或更换。 6. 后从板座后端面加强型钢弯曲、裂损时更换。 7. 从板座铆装：铆装前从板座与梁接触面须涂防锈漆，从板座组装正位，平整密贴，按《机车车辆修理铆接技术条件》(TB/T 2911) 或《车辆部件拉铆钉铆接》HG1010-2008 要求铆装。
4. 冲击座检修	1. 裂纹时焊修，变形大于 20 mm 时调修。 2. 装用活动车钩托梁的冲击座，插托梁的方孔下角裂纹时，焊修后补强或更换，侧框上、下内侧距离大于 8 mm 时修理。 3. C_{64}、C_{64A}、P_{65}、P_{64}、P_{64A}、P_{64G}、NX_{17B} 等型车须装用或换装凹槽型冲击座，其他型车已装用凹槽型冲击座时，不得换装其他型冲击座。

续上表

<table>
<tr><th>工　序</th><th>技　术　要　求</th></tr>
<tr><td>4. 冲击座检修</td><td>4. C_{63A}（C_{63}）型车、70 t 级货车冲击座内侧原磨耗板磨耗深度大于 50%时更换，原未装磨耗板者须将冲击座内侧整平后按图样 QCH135-01-01-000 焊装磨耗板。
5. 冲击座铆装
（1）冲击座在铆装前与梁接触面须涂防锈漆；
（2）冲击座组装正位，平整密贴；
（3）按《机车车辆修理铆接技术条件》(TB/T 2911)或《车辆部件拉铆钉铆接》HG1010-2008 要求铆装。</td></tr>
<tr><td>5. 平面上心盘检修</td><td>上心盘状态良好时可不分解，裂损时更换，有下列情况之一时须分解修理：
1. 外圆周裂纹总长度大于 200 mm 或其他平面处裂纹大于 80 mm 时分解焊修，圆周裂纹焊修后须加工恢复原型；不大于时，可不分解，但须焊修后磨平。上心盘圆周裂纹总长度大于周长的 50%时焊修后加工，圆弧半径不小于 15 mm。
2. 直径磨耗大于 3 mm 或平面磨耗大于 6 mm 时分解修理。直径磨耗须使用自动焊机堆焊，焊修后加工恢复原型。C_{63A}（C_{63}）型车上心盘磨耗超限时焊修后磨平，须圆滑，不得有毛刺、棱角。直径磨耗检测以上心盘下平面定位，向上 15 mm 处沿前后、左右方向检测上心盘的直径。
3. 装用转 8AG、转 8G、转 8AB、转 8B、转 K1、转 K2、转 K4 型转向架的车辆，均须装用锻钢上心盘。
4. 铸钢上心盘更换新品时，须为锻钢上心盘，同一车辆可以混装；原装用低合金高强度钢者，须装用原材质或锻钢上心盘；原装用锻钢者不得换装为其他材质的上心盘。
5. 凡需分解修理的改进型铸钢上心盘，斜面须加工恢复原型。
6. 上心盘铆装
（1）上心盘在铆装前与梁接触面须涂防锈漆。检查铆装的上心盘相关尺寸与装用车型的要求相符，不得混装，错装。平面上心盘相关尺寸见附录 1 和附表 1。
（2）上心盘组装正位，平整密贴。
（3）按《机车车辆修理铆接技术条件》(TB/T 2911)要求铆装。
7. 装用转 8A 型转向架的车辆须按规定进行心盘磨耗盘改造，更换新品时，上心盘应符合 QCH148-01-09-003 图样要求；改制时，上心盘应符合 QCP900-00-04 图样要求。</td></tr>
</table>

续上表

工　序	技　术　要　求
6. 上旁承检修	1. 检查上旁承状态良好时可不分解，裂纹时更换，常接触式上旁承磨耗板磨耗大于 2 mm 或裂纹时更换，焊缝开裂时焊修，新上旁承磨耗板下平面须抛光，组装螺栓与螺母须点焊固。装用 JC 型旁承的提速改造车及检修车上旁承磨耗板平面度为 1 mm，表面不应有氧化皮和油污。 2. 装用转 8AG、转 8G、转 8AB、转 8B、转 K2、转 K4、转 K5、转 K6 型转向架的车辆，均须装用常接触式上旁承。 3. 更换或重新组装常接触上旁承时，须按规定检测以下内容，不符时调整： （1）上旁承横向中心线至心盘中心的距离：装用转 8AG、转 8G、转 8AB、转 8B、转 K2、转 K5、转 K6 型转向架者：（760±2） mm； （2）同一端两上旁承下平面与上心盘下平面平行度为 1.5 mm； （3）上旁承下平面与上心盘下平面距离：装用转 8AG、转 8G、转 8AB、转 8B 型转向架者（83±2） mm；装用转 K2 型转向架的敞、棚车 76^{+4}_{-2} mm，罐车、平车（76±2） mm； （4）同一端两上旁承下平面高度差不大于 1 mm。 4. 上旁承调整垫板总厚度：装用转 8AG、转 8G、转 8AB、转 8B 型转向架者为 2～20 mm，数量为 1～2 块；装用转 K2 型转向架者为 2～35 mm，数量 1～3 块；装用转 K5 转向架者为 2～25 mm，数量为 1～3 块；装用转 K6 转向架者为 2～25 mm，数量为 1～2 块。转 K4 型下旁承组成装用橡胶弹性旁承时，当心盘垫板厚度大于 25 mm 时，可在上旁承焊装厚度不小于 20 mm 的垫板。 5. 常接触式上旁承调整后，其磨耗板、调整垫板、上旁承面的组装间隙不大于 0.5 mm。螺栓下面不能高于磨耗板下平面。将组装上旁承组成的螺栓与螺母点焊固。
7. 脚蹬检修	1. 脚蹬裂纹时焊修后补强或截换、更换，弯曲时调修。 2. 棚车车门处脚蹬须为焊装（P_{61} 型车除外），其他脚蹬须为铆装，使用拉铆钉铆接时执行《车辆部件拉铆钉铆接》HG1010-2008。 3. 1、4 位脚蹬的最下一阶处须有护板，焊装的踏板下面须有筋板。
8. 制动吊架检修	1. 制动吊架与底架焊缝开裂时，须割除原焊波重新焊固。

续上表

工　序	技　术　要　求
8. 制动吊架检修	2. 空气制动支管无固定吊座的，须加装符合图样QC32178-80的吊座，管吊长度可根据现车确定，且不得影响截断塞门操作。管吊与中梁搭接时搭接量为80～90 mm，吊座与中梁焊缝起弧和收弧点应距中梁边缘20 mm以上，其他部分须满焊。 3. P_{63}型棚车、进口C_{62B}型车原螺栓连接的水平杠杆托架须改为铆接结构。 4. 制动吊架与底架焊接处开裂时，须割除原焊波重新焊固。 5. 各型敞、棚车缓解阀拉杆吊长度为150 mm，不符合规定时须改为长度150 mm的缓解阀拉杆吊，组装位置不变，四周满焊，焊角为5㎜。缓解阀拉杆组装与其他零部件相碰时，允许将其局部折弯。 6. 安全吊、托滚吊裂纹或吊板厚度小于2 mm时更换。 7. 各圆钢制杠杆托裂纹或弯角处割伤时更换。 8. 其他附属件腐蚀、磨耗深度大于30%时更换。
9. 防火板检修	1. 棚车和其他型载重为 50 t 以上的木(竹)质地板车辆须装防火板。 2. 防火板为平板型或曲折型，其厚度应为 2～3 mm，长度大于 850 mm，宽度大于 400 mm。 3. 防火板纵向中心线与中梁纵向中心线的间距为 720～800 mm，与地板下面的间距须大于 35 mm(原结构小于 35 mm 者除外)，与枕梁上盖板重合量不小于 20 mm。 4. 现车防火板不符合规定时更换。 5. 防火板以螺栓组装或分段焊接牢固，段焊长度为 30～50 mm。
10. 质量检查	交验时要对故障部位的施修情况重点检查，按《车辆及零部件检修、交验标识》HG1001-2008 的要求交验。

附录 1　平面上心盘结构示意图

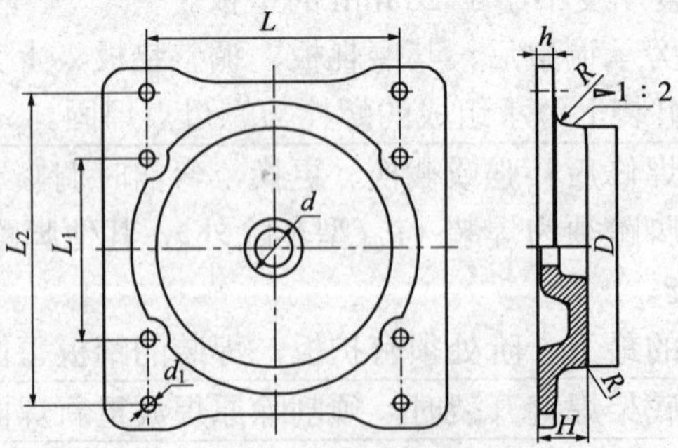

附表1　货车上心盘参数表

单位：mm

序号	型　号	外圆锥面直径 D	中心销孔径 d	总厚 H	厚度 h	圆角半径 R_1、R	螺栓孔径 d_1	孔距 L_1	孔距 L_2	孔距 L
1	转8A HT104S-00-98	300±1	54^{+2}_{-1}	70^{+2}_{0}	24^{0}_{-2}	$R10$、$R20$	$23.5^{+0.84}_{0}$	245±0.5 255±0.5 检修： 273±0.5	440±0.5 440±0.5 450±0.5	365±0.5 365±0.5 365±0.5
2	转8AG、转8G、转8AB、转8B： QCH148-01-09-003 ECH67-01-00-001（NX_{17K}）	$295^{0}_{-0.8}$	54^{+1}_{-2}	70^{+2}_{0}	24^{0}_{-2}	$R10$、$R18$	$23.5^{+0.84}_{0}$	255±0.5 273±0.5	440±0.5 450±0.5	365±0.5 360±0.5
3	转K2、转K4： QCP900-00-001	338±1	54^{+2}_{-1}	70^{+2}_{0}	24±2	$R10$、$R20$	23.5	245±0.5	440±0.5	420±0.5
4	转K2改造： QCP900-00-001A	338±1	54^{+2}_{-1}	70^{+2}_{0}	24±1	$R10$、$R20$	23.5	255±0.5	440±0.5	360±0.5
5	转K2、转K4： ECP103-00-000 ECH73-01-03-003	338±1	54^{+2}_{-1}	70±1 70^{+2}_{0}	24±1 24±2	$R10$、$R20$	23.5	273±0.5	450±0.5	360±0.5 420±0.5
6	转K5、转K6： ECP102-00-000	358±1 410、396	54^{+2}_{-1}	72^{+2}_{0}	24±2	$R10$、$R20$	23.5	245±0.5 273±0.5	450±0.5	420±0.5
7	转K6、转K7（C_{70}）： QCH215-01-05-004	358±1	54^{+2}_{-1}	70^{+2}_{0}	24^{+2}_{0}	$R10$、$R20$	23.5	245±0.5	440±0.5	420±0.5

续上表

序号	型　号	外圆锥面直径 D	中心销孔径 d	总厚 H	厚度 h	圆角半径 R_1、R	螺栓孔径 d_1	孔距 L_1	孔距 L_2	孔距 L
8	锻造（C_{70A}）：QCH227-01-05-015	358±1	54^{+2}_{-1}	70^{+2}_{0}	24±2	R 10、R 20	23.5 平台 2	180±0.5	440±0.5	440±0.5
9	SLH53-00-00	350±0.5	54^{+2}_{-1}	80^{+2}_{-1}	24±2	R 10、R 25	23	245±0.5	440±0.5	420±0.5
10	整体: C_{76}:QZH2-01-03-001 C_{80}:ZCH144-01-01-001 C_{80B}、C_{80BH}、C_{80BF}: QCH244-01-01A-001	358^{+1}_{0}	60	41^{+1}_{0}		R10、R20	16^{+4}_{-2}			
11	C_{63} 整体: QCH105-01-01-002	338^{+1}_{0}	60	66		R10、R20				

	车体检修综合要求	HG104-2008

一、适用范围：车体综合检修。

二、工艺流程：预检→车体检修→各梁检修→车体钢结构检修→附属件检修→木（竹）板检修→质量检查。

三、工装设备：氧-乙炔割具、漏雨试验装置、拉铆钉机、电焊设备。

四、检测器具：钢板尺、直角尺、卷尺、线坠。

五、所需材料：氧气、乙炔、J422、J506、J556CrNiCu 焊条、木板。

六、基本要求：

1. 检修车辆须有专职的检查人员进行预检，对发现的故障确定施修方案，并按《车辆及零部件检修、交验标识》HG1001-2008 的要求标注标识，同时记录在《货车检修记录单》车统－22B 中。

2. 毒品车须消毒并有消毒合格证；罐车须经洗刷并有洗罐合格证。

3. 装载易燃易爆货物的罐车还须在施修前按有关规定进行安全检查，用测爆仪测试合格后再进行明火试验。

4. 对装载放射性物质的车辆，入段前须经有关部门鉴定、处理，并符合国家有关规定。

5. 采用专用拉铆钉连接的部件重新铆接时，须采用专用拉铆钉及专用设备。铆接时执行《车辆部件拉铆钉铆接》HG1010 -2008。高强度耐候钢焊修时执行《高强度耐候钢焊接》HG1008-2008。

6. 专用拉铆钉铆接后，零部件的接触面间须严密，在距铆钉中心 50 mm 范围内用厚 0.5 mm 的塞尺测量，不得触及铆钉杆，触及时须重新铆接。

7. 底体架新截换、新挖补、新补强部分和加热调修的底架、车体钢结构及铆接配件金属结合面在组装前均须涂防锈漆，外露部分须涂底漆及面漆。

七、工序及技术要求：

工　　序	技　术　要　求
1. 车体检修	1. 上端梁、上侧梁、柱、斜撑、侧柱连铁、侧板、端板、顶板、遮光板、门、窗、扶梯等钢质配件弯曲、腐蚀严重、丢失、裂纹、破损时调修、焊修、补装、挖补、补强或更换。 2. 车门口处木质、竹质地板边缘护铁或压铁须完整，不良时修理或更换（原结构无护铁者除外）。 3. T_{11A} 型长钢轨车组、龙门铺轨机托架平车组底架参照平车检修，工具间参照棚车检修。

续上表

工　序	技　术　要　求
1. 车体检修	4. 棚车、粮食车、水泥（U_{15}型）车、毒品车、检衡车及守车和专用车的工作室、押运间，车体门、窗须进行透光检查。车顶修补处须进行漏雨试验（冰冻期间可进行渗漏试验），漏雨试验执行 TB/T 1802《铁道车辆漏雨试验方法》。
2. 各梁、柱检修	1. 敞车上侧梁、侧柱截换时须斜接，接口与梁、柱纵向中心线夹角为：上侧梁腹板、侧柱不大于 45°。 2. 挖补、截换时，须符合原设计的材质、形状和厚度的要求。
3. 车体钢结构检修	1. 车体钢结构材质为耐候钢材质时，须使用耐候钢材质钢板补强、截换、挖补，并使用耐候钢焊条焊修。 2. 车体钢结构材质为高强度耐候钢材质时，须使用高强度耐候钢材质钢板补强、截换、挖补，并使用 J556CrNiCu 碱性焊条焊修。 3. 车体钢结构、各部钢板裂纹、腐蚀严重、破损时焊修、挖补或补强； 4. 铆结构者允许焊补，补强板须盖过腐蚀处边缘 20 mm 以上，其厚度不小于原板厚度。 5. 车体各配件裂损、腐蚀、腐朽、变形、松动、焊缝开裂、丢失时修理、补装或更换。
4. 附属件检修	1. 各配件须齐全良好，门、窗开闭灵活，门与柱、板间隙或搭接量须符合规定。 2. 扶手、扶手座及各圆钢制杠杆托裂纹或弯角处割伤时更换。 3. 车顶走板、端走板须安装牢固，木走板更换时，须按规定改为拉网板，拉网板厚度不小于 4 mm；螺栓连接者须安装弹簧垫圈或背母及开口销。 4. 钢质人力制动机踏板腐蚀严重、破损时更换。 5. 装用在钢结构上不符合规定的票插或票插裂纹时更换。票插须安装在厚度为 2 mm 的槽形钢板托上，用螺栓紧固，焊于规定位置(罐车按原设计)。70 t 级货车票插重新组装时须采用专用拉铆钉铆接。既有 60 t 级货车检修更换的冲压组焊结构票插，可采用 09CuPCrNi-A 耐候钢材质。
5. 木（竹）板检修	1. 地板三段拼接时，接口须搭在金属梁上。 2. 平车或棚车门口处地板两段拼接时，接口须搭在中梁上；平车或家畜车地板两段拼接时，相邻板须为整板；家畜车中间隔层地板须为整板。 3. 罐车、水泥车走行板对接时，长度须跨过 2 个托架。

续上表

工　序	技　术　要　求
5. 木（竹）板检修	4. 各拼接板的相邻接口须错开，并须搭在金属梁上，相邻地板上平面高低差大于 10 mm 时，须削棱过渡。木质手制动机踏板须安装弯头压铁。 5. N_{17} 等型平车地板厚度须为 70 mm。 6. 木材选配须符合下列要求：平车地板不得使用马尾松；罐车鞍木除落叶松外，不得使用其他软木。 7. 木板含水率及加工规格须符合《木、竹质配件技术条件》。
6. 质量检查	交验时要对故障部位的施修情况重点检查，按《车辆及零部件检修、交验标识》HG1001-2008 的要求交验。

附表 1　70 t 级货车车体主要部件材质

车　型	型　钢	板 材	端、侧墙	罐 体	冲击座	前、后从板座
P_{70}、P_{70H}	Q450NQR1	Q450NQR1	09CuPCrNi-A		C 级铸钢	C 级铸钢
C_{70}、C_{70H}、C_{70A}	Q450NQR1	Q450NQR1	Q450NQR1		C 级铸钢	C 级铸钢
NX_{70}、NX_{70H}	09CuPTiRE-B 或 09CuPCrNi-A	Q450NQR1			C 级铸钢	C 级铸钢
X_{4K}	Q450NQR1（槽钢） 09CuPCrNi-A（方管）	Q450NQR1			C 级铸钢	C 级铸钢
GQ_{70}、GQ_{70H} GN_{70}、GN_{70H}	Q450NQR1	Q345A		Q345A Q295A	B 级铸钢	C 级铸钢
GF_{70}、GF_{70H}	Q450NQR1	Q450NQR1		Q450NQR1	C 级铸钢	C 级铸钢
KZ_{70}、KZ_{70H} KM_{70}、KM_{70H}	Q450NQR1	Q450NQR1	Q450NQR1		C 级铸钢	C 级铸钢

	棚车车体检修	HG105-2008

一、适用范围：棚车车体检修。

二、工艺流程：预检→施修前准备→车体检修→车门、窗检修→门锁检修→车内附属件检修→焊修（补强）→调修→质量检查。

三、工装设备：漏雨试验设备、车体调修设备、手提式电（风）钻、手提式电（风）扳机、氧-乙炔割炬、电焊设备、手提式木地板截锯、剪板机、压力机、拉铆钉机。

四、检测器具：直角尺、卷尺、间隙塞尺、定位铁、钢直尺。

五、所需材料：氧气、乙炔、J556CrNiCu 碱性焊条（TH550-NQ-Ⅱ焊丝），E308L-G 焊丝或 E309L-G 焊丝，J422、J506 焊条，铆钉，专用拉铆钉，钢板，木材，螺栓，油漆，竹胶合板，PVC 板。

六、基本要求：

1.车辆架修前须有专职的检查人员对车体进行预检，对检查发现的故障确定施修方案，并按《车辆及零部件检修、交验标识》HG1001-2008 的要求标注标识，同时记录在《货车检修记录单》（车统—22B）中。

2.棚车检修执行本工艺外，还需执行《车体检修综合要求》HG104-2008。

七、工序及技术要求：

工　序	技　术　要　求
1. 车体检修	1. 须对车体顶部及门、窗做透光检查，车体透光处须修补，修补处须进行漏雨试验（冰冻期间可进行渗漏试验），漏雨试验执行 TB/T 1802《铁道车辆漏雨试验方法》。 2. 侧、端、角柱裂纹或腐蚀深度大于 50%，车顶椽子裂纹、腐蚀严重时，焊补或截换，弯曲时调修。车体侧墙板、端墙板内凹、外胀大于 40 mm 时调修。 3. 端、侧墙破损腐蚀透孔时补强。补强时补板须盖过腐蚀边缘 50 mm 以上，补板须四周满焊。 4. 车门口处上部须有雨檐，并须盖过门边 10 mm 以上，门与门框搭接量小于 10 mm 时修理。 5. 票插不符标准或裂纹时更换，丢失时补装，更换应使用螺栓组装在 2 mm 厚的槽型座板上，座板与侧墙焊固。70 t 级货车票插须采用专用拉铆钉铆接。 6. 采用专用拉铆钉连接的部件重新铆接时，须采用专用拉铆钉及专用设备。 7. 专用拉铆钉铆接后，零部件的接触面间须严密，在距铆钉中心 50 mm 范围内用厚 0.5 mm 的塞尺测量，不

续上表

工　序	技　术　要　求
1. 车体检修	得触及铆钉杆，触及时须重新铆接。拉铆接执行《车辆部件拉铆钉铆接》HG1010-2008。 8. P_{70}、P_{70H} 型车通风器作用良好时可不分解检修。
2. 车门、窗检修	1. 侧墙窗户或通风口弯曲变形时调修或更换，滑道丢失时补装，窗户丢失时补添。 2. 车门滑轮架及轴折断、裂纹或滑轮与架抵触时更换，滑轮轴须注油。车门手把、门锁座、门锁销及门铁环须齐全、作用良好。车门手把下弯角底面须距侧梁上平面 200 mm 以上。P_{63} 型车门挡和弹簧须齐全、作用良好。 3. 窗锁须齐全、作用良好。P_{62}、P_{62N} 型车拉网钢板式通风口腐蚀破损时，须更换为百页窗式口板；滤尘网破损、丢失时更换。 4. 各木板压条、窗口护铁丢失、损坏时补装、修理或更换。 5. 各配件须齐全良好，门、窗开闭灵活，门与柱、板间隙或搭接量符合规定。 6. P_{70}、P_{70H} 型车车门的门挡组成连接螺栓作用不良或丢失时须更换；门挡座与侧板和侧柱的焊缝开裂时焊修。
3. 门锁检修	1. 车门门锁失效时分解检修或更换，门锁损坏、丢失时须更换为新型门锁。 2. 新型门锁装置的锁钩、锁轴、锁钩座、锁座、锁铁、锁紧铁、备用施封座变形时调修或更换，裂纹时更换，焊缝开裂时补焊；更换备用施封座时，错位不得大于 5 mm。 3. 更换新型门锁时，须保留车门下方原有的手柄压紧装置，并须作用良好。 4. P_{13}、P_{60} 等型车门锁装置须符合图样 QCK4（A）-00-00 或 QCH119JX-30-01-000；P_{61}、P_{62}、P_{62N} 等型车门锁装置须符合图样 QCH119JX-30-01-000 或 QCK5（A）-00-00；P_{64}、P_{64A}、P_{64G}、P_{65} 等型车门锁装置须符合图样 QCK3-00-00 或 QCK5（A）-00-00。
4. 车内附属件检修	1. 棚车各木板压条、窗口护铁丢失、损坏时补装或修理。 2. 棚车取暖装置烟筒座状态良好者可不分解。 3. 排便器各部配件须齐全良好，丢失时补装，破损时修理或更换。 4. 灯钩、拴马杆座、烟囱盖及链须齐全、牢固。P_{63} 型车侧墙、端墙螺栓松动时紧固；垫圈、橡胶垫丢失时补装。 5. 其他设备、配件须齐全，状态良好，损坏时修理或更换，丢失时补装。

续上表

工　序	技　术　要　求
5. 侧墙板、端墙板、车顶板、门板及窗板检修	1. 侧墙板、端墙板及门板、窗板挖补、截换时须对接，并采用两面焊，形状须一致；车顶板可搭接，搭接量不大于15 mm。 2. 挖补时补板须为矩形，切割处超过腐蚀边缘50 mm；补板长度大于两梁、柱距离50%时，补板须跨过两个梁、柱以上；车体侧墙板、端墙板在距侧梁下翼板的下平面边缘以上250 mm范围内局部腐蚀时，须在两端柱、侧柱间通长等高切割，侧板、端板切割超过2块时，须整面等高通长切割。铆接构者可焊补，补强板须盖过腐蚀边缘20 mm以上，其厚度不小于原板厚度。 3. 车体原有挖补的补板状态良好时可不处理，但周围状态不良或原补板为贴补时（车顶除外）须重新挖补。 4. 挖补或截换须符合原设计材质及厚度，原为压形者须将补板压割成型，并与原车体墙板压型处基本相符。 5. P_{70}、P_{70H}型车材质为橡胶的顶板破损时更换。
6. 车体钢结构检修	1. 车体钢结构、各部钢板裂纹、腐蚀严重、破损时焊修、挖补或补强；铆结构者可焊补，补强板须盖过腐蚀处边缘20 mm以上，其厚度不小于原板厚度。 2. 侧柱、端柱、角柱裂纹或腐蚀深度大于50%，车顶椽子裂纹、腐蚀严重时，焊补或截换。 3. 高强度耐候钢焊修时执行《高强度耐候钢焊接》HG1008-2008。
7. 地板检修	1. 纤维板及木板破损、折断时挖补或更换；竹质地板破损、开胶、开裂时修补或更换。 2. 装用竹质板材者仍须装用竹质板材；装用木质板材者，更换面积大于50%时须换装为竹质板材。 3. 车门口处木质、竹质地板边缘护铁或压铁须完整，不良时修理或更换（原结构无护铁者除外）。
8. 木（竹）板检修	1. 内顶板整车需更换者，须装用竹编胶合板，但旧木板可拼装使用；硬质纤维板车顶，可继续使用。 2. 整车更换竹编胶合板时，车顶托梁螺栓紧固后须将螺母点焊固或锤击破坏螺纹，两横向托梁间须安装纵向托梁，其断面规格不小于40 mm×30 mm。 3. P_{65}（P_{64AK}）型车内衬板破损局部面积不大于0.1 m^2时挖补，大于时更换，丢失时补装。 4. 内墙板、内顶板的压条用螺栓紧固者，每根压条上至少点焊2条螺栓或使用自锁螺母。 5. 车顶修理（竹编顶板安装） (1)安装横向衬木。用螺栓将衬木安装在车顶衬木座上并用电焊将紧固后的螺母螺杆点焊固，或螺栓紧固后，用锤击办法破坏螺纹。

续上表

工 序	技 术 要 求
8. 木（竹）板检修	(2)安装纵向衬木。将纵木安装在两横向衬木之间，纵木尺寸比两横向衬木间距稍长，用锤背紧并斜向与横衬木用铁钉钉固。 (3)安装竹编顶板。从一端开始顺序钉装，每间隔 250 mm 至少有一个钢钉。顶板压条从中间向两侧钉装，按钉孔钉装牢固，两块顶板之间须搭接在横向衬木上。 (4)安装纵向压条。竹编顶板安装后，须在车顶两侧上方安装纵向压条，纵向压条的钉距为 300 mm，纵向压条须盖过竹编顶板两侧牢固地钉装在纵向衬木上。
9. PB 型棚车车体检修	1. 内顶板、内墙板局部破损不超过 0.1 m^2 时允许采用玻璃钢贴补或挖补，破损超限时更换，颜色须一致。 2. 内侧墙、内端墙玻璃钢凹型压铁组装螺栓须紧固，螺栓露出长度不得超出凹型压铁。车内顶板抽芯铆钉、螺栓紧固。 3. 通风器的连接筒、盖板组成配件齐全、通风作用良好。 4. 上心盘更换时须装用符合图样 QCP900-00-01A 的锻钢上心盘。 5. 墙板、车门、门檐、防雨板挖补、补强、截换或更换时材质须为 09CuPTiRE。 6. 门框四角补强铁焊缝开裂时须切除原焊波焊修。 7. 车门上部导向轮，下部滑轮丢失、破损时更换，滑轮内滚动轴承作用不良时更换。车门滑动轨道弯曲变形影响作用时调修。 8. 车门内侧止挡、外侧安全栏杆、栏杆座及圆销丢失时补装，变形时调修。 9. 竹胶地板破损时须更换竹胶地板或相同规格的竹木复合地板。 10. 车门口处花纹铁地板、地板压条丢失时补装，弯曲时调修，组装螺栓松动时须紧固，螺栓与螺母须点焊牢固。 11. 铁地板下面与侧梁、端梁、大横梁、枕梁及中梁和各板间拼缝为 200 mm×100 mm 段焊，焊缝开裂时焊修。 12. 侧墙门框、侧墙平侧板四周为满焊，与侧柱、门柱、横梁为 50 mm×150 mm 段焊，焊缝开裂时焊修。 13. 端柱与上端梁、下端梁为满焊，端柱与端板为 50 mm×100 mm 段焊，焊缝开裂时切除原焊波焊修。 14. 不安装防火板。
10. 质量检查	交验时要对故障部位的施修情况重点检查，按《车辆及零部件检修、交验标识》HG1001-2008 的要求交验。

	敞车车体检修	HG106-2008

一、适用范围：敞车车体检修。

二、工艺流程：预检→修前准备→分解、检查→变形调修→端、侧梁、侧柱截换及补强→焊修→质量检查。

三、工装设备：车体调修设备、铆钉炉、铆钉机、专用拉铆钉机、氧－乙炔割炬、电焊设备、钻床、剪板机、压力机。

四、检测器具：钢板尺、直角尺、卷尺、线坠、超声波测厚仪。

五、所需材料：氧气，乙炔，J556CrNiCu 碱性焊条（TH550-NQ-Ⅱ焊丝），E308L-G 焊丝或 E309L-G 焊丝，J422、J506 焊条，铆钉，专用拉铆钉，钢板。

六、基本要求：

1. 车辆架修前须有专职的检查人员对车体进行预检，对检查发现的故障确定施修方案，并按《车辆及零部件检修、交验标识》HG1001-2008 的要求标注标识，同时记录在《货车检修记录单》(车统—22B)中。

2. 敞车检修执行本工艺外，还需执行《车体检修综合要求》HG104-2008。高强度耐候钢焊修时执行《高强度耐候钢焊接》HG1008-2008。

3. 采用专用拉铆钉连接的部件重新铆接时，须采用专用拉铆钉及专用设备。拉铆接执行《车辆部件拉铆钉铆接》HG1010-2008。

七、工序及技术要求：

工　序	技　术　要　求
1. 车体部件检修	1. 各配件须齐全良好，门、窗开闭灵活，门与柱、板间隙或搭接量符合规定。 2. 绳拴弯曲时调修，裂损时修理或更换。内脚蹬、角柱撑板等附属配件，须齐全良好、安装牢固。 3. 70 t 级敞车检修中更换绳拴时，须装用符合图样 Q/QC32-242-2008 的改进结构新型绳拴；更换车内绳座时，须装用符合图样 QCH235-10-00-011、QCH235-20-00-006 的车内绳座，上侧梁、上端梁增加符合图样 QCH235-10-00-012 的捆绑座。 4. 专用拉铆钉铆接后，零部件的接触面间须严密，在距铆钉中心 50 mm 范围内用厚 0.5 mm 的塞尺测量，不得触及铆钉杆，触及时须重新铆接。
2. 角柱、侧柱、端柱检修	1. 角柱弯曲变形时调修，横裂纹腐蚀时截换或补强。 2. 端柱、端墙外涨内凹超过 50 mm 时调修，上边梁弯曲变形时调修或截换，端墙破损腐蚀时，补强或截换。检测见《底架各梁弯曲、变形检测、调修》HG102-2008。

续上表

工 序	技 术 要 求
2. 角柱、侧柱、端柱检修	3. 侧柱外胀内凹超过 30 mm 时调修，侧柱纵裂纹不足 50 mm 时焊修，横裂纹不超过钉栓孔时焊修，超过钉栓孔或腐蚀超过 50%时补强或截换，侧柱连铁腐蚀或透孔时补强或截换。 4. 侧柱挖补或截换时，帽形钢侧柱须用原型帽形钢或 8 mm 厚侧柱用冷弯型钢，材质为耐候钢；压型侧柱钢板厚度应为 7～8 mm。截换时须斜接，接口与梁柱纵向中心线夹角不大于 45°，每根侧柱只允许一个接口。 5. 侧柱根部补强时，须用厚 6 mm 的角形补强板。下部补强时，补强板上边缘的高度须超过侧梁上平面 100 mm，下端较底面缩进量不大于 15 mm；两侧补强时，上端须错开 50 mm 及以上。但厂修周期 8 年及以上者须截换或更换。 6. 耐候钢侧柱下部截换时与侧梁连接处须涂密封胶。
3. 侧柱补强	1. 切除侧柱根部铆钉并冲出。选配厚 6 mm 角形钢板补强板，补强板上方须抹角，高度须超过侧梁上边缘 100 mm 及以上。侧柱两侧同时补强时，补强板上方高度须错开 50 mm 及以上。 2. 以原侧柱铆钉孔为基准在补强板上划眼钻孔。 3. 将补强板用螺栓紧固在侧柱上，用锤将补强板与侧柱敲打至密贴。 4. 用电焊将补强板钉孔上部与侧柱三面满焊牢固，焊角在 5 mm 及以上，清除焊渣。 5. 用铆枪将铆钉铆接牢固。
4. 车门检修	1. 门折页销、门折页、门折页座、柱插、绳拴弯曲时调修，裂损时修理或更换。门搭扣、内脚蹬、角柱撑板等附属配件，须齐全良好、安装牢固。先期未按规定对下侧门搭扣扣铁组装螺栓、螺母进行点焊的 C_{70} 型敞车须对下侧门搭扣扣铁组装螺栓、螺母进行点焊，以提高防盗可靠性。 2. 中侧门的上锁销开闭杆、上、下锁销连杆及插销装置须齐全，防盗焊接牢固，作用良好，开闭杆原为开口销组装者，须将圆销直接与杆头焊接固定。 3. 下侧门与其门折页相对处的上侧梁须有两套车门吊钩组成，且作用良好。 4. 门板腐蚀严重、破损时须挖补、截换或更换。压型部位挖补、截换时须用同形压型板，修换面积之和大于该门板面积的50%时更换,更换时须用同形压型门板。 5. 各车门缝隙大于 8 mm 时调修。

续上表

工 序	技 术 要 求
4. 车门检修	6. 车门须开闭灵活。 7. C_{70}、C_{70H}型车侧开门的上门锁杆、下门锁铁、手把支座等装置须齐全，作用良好，防盗焊接牢固。 8. 需补充敞车下侧门挂环的，挂环圆钢对接接口可由中心线移至角部，确保挂环与挂环座装配后可进行对接焊，接口焊缝采用圆周对接并焊透。 9. 下侧门、中侧门折页处须装圆垫圈（垫圈 25 TB/T 59-03），并与圆销单面满焊（焊角高 4 mm），垫圈与折页座的距离为 3~8 mm。
5. 中侧门改造	1. $C_{62A（K）}$、$C_{62B（K）}$和$C_{64K（H）}$敞车补充新侧开门时，应装用具有开启导向功能的上门锁机构和翻转式下门锁机构。其中，$C_{62A（K）}$、$C_{62B（K）}$敞车侧开门组装应符合 QCH113JX-30B-00-000 图样要求；$C_{64K（H）}$敞车侧开门组装应符合 QCH136JX-30B-00-000 图样要求。 2. 不补充新门时，C_{62AK}、C_{62BK}和$C_{64K（H）}$敞车未按C_{64}侧开门加长支撑（槽钢）方案改造的侧开门应进行侧开门改造。其中，C_{62AK}、C_{62BK}敞车侧开门组装应符合 QCH113JX-30-00-000 图样要求；$C_{64K（H）}$系列侧开门组装应符合 QCH136JX-30-00-000 图样要求。 3. C_{70}型敞车和已完成具有开启导向功能的上门锁机构改造的各型敞车，其侧门按 QCH235JX－30－00－000 要求，加装符合 QCH235JX-30-01-000 要求的两个限位挡，各型敞车侧门装用具有开启导向功能的上门锁机构时也须按本条规定执行。
6. 车体钢结构检修	1. 车体钢结构、各部钢板裂纹、腐蚀严重、破损时焊修、挖补或补强；铆结构者可焊补，补强板须盖过腐蚀处边缘 20 mm 以上，其厚度不小于原板厚度。敞车地板腐蚀程度须用超声波测厚仪进行检测确定，剩余厚度小于 4 mm 时按规定挖补或截换。 2. 车体钢结构弯曲检测见《底架各梁弯曲、变形检测、调修》HG102-2008。 3. 侧柱连铁弯曲大于 20 mm 时调修，腐蚀严重时补强、截换或更换。 4. 上端梁、上侧梁腐蚀深度大于 50%时挖补或截换，弯曲大于 50 mm 时调修。检测见《底架各梁弯曲、变形检测、调修》HG102-2008。 5. 侧墙板内凹、外胀大于 30 mm，端墙板内凹、外胀大于 50 mm 时调修。

1

续上表

工　　序	技　术　要　求
6. 车体钢结构检修	6. 侧柱外胀大于 30 mm 时调修，纵裂纹长度不大于 50 mm 或横裂纹未延及铆钉孔或螺栓孔时焊修，裂纹超限或腐蚀大于 50%时，补强、挖补或截换。挖补或截换时，帽形钢侧柱须用原型帽形钢或 8 mm 厚侧柱用冷弯型钢，材质为耐候钢；压型侧柱钢板钢板厚度应为 7～8 mm。 7. 侧柱根部补强时，须用 6 mm 厚的角形补强板。下端补强时，补强板上边缘的高度须大于侧梁上平面 100 mm，下端较底面缩进量不大于 15 mm；两侧补强时，上端须错开 50 mm 以上。但厂修周期为 8 年及以上者须截换或更换。
7. 护铁检修	1. 篷布护铁焊缝开裂时焊修，裂纹时更换，丢失时补装。 2. 篷布护铁外露结合部位须满焊，上侧梁与上端梁结合焊缝开裂时焊修。 3. 篷布护铁更换时，该部位如无连接板，须按图样 QCH113-20-00-000 及 QCH113-20-00-008 焊装连接板。C_{64}、C_{63A}（C_{63}）等型车车体四角为平板连接时，须按图样 QCH135-20-00-003A 焊装角部加强铁；裂纹时，须清除裂纹后焊装；角部加强铁裂纹时更换。
8. 质量检查	交验时要对故障部位的施修情况重点检查，按《车辆及零部件检修、交验标识》HG1001-2008 的要求交验。

	平车、集装箱车、平-集共用车车体检修	HG107-2008

一、适用范围：平车、集装箱车、平-集共用车车体检修。

二、工艺流程：预检→修前准备→车体检修→地板检修→分解、检查→变形调修→焊修→质量检查。

三、工装设备：手提式电（风）钻、专用拉铆机、手提式电（风）扳机、氧-乙炔割炬、电焊设备、手提式木地板截锯。

四、检测器具：钢板尺、直角尺、卷尺、间隙塞尺。

五、所需材料：氧气，乙炔，J556CrNiCu 碱性焊条（TH550-NQ-Ⅱ焊丝），E308L-G 焊丝或 E309L-G 焊丝，J422、J506 焊条，铆钉，专用拉铆钉，钢板，角钢，扁钢，木材，螺栓，油漆。

六、基本要求：

1.车辆架修前须有专职的检查人员对车体进行预检，对检查发现的故障确定施修方案，并按《车辆及零部件检修、交验标识》HG1001-2008 的要求标注标识，同时记录在《货车检修记录单》（车统—22B）中。

2.平车、平-集共用车检修除执行本工艺外，还需执行《车体检修综合要求》HG104-2008。高强度耐候钢焊修时执行《高强度耐候钢焊接》HG1008-2008。

七、工序及技术要求：

工　序	技　术　要　求
1. 侧门、端门检修	1．活动侧门支铁、支铁支架、支铁挡、门折页锁铁、门锁钩及门钩环、拍簧及碰铁、活动支柱及销链、端门支架等丢失时补添，破损时更换，弯曲时调修或更换，松动时紧（铆）牢固。 2．门折页销、门折页及座弯曲时调修，裂损时修理或更换，丢失时补添。 3．N_{17}型车端门折页根部无加强筋时，须焊装 190 mm×45 mm×（8 mm～10 mm）的筋板。 4．平车端门弯曲时调修，裂纹或开焊时焊修，腐蚀、破损时补强或更换，丢失时补添。 5．平车车门与地板间隙，不大于 8 mm。 6．平车端门、侧门折页圆销须装圆垫圈，组装后圆销与垫圈须满焊固。焊缝形式为角焊缝（焊角高 4 mm），垫圈与折页座的距离为 3~8 mm。 7．门搭扣等附属配件，须齐全良好、安装牢固。 8．门挡损坏时更换,变形时调修，活动门挡须转动灵活。

续上表

工　　序	技　术　要　求
2．地板检修	1．各木地板压条、边缘角钢腐蚀严重、丢失不全时截换或补装，边缘角钢弯曲时调修。 2．平车、平车-集装箱共用车（以下简称共用车）木地板侧、端部均须有压铁或压条。 3．装有花纹铁地板的 NX_{17A}、NX_{17B} 型车，木地板破损 30%时须进行全木地板改造。 4．木地板厚度不小于 70 mm。 5．各木地板压条、边缘角钢腐蚀深度超过板厚的 50%、丢失不全时补装或截换，边缘角钢弯曲者调修或更换。 6．平车地板两段拼接时，接口须搭在中梁上；平车地板两段拼接时，相邻板须为整板。 7．地板三段拼接时，接口须搭在金属梁上。 8．各拼接板的相邻接口须错开，并须搭在金属梁上，相邻地板上平面高低差大于 10 mm 时，须削棱过渡。 9．平车木地板折断、腐朽时更换，地板托梁腐蚀、折损时更换。 10．平车地板不得使用马尾松。 11．地板压带钻孔须划眼，短节压带（中央部分）须与相邻压带焊接。用风钻在压铁压带螺栓孔处钻孔，穿入沉头螺栓并紧固螺母，压铁螺母在侧梁处须加装偏垫。 12．手制动机踏板可为两段拼接。
3. 底架附属件检修	1. 平车扶手裂纹时更换，变形时调修或更换。 2. 扶手、扶手座及各圆钢制杠杆托裂纹或弯曲处割伤时更换。 3. 挖补、截换时，须符合原设计的材质、形状和厚度要求。 4. 车体各配件烈损、腐蚀、变形、松动、焊缝开裂、丢失时修理、补装或更换。 5. 钢质人力制动机踏板腐蚀严重、破损时更换。 6. 制动吊架与底架焊缝开裂时，须割除原焊波重新焊固。 7. 柱插、绳拴弯曲时调修，裂损时修理或更换。 8. 70 t 级平车更换绳拴时，须装用符合图样 Q/QC32-242-2008 的改进结构新型绳拴。 9. X_{6A}、X_{6B} 车手制动机挡铁、托架组成须符合图样 ECH18JG-01-00、ECH33JG-01-00。

续上表

工　序	技　术　要　求

4. 锁闭装置检修

集装箱平车、共用车锁闭装置及门挡检查及修理须符合下列要求：

1. 新组装锁头的安装尺寸须符合表1的要求。

表1　锁头安装尺寸　　单位：mm

集装箱类型	角件中心长	角件中心宽	对角线尺寸	对角线差
48英尺国际箱	11 985±6	2259^{0}_{-3}	121 969±6	≤16
45英尺国际箱	11 985±6	2259^{0}_{-3}	121 969±6	≤16
40英尺国际箱	11 985±6	2259^{0}_{-3}	121 969±6	≤16
20英尺国际箱	5 853±6	2259^{0}_{-3}	6274^{+5}_{-7}	≤13
10 t 铁标箱	2 866±2	2259^{0}_{-3}	3649^{+2}_{-3}	≤6

2. 各销轴直径磨耗大于2 mm时更换，销轴孔径磨耗大于2 mm时焊修或更换。
3. 各附属件裂纹，破损时更换，弯曲时调修。
4. 门挡损坏时更换,变形时调修，活动门挡须转动灵活。
5. 挡铁或中间挡铁损坏或腐蚀深度大于40%时更换。
6. 锁头与锁头挡铁两侧间隙之和大于7 mm时更换。
7. 翻板式锁闭装置须翻转灵活，不得扭翘，与横梁接触面接触良好，局部间隙不得大于 1.5 mm；翻转不灵活、扭翘间隙大于1.5 mm时调修或更换。
8. 翻板式锁头连接板变形时调修，腐蚀深度大于40%时更换。

续上表

工　序	技　术　要　求
4. 锁闭装置检修	9. X_{1K}型集装箱车锁头固定装置的主动钩、从动钩应动作灵活、作用良好，变形时调修；腐蚀深度大于30%时更换。锁钩工作面磨耗深度大于3 mm时更换。各孔轴支板腐蚀深度大于30%时更换。 10. 全自动锁须分解检修，O形密封圈老化时更换；橡胶扭簧损坏时更换；安装框、壳体裂纹时焊后磨平；锁轴壳体表面、锁轴杆部及接触面须涂润滑脂；螺钉与盖板接触部位须涂密封胶。安全销约束时锁轴工作位置须正确可靠，即锁轴箭头标记与壳体箭头标记对齐；安全销取消约束时锁轴应转动灵活，轴向窜动不大于3 mm。 11. 共用车国际箱锁头与锁座两侧间隙之和不大于4 mm，超限时堆焊加工或更换。锁座两面磨耗之和大于4 mm时更换；锁座垫板及锁座加强板腐蚀深度大于40%更换。 12. 铁标箱锁头在平车工况时不得碰撞侧梁腹板，碰撞时修理或更换；在装箱工况时，门挡与门挡座的垂直度不得大于6 mm，超限时可堆焊后磨平门挡座与门挡的接触面或更换。 13. X_{6A}、X_{6B}、X_{6C}系列车辆装用的直台式锁头全部改造图样为ECH18-09JGB-00-001、ECH18-09JGB-00-002、ECH18-09JGB-00-003的凸台式锁头。 14. NX_{17}系列即NX_{17A}、NX_{17}、NX_{17T}、NX_{17AT}、NX_{17K}、NX_{17AK}等6种平-集共用车全部更换图样为ECH60-09JG-02-100A、ECH60-09JG-03-100A的凸台式锁头，并按图样ECH60-09JG-01-000、ECH60-09JG-02-000、ECH60-09JG-03-000、ECH60-09JG-04-000、ECH60-09JG-05-000组装安全吊和铆钉及加状挡块。 15. 对集装箱专用车和平集共用车四周的10 t级集装箱锁头不进行改造，检修发现损坏时拆除，丢失时不补装。 16. 集装箱专用车两端的40英尺集装箱锁头改造成凸台式锁头后须进行固定，底座须满焊。 17. 集装箱专用车的20英尺集装箱锁头改造成凸台式锁头后须为活动翻板式。 18. NX_{70}、NX_{70H}型车集装箱锁闭装置须符合图样ECH58-09-00-000，X_{4K}型集装箱车门挡与锁闭装置须符合图样QCH246B-50-00-000，配件齐全，作用良好。
5. 质量检查	交验时要对故障部位的施修情况重点检查，按《车辆及零部件检修、交验标识》HG1001-2008的要求交验。

	罐车蒸洗	HG108-2008

一、适用范围：各型粘油、轻油罐车检修洗蒸洗。

二、工艺流程：预检→蒸洗前检查→排出罐内残油→蒸洗→排出灌内积水擦拭罐体内部→测爆、明火试验。

三、工装设备：洗罐台、储油池、抽油设备、污水处理设备、蒸汽装置、鼓风机、安全防护用具、救护用具、铝（铜）或塑料质掏油容器、真空泵、低压防爆照明设施、消防器材。

四、所需材料：蒸汽、压缩空气、拭布。

五、工序及技术要求：

工序	技术要求
1. 蒸洗前检查	打开罐盖，检查、确认残油品种及油量，酸、碱及装运有毒液体的罐车不得实行蒸洗。
2. 排出罐内残油	1．残油数量多时用排油装置进行排油。 2．人工掏油时，须佩戴防毒面具，穿着棉质防爆工作服，进罐作业前先检测氧含量，进入罐内作业后，将低压防爆照明装置固定于罐内适当位置，罐口须有人接送与监视。 3．清除残油工具不得使用钢制品，须用铝、铜或塑料制品。 4．粘油罐车须将中心排油阀置于开放位置，将罐内残油集中于排油阀口附近排出。 5．残油须清除干净，不得有油底子等杂物。
3．蒸洗	1．将蒸汽装置放置罐口上，开通汽源进行蒸洗。蒸汽压力应为200～300 kPa，连续蒸洗时间应大于90 min，黏度较大时，时间适当延长。 2．罐体温度增高时，用铜（铝）铲除掉罐体外部的油垢及锈层。 3．罐车的附属设施中心排油装置等油垢应用蒸汽向加热管加热，清除表面油垢及锈层。 4．蒸洗结束后，向罐内鼓风降至环境温度。 5．蒸洗作业时要注意保护车辆标签。
4．排出积水擦拭罐体内部	1．用真空泵将罐体内污水排净，并清除罐内的油垢、泥沙等杂物。排出的污水须经污水处理设备处理。 2．罐口内梯及排油阀等处须以拭布擦净。 3. 蒸洗完毕后的罐车必须进行测爆和明火试验。测爆和明火试验执行《罐体测爆、明火试验》HG110-2008。

	罐 车 风 洗	HG109-2008

一、适用范围：各型轻油罐车检修洗风洗。
二、工艺流程：风洗前检查→排出罐内残油→风洗。
三、工装设备：洗罐台、储油池、抽油设备、风洗装置、安全防护用具、救护用具、铝（铜）或塑料制品掏油器具、真空泵、低压防爆照明设施。
四、所需材料：压缩空气。
五、工序及技术要求：

工 序	技 术 要 求
1. 蒸洗前检查	打开罐盖，检查、确认残油品种及油量，装运酸、碱及有毒物品的罐车，不得实行风洗。
2. 排出罐内残油	1．残油数量多时用排油装置进行排油。 2．人工掏油时，须佩戴防毒面具，穿着棉质防爆工作服，进罐作业前先检测氧含量，进入罐内作业后，将低压防爆照明装置固定于罐内适当位置，罐口须有人接送与监视。 3．清除残油的工具不得使用钢制品，须用铝、铜或塑料制品。 4．残油须清除干净，不得有油底子等杂物。
3．风洗	1．向罐内鼓风，排除罐内残存可燃气体。 2．向罐内鼓风时间为：装运汽油、酒精类不得少于 30 min；其他车不少于 50 min。 3．每辆车鼓风量不低于 600 m^3/h。 4．测试可燃气体含量超过标准时，须再次向罐内鼓风，直至测试合格为止。 5．风洗完毕后的罐车须进行测爆和明火试验。测爆和明火试验执行《罐体测爆、明火试验》HG110-2008。

	罐体测爆、明火试验	HG110-2008

一、适用范围：经过洗刷罐车的测爆、明火试验和罐车检修前二次测爆。
二、工艺流程：罐体测爆→罐体明火试验→罐车检修前二次测爆。
三、工装设备：明火试验台（明火区）、安全防护用具、救护用具。
四、检测量具：测爆仪、明火长杆。
五、所需材料：火种。
六、工序及技术要求：

工　序	技　术　要　求
1．罐体测爆	1．经洗刷的罐车在明火试验前须进行测爆检查。 2．测爆仪在使用前须确认检定合格，作用良好。 3．每辆罐车测试点不少于3处，须先在罐口测试合格后再进入罐内，沿罐体长度方向向其两端测试。进入罐内作业，要穿着棉质防爆工作服，使用低压防爆照明装置，罐口须有人接送与监视。 4．测试不合格时，须再次洗刷，重新测爆，合格后进行明火试验。
2．罐体明火试验	1．明火作业须在明火场地进行。明火作业须由两人以上完成，须指定专人监护。 2．打开待明火车辆人孔盖，并检查罐内状态。 3．点燃火种，用试火长杆进行明火作业，严禁在罐体上方作业。明火时间不得少于1min。 4．如发生瓦斯爆炸，要复核测爆仪的准确性。对罐体重新洗刷再重新试验。 5．经试验合格后放下人孔盖，人孔盖与座间应留有空间，在罐体上标明已经明火试验合格的标识，并开具洗罐证明书。
3．罐车检修前二次测爆	1．对于装载易燃、易爆货物的罐车在检修前须进行二次测爆检查。 2．二次测爆在罐车检修前2 h内进行，作业技术要求与罐体测爆相同。测爆合格后在罐体上标明已经二次明火试验合格的标识。

	罐体及附属件检修	HG111-2008

一、适用范围：罐车罐体及附属件的检修。
二、工艺流程：检修前确认→罐体检修→罐体附属件检修→押运间检修→卡带与调整器检修→鞍木与座木检修。
三、工装设备：电焊设备、电（风）钻、木工专用机械、氧-乙炔割炬。
四、检测量具：钢板尺，卷尺，塞尺。
五、所需材料：钢板，硬木。
六、工序及技术要求：

工　序	技　术　要　求
1. 检修前确认洗刷合格	1. 车辆架修前须有专职的检查人员对车体进行预检，对检查发现的故障确定施修方案，并按《车辆及零部件检修、交验标识》HG1001-2008 的要求标注标识，同时记录在《货车检修记录单》（车统—22B）中。 2. 罐车检修执行本工艺外，还需执行《车体检修综合要求》HG104-2008。 3. 罐车检修前，须对罐体内洗刷情况进行检查确认，检查核对洗罐证明书，车体上的明火合格标识和二次测爆合格标识，确认无误后方可进行作业。
2. 罐体检修	1. 人孔盖与座结合须严密，铅封座、铅垫或胶垫丢失、损坏时补装或更换。 2. 人孔盖折页轴须采用 M（20～22）×（205～210）的螺栓组装，螺母组装后与螺杆点焊牢固；人孔盖折页轴变形时调修或更换，焊接部位开焊时焊修。 3. 人孔盖螺栓须为一体式浸脂螺栓，原装的一体式螺栓应注Ⅱ型石蜡基润滑脂或Ⅱ号锂基润滑脂，状态不良时更换。 4. 液面高度指示牌安装须牢固，不得倾斜。 5. 罐体凹凸量超过 50 mm/m^2 时调修，如无硬性皱褶可用水压鼓罐方法修复至±5 mm/m^2，水压应不高于 700 kPa。 6. 罐体腐蚀、磨耗深度大于厚度的 30%时挖补，须用与原型等厚的钢板，两面焊，不得有十字接口，接口错牙不得大于 2 mm。 7. 罐体焊缝开裂时，须清除原焊波后重新焊修，并有 2～3 mm 增强焊波，焊修后进行水压试验。

续上表

工　序	技　术　要　求
2. 罐体检修	8. 罐体中部鞍座螺栓须紧固。
3. 罐体附属件的检修	1. 呼吸式安全阀安装数量：粘油、食用油罐车为1个；轻油罐车为2个（包括粘改轻罐车）；氨水及酸碱类罐车可不装。向罐车上安装呼吸式安全阀，密封胶垫须良好无破损，安装螺栓须紧固。呼吸式安全阀更换新品时须为图样HT272-00-76型呼吸式安全阀 。 2. 排油阀、呼吸式安全阀须经检修试验合格方可装车使用。 3. 下卸阀两侧开闭轴、吊架及开关方向标志牌须齐全，位置正确；两侧开闭标志牌方向须相反。开闭轴须符合图样XCH8-56-00-001-JG，见附录1。 4. 排油管盖及密封垫丢失、损坏时补装或更换，新型排油阀盖须符合图样XCH8-56A-01-100。链环直径小于ϕ4 mm时更换；盖、链放下后至轨面垂直距离小于50 mm 时调修，各环接口须焊固。 5. 罐体内、外扶梯、车顶走板、端走板、栏杆及托架弯曲时调修，裂纹时焊修，缺少者添补，腐蚀大于50%时补强、截换或更换；螺栓松动时紧固。 6. 车顶走板、端走板须安装牢固，木走板折断、腐朽时更换；木走板更换时，须按规定改为拉网板，拉网板厚度不小于4 mm；螺栓连接者须安装弹簧垫圈或背母及开口销。 7. 各吊架、管卡折损、裂纹时焊修、补强或更换，并须安装牢固。 8. 装用球芯折角塞门的既有罐车（21 t轴重罐车）按照装配方案图（XCP81-13-000）在端梁外加装折角塞门吊，同时拆除原端梁内制动主管吊及制动主管吊组装。
4. 押运间检修	1. 钢结构须按《棚车车体检修》HG105-2008相关要求检修。 2. 内衬板腐朽、脱胶或破损时截换或更换。地板布破损时截换或更换。 3. 车门开闭灵活，密封良好，密封条破损时更换。 4. 门锁失效时分解检修或更换。 5. 设备须齐全，状态良好，损坏时修理或更换，丢失时补装。
5. 卡带与调整器检修	1. 卡带破损时更换或截换,截换时接口不得超过2个，截换长度每段不小于300 mm；卡带与连接杆新焊时须搭接,搭接量不小于100 mm,四周满焊后探伤检查。 2. 卡带拧紧后须拧紧锁紧螺母，其外侧螺纹露出长度不得小于10 mm，两螺杆内侧间距不得小于35 mm。 3. 调整器通用件与非通用件可混装,但同端同侧须一致。

续上表

工　序	技　术　要　求
5．卡带与调整器检修	4．新制卡带连接杆端部 *R*10 mm 改为 *R*20 mm，卡带连接杆与卡带每侧焊缝应为一次连续焊接成形，采用二氧化碳混合气体保护焊焊接。 5. 对卡带与卡带连接杆焊缝进行外观检查，应无下列缺陷： （1）焊缝咬边长度超过总长度的 1/4，深度超过 0.5 mm； （2）焊缝未熔合或成形不良； （3）卡带与卡带连接杆的焊缝焊角高度小于 6 mm，且长度超过焊缝总长的 1/4。 6．卡带连接杆螺纹部位出现肉眼可见裂纹时，更换卡带连接杆。 7．外观检查不合格的焊缝，清除缺陷后补焊，并将焊缝表面打磨光滑。经渗透探伤检查。 8．经重新焊接的卡带与卡带连接杆焊缝处，须进行探伤检查。
6．鞍木、座木检修	1．鞍木与罐体间隙不大于 6 mm 时，允许在垫木托座上加钢板调整，钢板应涂可焊性防锈漆，长度不得小于 200 mm，调整后点固焊。当垫木与罐体间隙大于 6 mm 时，须更换硬质木垫木。 2．调整后，垫木须密贴，允许 1/3 的接触面积间隙不大于 0.5 mm，局部不大于 1 mm。最外侧垫木与罐体间不得存在间隙。 3．鞍木腐朽、损坏时应更换；更换时须用硬质木垫木。 4．原为螺栓组装者更换时可在两端加焊 U 形铁板固定；鞍座螺栓松动时须紧固。 5．鞍木座与罐体应有 5 mm 以上间隙，间隙不足时调整。
7．GF_{70}、GF_{70H} 型车检修特殊要求	1．压铁变形、裂损时调修或更换。 2．尼龙帆布因物料板结导致透气性能失效时清理，清理后失效面积之和大于总面积的 50%时更换。 3．水平流化床区域内的罐体、补板及吊托与罐体的结合部进行火焰调修、补焊及截换时，须掀开水平流化床，采取防护措施。 4．安全阀组装后进行气密性试验：压力达到 440 kPa 时须开始排风，压力降至 380 kPa 时须停止排风。 5．各管路变形时调修或更换，腐蚀大于 30%时截换或更换，截换时风管及卸料管每节长度不小于 500 mm。 6．组装时喇叭口至流化床盲板上平面的距离为(50+20) mm，超限时可安装钢垫圈调整。

附录 1　开闭轴（XCH8-56-00-001-JG）

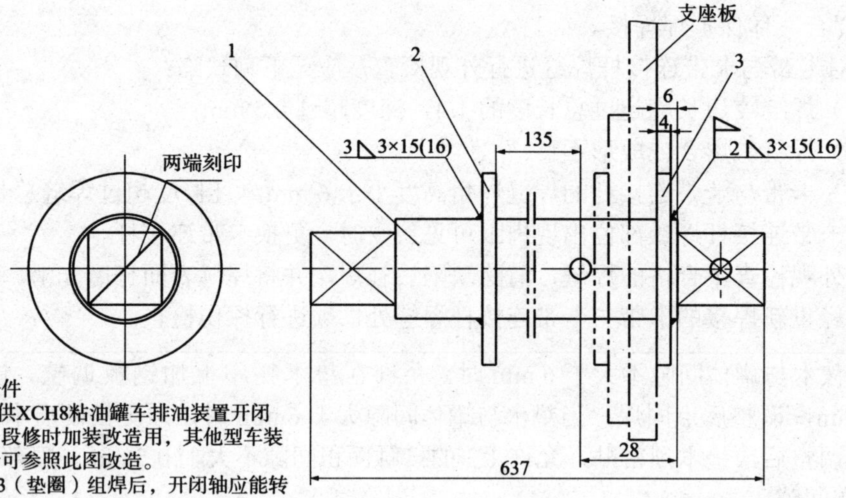

技术条件

1.本图供XCH8粘油罐车排油装置开闭轴厂、段修时加装改造用，其他型车装球阀者可参照此图改造。

2.件号3（垫圈）组焊后，开闭轴应能转动灵活。

	罐体水压试验	HG112-2008

一、适用范围：罐车罐体水压试验。

二、工艺流程：准备工作→罐体水压试验→打印水压试验记录。

三、工装设备：水压试验台、微控水压试验装置、储水装置。

四、检测量具：手锤、扳手、计时器、手电筒。

五、所需材料：水。

六、基本要求：

1. 罐车水压试验执行本工艺同时，须执行 TB/T 1803—1986《铁道罐车水压试验技术条件》。

2. 段修时罐体焊修（安全阀座、加温套除外）的车辆；制造年限超过 15 年的普通铁路罐车（装运轻油、粘油、食用油等货物的铁路罐车）；2006 年 1 月 1 日起新造普通铁路罐车在第一个厂修期后，每次段修时；制造时间不明的罐车须实施水压试验。

3. 确认罐体测爆、明火试验合格。

七、工序及技术要求：

工　序	技　术　要　求
1. 准备工作	拆下现车呼吸式安全阀，安装盲板；下卸阀须关闭；拆下“粘改轻”罐车加温套排水口堵。
2. 罐体水压试验	1. 安装水压试验装置，向罐内注水，水位须与罐口上沿平齐。 2. 罐体内部压力为：粘油罐车、食油罐车、水罐车为 150 kPa；轻油罐车为 200 kPa；氨水及酸碱类罐车为 250 kPa。达到定压后保压 5 min，外观检查罐体，不得有漏泄。 3. 对新焊修部位，并用圆头锤(0.5～1 kg)轻敲距新焊缝 15～20 mm 处不得漏泄。 4. 检查加温装置的排水口，不得有水流出。
3. 打印水压试验记录	1. 试验合格在罐体上画水压试验合格标识，不合格的标明漏泄部位，排水后焊修，重新水压试验。 2. 开启排水阀门，将水排出，罐内积水应用真空泵将水吸干。卸下水压试验装置，卸下盲板，安装呼吸式安全阀，关好现车罐盖；安装“粘改轻”罐车加温套排水口堵。 3. 打印水压试验记录。

	罐体加温装置检修	HG113-2008

一、适用范围：罐车罐体加温套、内加温装置的检修。

二、工艺流程：加温套检修→内加温装置检修→加温装置附件检修。

三、工装设备：气密性试验设备。

四、检测量具：扳手、计时器、手电筒。

五、所需材料：压缩空气。

六、工序及技术要求：

工　序	技　术　要　求
1. 加温套检修	加温套须进行蒸汽通汽试验，检查加温套通汽良好，除排气口外，其他部位不得有漏泄。
2. 内加温装置检修	1. 内加温装置须进行蒸汽通汽试验，内加温装置通汽须良好。 2. 对内加温装置进行 200 kPa 的气密性试验，保压 10 min 不得漏泄。漏泄时密封垫圈须更换为符合图样 XCH40-51-00-005 的密封垫圈，见附录 1。
3. 加温装置附件检修	进汽口堵丢失时补装，并装链焊固；排水管丢失、损坏时补装或更换，并用管卡安装牢固。

附录 1　密封垫圈（XCH40-51-00-005）

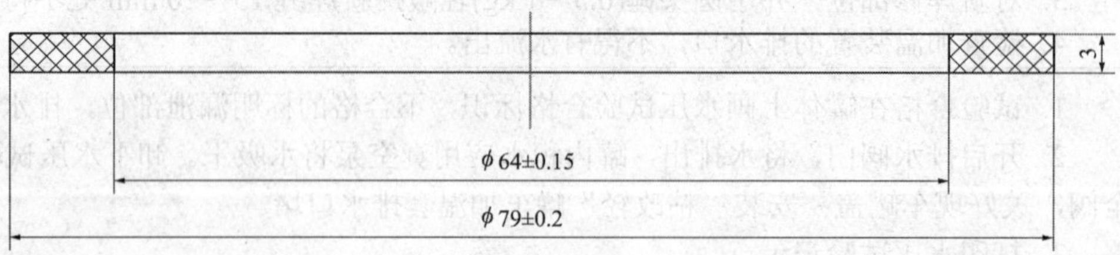

罐车呼吸式安全阀检修	HG114-2008

一、适用范围：罐车呼吸式安全阀检修。
二、工艺流程：分解→配件清洗→检修→试验。
三、工装设备：呼吸式安全阀试验装置（微控）、铅封钳。
四、检测量具：扳手、游标卡尺。
五、所需材料：压缩空气 、铅封、 ϕ0.5～ ϕ0.9 mm 铁丝。
六、工序及技术要求：

工　序	技　术　要　求
1. 安全阀的分解检修	1．安全阀须分解、清洗，配件擦拭干净。 2．阀体、阀盖、吸入阀、放泄阀裂损、阀杆弯曲时更换。密封圈裂损、老化、变形、弹簧衰弱、折损时更换。 3．组装安全阀各配件，螺纹部分须涂铅粉油，禁止缠麻。
2. 安全阀的试验	安全阀须在专用微控试验台上进行试验： 1．排气试验：轻油罐车定压为（150±20）kPa、粘油、食用油罐车定压为（100±20）kPa，达到定压时，须起排风作用，持续 5 s 不得超过上限。压力达到下限时（轻油罐车 130 kPa、粘油罐车 80 kPa）须停止排风。 2. 吸气试验：当负压力达到 1～2 kPa 时须起吸气作用。 3. 试验合格后紧固锁定螺母并用 ϕ0.5～ ϕ0.9 mm 铁丝铅封，在安全阀盖侧壁上涂打压力值标识和检修单位简称，填写检修记录（或微控试验台打印试验记录）。 4．检修合格的安全阀存放期不应超过 3 个月，超过时，在装车前应进行试验，超过 6 个月时应重新检修试验。

	罐车下卸阀检修	HG115-2008

一、适用范围：罐车下泄阀检修。

二、工艺流程：外部清洗→分解→配件清洗→检修→试验。

三、工装设备：下泄阀外部清洗设备、微控下泄阀试验台、平衡吊。

四、检测量具：扳手。

五、所需材料：橡胶垫、肥皂水、O 形密封圈。

六、工序及技术要求：

工　序	技　术　要　求
1. 清洗、分解	1. 下卸阀外部须清洗，除净阀体外部油垢。 2. 分解下卸阀、清洗各配件。
2. 检修、组装	1. 阀座垫（XCP401-00-09，见附录 1)、O 形密封圈（XCP401-00-07，见附录 2)、中法兰垫片(XCP401-00-02，见附录 3)裂损、老化、变形时更换。 2. 阀体、阀盖、阀芯、开闭挡裂纹、破损时更换。 3. 阀芯、开闭轴磨损时更换。 4. 组装时开闭轴及螺栓处须涂润滑脂。开闭挡与阀体相应的开闭挡接触后，阀门须全开或全闭。
3. 试验	下卸阀须在微控专用试验台上进行试验： 1. 中心排油阀试验：手把置于关闭位置，在另一端进行 300 kPa 的压力试验，保压 3 min 不得漏泄。 2. 改进型下卸阀的试验： （1）手把置于关闭位置，在一端分别进行 25 kPa、600 kPa 的压力试验，保压 30 s，另一端不得漏泄。 （2）手把置于 45° 位置，将另一端堵住，进行 600 kPa 压力试验，保压 60 s，不得漏泄。
4. 贮存	1. 试验完毕填写检修记录（或微控试验台打印试验记录)。 2. 检修合格的下卸阀存放期不应超过 3 个月，超过时，在装车前应进行试验，超过 6 个月时应重新检修试验。

附录 1　阀座垫（XCP401-00-09）

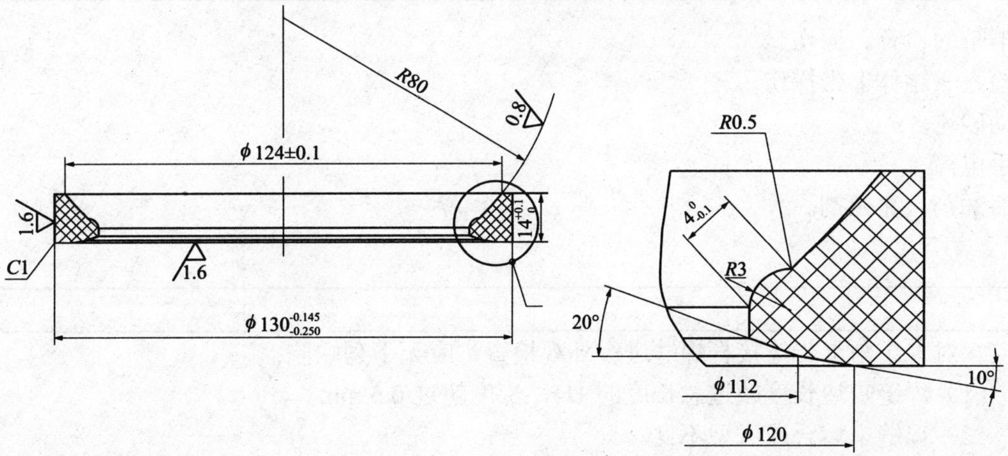

附录 2　O 形密封圈（XCP401-00-07）

XCP401-00-07					
O形密封圈					
材料	橡胶 I -2	质量	0.002	共1页	第1页
适用车型	G_{17}、G_{17B}				

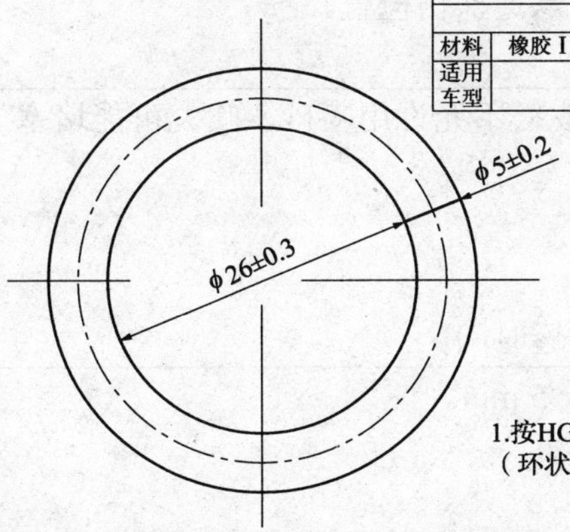

技术要求

1.按HG4-329《密封橡胶制品（环状）》的规定制造。

附录 3　中法兰垫片（XCP401-00-02）

XCP401-00-02					
中法兰垫片					
材料	聚四氟乙烯SFB-1 ZBG 33002-85	质量	0.04	共1页	第1页
适用车型	G_{17}、G_{17B}				

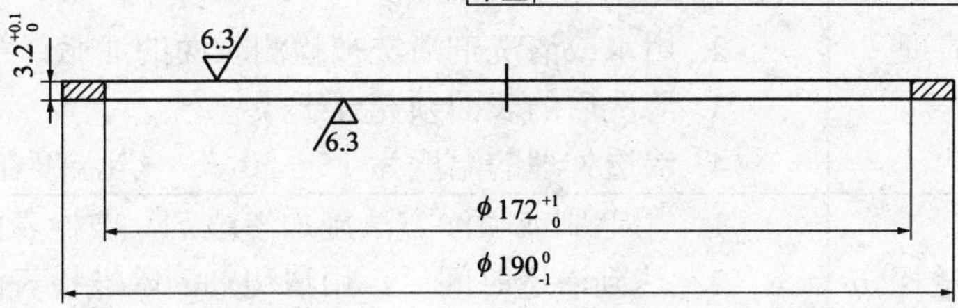

	罐体卡带检查、探伤	HG116-2008

一、适用范围：罐车罐体卡带的检查、探伤。
二、工艺流程：罐体卡带检查→罐体卡带探伤。
三、工装设备：手持式电动砂轮。
四、检测量具：检查锤、手电筒。
五、所需材料：渗透剂、清洗剂、显像剂。
六、工序及技术要求：

工　序	技　术　要　求
1. 检查	1. 对卡带与卡带连接杆焊缝进行外观检查，应无下列缺陷： （1）焊缝咬边长度超过总长度的 1/4，深度超过 0.5 mm。 （2）焊缝未熔合或成型不良。 （3）卡带与卡带连接杆的焊缝焊角高度小于 6 mm，且长度超过焊缝总长的 1/4。 2. 卡带连接杆螺纹部位出现肉眼可见裂纹时，更换卡带连接杆。 3. 外观检查不合格的焊缝，清除缺陷后补焊，并将焊缝表面打磨光滑，须渗透探伤检查。 4. 经重新焊接的卡带与卡带连接杆焊缝处，须进行探伤检查。
2. 探伤面的清理	1. 采用机械方法（打磨）清除被检表面的焊渣、铁锈、焊接飞溅和氧化皮，不允许用喷砂、喷丸可能堵塞表面开口缺陷的方法。 2. 用水或清洗剂清洗被检测表面的油脂、纤维屑等物质。 3. 清洗后的表面须充分干燥。 4. 渗透处理的温度为 15～50 ℃。当温度在 3～50 ℃范围时应适当延长渗透时间。
3. 卡带的渗透探伤	1. 用毛刷或喷涂方法施加渗透剂，被检表面须全部润湿。渗透时间不少于 5 min。 2. 达到渗透时间后，用清洗剂清除被检表面上的渗透剂。 3. 洗净后的表面正常蒸发干燥，也可用布、纸擦干或压缩空气吹干。

续上表

工　序	技　术　要　求
3．卡带的渗透探伤	4．在经过干燥后的表面上立即喷洒显像剂，同时仔细观察被检表面迹痕显示情况。最终确定应在渗透剂渗出后的7～30 min内完成。 5．渗透探伤质量评定 （1）缺陷迹痕分为两种：长轴与短轴之比小于3的迹痕称为圆型迹痕；长轴与短轴之比大于等于3的迹痕称为线型迹痕。 （2）发现裂纹后焊修，重新探伤。 6. 探伤合格后，用白油漆在卡带上划探伤标记“T”。

二、车钩缓冲装置

	现车车钩缓冲装置及附属件检修	HG201-2008

一、适用范围： 13 号、13A 型、13B 型、16 型、17 型现车车钩缓冲装置及附属件检修。

二、工艺流程：分解→检查→修理→组装→试验。

三、工装设备：风动（电动）扳机，套筒扳手，活络扳手，电焊机，钎焊机，氧-乙炔割炬，叉车，钩缓拆装机，千斤顶。

四、检测器具：钢直尺，钢卷尺，塞尺，从板座磨耗测量尺，现车钩缓综合量规，16型钩尾销托段修量规，厚度测量规，弹性支撑装置磨耗板检测量规，止挡铁检查量规，300 mm深度游标卡尺，锁铁托具，钩舌与钩腕内侧距离量规，钩锁销与钩舌搭接量检查量规，钩提杆左右横动及松余量测量尺等。

五、所需材料：氧气，乙炔，J422、J506 焊条，润滑脂，黑铅粉油，二硫化钼湿剂，10.9 级螺栓，防松螺母，重型弹簧垫圈，垫圈，螺母，开口销。

六、工序及技术要求：

工　序	技　术　要　求
1. 车钩缓冲装置现车分解	
(1) 13 号、13A 型、13B 型	1．分解上作用车钩提钩链与上锁提连接的马蹄环圆销及垫圈；分解下作用车钩钩提杆座螺母，卸下钩提杆。 2．分解钩托梁螺栓、钩尾框托板螺栓。 3．卸下成套车钩缓冲装置。
(2) 16 型、17 型	1．分解车钩钩提杆座螺母，取下钩提杆及开钩框。 2. 分解钩尾销托梁、安全托板、钩尾框托板。 3. 16 型 （1）将车钩转动 180° 呈反位，分解钩尾框上的钩尾销托，卸下钩尾销； （2）将车钩转动 180° 呈正位，卸下车钩组成； （3）沿牵引梁纵向压缩从板及缓冲器，卸下钩尾框从板及缓冲器组成。 4．17 型 （1）分解钩尾销托板后卸下钩尾销； （2）卸下车钩组成；

续上表

工　序	技　术　要　求
(2) 16 型、17 型	（3）沿牵引梁纵向压缩从板及缓冲器，卸下钩尾框从板及缓冲器组成。
2．现车钩缓附属件检修	
（1）钩托梁、钩尾框托板、安全托梁、钩尾销托板检修	1. 13 号车钩托梁磨耗大于 3 mm 时焊修后磨平，钩托梁弯曲大于 5 mm 时调修,横裂纹时更换。车钩托梁磨耗板，钩尾框托板上的焊装磨耗板（或活动槽形板）剩余厚度小于 50%时更换。钩尾框托板上的焊装磨耗板更换时，两侧端部各施以 30 mm 长的段焊。 2. 钩尾框托板弯曲时调修或更换。装用 13 号、13A 型、13B 型车钩的货车更换新品钩尾框时，应装用符合图样 QCH194A-84-00-002A 要求的非金属钩尾框托板磨耗板，并按附录 1 加焊挡块，同时须切除钩尾框托板磨耗板，切除时不得伤及托板并修磨平整。 3. 16 型车钩钩尾销托表面磨耗大于 6 mm 时更换。 4. 16、17 型钩尾框托板、钩尾销托梁的磨耗板磨耗大于 3 mm 时更换，安全托板磨耗大于 3 mm 时堆焊后磨平或更换。 5．含油尼龙钩尾框托板磨耗板剩余厚度不足 4 mm 时更换。
（2）16、17 型车钩弹性支承装置检修	1. 分解支撑座止挡铁螺栓，分解弹性支撑装置。 2. 支撑弹簧座腔内磨耗板磨耗大于 1.5 mm 时更换。 3. 车钩支撑座两外侧面磨耗大于 2 mm 时堆焊磨平；磨耗板磨耗大于 2 mm 时更换；新磨耗板厚度应为 4～16 mm。 4. 车钩支撑座止挡铁磨耗剩余厚度小于 25 mm 时更换。 5. 支承弹簧自由高为（238±5）mm，超下限时更换，超上限时可每端同高配套使用，不得热修；弹簧腐蚀直径量减少超过 8%时更换。组装时每组 3 个支承弹 簧自由高差不大于 2 mm。 6．弹性支承装置各配件裂纹时更换。
（3）钩提杆、提钩链、开钩框、钩提杆座	1. 钩提杆、开钩框裂纹时更换，变形时调修。 2. 提钩链、马蹄环直径磨耗剩余量不足 50%时更换。 3. 钩提杆座裂纹时更换；与钩提杆配合孔边缘剩余厚度不足 50%时更换。钢板或角钢煨制的钩提杆座，与钩

续上表

工　序	技　术　要　求
（3）钩提杆、提钩链、开钩框、钩提杆座	提杆配合孔的煨边须密贴后焊固。 4. 下作用钩提杆座与钩提杆配合处间隙超过 2 mm 时，将磨耗部位堆焊后磨平或加工。 5. 钩提杆座安装座与车体组装时，须内外两侧焊接，焊角高度 5 mm。 6. 开钩框止挡变形时调修，裂纹、破损时更换。
3. 车钩缓冲装置现车组装	
(1)13 号、13A 型、13B 型	1. 组装成套车钩缓冲装置，安装后须取出工艺垫。车钩、钩尾框、缓冲器、冲击座的型号、材质及匹配要求执行《车辆落成及检查》HG901-2008 要求。 2. 按照车种车型选配钩尾框托板，各型货车用钩尾框托板高度见附录 2。 3. 组装前在从板与牵引梁内侧磨耗板和从板座的摩擦面、钩体托梁及磨耗板、钩尾框托板磨耗板上面涂润滑脂。 4. 钩体托梁组装，采用 M22 螺栓，须安装背母和 ϕ4 mm 开口销并卷起，各螺母紧固。 5. 钩尾框托板螺母须采用 FS 型、BY-B 型或 BY-A 型防松螺母，安装 ϕ4 mm 开口销并卷起，并须配套使用强度满足 GB 3098.1 规定的 10.9 级，精度等级符合 GB 9145 中 6g 要求的螺栓，螺栓头部须有“10.9”标记。装用 BY 型防松螺母时，须安装重型弹簧垫圈。在型钢翼板倾斜部位组装螺栓时，须安装斜垫。组装螺栓螺纹部分须涂黑铅粉油。 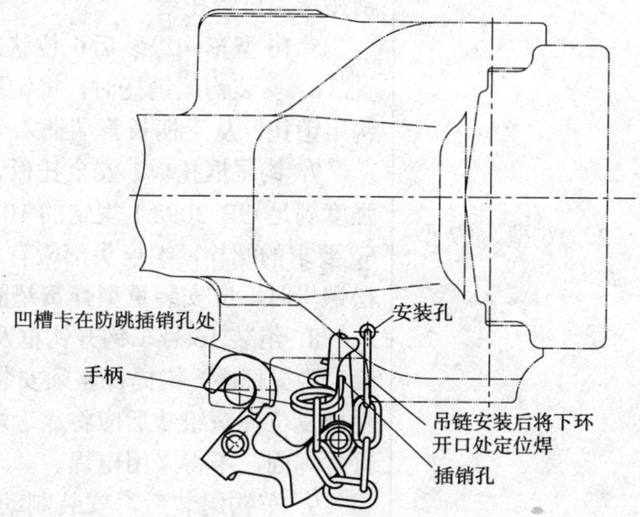 图 201-1　车钩防跳插销组装示意图 6. 组装下作用车钩钩提杆座。组装上作用车钩钩提杆链上下马蹄环圆销及垫圈，圆销与垫圈三等分三处点焊固，垫圈与组装件须有轴向间隙。钩提杆座采用 M16 螺栓组装紧固，并安装背母，将螺栓与背母点焊固。 7. 装用 13 号、13A、13B 型下作用式车钩的货车须加装符合图样 QCP860-05A-00 要求的车钩防跳插销，见图 201-1。

续上表

工　序	技　术　要　求
（2）16 型、17 型	1. 安装钩尾框、缓冲器、从板、转动套组成。应装用 MT-2、Mark-50 型或铁道部批准的其他型号缓冲器，原为锻造钩尾框仍装锻造钩尾框，但可用锻造钩尾框替换铸造钩尾框，同时配套装用含油尼龙钩尾框托板磨耗板。 2. 组装钩尾框托板及磨耗板、安全托板。 3. 组装车钩弹性支撑装置，2007 年 3 月 1 日以前出厂的 C_{70} 型敞车，冲击座止挡铁螺栓和螺母紧固后须将靠近螺母的螺栓螺纹铲堆(3 扣及以上)，每扣螺纹铲堆长度不小于 10 mm,且深度不小于螺纹深度的 2/3。 4. 在钩尾端部的球面及钩尾销等摩擦面上涂干性润滑脂（二硫化钼），依次组装车钩、钩尾销、16 型钩尾销托、钩尾销托梁。 5. 16 型车钩组装后正位状态下，钩尾销的平头端、转动套的半盲孔必须位于钩尾框下方。 6. 安装钩尾销托时，将钩尾销托组成装入钩尾框的尾销托安装槽中，插销插入安装槽后，扳动手柄使其贴紧钩尾销托，从手柄长管端插入 ϕ6 mm×70 mm 开口销并劈开到位。 7. 钩尾框托板、安全托板、钩尾销托梁应使用 FS 型、BY-B 型或 BY-A 型防松螺母并安装开口销，配套使用强度满足 GB 3098.1 规定的 10.9 级、精度等级符合 GB 9145 中 6g 要求的螺栓，螺栓头部应有“10.9”级标记。装用 BY-B 型防松螺母时，应安装重型弹簧垫圈。 8. 组装 16 号车钩开钩框及拉伸弹簧、组装钩提杆及复位弹簧、钩提杆座。钩提杆座须安装背母，将螺栓与背母点焊固。钩提杆复位弹簧组装后应将靠近端梁端的非工作部位加热后对折，钎焊焊固，不得采用电焊。 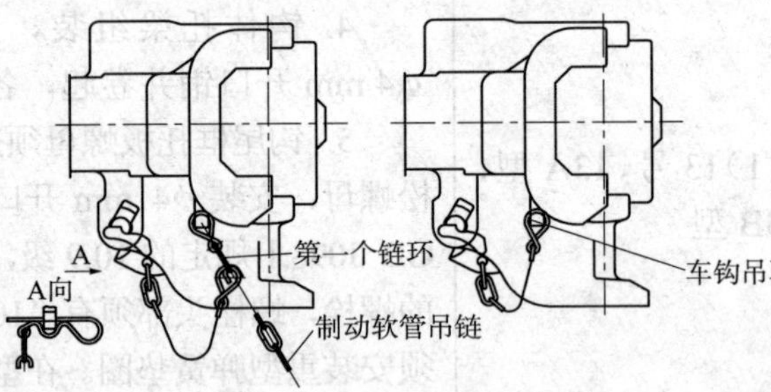 图 201-2　防跳插销安装示意图 9. 车钩组装后，安装制动软管吊链和车钩防跳插销更换新品防跳插销时，应符合图样 QCP860-05A-00。防跳插销开口间隙大于 8 mm 时调修或更换。防跳插销可安装在制动软管吊链的第一个链环中，与制动软管吊链一同安装在车钩上；没有安装制动软管吊链的车辆，可直接安装在车钩下部的吊耳上，见图 201-2。

续上表

工　　序	技　术　要　求
4. 车钩缓冲装置检查及试验	
（1）车钩缓冲装置检查	1. 车钩组装后，检查从板或缓冲器与前、后从板座各工作面须接触（MT-2、MT-3 型缓冲器缩短销未断者除外）；钩身、钩尾框下框身的下面与其接触的配件须接触。 2. 13 号、13A 型、13B 型钩尾端面与从板间隙不大于 8 mm（MT-2、MT-3 型缓冲器缩短销未断者除外）；车钩两侧不应碰撞冲击座内侧，13 号、13A 型、13B 型车钩钩身上平面与冲击座的相对距离不小于 10 mm，16 型、17 型车钩钩身上平面与冲击座的相对距离不小于 28 mm；从板与牵引梁两侧间隙之和不大于 22 mm。 3. 钩肩与冲击座间距、作用车钩钩提杆左、右横动量、提钩链松余量、钩提杆孔与上锁销孔垂直线的前后水平距离须符合《车辆落成及检查》HG901-2008 规定。 4. 活动式钩托梁左右横向移动量超过 15 mm 时，可在托梁端部堆焊或焊钢板调整。 5. 下作用车钩钩提杆扁平部位在钩提杆座处每侧长度不小于 60 mm；在闭锁位置时，扁平部位应能自由落入钩提杆座的扁孔内，安装角度应正确，钩提杆在座槽内向外摆动时不应影响防跳作用，其间隙不大于 2 mm；钩提杆弯曲部位与手制动轴托上、下部和水平距离均应大于 20 mm。 6. 16 型车钩弹性支撑托板上平面(不含磨耗板)至冲击座上口距离不小于 197 mm。70 t 级货车车钩支承弹簧座腔顶部到支承托板下平面距离不小于 46 mm，其他车辆装用 16 型车钩时支承弹簧座腔顶部到支承托板下平面距离不小于 42 mm。16、17 型车钩支撑座左右横向移动量不大于 15 mm(C_1+C_2)，检测示意见图 201-3。 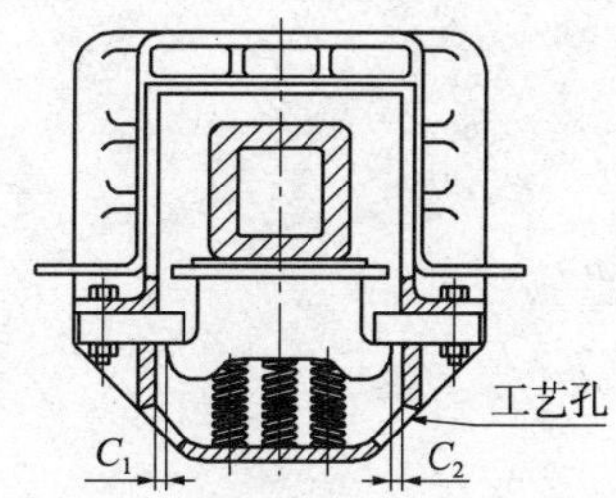 图 201-3　支撑座左右移动量检测
（2）车钩缓冲装置试验	1. 16 号车钩须进行转动试验，双向 180° 往复转动 2 次，360° 转动 1 次，转动须灵活、性能良好。 2. 提起并放下下作用钩提杆，闭锁位时须能自由落入钩提杆座槽内；16 型开钩框摆动须灵活，拉伸弹簧须起作用；17 型复原弹簧须起作用。 3. 车钩现车组装后，须按照《车钩组装》HG219-2008 要求进行三态作用试验及防跳性能检查。

附录 1　钩尾框托板挡块及焊接位置示意图

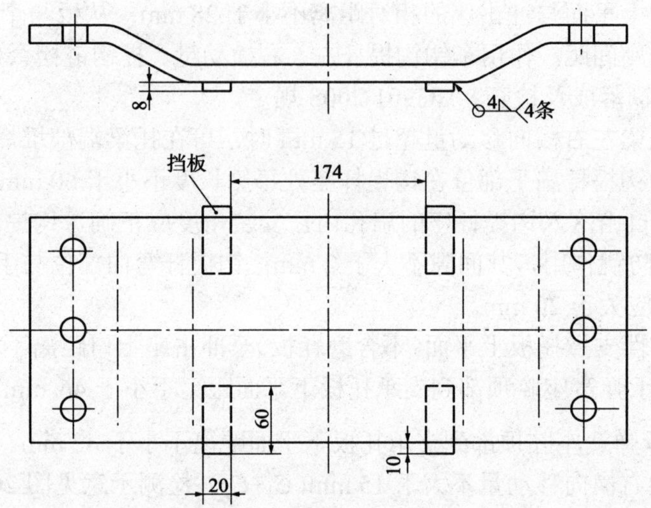

附录 2　各型货车用钩尾框托板高度

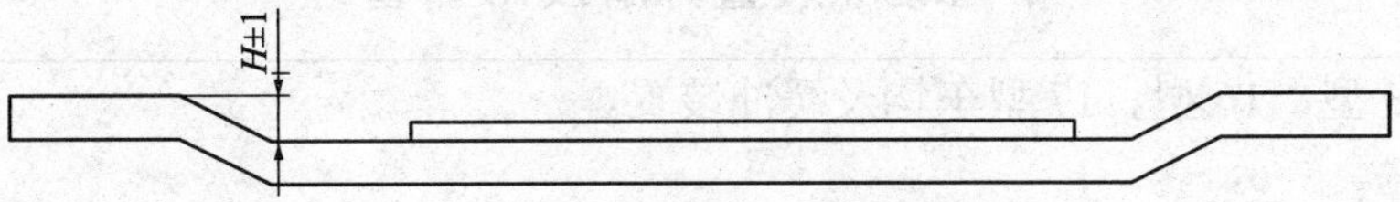

钩尾框托板高度示意图

序　号	车种车型		钩尾框托板高度(mm)	
			13 号钩尾框	13A、13B 型钩尾框
1	棚车	P_{61}、P_{62}、P_{62N}、P_{64}、P_{64A}、P_{64G}、P_{65}	35	40
2	敞车	C_{62A}、C_{61}	35	40
		CF、C_{16A}	40	45
3	罐车	G_{17BT}、G_{70T}、G_{17T}	40	45
		GF_3	35	40
4	K_{16}		35	40
5	集装箱平车	X_{6A}	45	50
		X_{6B}、X_{1K}	40	40
		X_{6C}	45	45
6	平车-集装箱共用车		45	45
7	T_{6D}		35	40
8	L_{18}		35	40
9	W_5（PD_5）		35	40
10	其他		30	35

	车钩缓冲装置分解及寿命管理	HG202-2008

一、适用范围：13 号、13A 型、13B 型、16 型、17 型车钩及缓冲装置。

二、工艺流程：

1．13 号、13A 型、13B 型：车钩缓冲装置分解→车钩分解→寿命管理。

2．16 型、17 型：车钩分解→缓冲器与钩尾框分解→寿命管理。

三、工装设备：风动（电动）扳机、氧-乙炔割炬、成套钩缓分解机、起重设备、车钩检修线、缓冲器检修线。

四、所需材料：氧气，乙炔。

五、工序及技术要求：

工　序	技　术　要　求
1. 车钩缓冲装置分解	
（1）13 号、13A 型、13B 型成套钩缓分解	1. 切除钩尾销安全吊装置止挡螺栓，分解尾销螺栓的螺母；卸下螺栓、螺母、吊架及衬套。 2．将车钩缓冲装置吊放至钩缓分解机上，按顺序分解钩尾销、缓冲器、从板、钩尾框。
（2）16 型、17 型缓冲装置分解	将 16 型、17 型缓冲装置吊放至分解机上，分解从板、缓冲器、转动套。
2. 车钩分解	1. 将车钩吊至车钩检修线上，分解钩舌销开口销、钩舌销。 2. 分解钩舌、钩锁、钩舌推铁、上（下）锁销组成。
3. 寿命管理检查	
(1) 寿命管理综合检查	1. 钩尾框、缓冲器、钩体、钩舌施行寿命管理（寿命期限以制造时间为准，时间统计精确到月），无制造单位、制造时间标记时报废。 2. 钩尾框、缓冲器、钩体、钩舌当剩余寿命小于 1 个段修期者，经检查确认质量状态良好，可继续装车使用，并由装车单位负 1 个段修期的质量保证责任。
(2) 钩尾框寿命检查	1. C 级钢、E 级钢钩尾框使用时间满 25 年时报废。

续上表

工　序	技　术　要　求
(2) 钩尾框寿命检查	2. C 级钢、E 级钢钩尾框使用时间满 20 年而未满 25 年，钩尾框横裂纹或纵裂纹长度大于 30 mm 时报废。 3. 普碳钢钩尾框使用时间满 20 年时报废。 4. 分解材质为 ZG230-450 的 13 号、13A 型钩尾框，裂纹或磨耗超限时报废。
(3) 缓冲器寿命检查	1. ST 型缓冲器制造质量保证期为 6 年；MT-2 型、MT-3 型缓冲器制造质量保证期、大修后质量保证期均为 6 年。 2. ST 型、MT-2 型、MT-3 型缓冲器使用时间超过为 18 年时报废（以箱体标记为准）。 3. MT-2 型、MT-3 型缓冲器使用时间超过 9 年时，送厂大修。 4. ST 型缓冲器使用时间超过 6 年时，分解检修。
(4) 钩体寿命检查	1. C 级钢、E 级钢钩体使用时间满 25 年时报废。 2. 使用时间满 20 年而未满 25 年，C 级钢、E 级钢钩体的钩身、冲击台或牵引台横裂纹时报废。 3. 普碳钢钩体使用时间达到或超过 20 年时报废。 4. 使用时间满 15 年而未满 20 年，普碳钢钩体的钩身、冲击台或牵引台横裂纹时报废。
(5) 钩舌寿命检查	1. 钩舌使用时间满 20 年时报废。 2. 铸造标识为 ST 的钩舌报废。

	钩缓配件抛丸除锈	HG203-2008

一、适用范围：13 号、13A 型、13B 型、16 型、17 型钩尾框、钩舌、钩腔内部配件、钩舌销、钩尾销、转动套抛丸除锈。

二、工艺流程：抛丸除锈→质量检查。

三、工装设备：抛丸除锈机，除尘设备。

四、所需材料：钢丸。

五、工序及技术要求：

工　序	技　术　要　求
1. 配件检查	钩尾框、钩舌、钩腔内部配件（钩锁、钩舌推铁、上锁销组成、下锁销组成）、钩舌销、钩尾销、转动套须抛丸除锈。
2. 抛丸除锈	1. 将配件按类别置于除锈机内，各配件间须有空隙。 2. 按照设备操做规程操作抛丸除锈机，进行抛丸除锈作业。
3. 质量检查	除锈后各配件表面清洁度须达到 GB 8923《钢表面锈蚀度等级和涂装前清洁度等级》规定的 Sa2 级，见比对图 203-1；局部不低于 Sa1 级，见比对图 203-2。  图 203-1　Sa2 级比对  图 203-2　Sa1 级比对

附录 1　GB 8923—1988《钢表面锈蚀度等级和涂装前清洁度等级》摘录

除锈等级：喷射或抛射除锈以字母“Sa”表示，如果后面有阿拉伯数字，则表示清除氧化皮、铁锈和油漆涂层等附着物的程度等级。手工和动力工具除锈以字母“St”表示。

Sa1 表面清洁度标准:钢材表面应无可见的油脂和污垢，并且没有附着不牢的氧化皮、铁锈和油漆涂层等附着物。

Sa2 表面清洁度标准:钢材表面应无可见的油脂和污垢，并且氧化皮、铁锈和油漆涂层等附着物已基本清除，其残留物应牢固附着的。

钩缓配件磁粉探伤	HG204-2008

一、适用范围：钩舌、钩舌销、钩尾销、钩尾框、16 型车钩转动套、钩尾销螺栓、ST 缓冲器螺栓探伤。

二、工艺流程：探伤机校验→配件外观检查→探伤→缺陷判定。

三、工装设备：具备复合磁化功能的湿法磁粉探伤机。

四、检测器具：白光照度计，紫外线辐照计，梨形沉淀管。

五、所需材料：湿法磁粉，分散剂，消泡剂，防腐剂，水， Al-15/50 试片，砂纸，胶带纸。

六、工序及技术要求：

工　序	技　术　要　求
1．探伤机校验	探伤机日常探伤机综合灵敏度校验、季度全面性能检查及探伤过程有关要求执行《磁粉探伤》HG1011-2008。
2. 探伤配件检查	1. 钩舌、钩舌销、钩尾销、钩尾框、16 型车钩转动套、钩尾销螺栓（含新品）、ST 缓冲器螺栓（含新品）须进行湿法磁粉探伤检查。 2. 需探伤的配件经过焊接、热处理、调修或机械加工后须进行复探。车钩、钩舌、钩尾框探伤时须使用具备复合磁化功能的湿法磁粉探伤设备。
3. 配件外观检查	探伤配件须经过抛丸除锈，除锈质量须达到《钩缓配件抛丸除锈》HG203-2008 的标准；新品螺栓须去除油脂。
4. 钩舌探伤	钩舌探伤部位：钩舌内侧面及上、下弯角处，见图 204-1、图 204-2。 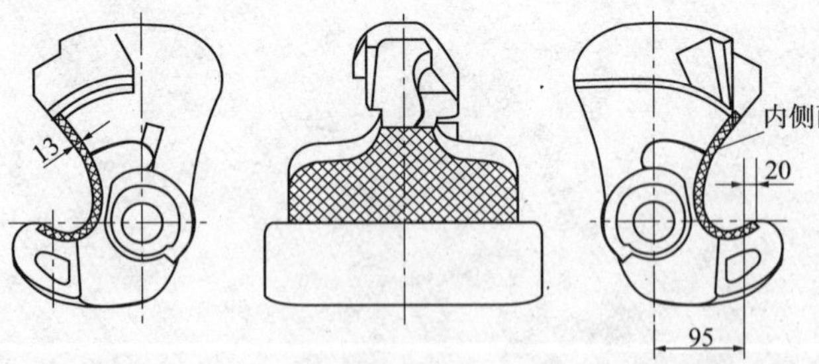 图 204-1　13 号、13A 型、13B 型钩舌探伤部位 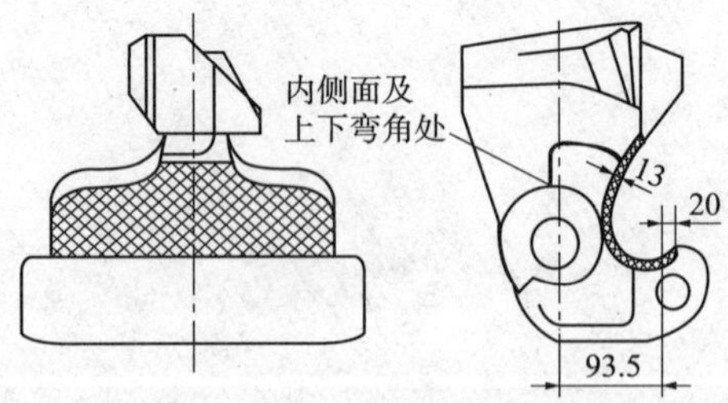 图 204-2　16 型钩舌探伤部位

续上表

工　　序	技　术　要　求
5. 钩尾框探伤	钩尾框探伤部位：钩尾框后堵上、下弯角 50 mm 范围内；框身内侧面及圆弧部分见示意图 204-3、图 204-4、图 204-5、图 204-6。 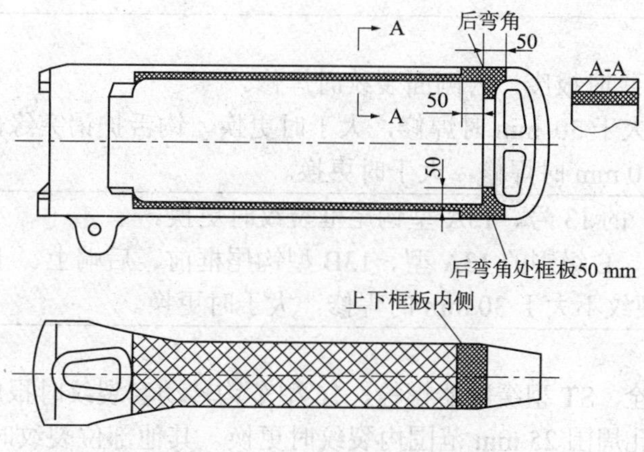 图 204-3　13 号钩尾框探伤部位 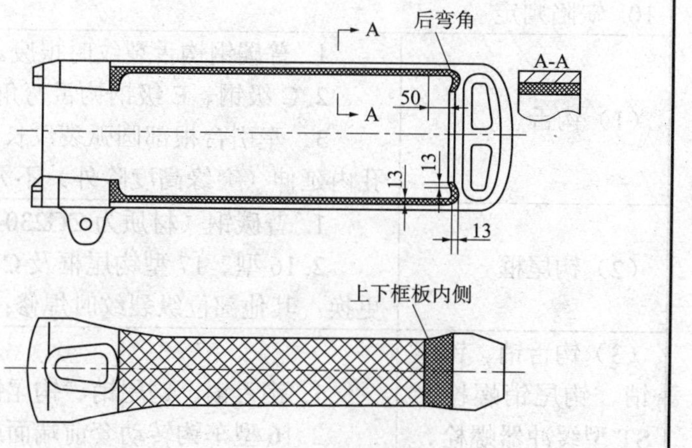 图 204-4　13A、13B 型钩尾框探伤部位 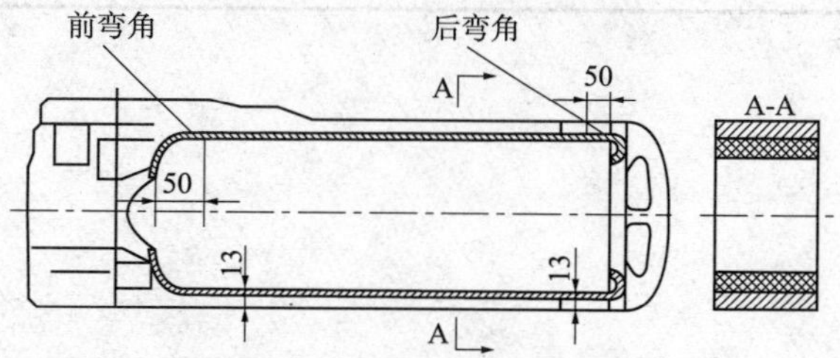 图 204-5　16 型钩尾框探伤部位 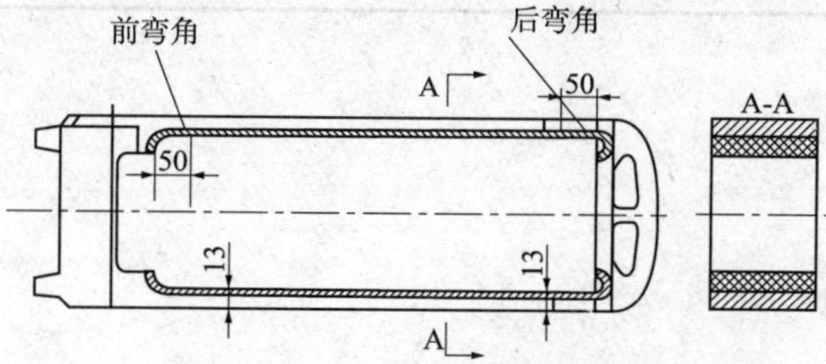 图 204-6　17 型钩尾框探伤部位
6. 钩尾销探伤	钩尾销探伤部位：13 型钩尾销两端部、头部除外的平面及圆弧面，重点检查磨耗部位及头部弯角；16、17 型钩尾销圆柱面，重点检查磨耗部位。

续上表

工　序	技　术　要　求
7. 钩舌销探伤	钩舌销探伤部位：整个圆柱面，重点检查与钩耳孔结合部、磨耗部、根部弯角。
8. 转动套探伤	16型车钩转动套探伤部位：16型车钩转动套前端面。
9. 螺栓探伤	钩尾销螺栓（含新品）、ST型缓冲器组装螺栓探伤部位：螺栓圆柱面，重点检查磨耗部位及圆柱面根部。
10. 缺陷判定	
（1）钩舌	1. 普碳钢钩舌裂纹时报废。 2. C级钢、E级钢钩舌弯角处裂纹时报废，内侧面裂纹时焊修。 3. 牵引台根部圆弧裂纹长度不大于30 mm时焊修，大于时更换。钩舌护销突缘部分缺损时更换，裂纹向销孔内延伸（突缘高度除外）不大于10 mm时焊修，大于时更换。
（2）钩尾框	1. 普碳钢（材质为ZG230-450）的13号、13A型钩尾框裂纹时更换。 2. 16型、17型钩尾框及C级钢、E级钢的13A型、13B型钩尾框前、后端上、下弯角50 mm范围内裂纹时更换；其他部位纵裂纹时焊修；横裂纹不大于30 mm时焊修，大于时更换。
（3）钩舌销、钩尾销、钩尾销螺栓、ST型缓冲器螺栓、16型车钩转动套	1. 钩舌销、钩尾销、钩尾销螺栓、ST型缓冲器螺栓、16型车钩转动套裂纹时报废。 2. 16型车钩转动套前端面或销孔周围25 mm范围内裂纹时更换，其他部位裂纹时焊修。

	钩 体 检 修	HG205-2008

一、适用范围：13 号、13A、13B 型、16 型、17 型钩体检修。
二、工艺流程：检查→焊修→调修→热处理→加工→镶套。
三、工装设备：车钩检修线，电焊机，手砂轮，角向磨光机，铣床，镗床，切割设备，压力机。
四、检测器具：钩身弯曲检查器，13号、13A型钩体尾端上下面差量规，13号、13A型车钩钩体量规，16型、17型钩体尾部厚度量规，16型、17型钩体钩身长度量规，钩体尾部高度量规，16型、17型钩体钩尾销孔中部长短轴量规，16型钩尾销孔上下部长轴量规，17型钩尾销孔上下部长短轴量规，钩耳孔钩舌销孔套局部间隙塞规，16型、17号钩耳孔直径量规，连锁套头连锁套口量规，钩腕内侧面样板，钩腔上防跳台磨耗量规，钩腔前导向角凸台样板，钩腔内下防跳台量规，钢卷尺，钢直尺。
五、所需材料： J422 焊条，J606 焊条，氧气，乙炔，钩耳孔套，钢丝刷。
六、基本要求：钩体须由专人进行检查，经检查、检修的钩体须按《车辆及零部件检修、交验标识》HG1001-2008 的要求标识。
七、工序及技术要求：

工　序	技　术　要　求
1. 钩体检查及修理	
（1）寿命检查	1. 钩体施行寿命管理，无制造时间标记报废，寿命期限以制造时间为准，时间统计精确到月,有下列情况之一时报废: （1）C级钢、E级钢钩体使用时间满25年。 （2）使用时间满20年而未满25年，C级钢、E级钢钩体的钩身、冲击台或牵引台横裂纹。 （3）普碳钢钩体使用时间满20年。 （4）使用时间满15年而未满20年，普碳钢钩体的钩身、冲击台或牵引台横裂纹。 2. 剩余寿命不足 1 个段修期，状态良好，可继续使用，但须负 1 个段修期的质量保证责任。
（2）钩体清扫	1. 钩腔内壁须清扫干净。 2. 冲击台、牵引台等易产生裂纹部位要露出金属面。

续上表

<table>
<tr><th>工　序</th><th>技　术　要　求</th></tr>
<tr><td>（3）钩体检查</td><td>1. 对钩体须全面进行外观检查，对鉴别有疑问的裂纹可用扩大镜、局部加温（室温不低于 5 ℃）、电磁探伤等方法确认。
2. 钩颈、钩身横裂纹在同一断面长度之和不大于50 mm时焊修，大于时更换。
3. 13 号、13A、13B 型车钩钩尾销孔后壁与钩尾端面间裂纹长度不大于该处厚度的 50%时焊修，大于时更换。
4. 16、17 号钩尾销孔周围 25 mm 范围内裂纹时焊修；超过范围的裂纹深度不大于 3 mm 时可铲磨消除，大于 3 mm 时更换。
5. 钩耳裂纹长度不大于15 mm时焊修，大于时更换。钩耳内侧弧面上、下弯角处裂纹长度之和不大于25 mm时焊修，大于时更换。牵引台、冲击台根部裂纹长度不大于20 mm或裂纹未延及钩耳体时焊修，超限时更换。
6. 13号、13A型、13B型钩耳孔衬套松动、裂纹、缺损时更换衬套。
7. 钩颈磨耗时，堆焊后磨平。</td></tr>
<tr><td>（4）　测量及检修</td><td>1. 钩体左右、上下弯曲大于10 mm时，13号、13A型、13B型加热调修后探伤或更换；16型、17型更换。
2. 13 号、13A 型、13B 型钩尾端部与钩尾销孔边缘的距离,上、下面之差大于 2 mm 或钩尾销孔长径磨耗大于 3 mm 时堆焊后加工。焊修后与钩尾端面距离小于 40 mm 时，在钩尾端面堆焊或焊装磨耗板、并四周满焊后磨平。
3. 钩尾端高度原型：16 型为$155^{+1.5}_{-0.5}$ mm、17 型为（171.5±1）mm，16 型小于 151mm、17 型小于 166mm 时堆焊后磨平。
4. 16 型、17 型钩尾端部到钩尾销孔后壁的距离小于 83 mm 时堆焊后磨平，小于 77 mm 时更换。
5. 16 型、17 型钩尾销孔：16 型、17 型中部长轴原型为 110 mm；16 型中部短轴原型为 100 mm，17 型中部短轴原型为 94 mm；16 型上、下部长轴原型为 117 mm，17 型上、下部长轴原型为 114 mm；17 型上、下部短轴原型为 98 mm。钩尾销孔磨耗超过 2 mm 时堆焊后磨平。
6.　16 型钩身长度原型为 571.5 mm、17 型钩身长度原型为 572 mm，长度小于 567 mm 时堆焊后打磨恢复弧面原型，小于 561 mm 时更换。
7. 13号、13A型、13B型钩耳孔或衬套孔原型长径为44 mm、短径为42 mm，磨耗大于3 mm时扩孔镶套或换套。</td></tr>
</table>

续上表

工　序	技　术　要　求
（4）　测量及检修	钩耳孔直径大于 ϕ54 mm时堆焊后加工或更换。钩耳孔壁厚小于22 mm时更换。 8. 16、17型钩耳孔原型长径为45.5 mm，短径为44 mm，直径磨耗大于3 mm 时堆焊后加工。 9. 16、17型车钩连锁套头高度原型为174 mm，连锁套口高度原型为186 mm，磨耗深度大于6 mm时堆焊后磨平。 10. 13号、13A型、13B型钩腕端部外胀变形影响闭锁位置时，调修、堆焊或焊装厚度为5～15 mm、高度为60～70 mm的梯形钢板，钢板须有2个 ϕ20 mm的塞焊孔，焊后磨修平整，外胀变形大于15 mm时更换。16型、17型钩腕外胀变形影响全开位置时更换。 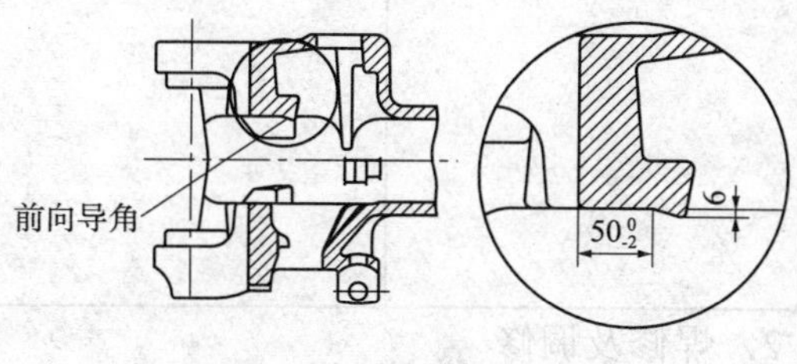 图 205-1　钩腔前导向角检测 11. 13号、13A型、13B型上作用车钩上锁销孔前后距离为66 mm，前后磨耗之和大于3 mm时堆焊后磨修恢复原型。 12. 13号、13A型、13B型钩腔上防跳台原型厚度为55 mm，磨耗深度超过2mm时堆焊后磨修或更换。钩腔前导向角须恢复原型6 mm凸台原形，使凸台根部距前壁长度在48～50 mm之间，检测示意见图205-1。 13. 13号、13A型、13B型下作用车钩钩腔下防跳台磨耗超限时堆焊后磨修恢复原型，长度方向为16 mm。 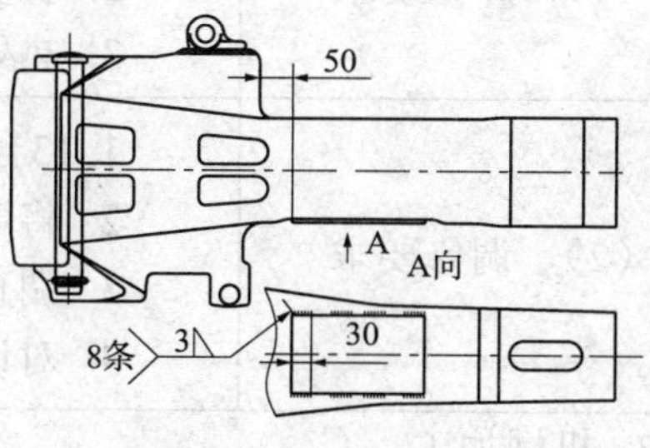 图 205-2　磨耗板焊装位置 14. 钩身下平面须焊装磨耗板，钩身磨耗时须堆焊磨平后焊装磨耗板。磨耗板剩余厚度13号不足2 mm，13A型、13B型、16型、17型不足3 mm时更换，丢失时补装。磨耗板须焊装在钩身下平面距钩肩50 mm处，规格为13号200 mm×80 mm×4 mm，13A型、13B型200 mm×120 mm×6 mm，16型175 mm×90 mm×6 mm，17型250 mm×150 mm×6 mm，两侧段焊，焊波长度各为30 mm ，检测示意见图205-2。C级钢、E级钢钩身磨耗板材质为27SiMn，硬度须为314～415 HBS，须使用经烘干处理的J606焊条焊修。 15. 13号、13A型钩体更换时，须更换为13B型钩体。 16. 既有13、13A、13B型下作用式车钩钩体应按图205-3要求加工防跳插销安装孔。

续上表

<table>
<tr><th>工　　序</th><th>技　术　要　求</th></tr>
<tr><td>（4）　测量及检修</td><td>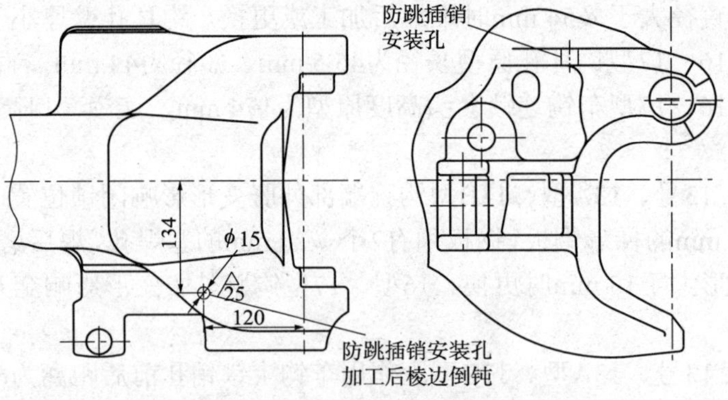图 205-3　下作用式车钩钩体插销链安装孔图</td></tr>
<tr><td colspan="2">2. 焊修及调修</td></tr>
<tr><td>（1）　焊修要求</td><td>1. 车钩裂纹及堆焊执行《车辆配件焊修》HG1005-2008。
2. 裂纹焊修后进行正火处理执行《配件焊后热处理》HG1009-2008。
3. 热处理后，须对焊接部位进行磁粉探伤检查。</td></tr>
<tr><td>（2）　调修要求</td><td>1. 13号、13A型、13B型钩身弯曲时，进行热调修。
2. 将弯曲部位局部加热至730～850 ℃后，在压力机上进行调直。
3. 调直后在室温不低于15 ℃空气中自然缓冷，不得使用液体或水雾冷却。
4. 对调修部位进行磁粉探伤检查。</td></tr>
<tr><td colspan="2">3. 机械加工</td></tr>
<tr><td>（1）钩耳孔加工及镶套</td><td>1. 16型、17型车钩钩耳孔磨耗超限时，堆焊后进行机械加工。加工后用钩耳孔检修量规测量钩耳孔长径、短径符合原型要求。
2. 13号、13A型、13B型车钩钩耳孔磨耗超过 $\phi 54$ mm，堆焊后加工至 $\phi 51_{0}^{+0.046}$ mm镶套。</td></tr>
</table>

续上表

工　　序	技　术　要　求
（1）钩耳孔加工及镶套	3. 镶套时，新衬套壁厚应为4～6 mm，材质为45号钢，硬度须为38～50HRC；上钩耳孔衬套长度55 mm，下钩耳孔衬套50 mm；衬套须压紧并与孔壁密贴，局部间隙不大于1.5 mm、深度不大于5 mm，不得有边缘裂纹。钩耳孔的异型钢套，长、短径方向不得错位。长径方向与钩体纵向中心线偏差不大于5°。
（2）钩尾销孔加工	钩尾销孔堆焊后，13号、13A型、13B型车钩加工恢复原型；16型、17型钩尾销孔磨修光滑，用钩尾销孔检修量规分别检查钩尾销孔中部及上、下部长、短轴符合原型尺寸。

	钩舌检修	HG206-2008
一、适用范围：13 号、13A 型、13B 型、16 型钩舌的检查、测量、焊修、磨修、机械加工。 二、工艺流程：钩舌检查→钩舌测量→钩舌焊修→钩舌热处理→钩舌磨修→机械加工→镶套。 三、工装设备：电焊机、埋弧焊机、手砂轮、角向磨光机、仿形铣床（刨床）、镗床（铣床）、压力机、切割设备。 四、检测量具：钩舌外涨量规、钩舌厚度检测量规、16型钩舌鼻部磨耗量规、钩舌锁面磨耗深度量规、16型钩舌锁面厚度量规、钩舌销孔及钩锁坐入量量规、钩舌销孔修复量规、16型钩舌销孔直径量规、16型钩舌销孔修复量规、钩舌S面及厚度修复量规、ϕ1 mm针规。 五、所需材料：J422 焊条、J606 焊条、H08A 埋弧焊丝、HJ431 焊剂。 六、基本要求：钩舌须由专人进行检查，经检查、检修的钩舌须按《车辆及零部件检修、交验标识》HG1001-2008 的要求标识。 七、工序及技术要求：		

工序	技术要求
1. 钩舌检查及修理	
（1）寿命检查	1. 钩舌无制造单位、制造时间标记时报废。寿命期限以制造时间为准，时间统计精确到月。 2. 钩舌使用时间满 20 年时报废。 3. 剩余寿命不足 1 个段修期，状态良好，可继续使用，但须负责 1 个段修期的质量保证责任。
（2）外观检查	1. 普碳钢钩舌裂纹时更换。 2. C 级钢、E 级钢钩舌弯角处裂纹时更换，内侧面裂纹时焊修。牵引台根部圆弧裂纹长度不大于 30 mm 时焊修，大于时更换。钩舌护销突缘部分缺损时更换，裂纹向销孔内延伸（突缘高度除外）不大于 10 mm 时焊修，大于时更换。 3. 检修 C、E 级钢 13A 和 C 级钢 13 号车钩更换新品钩舌时，应分别装用与钩体材质相同的 C、E 级钢的 13B 型钩舌。 4. 13 号、13A 型、13B 型钩舌衬套松动、裂纹、缺损时换衬套。

续上表

工　序	技　术　要　求
（3）测量及检修	1. 钩舌外胀大于 6 mm 时更换。 2. 13 号钩舌原型厚度为 72 mm，内侧面和正面磨耗剩余厚度不足 68 mm 时；13A 型及 13B 型原型厚度为 73 mm，内侧面和正面磨耗剩余厚度不足 69 mm 时，堆焊后加工。 3. 16 型钩舌内侧面和正面厚度磨耗超过 5 mm 时更换。 4. 13 号、13A、13B 型钩舌锁面原型厚度为 $170^{0}_{-1.5}$ mm，16 型钩舌锁面原型厚度为为 163^{+2}_{-1} mm 钩舌锁面磨耗大于 3 mm 时堆焊后磨平。 5. 13 号、13A、13B 型钩舌钩锁坐入量原型为 52 mm，16 型钩舌钩锁坐入量原型为（58±1.4）mm，钩锁坐入量不足 45 mm 时修理恢复原型，不得在现车堆焊。 6. 13 号、13A、13B 型钩舌销孔或衬套内径原型 ϕ42 mm，磨耗大于 3 mm 时换套或扩孔镶套；钩舌销孔直径大于 ϕ54 mm 时堆焊后加工或更换。 7. 16 型钩舌销孔内径原型 $\phi\,42^{+0.5}_{0}$ mm，磨耗大于 2 mm 时堆焊后加工。 8. C、E 级钢 13A 型以及 C 级钢 13 号车钩更换新品钩舌时，须分别装用与钩体材质相同的 13B 型钩舌。 9．16 型钩舌更换时，须装用符合图样 QCP802A-00-02A 的改进型钩舌。
2. 焊修及热处理	1.钩舌护销突缘处焊修时，焊波须高于基准面2 mm。 2.钩舌内侧面和正面磨耗剩余厚度超限时，采用埋弧焊堆焊，并留有加工余量；焊修后，需在焊剂槽内自然冷却20 min以上，焊后清除焊渣，并对焊接缺陷进行补焊。 3.钩舌裂纹焊接、堆焊的焊接执行《车辆配件焊修》HG1005-2008。 4.钩舌裂纹焊修后按照《配件焊后热处理》HG1009-2008 进行正火处理。
3. 机械加工及镶套	1. 钩舌内侧面埋弧堆焊后，须采用铣床或刨床仿形加工恢复原型。 2. 16 型钩舌销孔加工后恢复原型。 3. 13 号、13A 型、13B 型钩舌销孔加工前测量钩舌销孔直径，按优先选用小孔的原则确定加工尺寸，加工后

续上表

工　序	技　术　要　求
	钩耳孔直径的基本尺寸为 ϕ51～ϕ54 mm，并按 0.5 mm 进行分级，加工后按孔径选择钩舌销孔套；镶套时，须双向镶套，每个衬套长度不小于 60 mm，销孔镶套厚度应为 4～6 mm，材质为 45 号钢，硬度为 38～50HRC；衬套须压紧并与孔壁密贴，局部间隙不大于 1.5 mm，深度不大于 10 mm，不得有边缘裂纹。 4. 钩舌经过裂纹焊修及热处理或钩舌内侧面机械加工后，须对焊修、加工部位进行磁粉探伤检查。 5. 经过热处理后的钩舌须更换衬套。
4. 油漆标记	1. 检修合格的钩舌须涂清漆并涂打检修标记，包括：检修车间简称、检修年月（4 位数）。 2. 检修标记为 20 号字，标记为白色油漆。

钩尾框检修	HG207-2008

一、适用范围 13号、13A型、13B型、16型、17型钩尾框的的检查、测量、焊修、调修、加工。

二、工艺流程：检查→焊修、调修→热处理→加工。

三、工装设备：钩尾框检修线、起重设备、电焊机、铣床、镗床、钻床、手砂轮、角向磨光机。

四、检测器具：13号、13A型钩尾框磨耗量规，16型、17型钩尾框磨耗量规，弯曲及局部磨耗深度量规，16型钩尾框前唇内侧直径量规，16型钩尾框前唇厚度磨耗量规，16型钩尾框前唇内侧到尾部内侧距离量规，17型钩尾框前端内腔高度量规，13号、13A型钩尾框修复量规，16型、17型钩尾框修复量规，游标卡尺，钢直尺。

五、所需材料：J422焊条、J606焊条、氧气、乙炔、钩尾框磨耗板。

六、基本要求：钩尾框须由专人进行检测，经检测、检修的钩尾框须按《车辆及零部件检修、交验标识》HG1001-2008 的要求标注标识。

七、工序及技术要求：

工　序	技　术　要　求
1. 钩尾框检查及修理	
（1）寿命检查	1. 钩尾框施行寿命管理，如无制造时间标记时报废；无材质标记的13号、13A型钩尾框按普碳钢处理；寿命期限以制造时间为准，时间统计精确到月，有下列情况之一时报废： （1）C级钢、E级钢钩尾框使用时间满25年时。 （2）C级钢、E级钢钩尾框使用时间满20年而未满25年，钩尾框横裂纹或纵裂纹长度大于30 mm时。 （3）普碳钢钩尾框使用时间满20年时。 （4）普碳钢（材质为ZG230-450）的13号、13A型钩尾框裂纹、磨耗、变形后需要修理时。 2. 剩余寿命不足1个段修期，状态良好，可继续使用，但须负1个段修期的质量保证责任。
（2）钩尾框外观检查	1. 普碳钢（材质为ZG230-450）的13号、13A型钩尾框裂纹时更换。 2. 16型、17型钩尾框及C级钢、E级钢的13A型、13B型钩尾框前、后端上、下弯角50 mm范围内裂纹时更换；其他部位纵裂纹时焊修；横裂纹不大于30 mm时焊修，大于时更换。

续上表

工　序	技　术　要　求
（3）测量及检修	1. 钩尾框一侧弯曲大于 3 mm 时，普碳钢（材质为 ZG230-450）的 13 号、13A 型更换，16 型、17 型及 C 级钢、E 级钢的 13A 型、13B 型调修。 2. 13 号钩尾框框身原型厚度 25_{0}^{+3} mm，13A 型、13B 型铸造钩尾框框身原型厚度 28_{-1}^{+2} mm、锻造钩尾框原型厚度（31.5±1.5）mm，16 型、17 型铸造钩尾框框身原型厚度（28.5±1.3）mm，16 型、17 型锻造钩尾框框身原型厚度：2008 年 1 月 1 日前生产的为（28±1.5）mm，以后生产的为（31.5±1.5）mm。框身厚度磨耗深度大于 3 mm、其他部位大于 4 mm 时，普碳钢（材质为 ZG230-450）的 13 号、13A 型更换，16 型、17 型及 C 级钢、E 级钢的 13A 型、13B 型须纵向堆焊后磨平。16、17 型钩尾框框身剩余厚度小于 22 mm 时更换。框身厚度深入边缘 10 mm 为准，其他部位比照未磨耗部位测量。 3. 13 号钩尾框销孔长径原型为 106_{0}^{+3} mm，13A 型、13B 型钩尾框销孔长径原型为 106_{0}^{+2} mm。钩尾框销孔长径磨耗超过 3 mm 时，普碳钢（材质为 ZG230-450）的 13 号、13A 型更换,C 级钢、E 级钢的 13A 型、13B 型堆焊后加工。 4. 17 型钩尾销孔直径原型为 ϕ92 mm ，磨耗超过 2 mm 时堆焊后加工。 5. 16 型钩尾框距前唇内侧 95 mm 范围内任一点直径大于 ϕ277 mm 时更换。前唇厚度磨耗大于 2 mm 时堆焊后加工或更换。前唇内侧到尾部内侧距离大于 845 mm 时须在尾部内侧面堆焊后加工至 834.5_{-2}^{+1} mm，大于 862 mm 时更换。 6. 17 型钩尾框前端内腔原型高度 180_{-2}^{+1} mm，磨耗大于 3 mm 时堆焊磨平。 7. 13 号、13A 型、13B 型下框身下平面须焊装磨耗板，钩尾框下框身下平面磨耗时须堆焊磨平（普碳钢钩尾框更换）后焊装磨耗板。磨耗板剩余厚度 13 号不足 2 mm，13A 型、13B 型不足 4 mm 时更换，丢失时补装；13 号框身磨耗板规格为 250 mm×100 mm×4 mm，16 型、17 型铸造钩尾框及 13A 型、13B 型框身磨耗板规格为 250 mm

续上表

工　序	技　术　要　求
（3）测量及检修	×100 mm×6 mm；C 级钢、E 级钢钩尾框框身磨耗板材质为 27SiMn，硬度为 314～415 HBS，须使用经烘干处理的 J606 焊条焊接，见图 207-1。16 型、17 型锻造钩尾框、更换的新品 13B 型钩尾框不得焊装框身磨耗板。 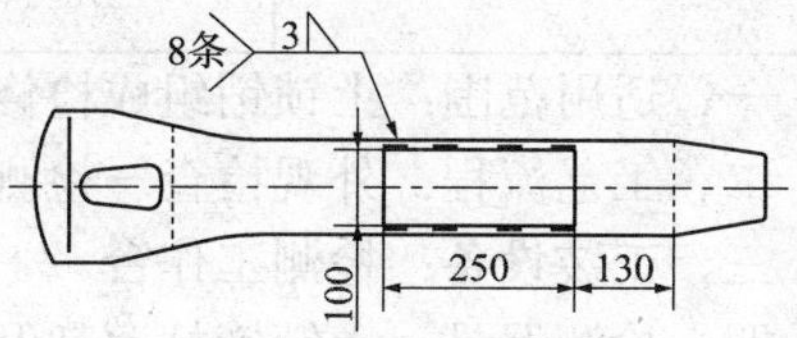 图 207-1　框身磨耗板位置 8. 13 号、13A 型、13B 型钩尾框螺栓孔原型为 ϕ22 mm，磨耗超过 3 mm 时，普碳钢（材质为 ZG230-450）的 13 号、13A 型更换，材质为 C 级钢、E 级钢的堆焊后加工。 9. 16 型、17 型钩尾框各部位碾堆时须磨修，并与周围表面缓和过度。 10. 13 号、13A 型钩尾框更换时，须更换为 13B 型钩尾框。
2．焊修及调修	1．钩尾框裂纹及堆焊的焊接要求执行《车辆配件焊修》HG1005-2008。 2．裂纹焊修后按照《配件焊后热处理》HG1009-2008进行正火处理。 3．热处理后，须对焊接部位进行磁粉探伤检查。
3. 机械加工	1．钩尾框销孔堆焊后须使用铣床或镗床进行加工，加工后使用检修量规检查，符合原型尺寸要求。 2. 16 型钩尾框距前唇内侧厚度磨耗堆焊后，使用镗床加工，加工后使前唇两侧厚度不小于 44 mm。 3．钩尾框螺栓孔堆焊后重新钻孔，孔直径 ϕ22 mm。
4. 油漆标记	1．检修合格的钩尾框须涂清漆并涂打检修标记，包括：检修车间简称、检修年月（4 位数）。 2．检修标记为 20 号字，标记为白色油漆。

	上锁销组成检修	HG208-2008

一、适用范围：上锁销组成检修。
二、工艺流程：外观检查→检测→润滑。
三、工装设备：检测工作台。
四、检测器具：上锁销杆磨耗及组成间隙检测量规、塞尺、上锁销防跳台及铆钉轴磨耗检测量规、针规。
五、基本要求：上锁销须由专人进行检测，经检测的上锁销须按《车辆及零部件检修、交验标识》HG1001-2008 的要求标注标识。
六、工序及技术要求：

工　序	技　术　要　求
1. 外观检查	1. 上锁销组成变形、裂纹、破损等缺陷时整套更换。 2. 上锁销组成各配件须为同材质，B 级钢或 C 级钢要同材质组装。 3. 上锁销组成灵活性检查： （1）提起上锁提孔，上锁销组成应呈自由直立状态。 （2）提起上锁销，上锁提与上锁销杆应自由转动到位。 （3）反转上锁提，应转动灵活，铆钉与上锁销间不应转动。 （4）检查上锁销组成联结方向正确。
2. 检测	1. 检测上锁销组成，有下列情况之一时，更换上锁销组成： （1）上锁销杆上端面防跳部位磨耗超过 3 mm 时。 （2）上锁销杆挂钩口磨耗超过 2 mm 时。 （3）上锁销与上锁销杆组装间隙小于 2.5 mm 时。 （4）上锁销铆钉头部超出上锁销平面 0.5 mm 时。 （5）上锁销上端与钩体锁销孔对应的防跳台磨耗大于 2 mm 时。 （6）上锁销铆钉轴剩余直径不足 13 mm 时。 2. 上锁销组成不得焊修、铆接。
3. 润滑	1. 在两个铆钉轴部位及上锁销 *R*40 圆弧处涂抹二硫化钼与酒精调和的润滑剂。 2. 上锁销组成不得涂抹油漆及其他润滑油。

	13 号下锁销组成检修	HG209-2008

一、适用范围：13 号下锁销组成检修。
二、工艺流程：外观检查→检测→焊修→磨修。
三、工装设备：检测工作台。
四、检测器具：13号下锁销检修量规、13号下锁销体二次防跳样板、针规。
五、基本要求：下锁销须由专人进行检测，经检测的下锁销须按《车辆及零部件检修、交验标识》HG1001-2008 的要求标识。
六、工序及技术要求：

工　序	技　术　要　求
1. 外观检查	1. 下锁销组成有变形、裂纹、破损等缺陷时整套更换。 2. 下锁销组成灵活性检查：提起下锁销体，下锁销杆及下锁销钩应呈自由下垂状态。翻转下锁销体，下锁销及下锁销钩应灵活转动至极限位置，铆钉与下锁销体间不应转动。
2. 检测	1. 下锁销轴直径磨耗超过 2 mm 时，普碳钢材质者更换，C 级钢或 E 级钢材质者恢复原型或更换。 2. 宽度不足 27 mm、或超过 28.5 mm 时，普碳钢材质者更换，C 级钢或 E 级钢材质者恢复原型或更换。 3. 下锁销体二次防跳尖端磨耗后，普碳钢材质者更换，C 级钢或 E 级钢材质者恢复原型或更换。 4. 下锁销组成更换时，须更换为 C 级钢或 E 级钢材质下锁销组成。 5. 既有 13 号、13A 型、13B 型下作用式车钩下锁销须按图 209-1 要求加工防跳插销孔。 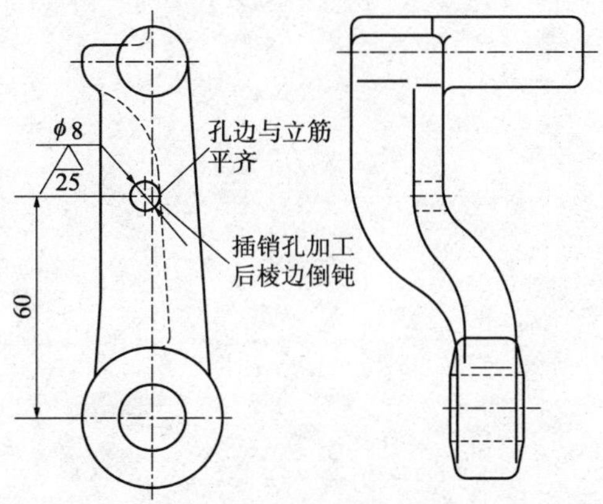 图 209-1　下锁销防跳插销安装孔图

续上表

工　序	技　术　要　求
3. 焊修	1. 上锁销组成焊修执行《车辆配件焊修》HG1005-2008。 2. 焊修后清除焊渣，留有 1 mm 以上加工或磨修余量。
4. 磨修	1. 下锁销轴磨修须恢复原型 $\phi 19_{-1}^{0}$ mm。 2. 下锁销体二次防跳尖端磨修后，用原型轮廓样板进行检查，样板与二次防跳尖端局部间隙不大于 1 mm。 3. 下锁销防脱台磨修后，使用原型轮廓样板检查，样板与下锁销防脱台头部局部间隙不大于 0.5 mm。

16 型、17 型下锁销组成及下锁销转轴检修	HG210-2008

一、适用范围：16 型、17 型车钩下锁销组成、下锁销转轴的检修。

二、工艺流程：外观检查→检测→装用检查。

三、工装设备：检测工作台。

四、检测器具：16型下锁销杆防跳台样板、17型下锁销杆防跳台样板。

五、基本要求：下锁销组成及下锁销转轴须由专人进行检测，经检测的下锁销组成及下锁销转轴须按《车辆及零部件检修、交验标识》HG1001-2008 的要求标注标识。

六、工序及技术要求：

工　序	技　术　要　求
1．检测	1. 下锁销组成及下锁销转轴须为 E 级钢材质，有变形、裂纹、破损等缺陷时更换。 2. 下锁销与下锁销杆转动灵活，铆钉与下锁销杆间不应转动。 3. 下锁销杆防跳台磨耗后高度低于原型尺寸下限或下锁销杆不能满足防跳性能要求时更换。
2. 装用状态检查	1. 16 型下锁销杆销孔、17 型下锁销杆键槽磨耗后影响车钩三态作用时，更换下锁销组成。 2. 下锁销转轴钩提杆安装孔、转轴、连接键磨耗后影响车钩作用时更换。

	钩锁检修	HG211-2008

一、适用范围：13号、16型钩锁检修。
二、工艺流程：检查→焊修→磨修。
三、工装设备：检测工作台。
四、检测器具： 13号钩锁检查量规、16型钩锁检查量规、13号钩锁导向面样板、塞尺。
五、所需材料： 电焊条。
六、基本要求：钩锁须由专人进行检测，经检测、检修的钩锁须按《车辆及零部件检修、交验标识》HG1001-2008的要求标准标识。
工序及技术要求：

工　序	技　术　要　求
1. 钩锁检查	
(1)13号钩锁检查	1. 钩锁铁变形、裂纹或破损等缺陷时更换。 2. 锁腿开锁坐锁面磨耗大于2 mm或影响开锁作用时，焊修后磨修恢复原型或更换；锁腿后踢足面磨耗超过2 mm或影响全开位作用时更换。 3. 钩锁挂钩轴磨耗大于1 mm或不能满足防跳性能要求时更换，不得焊修。 4. 钩锁锁面磨耗时，须焊后磨修恢复原型或更换。 5. 钩锁导向面磨耗大于2 mm时，须焊后磨修恢复原型或更换。 6. 钩锁下锁销轴孔磨耗后影响下作用车钩开锁、防跳作用时更换，不允许焊修。 7. 更换新品钩锁时，须更换E级钢材质钩锁。
(2)16型钩锁组成检查	1. 钩锁组成变形、裂纹或破损等缺陷时更换。 2. 钩锁锁面磨耗时，须焊后磨修恢复原型或更换。 3. 钩锁下锁销轴孔磨耗后影响开锁、防跳作用时更换，不允许焊修。 4. 锁腿后踢足面磨耗超过2 mm或影响全开位作用时更换。 5. 其他部位磨耗影响车钩作用时更换。

续上表

工　序	技　术　要　求
2. 焊修	1. 钩锁焊修执行《车辆配件焊修》HG1005-2008。 2. 钩锁焊修后清除焊渣，并留有 1 mm 以上磨修余量。
3. 磨修	1. 钩锁锁面磨修后须恢复原型，13 号钩锁锁面厚度恢复至（76±1）mm，16 号钩锁锁面厚度恢复至 $84^{+1}_{-0.5}$ mm。 2. 其他部位磨修后符合原型轮廓。

	钩舌推铁检修	HG212-2008

一、适用范围：13 号钩舌推铁检修。

二、工艺流程：检查→焊修→磨修→调修。

三、工装设备：加热炉、风（电）砂轮机。

四、检测器具：13号钩舌推铁检查样板、1.5 mm塞尺、16型钩舌推检测量规。

五、基本要求：钩锁推铁须由专人进行检测，经检测、检修的钩锁推铁须按《车辆及零部件检修、交验标识》HG1001-2008 的要求标注标识。

六、工序及技术要求：

工　　序	技　术　要　求
1. 检查	1. 钩舌推铁裂纹或破损等缺陷时更换。 2. 钩舌推铁弯曲变形时，加热调修恢复原型。 3. 13 号钩舌推铁轴磨耗超过 2 mm 时更换；16 型钩舌推铁上转轴锥面磨耗超过 2 mm、下转轴直径磨耗超过 2 mm 时更换。 4. 13 号钩舌推铁锁座处磨耗焊修后磨修恢复原型或更换。 5. 钩舌推铁其他部位磨耗影响车钩作用时更换。 6. 钩舌推铁更换时，13 号须更换为 C 级钢或 E 级钢材质，16 型更换为 E 级钢材质。
2. 焊修、磨修、调修	1. 钩舌推铁焊修执行《车辆配件焊修》HG1005-2008，焊修后清除焊渣，留有 1 mm 以上磨修余量。 2. 堆焊部位磨修后恢复原型轮廓。 3. 钩舌推铁弯曲时在弯曲部位加热 800～900 ℃，调修后在空气中缓冷。

	钩舌销、钩尾销检修	HG213-2008

一、适用范围：钩舌销、16 型车钩尾销、17 型车钩尾销检查；13 号钩尾销检修。
二、工艺流程：检查→调修→焊修→加工。
三、工装设备：压力机、电焊设备、铣床、刨床。
四、检测器具：钩尾销、钩舌销检测量规，16、17型钩尾销段修量规。
五、所需材料：电焊条。
六、工序及技术要求：

工　序	技　术　要　求
1. 探伤	钩舌销、钩尾销须除锈、探伤检查，裂纹时更换。探伤执行《磁粉探伤》HG1011-2008。
2. 钩舌销检查	1. 钩舌销裂纹时更换；弯曲时调修，调修后进行磁粉探伤检查。 2. 钩舌销磨耗后直径剩余不足 39 mm 时更换，不得焊修。 3. 更换新品钩舌销时材质为 40Mn2 或 40Gr。
3. 16、17 型车钩尾销检查	1. 裂纹、变形时更换。 2. 16 型车钩尾销长度原型 254 mm，17 型车钩尾销长度原型 303.5 mm，长度磨耗超过 4 mm 时更换。 3. 16 型车钩尾销直径原型 ϕ95.5 mm，17 型车钩尾销直径原型 ϕ89 mm，直径磨耗超过 3 mm 时更换。 4. 更换新品车钩尾销时材质为 40Mn2 或 40Cr。
4. 13 号车钩尾销检修	
（1）车钩尾销检查	1. 横裂纹时更换，变形时热调修后磁粉探伤检查。 2. 宽度原型 100 mm，磨耗超过 3 mm 时堆焊后加工恢复原型；底面局部磨耗时，堆焊后磨平；底面原型厚度为 20 mm 者，应进行机械加工。 3. 旧杂型（钩尾销下横面为哑铃形状）钩尾销不得装用。 4. 新更换钩尾销材质须为 40 Mn2 或 40 Cr。
（2）车钩尾销焊修	1. 车钩尾销焊修执行《车辆配件焊修》HG1005-2008。

续上表

工　　序	技　术　要　求
（2）车钩尾销焊修	2. 焊修后须留有 2 mm 以上加工余量。
（3）车钩尾销加工	1. 车钩尾销宽度磨耗过限堆焊后，须采用仿形刨床或仿形铣床进行加工。 2. 车钩尾销底面原型厚度 20 mm 者，应对底面进行机械加工；加工前底面有制造标记时，须将底面制造标记转移刻打到上平面；无标记时报废处理。加工时沿长度方向进行，加工后表面粗糙度为 R_a12.5 μm，头部厚度为 15^{+1}_{0} mm。 3. 钩尾销加工后，符合 QCP860-00-50《13 号（13A 型）车钩尾销》，见附录 1。

附录 1　13 号（13A 型）车钩尾销(QCP860-00-50)

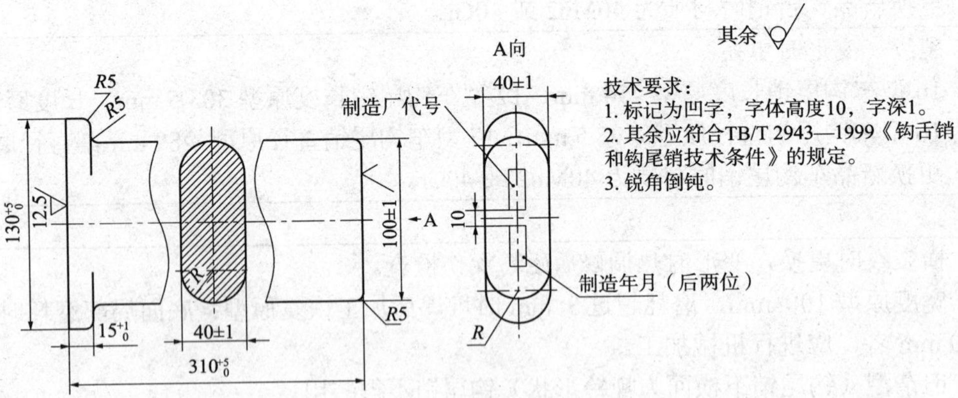

注：此图样除尺寸15^{+1}_{0}(原20±1)、315^{+5}_{0}(原315^{+5}_{0})和标记位置外，其余与TH96-00-91相同。

16 型转动套、钩尾销托检修		HG214-2008

一、适用范围：16 型转动套、钩尾销托检修。
二、工艺流程：转动套检修→钩尾销托检修。
三、工装设备：检测工作台。
四、检测器具：16型转动套长度量规、16型转动套外径量规、16型转动套前端距上下销孔前部边缘量规。
五、所需材料：电焊条、热处理设备。
六、工序及技术要求：

工　序	技　术　要　求
1．转动套检修	1. 前端面或销孔周围 25 mm 范围内裂纹时更换；其他部位裂纹时焊修，焊后表面磨修光滑。 2. 剩余长度小于 178 mm 时，在前端堆焊后加工恢复原型，小于 173 mm 时更换。 3. 外径小于 ϕ260 mm 时，堆焊后加工恢复原型，小于 ϕ254 mm 更换。 4. 前端到上、下销孔前部边缘距离小于 39 mm 时，在前端堆焊后加工，小于 34 mm 时更换。 5. 转动套焊修后按《配件焊后热处理》HG1009-2008 规定热处理。
2．钩尾销托检修	1. 钩尾销托裂纹、破损、变形时更换。 2. 钩尾销托表面磨耗大于 6 mm 时更换。

	从 板 检 修	HG215-2008

一、适用范围：13 号、16 型从板的检修。
二、工艺流程：从板检查→焊修→加工。
三、工装设备：检测工作台。
四、检测器具：13号从板段修量规　16型从板量规、16型从板球面量规、16型从板弯曲变形量规。
五、所需材料：　电焊条。
六、工序及技术要求：

工　　序	技　　术　　要　　求
1. 从板检查	1. 从板裂纹时更换。13 号从板弯曲、变形时调修；16 型从板弯曲大于 4 mm 时更换。 2. 从板长、宽、厚磨耗大于 3 mm 时堆焊后加工；13 号、16 型侧面（长度方向）磨耗大于 3 mm 时可加焊钢板。 3. 13 号从板局部磨耗大于 3 mm 时堆焊后磨修平整，16 型从板缓冲器支承平面磨耗深度或凹痕大于 3.5 mm 时更换。 4. 16 型从板支承球面磨耗深度或凹痕大于 3.5 mm 时更换；辗堆时磨修并圆滑过渡。
2. 从板焊修	从板焊修执行《车辆配件焊修》HG1005-2008。
3. 从板加工	1. 13 号从板加工后，长、宽、厚分别为 319 mm、225 mm、57 mm；16 型从板加工后，长、宽、厚分别为 318 mm、229 mm、57 mm。 2. 焊修部位打磨平整。 3. 16 型从板球面加工后表面粗糙度 R_a 须达到 3.2 μm。

<table>
<tr><td></td><td>2 号缓冲器检修</td><td>HG216-2008</td></tr>
<tr><td colspan="3">一、适用范围：2 号缓冲器检修。
二、工艺流程：缓冲器分解→清洗→检查→组装→标记涂打。
三、工装设备： 压力机、风扳机、分解环弹簧安全保护装置、清洗机、标记字模、喷枪。
四、检测器具：缓冲器自由高量规。
五、所需材料： Ⅲ号钙基润滑脂。
六、工序及技术要求：</td></tr>
<tr><td>工　序</td><td colspan="2">技　术　要　求</td></tr>
<tr><td>1．分解</td><td colspan="2">1. 使用压力机压紧缓冲器弹簧盒盖，分解螺栓及垫板，取下弹簧盒；松开压力机，取下弹簧盒盖。
2. 分解环弹簧，弹簧有压死现象时，安装保护装置后用锤击开。</td></tr>
<tr><td>2．清洗</td><td colspan="2">1. 环弹簧上的油垢须清洗干净，露出金属表面。
2. 弹簧盒、弹簧盒盖、弹簧座上的旧垢须清洗干净。</td></tr>
<tr><td>3．检查</td><td colspan="2">1. 环弹簧裂纹时更换。
2. 弹簧盒盖、弹簧座裂纹时焊修或更换，底板裂纹时更换。
3. 弹簧盒裂纹时更换。
4. 弹簧盒内壁磨耗大于 3 mm 时更换。弹簧盒更换时不得补充新品。
5. 螺栓滑扣、作用不良时更换。
6. 垫板、角钢弯曲调直，裂纹报废。</td></tr>
<tr><td>4．组装及检查</td><td colspan="2">1. 环弹簧摩擦面须涂适量Ⅲ号钙基润滑脂。
2. 依次将大、小环簧装入弹簧盒内。其中有 2 个半圆环弹簧，2 个开口内环圆簧，4 个小外环圆簧，8 个大外圆簧，9 个内环圆簧。压紧缓冲器，安放垫板、角铁，组装螺栓并加背母及弹簧垫圈。
3. 组装后检查缓冲器自由高须为(514±3) mm；不足时可更换新环弹簧或加一块厚度不超过 10 mm，直径不小于 ϕ150 mm 的钢垫板。</td></tr>
</table>

	ST 型、Щ-1-TM 型、SZ-1-TM 型缓冲器检修	HG217-2008

一、适用范围：ST 型、Щ-1-TM 型、SZ-1-TM 型缓冲器检修。

二、工艺流程：检查→分解→检修→组装及检查→试验→油漆标记。

三、工装设备：湿法磁粉探伤机、角磨砂轮、压力机、标记字模、喷枪。

四、检测器具：缓冲器自由高量规、塞尺。

五、工序及技术要求：

工　序	技　术　要　求
1. 寿命管理及质量保证	1. ST 型、Щ-1-TM 型、SZ-1-TM 缓冲器制造质量保证期为 6 年。 2. ST 型、Щ-1-TM 型、SZ-1-TM 型缓冲器使用时间超过为 18 年时报废，以箱体标记为准。
2. 分解	1. ST 型、Щ-1-TM 型、SZ-1-TM 型缓冲器使用时间超过 6 年时，分解检修。 2. 自由高小于 568 mm 或外观状态不良时分解检修。 3. 在质量保证期内缓冲器自由高大于 568 mm、外观检查状态良好时可不分解。
3. 检修	1. 螺栓须更换材质为 20 号钢的新品，并进行湿法磁粉探伤检查。 2. 箱体变形影响组装时更换。六方口部裂纹长度小于 30mm、内六方面磨耗小于 3 mm 时（从顶面向内 20 mm 处测量），焊修后磨平，大于或箱体各部裂损时更换。除内六方口部外，其他各部分磨损大于 2mm 时堆焊磨平。 3. 摩擦楔块裂纹、厚度小于 20 mm、51° 31′ 摩擦面磨损深度大于 2 mm 或 11° 支承面局部凹坑深度大于 2 mm 时更换，不得焊修。 4. 推力锥裂纹、破损或磨耗深度大于 2 mm 时更换。 5. 限位垫圈裂纹、破损或 *R*12 mm 处局部磨损大于 2 mm 时更换新品。 6. 内、外簧裂纹、折断或电弧灼伤，外簧自由高小于 393 mm，内簧自由高小于 362 mm 时更换新品。
4. 组装及检查	1. 组装时摩擦楔块应装入箱体原位置。弹簧组装时,内、外弹簧的旋向须相反。 2. Щ-1-TM 型、SZ-1-TM 型缓冲器与 ST 型缓冲器的配件不得互换。

续上表

工　　序	技　术　要　求
4.组装及检查	3. 组装后，Щ-1-TM 型、SZ-1-TM 型缓冲器自由高为（568±5）mm，ST 型缓冲器自由高为 568^{+5}_{-3} mm,行程为 68^{+4}_{-1} mm；各摩擦楔块与箱体须有 2/3 密贴，除圆角处外，平面上用 10 mm ×0.5 mm 塞尺检测，不得贯通。 4. 各摩擦面不得有油污。 5. 组装缓冲器螺母前，推力锥上平面与箱体顶部距离不小于 80 mm，压缩楔块与限位垫圈间隙不小于 4 mm。不得将摩擦楔块倒装，或将限位垫圈安装在弹簧下面。 6. 安装螺母后，螺栓的螺纹的露出部分须不少于 2 扣。经检查合格后的缓冲器按图 217-1 所示将螺栓与螺母六处钝凿铆固，螺母铆固后紧固力矩须大于 100 N·m。 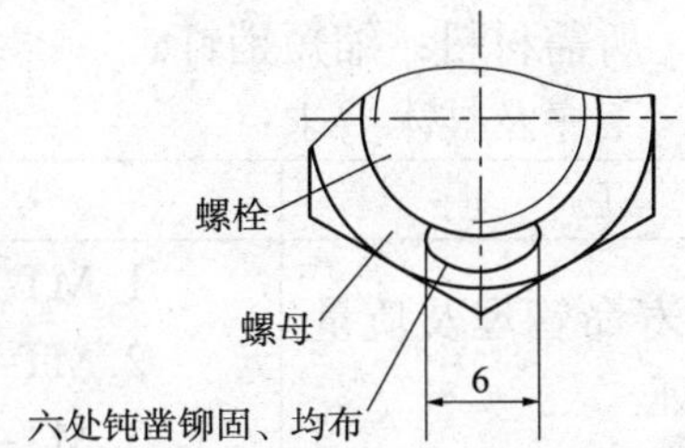 图 217-1　螺栓钝凿示意图 7. 组装后的缓冲器，其箱体底部螺栓头部安装座内，不得有异物。
5. 压吨试验	每套 ST 型缓冲器组装后均须进行不大于 150 t 的压吨试验，压缩后须能自由恢复原位。
6. 油漆标记	1. 检修合格的 ST 型缓冲器涂打检修标记，包括：检修车间简称、检修年月（4 位数）。 2. 检修标记为 20 号字，涂打于箱体上平面钩尾框覆盖区以外。涂打标记处须涂刷与缓冲器箱体颜色一致的底油，标记为白色油漆。

	MT-2、MT-3、Mark-50 型缓冲器检修	HG218-2008

一、适用范围：MT-2、MT-3、Mark-50 型缓冲器检查、油漆标记。

二、工艺流程：缓冲器检查→更换缩短销→油漆标记。

三、工装设备：压力机、 标记字模、喷枪。

四、检测器具：钢直尺、缓冲器自由高量规、高度差测量规。

五、所需材料：缩短销钉。

六、工序及技术要求：

工　　序	技　术　要　求
1. 寿命管理及质量保证	1. MT-2、MT-3 缓冲器新造及大修后质量保证期为 6 年，大修周期为 9 年； 2. MT-3、MT-3 缓冲器使用时间超过为 18 年时报废，以箱体标记为准。 3. MT-2、MT-3 型缓冲器在质量保证期内发现有影响使用的缺陷时，由生产厂家负责无偿更换。
2. 缓冲器的检查	1. Mark-50 型缓冲器有下列情况之一时，不再修理；按车型规定更换为 MT-2 型或 MT-3 型缓冲器： （1）缓冲器自由高超出（576±2）mm 范围时。 （2）压头顶面到箱体上口的距离大于 90.5 mm，或中心楔块顶面至动板顶面的距离平均值小于 4.8 mm 时，检测示意见图 218-1。 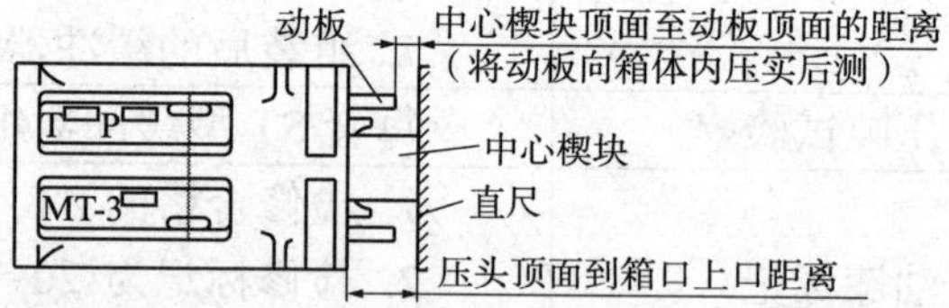 图 218-1　压头与动板、箱口距离检测示意图 （3）箱体裂纹时。 （4）箱体高度小于 482.5 mm 时。 （5）箱体口部中心楔块（压头）安装部位的箱体壁厚小于 15 mm 时。 2. MT-2、MT-3 型缓冲器超过质量保证期时，新造或大修后使用时间不满 9 年（新造以箱体上的制造时间为准，大修以焊装在箱体上标志板上的时间为准），经外观检查状态良好者可不分解；新造、大修后使用时间满 9 年，但未达到寿命管理年限，或超过质量保证期有下列情况之一时须送指定厂家大修： （1）自由高小于 572 mm 时。 （2）箱体裂损、严重变形、高度小于 482 mm 时。

续上表

<table>
<tr><th>工　序</th><th>技　术　要　求</th></tr>
<tr><td>2. 缓冲器的检查</td><td>（3）箱体口部对应于中心楔块安装部位最薄处厚度小于 15 mm 时。
（4）其他外露零部件折损或丢失时。
（5）木锤锤击动板端头，中心楔块松动、顶面至动板顶面的距离平均值小于 4.5 mm 时。</td></tr>
<tr><td>3. 更换缩短销</td><td>1. MT-2 型缓冲器用于 16、17 型车钩时，须对缓冲器进行预压缩，换装缩短销。
2. 压缩动板后在两个工艺孔内插入合金钢条，压力机卸荷后取出中心楔块、楔块、复原弹簧，用钳子取出旧销钉残留部分，见图 218-2。
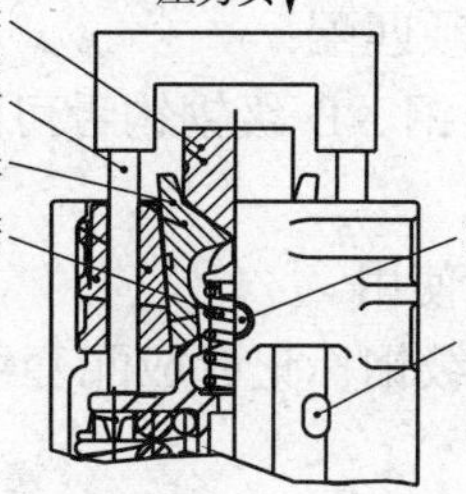

图 218-2　换装缩短销示意图
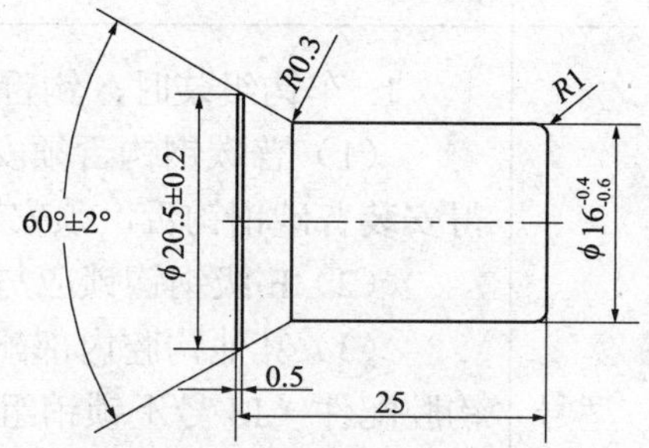

图 218-3　缩短销形式及尺寸
3. 安装复原弹簧、楔块、中心楔块后，更换缩短销。
4. 压缩动板，取出合金钢条，此时缓冲器处于预压缩状态。
5. 缩短销材质须为 10 号钢制品，见图 218-3；不允许未取出残留销直接安装新销。</td></tr>
</table>

	车钩组装	HG219-2008

一、适用范围：13 号、13A 型、13B 型、16 型、17 型车钩组装及试验。

二、工艺流程：车钩组装→试验→检查→标记。

三、工装设备：组装流水线、字模、喷枪。

四、检测器具：车钩钩锁移动量间隙塞尺及锁铁托具，16、17 型钩锁销与钩舌搭接量检查量规，车钩组装间隙塞尺，13 号、13A 型、13B 型闭锁位钩舌与钩腕内侧距离量规，13 号、13A 型、13B 型全开位钩舌与钩腕内侧距离量规，16、17 型车钩闭锁位量规，16、17 型车钩全开位量规。

五、所需材料：干性润滑脂、ϕ8 mm×70 mm 开口销。

六、基本要求：组装的车钩须经检测、检修合格，按《车辆及零部件检修、交验标识》HG1001-2008 的要求标注标识。

七、工序及技术要求：

工　　序	技　术　要　求
1. 组装材质、型号要求	1. 车钩组装时，钩舌、钩体和钩腔内配件材质须匹配： （1）普碳钢钩舌须安装在普碳钢钩体上，C 级钢、E 级钢钩舌可配装普碳钢钩体； C 级钢、E 级钢钩体不得安装普碳钢钩舌，须安装 C 级钢或 E 级钢钩舌。 （2）E 级钢钩锁应与 C 级钢、E 级钢钩体配套使用。 （3）其他钩腔内部配件有 B 级钢、C 级钢、E 级钢标记者应配套组装，但 13A、13B 型车钩不得安装普炭钢钩腔配件（13 号下锁销组成除外）。 （4）车钩配件无材质标记者按普碳钢处理。 2. 钩舌型号须与钩体型号匹配： （1）13 号钩舌须安装在 13 号钩体上，13A、13B 型钩舌可安装在 13 号钩体上；13A 型钩体，须安装 13A、13B 型钩舌；13B 型钩体须安装 13B 型钩舌。 （2）C、E 级钢 13A 型以及 C 级钢 13 号车钩更换新品钩舌时，须分别装用与钩体材质相同的 13B 型钩舌。 （3）16 型钩舌更换时，须装用符合图样 QCP802A-00-02A 的改进 16 型钩舌。

续上表

工　序	技　术　要　求
2．车钩组装	1．组装前各零件摩擦面须涂抹二硫化钼与酒精调和的干性润滑脂。 2. 按顺序将钩舌推铁、钩锁、上（下）锁销组成装于钩体内。 3. 分别检查钩舌销与钩耳孔短径间隙、钩舌销与钩舌销孔间隙均不大于 6 mm。 4. 装入钩舌并成闭锁位，将钩舌销圆柱面涂润滑剂后插入钩耳孔和钩舌销孔内。 5. 在闭锁位测量钩舌与上下钩耳之最大间隙 13 号、13A 型、13B 型不得超过 8 mm，16 型、17 型不得超过 10 mm，超过时在钩舌与下钩耳间加垫调整。
3．车钩试验	1. 开锁位试验：闭锁位时，慢速提起上锁提（或推动下锁销），使锁销离开防跳位置，将钩锁提起（推起），使钩锁坐于钩舌推铁锁座处；落下上锁提（或下锁销）钩锁仍未落下，钩舌也未移动，此时用手扳动钩舌能顺利转至全开位。 2. 闭锁位试验：全开位时，将钩舌缓慢向钩口里推动，钩锁以自重落下。落锁后，上作用车钩上锁提上盖后端必须落在车钩上面，不得翘起。此时向外扳动钩舌使之呈牵引状态，上、中、下三处分别测量钩舌鼻部与钩腕的距离:13 号不大于 130 mm，13A 型、13B 型不大于 127 mm；16 型、17 型钩舌鼻部与钩体正面的垂直距离不大于 97 mm。测量时不包括距离钩舌上、下面各 10 mm 圆角处。 3. 全开位试验：闭锁位时，用力提起上锁提（或推动下锁销），钩锁上升到最高位置，钩锁推动钩舌推铁，钩舌推铁将钩舌推至完全张开。此时向外扳动钩舌，上、中、下三处测量钩舌鼻部与钩腕的距离，不包括距离上、下面各 10 mm 圆角处，13 号不大于 245 mm；13A 型、13B 型不大于 242 mm；16 型、17 型不小于 219 mm。 4. 全开位舌鼻部与钩腕距离超限时，须焊修钩舌全开位止挡后磨修调整，或更换钩舌；不得焊修钩体的钩舌尾承壁。
4. 车钩防跳性能检查	1. 上作用车钩防跳性能检查：在闭锁位置时使用“锁铁托具”，并使钩锁锁腿贴靠后壁，向上托起钩锁铁，不得开锁，钩锁移动量 3～11 mm。 2. 13 号、13A 型、13B 型下作用车钩防跳性能检查： 二次防跳性能检查：闭锁位摆动下锁销组成时，二次防跳性能须起作用，车钩不得开锁，检测示意见图 219-1。 测量钩锁移动量：从钩头下部在锁腿与钩锁孔前壁之间用扁棒向后撬锁腿，同时从钩头正面用扁棒向上撬起钩锁，钩锁移动量 3～22 mm，检测示意见图 219-2。 3．16 型、17 型车钩防跳性能检查：

续上表

工　序	技　术　要　求
4. 车钩防跳性能检查	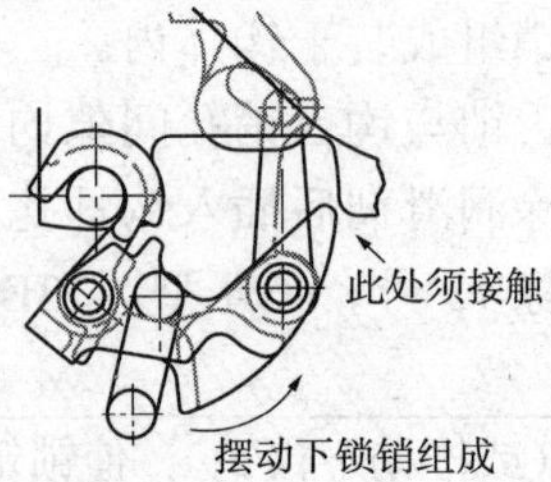 图 219-1　下作用二次防跳检查 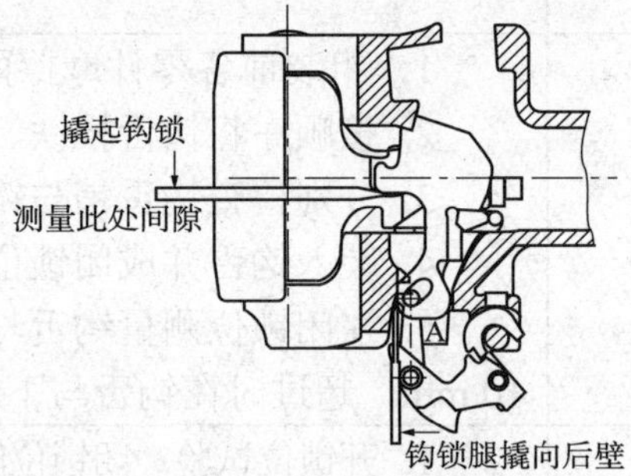 图 219-2　下作用钩锁移动量检查 （1）下锁销防跳性能检查：车钩闭锁显示孔须全部露出，从钩头下部在锁脚与钩锁孔前壁之间用扁棒向后撬钩锁脚，同时从钩头正面用扁棒向上撬起钩锁，测量下锁销顶面与钩舌座锁台下面的搭接量为 6.5～14.5 mm，检查示意见图 219-3。搭接量小于 6.5 mm 时，须更换下锁销或下锁销组成。 （2）下锁销杆防跳性能检查：将下锁销杆向上托起，使下锁销杆的防跳台与钩体的防跳台贴靠，此时向开锁方向转动下锁销，下锁销不得转动，下锁销、钩锁上移不得使车钩开锁，如图 219-4 所示。 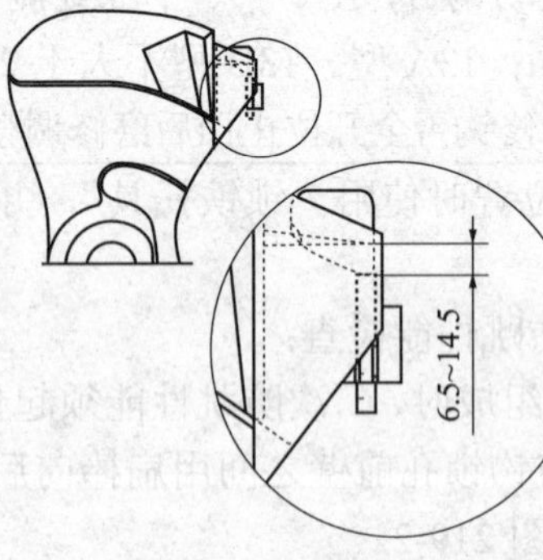 图 219-3　搭接量检查示意 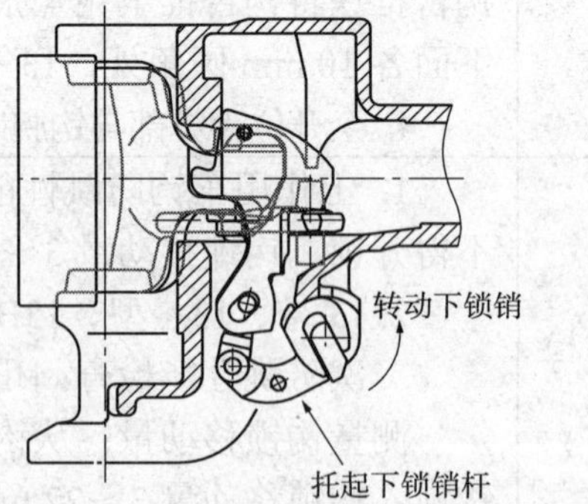 图 219-4　下锁销杆防跳性能检查示意

续上表

工　序	技　术　要　求
5．安装钩舌销开口销	钩舌销安装 ϕ8 mm×70 mm 开口销，劈开角度为 60°～70°。
6．涂打标记	1．车钩组装合格后，涂打检修标记。 2．车钩检修单位简称及年、月涂打在钩身上平面距钩头后肩 80 mm 处；标记的纵向中心与钩体的纵向中心重合；标记为白色油漆。 3．标记字号为 20 号字，检修车间、检修年月（4 位数）、 检修日期（2 位数）；检修车间简称与检修年、月、日间隔 15 mm，其他每字间隔 5 mm。

	13 号、13A 型、13B 型车钩缓冲装置组装	HG220-2008

一、适用范围：13 号、13A 型、13B 型车钩组成与缓冲装置的组装。

二、工艺流程：钩缓组装→安全吊装置组装→油漆标记。

三、工装设备：钩缓组装流水线、钩缓组装机。

四、所需材料： 润滑脂、弹簧垫圈20、螺母M20、开口销。

五、工序及技术要求：

工　序	技　术　要　求
1. 车钩缓冲装置组装	1．使用钩缓组装机将钩尾框、缓冲器、从板、按顺序组装。 2．压缩缓冲器，装入车钩组成，安装钩尾销。 3．松开压力机，不加装工艺垫者，车钩尾部须与从板接触。
2. 加装钩尾销螺栓及安全吊装置	1. 将钩尾销螺栓与衬套间涂抹润滑脂。 2. 装用 13 号(13A 型)钩尾框的车钩组成，按如下步骤组装： （1）取钩尾销螺栓并穿入吊架(2)，面对钩头方向从左向右穿入钩尾销螺栓安装座，同时加装钩尾销螺栓衬套；将吊架(2)、钩尾销螺栓靠严。 （2）从左向右穿入 M20 螺栓、止挡(2)，并与左侧钩尾销螺栓安装座靠严，然后在右侧安装吊架(1)。 （3）检查 3 根螺栓正位后，扭紧钩尾销螺栓的螺母。 （4）在右侧依次安装止挡(1)、弹簧垫圈 20、螺母 M20；均匀扭紧安全吊的 2 个螺母，并检查止挡(2)与钩尾销螺栓头部、止挡(1)与螺母间隙不得大于 1 mm，超过时配装止挡,重新组装。 （5）安全吊螺栓紧固后应将靠近螺母的螺纹铲堆（3 扣及以上），每扣螺纹铲堆螺纹长度不小于 10 mm，深度不小于螺纹深度的 2/3（钩尾销螺栓不铲堆）；安全吊螺栓紧固后不得松动，安装的开口销应卷边。 （6）用白铅油沿螺杆方向，在螺母、螺栓丝扣外漏部分及开口销卷起的一撇上划一条标记，做为防漏上、防松动标记。 3．装用 13B 型钩尾框的车钩组成，按如下步骤组装： （1）依次组装防护板(1)、螺栓、垫圈 20、防护板(2)、螺母、开口销。 （2）螺栓扭矩为 40～80 N·m。撬起防护板(2)，须有一个面靠紧螺母。将螺母与防护板(2)点焊。

三、转向架

	转向架清洗	HG301-2008

一、适用范围：通用转向架清洗。
二、工艺流程：分解挡键→轴承防护→清洗→干燥。
三、工装设备：转向架冲洗机、起重设备、污水处理装置。
四、所需材料：水。
五、工序及技术要求：

工　序	技　术　要　求
1．作业前准备	使用通过式转向架冲洗机时，须做好轴承防护。
2．清洗	1．转向架（或构架）不得用碱水冲洗，水温不得超过 60 ℃。 2．冲洗时间不少于 2 min，冲洗过程应避免轴承进水，冲洗后用压缩空气吹净水分，表面应无泥土、油垢。
3．完工要求	1．冲洗完毕后，及时疏通喷嘴，清理工作场地。 2．储水池应定期清理，以保证清洗质量。

	转向架分解	HG302-2008

一、适用范围：通用转向架分解。

二、工艺流程：分解挡键→分解中心销→分解下心盘及磨耗盘→分解下旁承→分解构架与轮轴→分解承载鞍及轴箱橡胶垫→分解枕弹簧、减振弹簧→分解斜楔→分解基础制动装置→分解横跨梁及附件→分解摇枕上拉杆托架上的含油尼龙滚套→分解制动梁→分解弹簧托板→分解摇动座及支承。

三、工装设备：起重设备、转向架检修流水线、摆式转向架分解组装胎具、风（电）扳手、氧-乙炔割炬、吊具、承载鞍卡具、手锤、开口器、活扳手等。

四、所需材料：氧气、乙炔。

五、基本要求：

1．分解的配件须放置在专用的托盘（箱）内，送指定的场所由专职人员检测。

2．经检测的配件按《车辆及零部件检修、交验标识》HG1001-2008 的要求标注标识。

3．不得借助交叉杆及弹簧托板吊装、支撑或移动转向架。

六、工序及技术要求：

工　序	技　术　要　求
1．分解挡键	1．分解挡键开口销，用风扳机卸下挡键螺母，取下螺母、螺栓及挡键。 2．装用伸缩式挡键的，螺母松动后将挡键推进支撑座腔内。
2．分解中心销、下心盘及磨耗盘、下旁承	1．取出中心销。 2．取出心盘磨耗盘。 3．分解下心盘螺栓开口销，分解螺栓，分解下心盘及垫板。 4．取出下旁承组成及垫板。
3．分解构架与轮轴	1．用卡具将承载鞍与侧架固定。 2．将构架吊上检修流水线，轮轴送指定场所检修。

续上表

工　序	技　术　要　求
4．分解承载鞍及轴箱橡胶垫、弹簧、斜楔、基础制动装置、横跨梁及附件、含油尼龙滚套	1．卸下承载鞍卡具，分解承载鞍及轴箱橡胶垫。 2．取下枕弹簧、减振弹簧及斜楔。 3．分解各制动圆销开口销，分别取下制动圆销及固定杠杆、移动杠杆、中（下）拉杆、固定杠杆支点。 4．分解横跨梁安全链螺栓。 5．分解横跨梁螺栓开口销，分解横跨梁螺栓，取下横跨梁、调整垫板、磨耗垫板及螺栓、螺母。 6．分解摇枕上拉杆托架开口销，取下托架上的含油尼龙滚套。
5．分解制动梁	1．分解制动梁安全链螺母、垫圈，将旋下的螺母拧在螺栓上。 2．转 K2、转 K6 型装有交叉杆安全链及卡子的取消，同时组合式制动梁安全链上与交叉杆安全链连接的链环分解报废。 3．分解安全索，取下制动梁。
6．分解弹簧托板、摇动座及支承	1．切除摇动座与弹簧托板组装螺栓，切除时不得伤及弹簧托板母材。 2．托起弹簧托板，取出摇动座及摇动座支承。

	构架正位及翻转检查程序	HG303-2008

一、适用范围：通用转向架构架的正位及翻转位检查。

二、工艺流程：正位检查→翻转位检查。

三、工装设备：转向架检修流水线、构架整体翻转机、便携式探伤机、手电筒、检点锤等。

四、检测量具：侧架导框检测量规，转K6型侧架导框检测量规，侧架承载鞍支承面磨耗检测尺，侧架制动梁滑槽磨耗板磨耗检测量规，新组装磨耗板与侧架立柱间隙塞尺，侧架两立柱内侧距离检测量规，侧架立柱与摇枕挡内表面配合处检测量规，侧架导框中心距检测尺，空重车自动调整装置横跨梁组成检测量规，侧架立柱磨耗板检测量规，侧架导框两侧摩擦面单侧磨耗检测尺，侧架导框导台检修量规，摇枕斜楔摩擦面检测样板，摇枕斜楔面磨耗板检测量规，转K2、转K6型摇枕挡内、外表面距离检测量规，摇枕斜楔槽内、外表面距离检修量规，摇枕心盘螺栓孔、圆销孔检测量规，摇枕头部宽度检修量规，交叉支撑装置多用途检测量规等。

五、基本要求：

1．构架正位及翻转位检查时须做到“四定”，即：定检查员、定检查顺序、定检查时间、定期保养检修设备；“五查”即：查内腔、查外表、查各弯角、查交叉杆、查弹簧托板。检查后要做到“三记”，即： 记摇枕、侧架、交叉杆、弹簧托板铸造厂代号、记制造日期和编号，记技术状态。

2. 经检查的配件须按《车辆及零部件检修、交验标识》HG1001-2008 的要求标注标识。

3．翻转位检查时，构架的翻转角度不小于 90°。

4．正位检查重点部位：

（1）侧架：导框弯角处、承载鞍（轴箱）支承圆脐上平面与侧架结合处、导框 A 区、三角孔周边、三角孔内腔、枕弹簧承台周边、立柱及磨耗板、中框上横梁、横跨梁安装座、制动梁滑槽及磨耗板、制动梁滑槽防脱板（焊结构）、斜楔挡板。

（2）摇枕：端部内腔、枕弹簧支承面、斜楔挡、斜楔磨擦面（含弯角）、下旁承座、下旁承座至上漏水孔（圆周）、内腔心盘销座、心盘安装座平面及螺栓孔、心盘安装座下面与摇枕侧面结合处、侧面、制动梁及横跨梁安全链座、固定杠杆支点座。

（3）弹簧托板：腹板、翼板及止挡孔周边。

5．翻转位检查重点部位：

续上表

（1）侧架：A 部位及下面 B 部位漏水孔周边、摇枕弹簧座下面、底平面。

（2）摇枕：B 部位两漏水孔周边、A 部位漏水孔周边、内腔中心销座内平面、弹簧座与摇枕底面过渡弯角处；

（3）交叉支撑装置：端头螺栓（母）、双耳防松垫圈、轴向橡胶垫、橡胶锥套（转 K1 型）、交叉杆杆体（重点是压型处和环焊处）、盖板（扣板）、连接螺母及盖板（扣板）焊缝。

六、工序及技术要求：

工　　序	技　　术　　要　　求
1．正位检查	检查顺序：14 步，检查超过摇枕、侧架纵向中心线 1/2 处，见图 303-1。 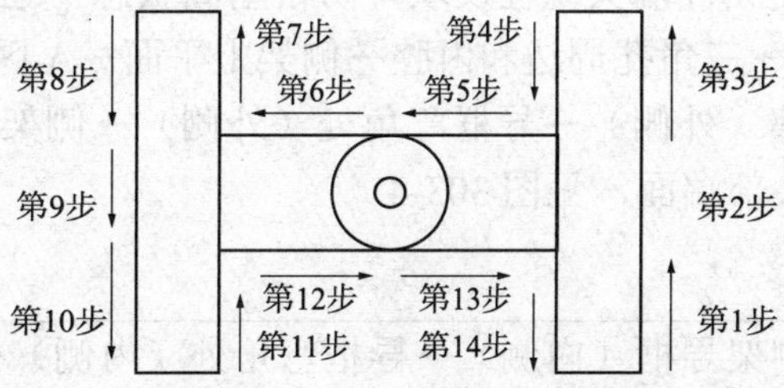 图 303-1　正位检查顺序示意
（1）第一步	检查范围：侧架导框（外侧）→导框弯角处（外侧）→侧架圆脐处（外侧）→A 区（外侧）→侧架上平面→三角孔周边和内腔（内侧）→支撑座和连接板（外侧）→交叉杆端头螺栓及双耳防松垫圈状态，见图 303-2。 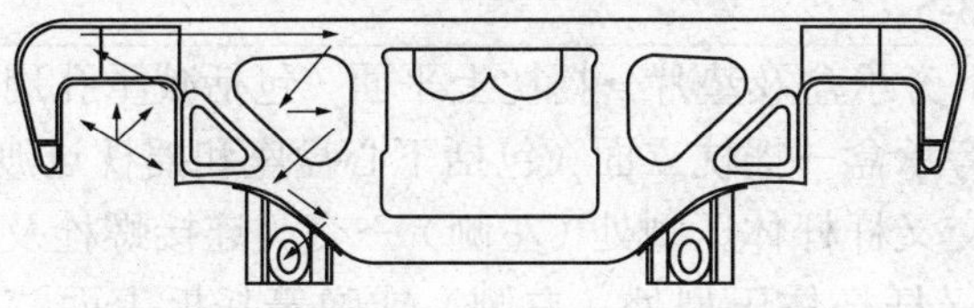 图 303-2　正位检查第一步（外侧）

续上表

工　序	技　术　要　求
（2）第二步	检查范围：侧架中央方框左立柱、磨耗板及铆钉（折头螺栓）状态→侧架弹簧承台→侧架中央方框右立柱、磨耗板及铆钉（折头螺栓）状态→右摇枕挡（内侧）→摇枕头部（含内腔）→左摇枕挡（内侧）→摇枕弹簧支撑面→摇枕斜楔摩擦面磨耗板或分离式斜楔插板→侧架上平面，见图 303-3。 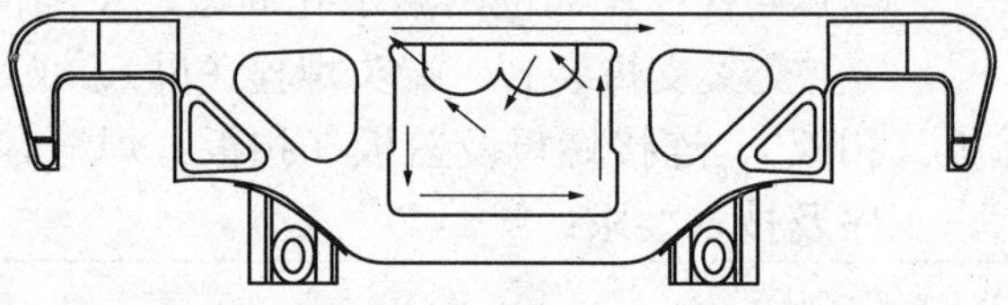 图 303-3　正位检查第二步（外侧）
（3）第三步	检查范围：交叉杆端头螺栓及双耳防松垫圈状态→连接板及支撑座（外侧）→三角孔周边和内腔→侧架上平面→A 区（外侧）→侧架圆脐部（外侧）→导框弯角处（外侧）→侧架导框（外侧）→侧架头部端面，见图 303-4。 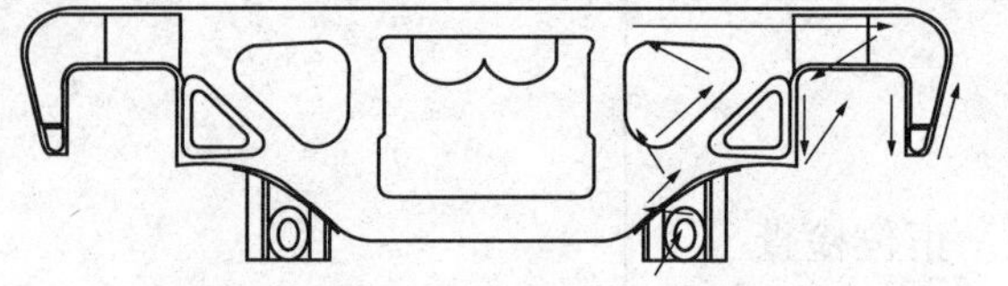 图 303-4　正位检查第三步（外侧）
（4）第四步	检查范围：侧架导框（内侧）→导框弯角处（内侧）→侧架圆脐部（内侧）→A 区（内侧）→侧架上平面（内侧）→三角孔周边和内腔（外侧）→侧架内侧面→左摇枕挡（外侧）→侧架中央方框左立柱（内侧）→左斜楔挡→侧架弹簧承台（内侧）→侧架滑槽及磨耗板→支撑座（内侧）→轴向橡胶垫→交叉杆杆体环焊处，见图 303-5。 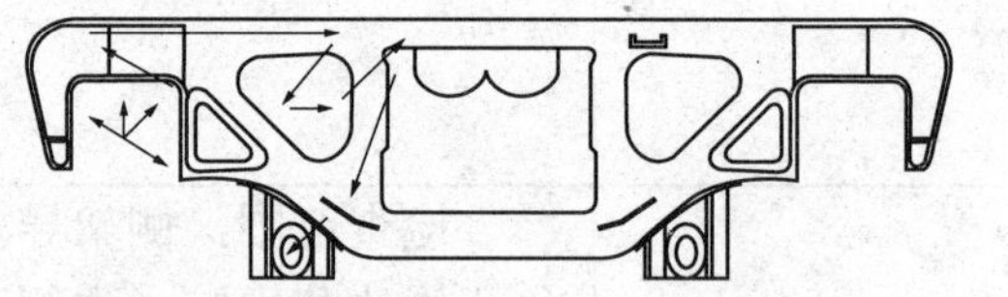 图 303-5　正位检查第四步（内侧）
（5）第五、六步	检查范围：左下旁承盒及垫片→摇枕上平面（包括减重孔周边及内腔）→右下旁承盒→摇枕立面（包括下心盘座和摇枕过渡处）→安全链座→交叉杆杆体压型处（左侧）→交叉连接螺栓及焊缝（外侧）→交叉杆杆体压型处（右侧）或弹簧托板上面，见图 303-6。 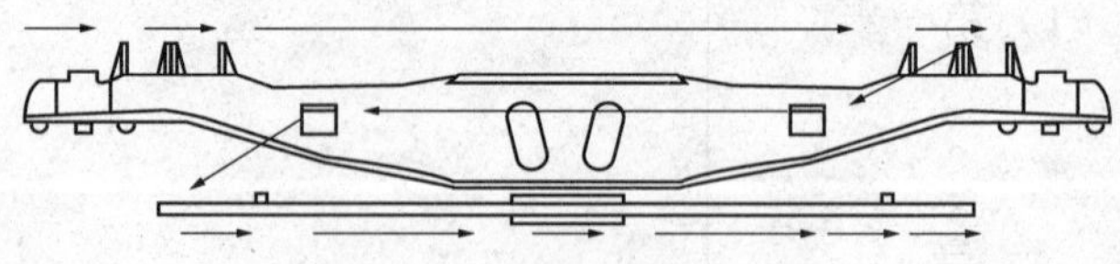 图 303-6　正位检查第五、六步

续上表

工　　序	技　　术　　要　　求
（6）第七步	检查范围：交叉杆杆体环焊处→轴向橡胶垫→支撑座（内侧）→侧架滑槽及磨耗板→侧架弹簧承台（内侧）→侧架中央方框右立柱（内侧）→右斜楔挡→右摇枕挡（外侧）→侧架内侧面→三角孔周边和内腔（外侧）→侧架上平面（内侧）→A 区（内侧）→侧架圆脐部（内侧）→导框弯角处（内侧）→侧架导框（内侧）→侧架头部端面，见图 303-7。 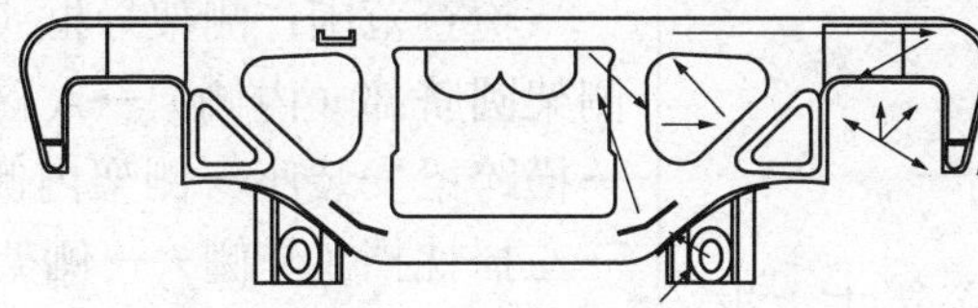 图 303-7　正位检查第七步（内侧）
（7）第八步	检查范围：侧架导框（外侧）→导框弯角处（外侧）→侧架圆脐处（外侧）→A 区（外侧）→侧架上平面→三角孔周边和内腔（内侧）→支撑座和连接板（外侧）→交叉杆端头螺栓及双耳防松垫圈状态，见图 303-8。 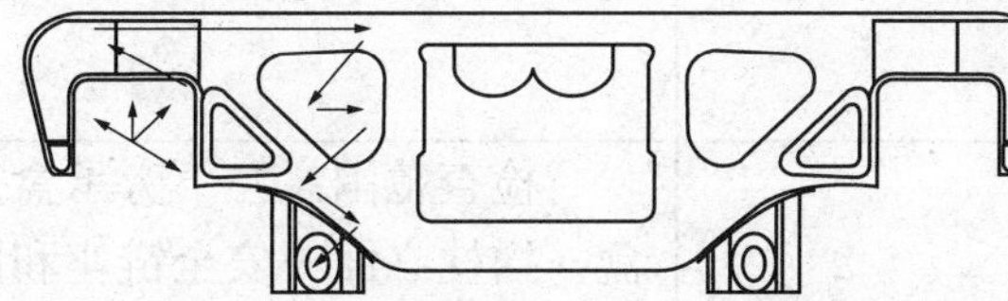 图 303-8　正位检查第八步（外侧）
（8）第九步	检查范围：侧架中央方框左立柱、磨耗板及铆钉（折头螺栓）状态→侧架弹簧承台→侧架中央方框右立柱、磨耗板及铆钉（折头螺栓）状态→右摇枕挡（内侧）→摇枕头部（含内腔）→左摇枕挡（内侧）→摇枕弹簧支撑面→摇枕斜楔摩擦面磨耗板或分离式斜楔插板→侧架上平面，见图 303-9。 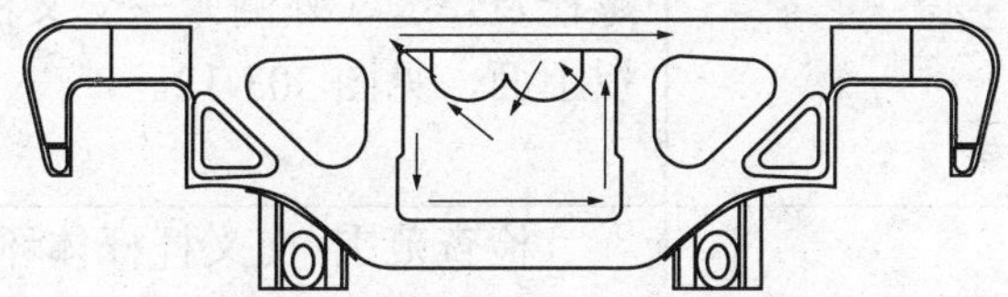 图 303-9　正位检查第九步（外侧）
（9）第十步	检查范围：交叉杆端头螺栓及双耳防松垫圈状态→连接板及支撑座（外侧）→三角孔周边和内腔→侧架上平面→A 区（外侧）→侧架圆脐部（外侧）→导框弯角处（外侧）→侧架导框（外侧）→侧架头部端面，见图 303-10。 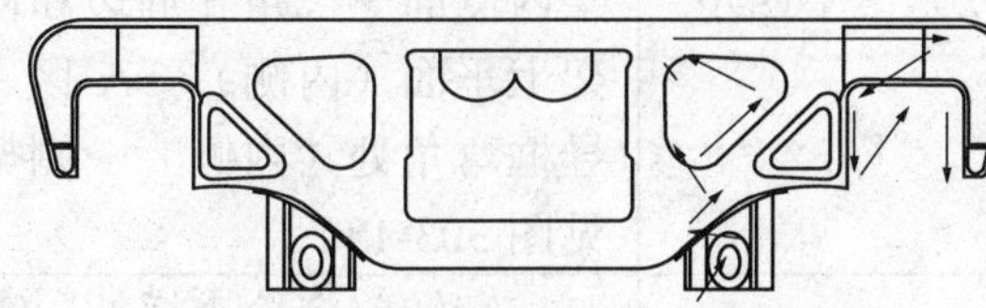 图 303-10　正位检查第十步（外侧）

续上表

工　序	技　术　要　求
（10）第十一步	检查范围：侧架导框（内侧）→导框弯角处（内侧）→侧架圆脐部（内侧）→A区（内侧）→侧架上平面（内侧）→横跨梁安装座→侧架内侧面→三角孔周边和内腔（外侧）→左摇枕挡（外侧）→侧架中央方框左立柱（内侧）→左斜楔挡→侧架弹簧承台（内侧）→侧架滑槽及磨耗板→支撑座（内侧）→轴向橡胶垫→交叉杆杆体环焊处，见图303-11。 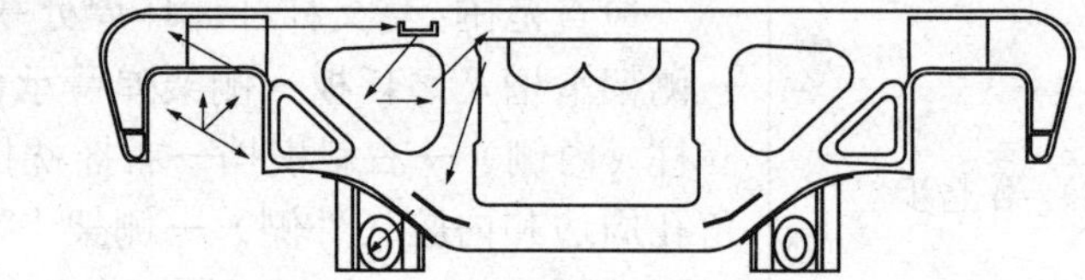 图303-11　正位检查第十一步（内侧）
（11）第十二、十三步	检查范围：左下旁承盒及垫片→摇枕上平面→右下旁承盒→摇枕立面→安全链座和固定杠杆支点座→尼龙滚套→安全链吊座→交叉杆杆体压型处（左侧）→交叉杆盖板、连接螺栓及焊缝（外侧）→交叉杆杆体压型处（右侧）或弹簧托板上面，见图303-12。 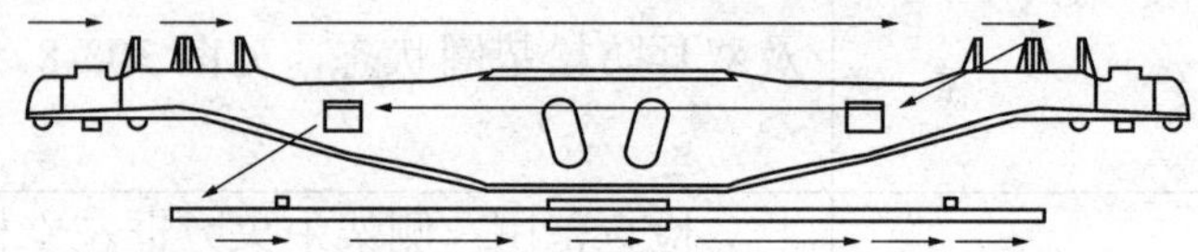 图303-12　正位检查第十二、十三步
（12）第十四步	检查范围：交叉杆杆体环焊处→轴向橡胶垫→支撑座（内侧）→侧架滑槽及磨耗板→侧架弹簧承台（内侧）→侧架中央方框右立柱（内侧）→右斜楔挡→右摇枕挡（外侧）→侧架内侧面→三角孔周边和内腔（外侧）→横跨梁安装座→侧架上平面（内侧）→A区（内侧）→侧架圆脐部（内侧）→导框弯角处（内侧）→侧架导框（内侧）→侧架头部端面，见图303-13。 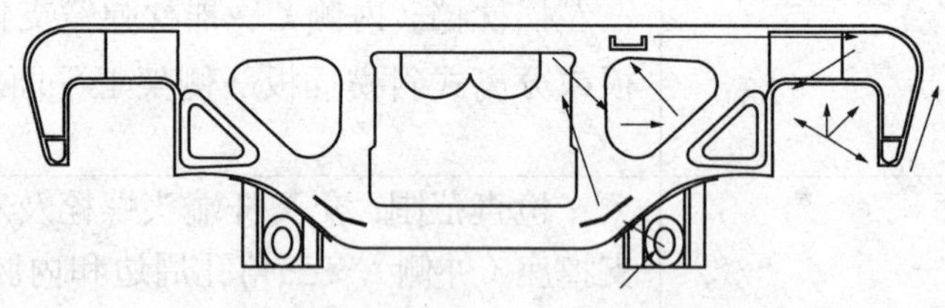 图303-13　正位检查第十四步（内侧）
2．翻转位检查	翻转前应检查摇枕、侧架上无易滑落物件，夹紧装置卡紧，确认安全可靠后方可进行翻转；检查顺序：共4步，见图303-14。

续上表

<table>
<tr><th>工　序</th><th>技　术　要　求</th></tr>
<tr><td>2．翻转位检查</td><td>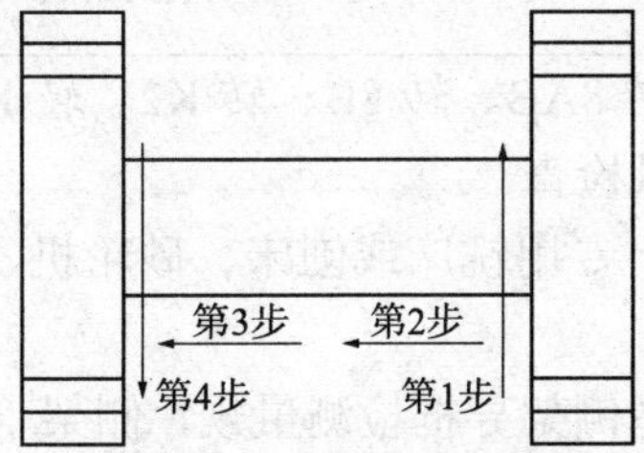图 303-14　翻转检查示意图</td></tr>
<tr><td>（1）第一、四步</td><td>检查范围：侧架整个 B 区部位的侧面和底部（包括减重孔周边及内腔）、支撑座及轴向橡胶垫，见图 303-15。
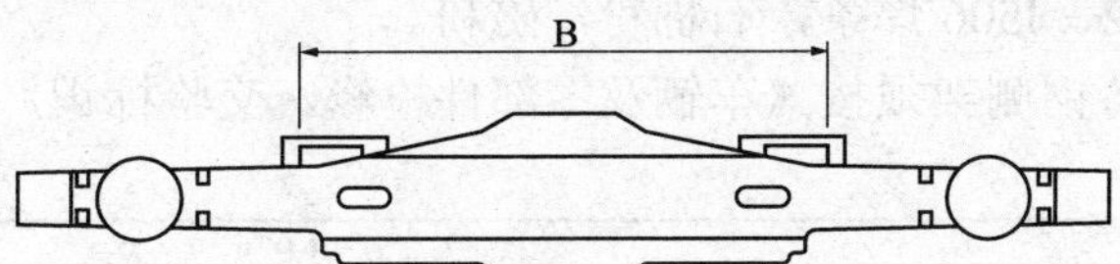图 303-15　翻转检查第一步、第四步</td></tr>
<tr><td>（2）第二、三步</td><td>检查范围：摇枕 A 区（弹簧承台弯角过渡处）→交叉杆杆体（右侧）→摇枕 B 区（减重孔周边及心盘座下平面）→交叉杆盖板及焊缝→摇枕 A 区（排水孔周边及内腔）→摇枕 B 区（减重孔周边及心盘座下平面）→交叉杆杆体（左侧）或弹簧托板下面→摇枕 A 区（弹簧承台弯角过渡处），见图 303-16。
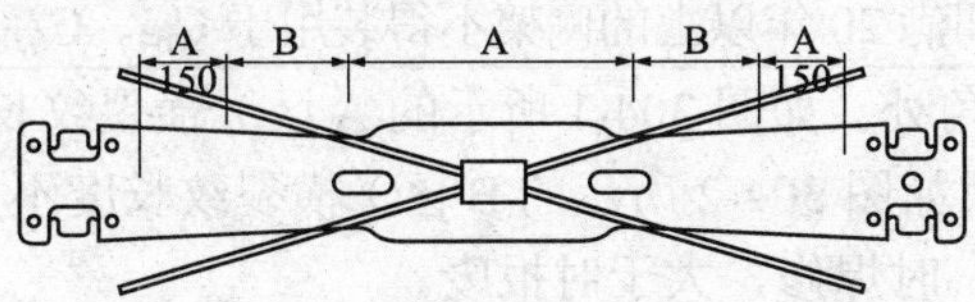图 303-16　翻转检查第二步、第三步</td></tr>
</table>

	铸钢侧架检修	HG304-2008

一、适用范围：转 8A、转 8AG、转 8G、转 8AB、转 8B、转 K2、转 K4、转 K6、转 K5、控制型侧架检修。

二、工艺流程：检测→焊修→热处理→质量检查。

三、工装设备：电焊设备、氧一乙炔割炬、专用铣床或刨床、砂轮机、侧架翻转机、滑槽磨耗板压装机、焊条烘干箱、焊条保温箱、热处理设备等。

四、检测量具：侧架导框检测量规，转K6型侧架导框检测量规，侧架承载鞍支承面磨耗检测尺，侧架制动梁滑槽磨耗板磨耗检测量规，新组装磨耗板与侧架立柱间隙塞尺，侧架两立柱内侧距离检测量规，侧架立柱与摇枕挡内表面配合处检测量规，空重车自动调整装置横跨梁组成检测量规，转K4、转K5型侧架摇动座摆动角凸台面检测量规，侧架立柱磨耗板检测量规，侧架导框两侧摩擦面单侧磨耗检测尺，侧架导框导台检修量规等。

五、所需材料：氧气，乙炔，J422、J506 焊条，石棉粉，磁粉。

六、基本要求：经检查、检修的铸钢侧架须按《车辆及零部件检修、交验标识》HG1001-2008 的要求标注标识。

七、工序及技术要求：

工　　序	技　术　要　求
1. 寿命判定	1. 无制造单位、时间标记时报废。 2. 使用时间满 25 年时报废（寿命期限以制造时间为准，时间统计精确到月）。 3. 使用时间满 20 年而未满 25 年，但 A、B 部位裂纹时报废。 4. 侧架剩余寿命小于 1 个段修期者，经检查确认质量状态良好，可继续装车使用，并由装车单位负 1 个段修期的质量保证责任。 5. 使用时间满 20 年以上的侧架不得装用于 C_{64}、C_{62B}、C_{63}、C_{61}、P_{62N}、P_{63}、P_{64}、P_{65} 等型（系列）增载车辆上。
2. 侧架裂纹检修	1. 侧架弯角处（如图 304-1 所示的 A 区）横裂纹长度不大于裂纹处断面周长的 30%，转 K4 型侧架摇动座支承安装槽底面（如图 304-2 所示的 B 区）横裂纹长度不大于 60 mm 时报废，其他部位的横裂纹长度不大于裂纹处断面周长的 50%时焊修，大于时报废。 2. 焊修时，普碳钢侧架使用 J422 焊条，B 级钢使用 J506 焊条，焊波须高于基准面 2 mm，焊修后须进行热处理。

续上表

工　　序	技　术　要　求
2. 侧架裂纹检修	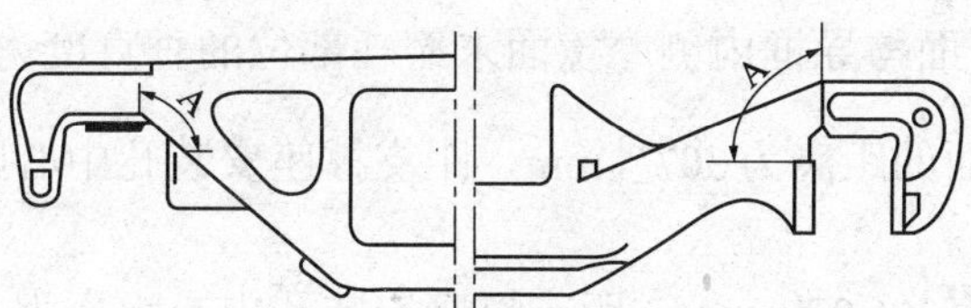 图　304-1 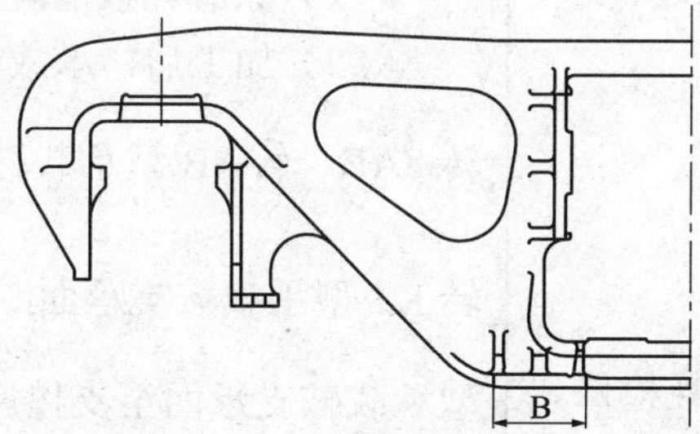 图　304-2 3. 裂纹判断有疑问的侧架须除锈，并对该部位进行湿法磁粉探伤。探伤执行《磁粉探伤》HG1011-2008。 4. 无识别标记的转 K4、转 K5 型原侧架报废需补充时应补充识别标记为“A”的相同型号的侧架，且同一转向架的侧架须一致。
3. 侧架磨耗检修	1. 导框两侧摩擦面单侧磨耗（含局部磨耗）深度大于 2 mm、两侧磨耗深度之和大于 3 mm，内侧面磨耗（含局部磨耗）深度大于 3 mm 或组装间隙超限时，堆焊后加工。 2. 转 K2、转 K4、转 K5 型侧架导框导台两侧摩擦面单侧磨耗(含局部磨耗)深度大于 3 mm，两侧磨耗深度之和转 K2 型大于 4 mm，转 K4、转 K5 型大于 5 mm 时时堆焊后加工（原型：转 K2 型 85^{+2}_{-3} mm、转 K4 型 67±2 mm、转 K5 型 78±2 mm）。 3. 侧架导框导台两内挡面磨耗之和转 K2 型大于 4 mm、转 K4 及转 K5 型大于 5 mm 或影响组装间隙时，堆焊后加工（原型：转 K2 型 184^{+1}_{0} mm、转 K4 型 $184^{+1.5}_{-0.5}$ mm、转 K5 型 $196^{+2.5}_{-0.5}$ mm。 4. 承载鞍支承面检修须符合下列要求： （1）偏磨大于 1 mm 时加工，磨耗大于 3 mm 时或支承面剩余高度小于 2 mm 时堆焊后加工，恢复原型，或

续上表

工　序	技　术　要　求
3. 侧架磨耗检修	加工后焊装磨耗板。转 8A 型侧架导框支承面偏磨深度大于 1 mm 时更换。 （2）原磨耗板磨耗大于 3 mm 时更换；焊装磨耗板时，同一转向架两侧架须同时焊装。 （3）加工后，承载鞍支承面或磨耗板平面与导框内侧摩擦面未磨耗部位的垂直度为 1 mm；转 8AG、转 8G、转 8AB、转 8B 型承载鞍支承面距弹簧承台面的距离为 307^{+2}_{-3} mm，距支撑座安装孔中心距离为（397±2） mm；转 K2 型承载鞍支承面距弹簧承台面的距离为 306.9^{+2}_{-3} mm，距支撑座安装孔中心距离为（386.9±2） mm；转 K6 型承载鞍支承面至支撑座安装孔中心距离为（412±2）mm。 （4）转 8A、转 8AG、转 8AB 型焊装的磨耗板规格为 ϕ（196～205） mm×（4～6） mm，转 8G、转 8B 型为（186～195） mm×（171～180） mm×（4～6） mm ，转 K2 型为（158～167） mm×（136～145） mm ×（4～6） mm ，控制型为 （126～135） mm×（126～135） mm×（4～6） mm ，材质为 Q235。 （5）侧架承载鞍支承面焊修应在侧架翻转机上实行平焊。 5. 转 K2、转 K6 型侧架立柱与摇枕挡内表面配合处磨耗深度大于 3 mm 时，堆焊后磨修恢复原型。 6. 控制型侧架两旋转止挡凸耳纵向间距原型为 486 mm，磨耗后大于 492 mm 时应对中焊后磨平，恢复原型。 7. 控制型侧架与摇枕外挡接触部凸台磨耗深度大于 3 mm 时，焊修磨平。
4. 制动梁滑槽及滑槽磨耗板检修	1. 转 K5、转 K6 型侧架制动梁滑槽无防止制动梁脱出挡块时，须分别按图样 ZCHZ56-20GZ-00、QCZ133JX-20-01 焊装挡块。 2. 转 8A、转 8AG、转 8AB 型制动梁滑槽下承台前端焊装的钢板规格为 12 mm×52 mm×40 mm，厚度不小于 10 mm，丢失时补装（两面焊）。 3. 滑槽磨耗板磨耗深度大于 3 mm 时更换新品，焊波开焊时须补焊。平板式滑槽磨耗板材质为 27SiMn，硬度须为 40～50 HRC，规格为（167±1） mm×$70^{0}_{-1.5}$ （内挡65^{+2}_{-1}） mm×（7～12） mm。更换时须三面满焊（磨耗板外侧焊缝允许中间 70 mm 不焊）；焊装磨耗板后其上下承台间距应为 56～58 mm，侧架滑槽高度小于 64 mm 时允许以厚度为 6 mm 的磨耗板代用。卡入式滑槽磨耗板材质为 T10 或 47Mn2Si2TiB， T10 硬度为 36～42 HRC，

续上表

工　　序	技　术　要　求
4. 制动梁滑槽及滑槽磨耗板检修	47Mn2Si2TiB 硬度为 36～42 HRC 或 332～392 HBW。 4. 转 8A、转 8AG、转 8AB 转向架装用组合式制动梁前，须对侧架制动梁滑槽状态进行检查，滑槽宽度符合 56^{+2}_{0} mm，测量部位为滑槽全深，并贯通测量。装用组合式制动梁时允许使用厚度为 4 mm 的滑槽磨耗板，焊角不小于 3 mm，并保证磨耗板与滑槽密贴，焊后须清除磨耗板平面的焊渣和凸起物。 5. 卡入式制动梁滑槽磨耗板压装前须清除滑槽磨耗板平面及滑槽内表面焊渣和突起物，上下表面须平整，不允许涂抹任何油脂，压装须正位（滑槽磨耗板凸起落入滑槽凹槽内），不正位时须进行调整直至正位。
5. 横跨梁托检修	1. 横跨梁托变形时调修或更换，裂纹或腐蚀深度大于 30%时更换。 2. 横跨梁托孔径磨耗大于 3 mm 时焊修或更换。
6. 斜楔挡检修	转 8A、转 8G、转 8AB、转 8B 型侧架斜楔挡弯曲时调修，裂纹时焊修或更换；斜楔挡脱落或与侧架铸造一体者折损时，须在原处焊装 95 mm×75 mm×16 mm 的钢板，焊角为 8 mm×8 mm。
7. 侧架中部下弦杆上平面限制摇动座摆动角的凸台面检修	转 K4、转 K5 型侧架中部下弦杆上平面限制摇动座摆动角的凸台面，在摇动座朝侧架一侧倾斜至不能移动时分别用符合图样 53A80-12-06-00、56A80-12-06-00 的样板检查，全长范围内通端通过、止端止住。止端不符合要求时须将凸台面堆焊后磨平，通端、止端均须合格。
8. 侧架立柱磨耗板检修与安（铆）装	1. 丢失时补装，裂损或松动时更换；转 8A、转 8AG、转 8G、转 8AB、转 8B、控制型磨耗大于 2 mm，转 K2、转 K4、转 K5、转 K6 型磨耗大于 3 mm 时更换。 2. 转 8A、转 8AG、转 8G、转 8AB、转 8B、控制型须采用平头铆钉液压热铆，铆接配件金属结合面在组装前均须涂防锈漆，铆钉窝填充应充实，其边缘处应无大于 1.5 mm 的剩余量，铆钉帽平面低于磨耗板平面，凸出部分用砂轮机（角向磨光机）打磨平整。铆装后敲打铆钉无松动，钉帽圆滑饱满。控制型侧架立柱磨耗板须符合图样 QCZ49-20-01，上、下部应焊有定位装置。 3. 转 8A、转 8AG 型立柱磨耗板铆装前，先测量侧架两立柱水平距离（以侧架两立柱安装磨耗板的突出部分最下方向上 10 mm 处测量为准），大于 509 mm 时，堆焊后加工（加工后局部可有黑皮）或更换；小于 505 mm 时，铆装厚度为 10 mm 的磨耗板；大于 505 mm 时，铆装厚度为 12 mm 的磨耗板。 4. 转 K2、转 K4、转 K5、转 K6 型须采用折头螺栓紧固，折头螺栓须折断，并使用扭矩扳手校核，紧固力矩

续上表

工 序	技 术 要 求
8.侧架立柱磨耗板检修与安（铆）装	须达到：转 K2、转 K6 型为 500～550 N・m，转 K4、转 K5 型为 530～580 N・m。螺栓端头不得高于侧架立柱磨耗板表面，高于时时用角向磨光机打磨。 5. 转 8AB、转 8B 型侧架须装用符合图样 QCZ105A-20-01 的加宽 45 钢立柱磨耗板。 6. 新装磨耗板与侧架的间隙： （1）转 K6 型：用 0.8 mm（顶部用 1 mm）塞尺插入磨耗板与侧架立柱的间隙，任一处插入深度不得大于 13 mm。 （2）转 K5 型：用 1 mm 塞尺插入磨耗板与侧架立柱的间隙，任一处插入深度不得大于 13 mm。 （3）其他型：用 1 mm 塞尺从磨耗板与立柱之间的间隙插入，任意一处不得触及铆钉杆或螺杆。 （4）垫圈与立柱间用 0.5 mm 塞尺在圆周方向伸入不得超过 1/4 周。 （5）转 8AB、转 8B 型：用厚度为 0.6 mm 的塞尺探入检查，不得触及铆钉杆；用厚度为 1 mm 的塞尺检查，插入深度不得大于 13 mm。 7. 侧架立柱磨耗板材质： （1）转 8A、转 8AG、转 8G、转 8AB、转 8B、转 K4、转 K5、转 K6 型及装用组合式斜楔的转 K2 型为 45 号钢，转 K2 型装用整体式斜楔时，斜楔材质为针状马氏体铸铁者配套 T10 磨耗板，材质为贝氏体球墨铸铁者配套 ADI 磨耗板，摩擦面须经过热处理；控制型立柱磨耗板材质为整体淬火的 45 号钢。 （2）转 K2 型转向架整体式斜楔或 ADI、T10 材质的侧架立柱磨耗板须更换时，全车须同时更换符合图样 QCZ133-90-90 要求的组合式斜楔和符合图样 QCZ85C-20-01 要求的 45 号钢材质的侧架立柱磨耗板、不锈钢摇枕斜楔摩擦面磨耗板。 8. 侧架立柱磨耗板硬度 转 8A 型为 38～50 HRC，转 8AG、转 8G 型为 43～58 HRC，转 K4、转 K5 型为 40～48 HRC，转 K6 型为 38～50 HRC，转 K2 型 T10 材质者为 365～415 HBS 或 43～58 HRC，淬火层深度须大于 3 mm；控制型 38～45 HRC，并整体淬火。 9. 全车的斜楔、立柱磨耗、摇枕斜楔摩擦面磨耗板材质须分别一致，并配套使用。
9. 支撑座及保持环检修	1. 支撑座裂纹及支撑座、侧架、连接板间焊缝开裂时须铲除裂纹后焊修，并须符合支撑座及侧架、连接板间焊缝焊修技术条件。

3

续上表

工　序	技　术　要　求
9. 支撑座及保持环检修	2. 支撑座贯通裂纹、经过焊修再次裂纹或原焊修焊缝开裂时更换；分解交叉支撑装置的支撑座腐蚀深度大于 3 mm 时更换。更换时不得伤及侧架母材。新组装支撑座须使用支撑座专用组装胎具。 3. 分解后保持环腐蚀、磨耗深度大于 2 mm 或裂纹时更换新品，更换保持环时，须使用专用组装定位胎具；焊缝开裂时须清除原焊波施焊。
10. 焊修、热处理、加工、检查	1. 侧架焊修执行《车辆配件焊修》HG1005-2008 和《B 级钢配件焊修及热处理》HG1006-2008。 2. 侧架裂纹焊后须热处理，执行《配件焊后热处理》HG1009-2008。 3. 侧架导框磨耗堆焊后须进行机械加工，加工后尺寸须恢复原型。 4. 磨耗面经加工后，允许有黑皮存在，但不得超过加工面积的 10%。 5. 不得有裂纹。

	铸钢摇枕检修	HG305-2008

一、适用范围：转 8A、转 8AG、转 8G、转 8AB、转 8B、转 K2、转 K4、转 K6、转 K5、控制型摇枕检修。
二、工艺流程：检查→焊修→热处理→质量检查。
三、工装设备：电焊设备、氧－乙炔割炬、砂轮机、摇枕翻转机、焊条烘干箱、焊条保温箱、热处理设备、便携式探伤设备等。
四、检测量具：摇枕斜楔摩擦面检测样板，摇枕斜楔面磨耗板检测量规，转K2、转K6型摇枕挡内、外表面距离检测量规，摇枕斜楔槽内、外表面距离检修量规，摇枕心盘螺栓孔、圆销孔检测量规，摇枕头部宽度检修量规等。
五、所需材料：氧气、乙炔、J422、J506 焊条、A302 或 E306H 不锈钢焊条、石棉粉、磁粉等。
六、基本要求：经检测、检修的铸钢摇枕须按《车辆及零部件检修、交验标识》HG1001-2008 的要求标注标识。
七、工序及技术要求：

工　　序	技　术　要　求
1. 寿命判定	1. 无制造单位、时间标记时报废。 2. 使用时间满 25 年时报废（寿命期限以制造时间为准，时间统计精确到月）。 3. 使用时间满 20 年而未满 25 年，但 A、B 部位裂纹时报废。 4. 摇枕剩余寿命小于 1 个段修期者，经检查确认质量状态良好，可继续装车使用，并由装车单位负 1 个段修期的质量保证责任。 5. 使用时间满 20 年以上的摇枕不得装用于 C_{64}、C_{62B}、C_{63}、C_{61}、P_{62N}、P_{63}、P_{64}、P_{65} 等型（系列）增载车辆上。
2. 摇枕裂纹检修	1. 上平面、侧面横裂纹长度不大于裂纹处断面周长的 20%，底面横裂纹长度不大于底面宽的 20%（测量周长或宽度时，铸孔计算在内，测量裂纹长度时，铸孔不计算在内），焊波须高于基准面 2 mm，焊后进行热处理，大于时更换。 2. 纵裂纹或内壁加强筋、心盘销座裂纹时焊修。摇枕挡或下旁承盒裂纹、缺损时焊修或更换。 3. 裂纹判断有疑问的摇枕须除锈，并对该部位进行湿法磁粉探伤。探伤执行《磁粉探伤》HG1011-2008。
3. 摇枕磨耗检修	1. 转 K2、转 K6 型摇枕挡内、外表面距离大于 283 mm 时，应堆焊后磨修，恢复原型。 2. 控制型转向架摇枕旋转止挡两内挡外表面之间的距离小于 474 mm 时，须对中焊后磨平，恢复原型。 3. 摇枕斜楔槽内、外表面距离：转 K2、转 K6 型大于 180 mm，转 K4、转 K5 型大于 152 mm 时，对中焊修

续上表

工　　序	技　　术　　要　　求
3. 摇枕磨耗检修	后磨平，恢复原型。 4. 摇枕心盘螺栓孔、心盘销孔磨耗大于 2 mm 时堆焊后加工。 5. 横跨梁安全链吊座剩余厚度小于 5 mm 或链孔上边缘宽度小于 8 mm 时更换。 6. 转 K4、转 K5 型摇枕头部两侧面壁厚单侧磨耗大于 4 mm 时堆焊后磨平，恢复原型。 7. 转 K4、转 K5 型摇枕横向运动止挡磨耗大于 4 mm 时堆焊后磨平，恢复原型。 8. 转 K6 型摇枕弹簧定位圆脐为结构Ⅰ的，磨耗部位小于最小磨耗尺寸时焊修后磨修，磨修部位应符合结构Ⅱ圆脐相应部位尺寸，未焊修部位不用磨修；摇枕弹簧定位圆脐为结构Ⅱ的，磨耗部位小于最小磨耗尺寸时焊修后磨修，磨修部位应符合结构Ⅱ圆脐相应部位尺寸。弹簧定位圆脐见图 305-1。 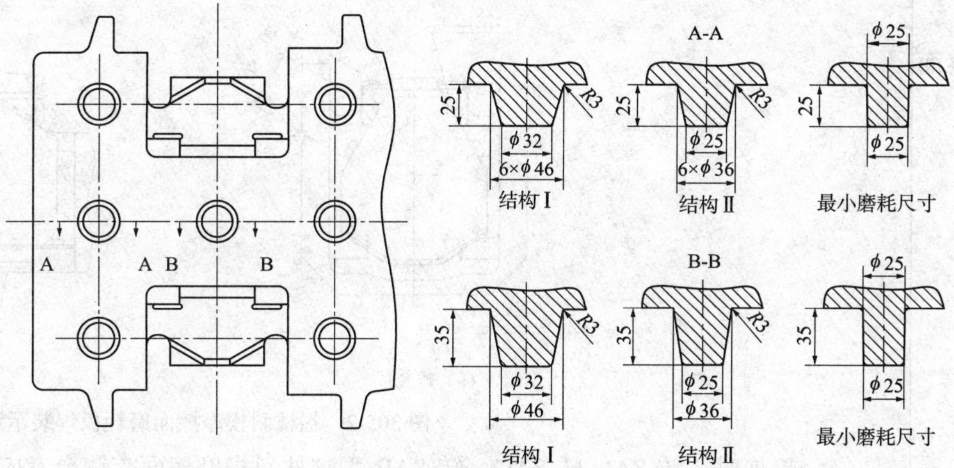 图 305-1　摇枕定位圆脐示意图
4. 摇枕斜楔摩擦面磨耗板检修	1. 摇枕斜楔摩擦面磨耗板或分离式斜楔插板焊缝开裂时焊修，裂纹时更换新品，丢失时补装；转 8A 型更换新品，新品磨耗板厚度应为 5 mm；转 8AG、转 8G、转 8AB、转 8B、转 K4、转 K5、转 K6 型磨耗大于 3 mm,

续上表

工　序	技　术　要　求
4. 摇枕斜楔摩擦面磨耗板检修	转 K2 型磨耗大于 2 mm 时更换新品。 2．转 8A、转 8AG、转 8G、转 8AB、转 8B、控制型摇枕斜楔摩擦面磨耗板材质为 27SiMn，硬度应为 40～50 HRC；转 K2、转 K4、转 K5、转 K6 型斜楔摩擦面磨耗板材质为 0Cr18Ni9，硬度不大于 187 HBW；转 K2 型分离式斜楔插板材质为 20 号钢，硬度应为 130～210 HBS。 3．材质为 0Cr18Ni9 的磨耗板焊装时应使用 A302 或 E306H 不锈钢焊条，焊接电流为 130～150 A，材质为 27SiMn 的磨耗板与 B 级钢摇枕焊装时应使用 J506 焊条；焊接电流为 180～220 A，按《B 级钢配件焊修及热处理》HG1006-2008 执行。 4．焊装磨耗板前摇枕斜楔摩擦面（基准面）须平整，不平整时须堆焊后磨平，矩形磨耗板或斜楔插板上、下端面与摇枕应满焊。转 K5、转 K6 型磨耗板焊装见图 305-2。 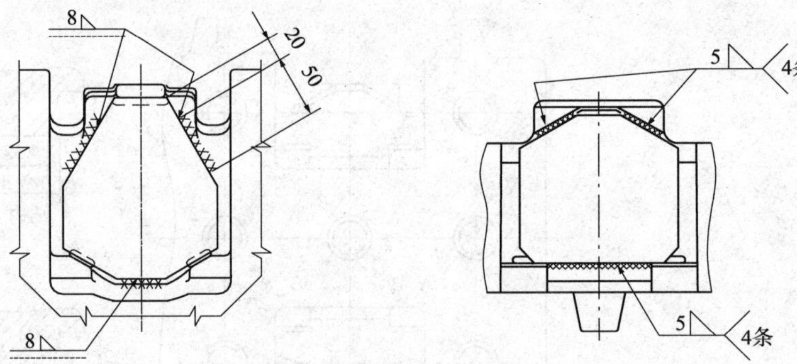 （a）转 K5　　（b）转 K6 图 305-2　摇枕斜楔摩擦面磨耗板焊装示意图 5．更换时，转 8A、转 8AG、转 8AB 型摇枕斜楔摩擦面有铸台者应用原型样板以弹簧支承面及凸脐中心为基准进行检测，每侧间隙不大于 4 mm，间隙差不大于 2 mm；焊装 140 mm×80 mm×（3～5） mm 的磨耗板；无铸台者焊装（145～155） mm×80 mm×（3～5） mm 的磨耗板。 6．控制型摇枕原设计无磨耗板者，须更换为符合图样 QCZ49-40-01 的摇枕。

续上表

工　　序	技　术　要　求
4．摇枕斜楔摩擦面磨耗板检修	7．转 8AB、转 8B 型摇枕斜楔摩擦面磨耗板焊缝须对称分布，焊后用 0.8 mm 塞尺检查磨耗板与安装面间隙，插入深度不大于 13 mm。 8．摇枕斜楔摩擦面磨耗板焊接时应在摇枕翻转机上实行平焊。
5．转 8AG、转 8AB 型摇枕定位圆脐检修	转 8AG、转 8AB 型摇枕弹簧定位脐子垫脱落时，应焊装厚度为 8 mm 的脐子垫，焊装后，弹簧定位圆脐总高度应为 23_{0}^{+2} mm。
6．转 K2 型摇枕弹簧承台内侧外簧挡边检修	转 K2 型摇枕弹簧承台内侧外簧挡边高度小于 25 mm 时，应按 QCZ85JX-40-01 的要求加高，见图 305-3。 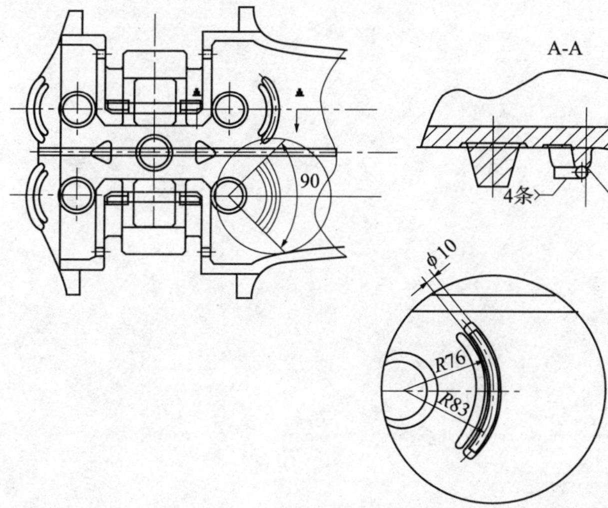 图 305-3　转 K2 型摇枕弹簧承台内侧外簧挡边高度改造方案
7．固定杠杆支点座检修	固定杠杆支点座圆销孔或衬套直径磨耗大于 2 mm 时，扩孔镶套或更换。

续上表

工　序	技　术　要　求
8. 摇枕上拉杆托滚检修	转 K2 型、转 K5、转 K6 型转向架摇枕上拉杆托架组成的含油尼龙滚套外表面磨耗深度大于 3 mm 时更换。
9. 焊修、检查	1. 摇枕焊修执行《车辆配件焊修》HG1005-2008 和《B 级钢配件焊修及热处理》HG1006-2008。 2. 摇枕裂纹焊后须热处理，执行《配件焊后热处理》HG1009-2008。 3. 磨耗面经加工后，允许有黑皮存在，但不得超过加工面积的 10%。

	交叉支撑装置检修	HG306-2008

一、适用范围：转 8AG、转 8G、转 8AB、转 8B、转 K2、转 K6 型交叉支撑装置检修。

二、工艺流程：外观检查→分解检测→探伤→调修→焊修→复探→磨修→组装→正位检测。

三、工装设备：电焊设备、氧－乙炔割炬、砂轮机、交叉杆分解、组装胎具、交叉杆螺栓智能扳机、交叉支撑装置正位检测台、交叉杆标志板打号机、调修设备、焊条烘干箱、焊条保温箱、探伤设备、手提式电钻等。

四、检测量具：交叉支撑装置多用途检测量规、交叉杆弯曲检测样杆、交叉杆端头螺纹止规（59740）等。

五、所需材料：氧气、乙炔、J506 焊条、J506WCu 焊条、磁粉等。

六、基本要求：经检查、检修的交叉支撑装置须按《车辆及零部件检修、交验标识》HG1001 的要求标注标识。

七、工序及技术要求：

工　　序	技　术　要　求
1. 外观检查	1. 交叉支撑装置须随摇枕、侧架进行翻转外观检查，状态良好可不分解，检查重点部位为：端头螺栓（母）、双耳防松垫圈、轴向橡胶垫、交叉杆杆体（重点是压型处和环焊处）、盖板（扣板）、连接螺母及盖板（扣板）焊缝。 2. 有下列情况之一时，须分解交叉支撑装置，除锈后对交叉杆连接焊缝（不包括转 8AG、转 8G、转 8AB、转 8B 型转向架盖板上的塞焊缝）、杆体压型处进行湿法磁粉探伤检查，探伤执行《磁粉探伤》HG1011-2008。 （1）交叉杆变形大于 10 mm，杆体擦伤、碰伤深度不大于 1 mm。 （2）交叉杆裂纹、开裂。 （3）交叉杆端部螺栓（母）松动。 （4）支撑座裂纹或破损。 （5）转 K1 型锥柱母体裂纹或破损。 （6）因火灾等原因，交叉杆及支撑座烧损或化学溶剂腐蚀橡胶件。 （7）因相关配件检修或更换需分解交叉支撑装置。 （8）无交叉杆标志板。 3. 有下列情况之一时交叉杆报废：

续上表

工　序	技　术　要　求
1. 外观检查	（1）车辆脱轨、颠覆。 （2）交叉杆端头螺纹有损伤或滑扣超过 3 扣。 （3）杆体横裂纹。 （4）杆体纵裂纹长度大于 50 mm 或深度大于 0.6 mm。 （5）杆体环焊缝开裂、折断或擦伤、碰伤深度超超过 1 mm。 （6）在全长范围内用样杆检查交叉杆弯曲、变形：转 K1 型大于 15 mm，转 8G、转 8AG 、转 8AB、转 8B、转 K2、转 K6 型大于 20 mm。 4．有下列情况之一时修理： （1）杆体纵裂纹长度不大于 50 mm 或深度不大于 0.6 mm 及擦伤、碰伤深度不大于 1 mm 时，磨修消除缺陷，磨修面与非磨修面须平滑过渡。 （2）焊缝（杆体环焊缝除外）开裂时铲除裂纹后补焊，补焊后进行磁粉探伤。 （3）盖板（扣板）裂纹时，须钻止裂孔，消除裂纹后施焊磨平，并进行湿法磁粉探伤。 （4）在全长范围内用样杆检查交叉杆，弯曲、变形大于 10 mm 时调修。 （5）转 K2、转 K6 型转向架中间连接螺母松动时，拧紧后点焊固。 5．双耳防松垫圈裂纹时更换新品。 6．轴向橡胶垫允许有龟裂，表面圆周方向裂纹长度大于周长的 30%时更换。 7．锁紧板腐蚀、磨耗深度大于 2 mm 时更换新品。 8．轴向橡胶垫无制造单位、时间标记或使用时间满 6 年时报废，剩余寿命小于 1 个段修期者，经检查确认质量状态良好，可继续装车使用，并由装车单位负 1 个段修期的质量保证责任。
2．分解检测	交叉支撑装置分解后，对以下部位进行检测： 1．交叉杆杆体变形在 10～20 mm 之间时调修，大于 20 mm 时报废。 2．杆体纵裂纹长度不大于 50 mm 或深度不大于 0.6 mm 及擦伤、碰伤深度不大于 1 mm 时，磨修消除缺陷，大于时报废。

续上表

工　　序	技　　术　　要　　求
2．分解检测	3．交叉杆端头螺纹损伤或滑扣超过 3 扣时报废；用专用螺纹塞规止端测试交叉杆端头螺纹，旋合量超过 5 个螺距或虽然未超过但止规晃动时报废。 4．锁紧板腐蚀、磨耗深度大于 2 mm 时更换新品。
3．探伤	分解后，经检测可继续使用的交叉杆须按《磁粉探伤》HG1011-2008 规定进行探伤，探伤部位为：交叉杆连接焊缝（不含转 8G、转 8AG、转 8AB、转 8B 型中间盖板上的塞焊缝）、端部螺纹根部、杆体压型处，发现裂纹时报废。
4．调修	调修时须使用专用的校正设备，调修后在全长范围内用样杆检测，允许有不大于 5 mm 的变形量。
5．焊修	1．焊缝（杆体环焊缝除外）开裂时铲除裂纹后补焊，补焊后进行湿法磁粉探伤。 2．盖板（扣板）裂纹时，须钻止裂孔，消除裂纹后施焊磨平，并进行湿法磁粉探伤。 3．裂纹焊修时采用 J506 焊条，中间盖板材质为 09CuPCrNi-A 的采用 J506WCu 焊条，焊条直径为 3.2 mm。 4．J506、J506WCu 焊条焊前须经过 350 ℃左右烘焙 1 h，并放置在保温筒内随用随取。 5．电流调整 （1）采用 J506 焊条时，焊接电流为 90～120 A。 （2）采用 J506WCu 焊条时，焊接电流为 160～210 A。 6．焊修 （1）用钢丝刷和棉纱清除施焊部位表面油垢及气化物（离焊缝边缘不小于 20 mm 范围）。 （2）杆体焊缝裂纹时消除裂纹后焊修。 （3）中间盖板（扣板）裂纹时须钻 ϕ3 mm 止裂孔，消除裂纹后焊修。 （4）焊修裂纹时，应在裂纹处开 60°～70°（V 形和 X 形）坡口，坡口深度和长度应根据裂纹情况而定，以消除裂纹痕迹为准。 （5）环境温度低于 5 ℃时，用氧-乙炔焰预热焊接部位到 50～200 ℃；环境温度高于 5 ℃时可不预热。 （6）焊接时采用平位焊接。 （7）由裂纹末端向外施焊，由下向上逐层施焊时，要彻底清除前一层焊波溶渣，焊波接头须错开 20～30 mm。 （8）不得在焊件的非焊修表面引弧，以免电弧击伤焊件表面。

续上表

工　　序	技　　术　　要　　求
6．磨修	1．杆体纵裂纹长度不大于 50 mm 或深度不大于 0.6 mm 及擦伤、碰伤深度不大于 1 mm 时，磨修消除缺陷，磨修面与非磨修面须平滑过渡。 2．盖板（扣板）裂纹焊修后须磨平，并进行湿法磁粉探伤。
7．组装	1．更换交叉杆时，转 8G、转 8AG、转 8AB、转 8B 型转向架须装用符合图样 QCZ105-71C-00 的 C 型交叉杆，转 K2、转 K6 型转向架应装用符合图样 QCZ85A-70A-00 的改进结构交叉杆组成。 2．组装交叉支撑装置时，应加装交叉支撑装置标志板，标志板须经过钝化处理并刻打组装单位代号和组装年月；标记刻打位置及尺寸见图 306-1。 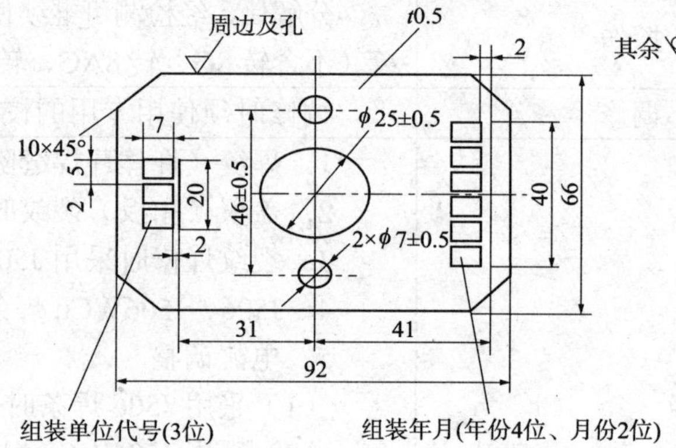 图 306-1　交叉支撑装置标志板标记刻打及尺寸示意图 3．组装 （1）将交叉杆组成放在交叉支撑定位装置上，吊起转向架构架，轻稳落在交叉支撑定位装置上，保证侧架导框落入定位装置的承载鞍上，注意须对正位置，避免碰撞组装台其他各部。 （2）将双耳防松垫圈、标志板和锁紧板穿到端头螺栓上，并将垫圈双耳插入锁紧板孔中。 （3）将内侧的轴向橡胶垫安装在侧架支撑座上保持环的孔中，同时抬起交叉杆组成的两端，将连接孔对正，用穿入双耳垫圈、标志板、锁紧板、轴向橡胶垫的螺栓连接，保证锁紧板的定位孔呈上、下位置。 （4）用智能扳机均匀紧固交叉杆端头螺栓，紧固力矩为 675～700 N·m，并全数用扭力扳手校核。 （5）用手锤、扁铲将垫圈相对的两个止耳折弯贴靠螺栓。
8．正位检测	1．交叉支撑转向架在完成交叉支撑装置组装之后，须在转向架正位检测台上进行正位状态检测。 2．正位检测以侧架导框的中心为检测点，检测四个导框中心构成矩形的对角线长度之差不大于 5 mm，两侧对应的导框中心距之差不大于 10 mm。 3．如测量结果不合格，可在相应的交叉杆端头与轴向橡胶垫之间加调整垫进行调整，每处的加垫厚度不得

续上表

工　　序	技　术　要　求
8．正位检测	大于 2 mm。如加 2 mm 调整垫后，对角线长度之差仍不合格，须分解检查，检查原因并解决后再进行检测。
9．质量检查	交叉支撑装置重新组装后，须使用力矩扳手对端头螺栓扭矩全数校核。

	承载鞍、轴箱橡胶垫检修	HG307-2008

一、适用范围：转 8A、转 8AG、转 8G、转 8AB、转 8B、转 K2、转 K4、转 K6、转 K5、控制型承载鞍及转 K6 型轴箱橡胶垫检修。

二、工艺流程：检查→修理→质量检查。

三、工装设备：工作台、刨（铣）床及胎具、承载鞍自动检测设备、砂轮机等。

四、检测量具：承载鞍顶面磨耗及偏磨检测仪、转K4、转k5型承载鞍凹形顶面磨耗检测样板、承载鞍综合检测量规、承载鞍导框挡边内侧单侧检测量规、0.5 mm针规、塞尺、钢板尺、盒尺等。

五、基本要求：

1. 承载鞍须在固定的场所，由专人进行检测。

2. 经检测、加修的承载鞍须按《车辆及零部件检修、交验标识》HG1001-2008 的要求标注标识。

六、工序及技术要求：

工　　序	技　　术　　要　　求
1. 承载鞍检测	1. 承载鞍应在承载鞍微控自动检测设备或专用检测器具上逐个检查测量。 2. 承载鞍裂纹或变形时须更换，不焊修。 3. 转 8A 型顶面偏磨深度大于 1.5 mm 时更换。转 8AG、转 8G、转 K2、转 K6 型顶面偏磨大于 1.5 mm 时加工，磨耗大于 5 mm 时更换。 4. 转 K4 型（凹型顶面）大于 3 mm 时更换；转 K5 型（凹型顶面）不大于 3.5 mm 时可消除棱角，大于时更换；控制型承载鞍顶面剩余厚度小于 20 mm（从鞍面至圆弧最高点处的距离）时更换。 5. 承载鞍导框挡边内侧面水平距离一侧磨耗大于 2 mm 或两侧磨耗之和大于 3 mm 时更换，原型：转 8A、转 8AG、转 8G、转 8AB、转 8B 型为（170±1） mm，转 K2 型为 93 mm，转 K6 型为 152 mm；转 K4、转 K5 型两侧磨耗之和大于 6 mm 时更换，原型：转 K4 型无标记或标记为 A 者 79 mm、标记为 A1 者 85 mm，转 K5 型无标记或标记为 A 者 92 mm、标记为 A1 者 98 mm。 6. 导框底面一侧磨耗大于 2 mm 或两侧磨耗之和大于 3 mm 时更换（承载鞍导框底面水平距离原型尺寸：转 8A、转 8AG、转 8G、转 8AB、转 8B 型为 309 mm，转 K2 为 181 mm，转 K4 型为 182 mm，转 K6 为 285 mm)，

续上表

工　　序	技　术　要　求
1．承载鞍检测	转 K5 型承载鞍导框挡边内侧面纵向距194^{0}_{-3} mm，两侧磨耗之和大于 6 mm 时更换。 7．鞍面径向（半径）磨耗大于 0.5 mm 时更换；鞍面磕、碰伤应消除凸起部分。 8．转 8A、转 8AG、转 8G、转 8AB、转 8B、转 K2、转 K4、控制型承载鞍推力挡肩原型为 153 mm，两端磨耗后肩距不大于 155.8 mm 时消除棱角后使用，大于时更换；转 K6 型承载鞍推力挡肩原型为 163 mm，两端磨耗后不大于 165.8 mm 时应消除棱角，大于时更换；转 K5 型承载鞍推力挡肩距原型为(163±1.5) mm，大于 165.8 mm 时更换。 9．承载鞍垫板裂纹、变形时更换，磨耗大于 2 mm，偏磨大于 1.5 mm 时更换。
2．轴箱橡胶垫检测	1．轴箱橡胶垫无制造单位、时间标记或使用时间满 6 年时报废，剩余寿命小于 1 个段修期者，经检查确认质量状态良好，可继续装车使用，并由装车单位负 1 个段修期的质量保证责任。 2．轴箱橡胶垫允许有龟裂，表面裂纹深度超过 10 mm 或水平投影长度超过该边长度 1 / 2 时更换。 3．轴箱橡胶垫上的铜绞线折断时更换，丢失时补装。
3．承载鞍修理	1．承载鞍顶面偏磨大于 1.5 mm 时用刨（铣）床加工。 2．加工后用样板检查应符合段修限度； 3．承载鞍顶面刨（铣）修后须平整，两侧不得有凸棱。
4．更换要求	1．转 K4、转 K5 型转向架承载鞍和导框摇动座需要更换时，同一转向架更换的承载鞍和导框摇动座须相互匹配，即无识别标记的 *R*250 mm 大圆弧半径承载鞍配无识别标记的 *R*125 mm 大圆弧半径导框摇动座；识别标记为“A”和“A1”的 *R*80 mm 小圆弧半径承载鞍配识别标记为“A1”的 *R*70 mm 小圆弧半径导框摇动座。转 K4 型转向架装用的识别标记为“A”的承载鞍和导框摇动座报废需补充时，应补充识别标记为“A1”的承载鞍和导框摇动座；转 K5 型转向架装用的识别标记为“A”的承载鞍和导框摇动座报废需补充时，应补充识别标记为“A1”的承载鞍和导框摇动座。 2．同一转 K4、转 K5 型转向架承载鞍的圆弧半径须相同；同一转向架导框摇动座的圆弧半径须相同；同一辆车应装用承载鞍圆弧半径相同的转向架。

	斜 楔 检 修	HG308-2008

一、适用范围：转 8A、转 8AG、转 8G、转 8AB、转 8B、转 K2、转 K4、转 K5、转 K6、控制型转向架装用的斜楔检修。

二、工艺流程：检测→分解→组装。

三、工装设备：检测工作台等。

四、检测量具：斜楔磨耗检测量规、组合式斜楔检测量规等。

五、基本要求：

1. 斜楔须在固定的场所，由专人进行检测。

2. 经检测的斜楔须按《车辆及零部件检修、交验标识》HG1001-2008 的要求标注标识。

六、工序及技术要求：

工　　序	技　术　要　求
1．整体斜楔检查	1．转 8A、转 8G、转 8AG、转 8AB、转 8B 型转向架应装用贝氏体球墨铸铁斜楔，无生产厂代号、铸造标识时报废。 2．斜楔体裂纹时更换新品。 3．斜楔主摩擦面磨耗：转 8A 型大于 2 mm，转 8AG、转 8G、控制型大于 3 mm，转 K2 型大于 6.4 mm 时报废。 4．斜楔副摩擦面磨耗：转 8A、转 K2 型大于 2 mm，转 8AG、转 8G、控制型大于 3 mm 报废。
2．组合式斜楔检查	1．组合式斜楔体材质为贝氏体球墨铸铁（ADI），无生产厂代号、铸造标识时报废，裂纹时更换新品。 2．主摩擦板背面与斜楔体安装面间隙大于 3 mm 时须调整。 3．副摩擦面磨耗：转 8B、转 8AB、转 K2、转 K5、转 K6 型大于 3 mm，转 K4 大于 2 mm 时更换斜楔体。 4．主摩擦板检测： （1）组合式斜楔主摩擦板材质为高分子材料，原型厚度 10 mm，转 8B、转 8AB、转 K2、转 K5、转 K6 型磨耗大于 4 mm、转 K4 型磨耗大于 3 mm 时更换主摩擦板。 （2）组合式斜楔主摩擦板四角断裂区域限度为 35 mm×35 mm，两角断裂区域限度为 60 mm×60 mm，断裂区域限度或缺损面积之和大于总面积的 15%时更换,见图 308-1。

续上表

工　　序	技　术　要　求
2．组合式斜楔检查	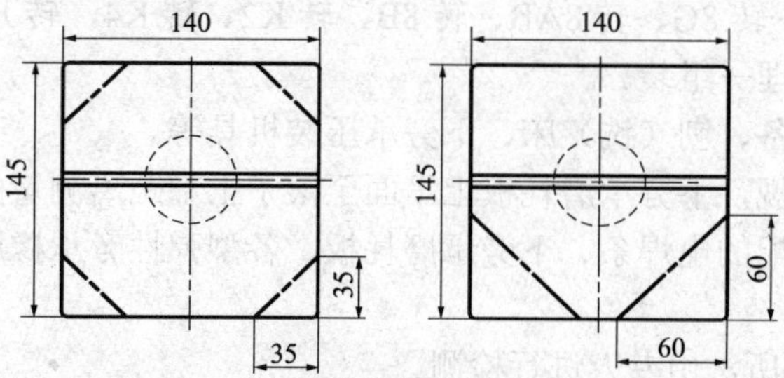 图 308-1　主摩擦板断裂区域示意图
3．组合式斜楔分解、组装	1．组合式斜楔副摩擦面或主摩擦板磨耗过限时、主摩擦板断裂区域超限、主摩擦板背面与斜楔体安装面间隙大于 3 mm 时须分解检修。 2．组合式斜楔的组装垫圈厚度为 2～8 mm，组装时须通过选择不同厚度的垫圈来控制主摩擦板背面与斜楔体安装面间隙在 3 mm 以内。
4．装用要求	1．转 8A、转 8G、转 8AG 型转向架更换斜楔时须装用贝氏体球墨铸铁斜楔，配套装用 45 号钢侧架立柱磨耗板。 2．转 K2 型整体式材质为针状马式体铸铁时，须配套装用 T10 钢侧架立柱磨耗板；材质为贝氏体球墨铸铁时，须配套装用材质为 ADI 的侧架立柱磨耗板；整体式斜楔或 ADI、T10 材质立柱磨耗板需更换的，全车同时换装符合图样 QCZ133-90-00 要求的组合式斜楔和符合图样 QCZ85C-30-01 要求的 45 号钢材质立柱磨耗板，全车斜楔、立柱磨耗板应一致。

	下旁承组成检修	HG309-2008

一、适用范围：转 8A、转 8AG、转 8G、转 8AB、转 8B、转 K2、转 K4、转 K5、转 K6、控制型转向架下旁承组成检修。

二、工艺流程：检查→分解→修理→组装。

三、工装设备：工作台、电焊设备、刨（铣）床、下旁承压装机具等。

四、检测量具：弹性旁承检测量规，下旁承磨耗板上平面至滚子上部距离测量尺等。

五、所需材料：与母材材质相匹配的电焊条、下旁承磨耗板、各型弹性旁承橡胶体、旁承座等。

六、基本要求：

1. 下旁承组成须在固定的场所，由专人进行检测。
2. 经检测的下旁承组成须按《车辆及零部件检修、交验标识》HG1001-2008 的要求标注标识。

七、工序及技术要求：

工　序	技　术　要　求
1. 检查	1. 下旁承须在检测平台上逐个检查、测量；旁承橡胶体、JC 型旁承磨耗板无制造单位、时间标记时报废，旁承橡胶体使用时间满 6 年、JC 型旁承磨耗板使用时间满 5 年时报废。旁承橡胶体、JC 型旁承磨耗板剩余寿命小于 1 个段修期者，经检查确认质量状态良好，可继续装车使用，并由装车单位负 1 个段修期的质量保证责任。 2. 转 8A、控制型下旁承体、常接触式下旁承座（体）裂纹或破损时更换；Ⅱ型下旁承体状态良好者可继续使用。 3. 下旁承钢垫板的长、宽应比下旁承体的长、宽分别小 10 mm，厚度不小于 2 mm。 4. 转 8AG、转 8G、转 K2 型弹性旁承组成 （1）下旁承磨耗板破损或顶面磨耗大于 2 mm，与旁承座配合侧面（单侧）磨耗大于 3 mm 时更换。 （2）弹性旁承橡胶体允许有龟裂，但表面裂纹深度大于 5 mm 或水平投影长度大于该边长的 30%时更换。 （3）旁承座与滚子轴接触凹槽磨耗大于 3 mm 时焊修，加工恢复原型。 （4）旁承滚子、滚子轴径向磨耗、腐蚀深度大于 2 mm 或严重变形影响作用时更换。 （5） 旁承滚子与滚子轴的间隙大于 1 mm 时更换；旁承座底面、侧面磨耗深度大于 2 mm 时，堆焊后加工或更换。

续上表

<table>
<tr><th>工　序</th><th>技　术　要　求</th></tr>
<tr><td>1. 检查</td><td>
5. JC 型弹性旁承组成
（1）尼龙磨耗板破损或顶面磨耗大于 3 mm 时更换，原型厚度旧型为 11 mm，新型为（12±0.1）mm。
（2）弹性旁承橡胶体表面裂纹深度大于 5 mm 且水平投影长度大于该边长度的 30%时更换。
（3）弹性旁承纵向定位橡胶块与两侧金属板中的一侧全部脱开时更换。
（4）旁承座与滚子轴接触凹槽磨耗大于 3 mm 时，焊修后加工，恢复原型。
（5）旁承滚子外径径向磨耗、腐蚀深度大于 2 mm 或严重变形影响作用时更换。旁承滚子与滚子轴的间隙大于 2 mm 时更换。
（6）旁承座底面、侧面磨耗大于 2 mm 时，更换或与弹性旁承体分离后堆焊加工、恢复原型。
6. 转 K4、转 K5 型弹性旁承组成
（1）尼龙摩擦板原型厚度 12 mm，破损、顶面磨耗大于 3 mm 时更换。
（2）橡胶体可有龟裂，但表面裂纹深度大于 5 mm 或长度大于周长的 50%时更换。
（3）橡胶体与金属体可存在剥离，但连续剥离长度转 K4 型超过上、下表面圆周周长的 30%、转 K5 型超过上、下表面圆周周长的 33%或累积剥离长度超过上、下表面圆周周长的 50%时更换。
（4）旁承体上、下部底平面的距离 A 小于 10 mm 时更换新品，见图 309-1；距离为 10～12 mm 时，应在旁承体下平面加装带孔的旁承垫板，垫板厚度为（14-A）mm，图 309-2。
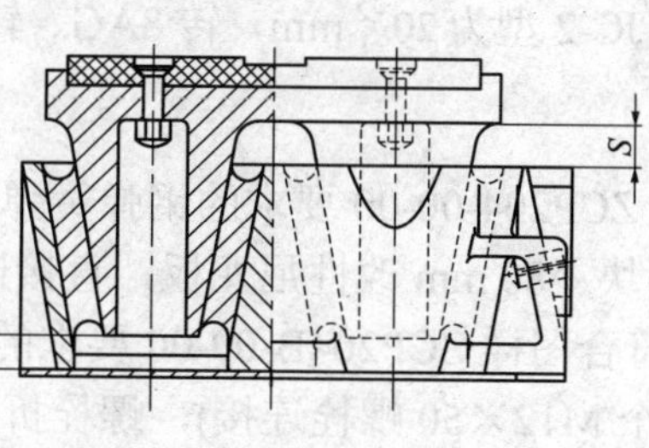

图 309-1　旁承体
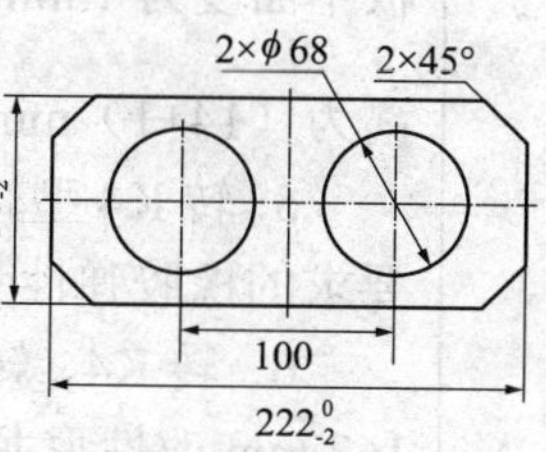

图 309-2　垫板
</td></tr>
</table>

续上表

<table>
<tr><th>工　序</th><th>技　术　要　求</th></tr>
<tr><td>2．分解</td><td>1．JC 型旁承体与旁承座的分解应使用专用工装，采用纵向压缩方式将弹性旁承体从旁承座内拆出，专用工装纵向压缩弹性旁承体两侧侧板，其行程不大于 9 mm。
2．专用工装压头与旁承体侧板接触面积不小于 45 mm（宽）×30 mm（高）。
3．拆出旁承体时其侧板、上顶板不得产生永久弯曲变形，发生永久弯曲变形时弹性旁承体报废。</td></tr>
<tr><td>3．修理</td><td>1．焊修堆焊面要有加工余量。
2．堆焊部位采用刨（铣）床加工或磨平，恢复原型。
3．各型旁承配件应更换时，按规定换装标准配件。
4．转 8AG、转 8G 型下旁承更换磨耗板时，紧固螺钉，螺钉端部应低于磨耗板面 3 mm。</td></tr>
<tr><td>4．组装</td><td>1．JC 型旁承体与旁承座的组装应使用专用工装，在旁承体两侧板顶面同时施加垂向压力，垂向压头与顶面接触长度不小于 40 mm，将弹性旁承体从旁承座上平面平行压入旁承座内，并使侧板与定位槽内侧面密贴，旁承体顶板不得产生永久变形。
2．滚子轴端部平面向下，滚子应转动灵活。
3．弹性旁承组成任何部位不允许涂润滑脂，除规定部位外，不得有油漆、氧化皮及其他残留物。
4．下旁承组成后，JC 型双作用弹性旁承磨耗板顶面距滚子上部高度距离为 15^{+2}_{-1} mm，不符合要求时，新品弹性旁承组成组装时不得调整，检修中可在弹性旁承体与旁承座之间加 1 块调整垫板进行调整，且须保证调整垫板平面度为 1 mm；JC-1 型为 15^{+2}_{-1} mm，JC-2 型为 20^{+2}_{-1} mm，转 8AG、转 8G、转 K2 型磨耗板上平面距滚子上部距离为（14+1）mm。
5．转 K4 型转向架装用的符合图样 ZCP204-00-00 要求的钢弹簧弹性旁承，须更换为符合图样 ZCP204D-00-00 要求的橡胶弹性旁承（旁承磨耗板为两块 ϕ80 mm 改性尼龙板，直接嵌入在旁承体上平面）。
6．转 K4、转 K5 型转向架装用的符合图样 ZCP204B-00-00 要求的原橡胶弹性旁承(磨耗板采用一块 88 mm×168 mm 改性尼龙板，与旁承体采用两个 M12×50 螺栓连接)，螺栓折损或旁承磨耗板脱出、丢失或更换新品时，换装符合图样 ZCP204D-00-00 要求的橡胶弹性旁承（旁承磨耗板为两块 ϕ80 mm 改性尼龙板，嵌入在旁承体上平</td></tr>
</table>

续上表

工　　序	技　　术　　要　　求
4．组装	面）。 7．旧型转 K2 弹性旁承更换时，须更换为符合图样 QCZ83JX-80-00 的新结构 JC 型弹性旁承。 8．转 8AB、转 8B 型转向架须装用 JC-1 型弹性旁承。

3

<table>
<tr><td></td><td>圆弹簧检测及选配</td><td>HG310-2008</td></tr>
<tr><td colspan="3">一、适用范围：转 8A、转 8AG、转 8G、转 8AB、转 8B、转 K2、转 K4、转 K5、转 K6、控制型转向架装用的摇枕弹簧、减振弹簧检测及选配。
二、工艺流程：检查、测量→选配。
三、工装设备：微控枕簧自由高检测机、检测平台等。
四、检测量具：圆弹簧自由高度检测尺等。
五、工序及技术要求：</td></tr>
<tr><td>工　序</td><td colspan="2">技　术　要　求</td></tr>
<tr><td>1. 检查、测量</td><td colspan="2">1. 圆弹簧须逐个进行外观检查，并在自动检测设备或平台上测量。
2. 圆弹簧不得调修，有下列情况之一时更换，控制型圆弹簧更换新品的材质应为 60Si2CrVA：
（1）折断、裂损时；
（2）自由高超限时；
（3）弹簧圆钢直径腐蚀、磨耗超过原型的 8%时；
（3）弹簧支承圈不足 5/8 圈时。</td></tr>
<tr><td>2. 选配</td><td colspan="2">1.选配时，各型圆弹簧内、外圈须进行装配，旋向相反，同一辆车须选配规格、型号相同的摇枕弹簧、减振弹簧。
2.选配时，圆弹簧除符合尺寸限度外，还须符合下列规定：
（1）转 8A、转 8AG、转 8G、转 8AB、转 8B、转 K2 型
①同一转向架摇枕弹簧各外卷自由高度差不大于 3 mm。
②转 8A 型转向架同组、同套摇枕弹簧自由高度差不大于 2 mm。支承斜楔的摇枕弹簧内圈自由高不得小于外圈自由高，支承斜楔的摇枕弹簧自由高须大于同组其他摇枕弹簧 2 mm 及以上。
③转 8AG、转 8G、转 8AB、转 8B、转 K2 型同一转向架同组减振弹簧、同规格的摇枕弹簧，转 8AG、转 8G、转 8AB、转 8B 型同组外圆减振弹簧与摇枕弹簧自由高差均不大于 2 mm。同一组两级刚度摇枕弹簧内、外圈自由高差：转 8AG、转 8G、转 8AB、转 8B、转 K2 型为 20～25 mm。</td></tr>
</table>

续上表

工　序	技　术　要　求
2．选配	（2）转K4型 ①同一转向架同组减振外簧、摇枕外簧自由高度差均不大于3 mm。 ②同一转向架同组内簧自由高度差不大于2 mm。 ③同一组两级刚度弹簧内、外圈自由高度差：摇枕弹簧为35～40 mm，减振弹簧外圈原型275 mm者为42～48 mm，外圈原型265 mm者为31～37 mm。 ④装用识别标记为“A”的*R*80 mm小圆弧半径承载鞍的转K4型转向架，在厂、段修时须换装自由高为265 mm、识别标记为K4-265的减振外圆弹簧。 ⑤装用无识别标记的*R*250 mm大圆弧半径承载鞍的转K4型转向架,原无识别标记的自由高为275 mm的减振外圆弹簧状态正常时可不更换，如需要更换时,应换装265 mm自由高减振外圆弹簧,但同一转向架的减振外圆弹簧须相同。 （3）转K5型 ①同一转向架同型外圆弹簧自由高度差不大于3 mm。 ②同一转向架同型内圆弹簧自由高度差不大于2 mm。 ③同一组两级刚度弹簧内、外簧自由高度差：摇枕弹簧为33～39 mm，减振弹簧外圈原型275 mm者为41～47 mm, 外圈原型269 mm者为35～41 mm,原型282 mm的减振外圈弹簧不得继续装车使用。 ④装用识别标记为“A”的*R*80 mm小圆弧半径承载鞍的转K5型转向架，在厂、段修时须换装识别标记为K5-269的自由高为269 mm的减振外圆弹簧。 ⑤装用无识别标记的*R*250 mm大圆弧半径承载鞍的转K5型转向架,原自由高为275 mm、无识别标记的减振外圆弹簧状态正常时可不更换，如需要更换时,应换装269 mm自由高减振外圆弹簧,但同一转向架的减振外圆弹簧须相同。 （4）转K6型 ①同一转向架同型圆柱螺旋弹簧自由高度差不大于3 mm； ②同一侧架上同型内簧或同型外簧自由高度差不大于2 mm；

续上表

工　序	技　术　要　求
2．选配	③减振弹簧内外圈自由高度差不大于2 mm，同一组两级刚度弹簧内外圈自由高度差为20～25 mm。 （5）控制型 ①同一转向架各内、外圈摇枕弹簧自由高度差分别不大于3 mm； ②同组内、外圈摇枕弹簧自由高度差分别不大于2 mm； ③摇枕弹簧同套内圈应比外圈高8～12 mm。

附表1　圆弹簧规格及检修限度表

摇枕弹簧	弹簧类别	主要规格（mm）			每转向架数量	减振弹簧	弹簧类别	主要规格（mm）			每转向架数量
		圆钢直径	外径	自由高				圆钢直径	外径	自由高	
转8A	外圈	φ27	φ152	220	14	转8AG（B）	外圈	φ25	φ150	228	4
	内圈	φ16	φ88	220	14	转8G（B）	内圈	φ16	φ88	228	4
转8AG（B）	外圈	φ25	φ150	228	10	转K2	外圈	φ18	φ116	255	4
转8G（B）	内圈	φ19	φ94	206	10		内圈	φ12	φ72	255	4
转K2	外圈	φ26	φ148	232	10	转K4	外圈1	φ21	φ126	275	4
	内圈	φ18	φ88	210	10		外圈2	φ21	φ126	265	
转K4	外圈	φ24	φ147	269	8		内圈	φ17	φ81	232	4
	内圈	φ20	φ96	232	8	转K5	外圈1	φ21	φ126	275	4
转K5	外圈	φ23	φ150	269	12		外圈2	φ21	φ126	269	
	内圈	φ20	φ98	234	12		内圈	φ17	φ81	232	4
转K6	外圈（1）	φ24	φ139	252	12	转K6	外圈	φ20	φ126	262	4

续上表

摇枕弹簧	弹簧类别	主要规格（mm）			每转向架数量	减振弹簧	弹簧类别	主要规格（mm）			每转向架数量
		圆钢直径	外径	自由高				圆钢直径	外径	自由高	
转 K6	外圈(2)	φ24	φ139	229	2	转 K6	内圈	φ12	φ77	262	4
	内圈	φ16	φ82	229	14	控制型（斜楔）	C_{63A}	φ14	φ67	153	4
控制型(C_{63A})	外圈	φ28	φ158	225	14		C_{63}	φ14	φ66.5	150	4
	内圈	φ16	φ94	235	14	段修限度（mm）					
控制型(C_{63})	外圈	φ28	φ158.2	234	14	原型	限度	原型	限度	原型	限度
	内圈	φ16	φ93	234	14	<170	-4	171～240	-5	241～330	-7

	转 **K4**、转 **K5** 型摆动装置检修	HG311-2008

一、适用范围：转 K4、转 K5 型转向架装用的弹簧托板、摇动座、摇动座支承、导框摇动座检修。

二、工艺流程：检查→探伤→焊修→热处理。

三、工装设备：转 K4、转 K5 型转向架分解组装专用胎具、吊运装置、探伤设备、电焊设备、氧－乙炔割炬、富氩气体保护焊机、砂轮机、扭力扳机（智能扳机）等。

四、检测量具：转K4、转K5型摇动轴下部圆弧半径检测样板，摇动座中央脊背部上平面弯曲检测量规，导框摇动座弧顶面检测量规，摇动座支承内圆半径弧面检测样板等。

五、所需材料：与母材材质相匹配的电焊条，折头螺栓，润滑脂等。

六、工序及技术要求：

工　序	技　术　要　求
1．检查	1．弹簧托板检查 （1）弹簧托板须随摇枕、侧架一起进行翻转检查，检查重点部位为腹板、翼板及止挡孔周边。 （2）转 K5 型弹簧托板无制造单位、时间标记或使用时间满 8 年时报废；剩余寿命小于 1 个段修期者，经检查确认质量状态良好，可继续装车使用，并由装车单位负 1 个段修期的质量保证责任。 （3）转 K4 型弹簧托板横裂纹时更换，纵裂纹长度不大于 50 mm、深度不大于 2 mm 或焊缝开裂时，焊修后磨平，焊修时应采用富氩气体保护焊或相应强度等级碱性焊条，焊后应将焊缝打磨至与母材平滑过渡，焊缝凸高不得大于 1 mm，并进行热处理；大于时更换。热处理执行《配件焊后热处理》HG1009-2008； （4）转 K5 型弹簧托板裂纹时更换。 2．摇动座、摇动座支承检查 （1）转 K5 型摇动座无制造单位、时间标记或使用时间满 8 年时报废。 （2）深入摇动轴边缘向内 20 mm 处，用符合图样 56B80-03-01-00 的样板检查摇动轴下部圆弧半径，弧面与样板间隙大于 2 mm 时更换。 （3）中央脊背部上平面弯曲、变形大于 3 mm 时更换。

续上表

<table>
<tr><th>工　序</th><th>技　术　要　求</th></tr>
<tr><td>1. 检查</td><td>（4）摇动座须分解，除锈后探伤，转 K4 型裂纹时更换，转 K5 型摇动座的 A、B 部（见图 311-3 ）、耳轴圆弧区域及耳轴与方梁间的过度区域之外的其他部位外观检查，裂纹时焊修，焊后局部热处理。
（5）深入摇动座支承开口端边缘 20 mm 处，用摇动座支承内圆半径弧面原型样板测量内圆半径弧面与原型轮廓的间隙，转 K4 型大于 1.5 mm、转 K5 型大于 2 mm 或裂损时更换。
3.导框摇动座检查
（1）导框摇动座随摇枕、侧架一起进行翻转检查，外观状态良好时可不分解。
（2）转 K4 型、转 K5 型大圆弧导框摇动座（无识别标记）弧顶面接触区域大于 65 mm 或裂纹时更换，见图 311-1。
（3）转 K4 型、转 K5 型小圆弧导框摇动座（识别标记为 A 或 A1）圆弧面磨耗后，任一端弧顶与中部弧顶面高度差 H 大于 3.5 mm 或裂纹时，须更换导框摇动座，见图 311-2。
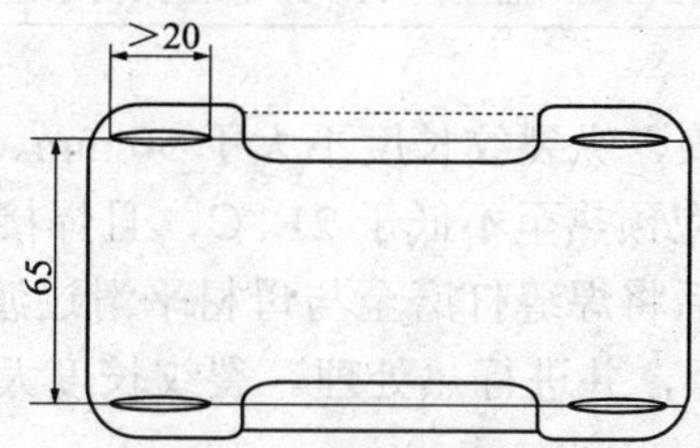

图 311-1　大圆弧导框摇动座圆弧顶面磨耗示意图
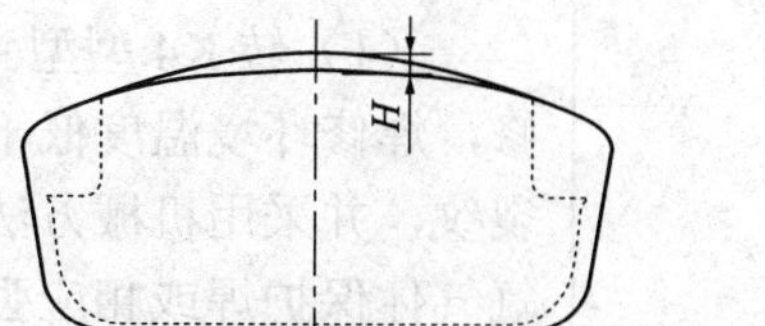

图 311-2　小圆弧导框摇动座弧顶面磨耗示意图</td></tr>
<tr><td>2. 探伤</td><td>1. 摇动座的 A、B 部（见图 311-3）、耳轴圆弧区域及耳轴与方梁间的过度区域进行除锈后，按《磁粉探伤》HG1011-2008 规定进行湿法磁粉探伤检查，裂纹深度不超过 1 mm 时打磨消除裂纹，超过 1 mm 时更换；其他部位外观检查，裂纹时焊修，焊后局部热处理。</td></tr>
</table>

续上表

<table>
<tr><th>工　序</th><th>技　术　要　求</th></tr>
<tr><td>2．探伤</td><td>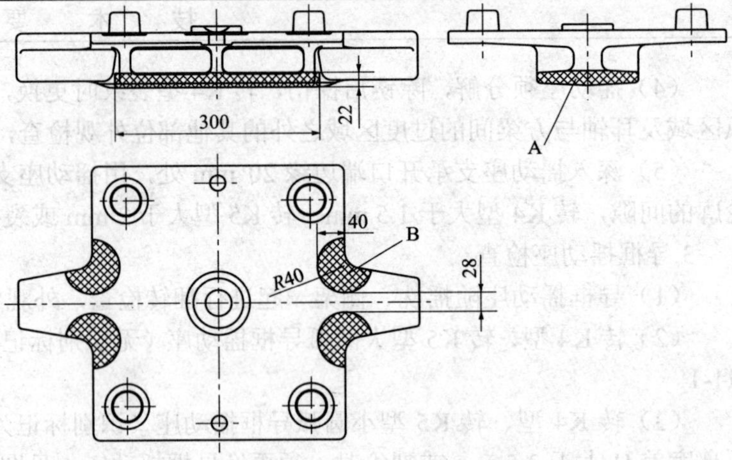
图 311-3　摇动座 A、B 部位探伤示意图</td></tr>
<tr><td>3．修理</td><td>1．弹簧托板
（1）转 K4 型型弹簧托板横裂纹时更换，纵裂纹长度不大于 50 mm、深度不大于 2 mm 及焊缝开裂时允许焊修，焊修环境温度低于 5 ℃时，弹簧托板应预热至不低于 21 ℃，且焊接时应保持不低于该温度。焊修前应清除裂纹，并采用机械方法制出 V 形坡口，焊后将焊缝打磨至与母材平滑过渡，焊缝凸高不得大于 1 mm。应采用富氩气体保护焊或相应强度等级碱性焊条施焊，并进行热处理。裂纹长度大于 50 mm 时更换。
（2）转 K5 型弹簧托板裂纹时更换。
2．摇动座
（1）转 K4 型摇动座裂纹时更换。
（2）转 K5 型摇动座的 A、B 部（见图 311-3）、耳轴圆弧区域及耳轴与方梁间的过度区域裂纹深度不超过 1 mm 时打磨消除裂纹，超过 1 mm 时更换；其他部位外观检查，裂纹时焊修，焊后局部热处理。热处理执行《配件焊后热处理》HG1009-2008。
3．导框摇动座</td></tr>
</table>

续上表

<table>
<tr><th>工　　序</th><th>技　术　要　求</th></tr>
<tr><td>3．修理</td><td>2007 年 4 月 1 日以前生产的转 K4、转 K5 型转向架，须按规定对原装用的导框摇动座、固定块及垫片进行改造,分解导框摇动座时可用氧-乙炔割炬切割原装导框摇动座固定块，但不得伤及侧架母材。
（1）装用大圆弧承载鞍（无识别标记）的转 K4 型转向架，导框摇动座按图 311-4 所示进行改造，即在其顶面（与侧架接触面）加工一个 3 mm 深的凹槽，并换装符合图 311-5 要求的垫片、符合图 311-6 要求的导框摇动座固定块，按图 311-7 所示组装。
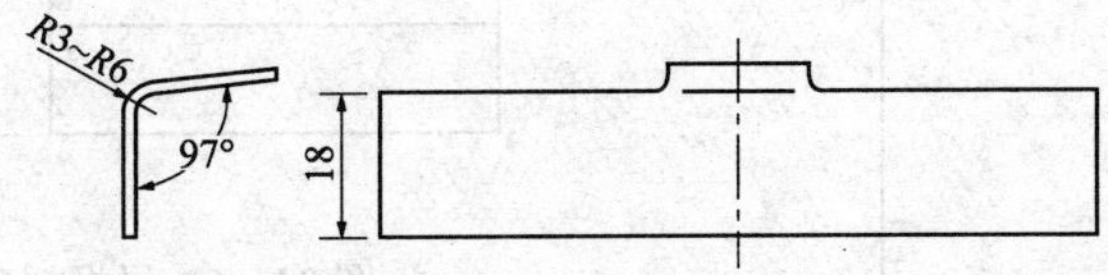

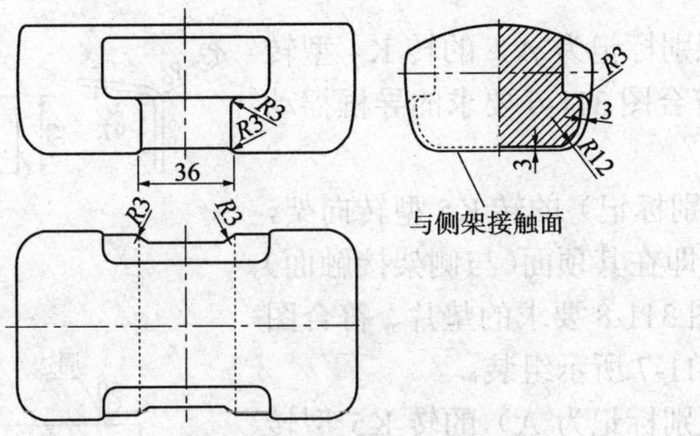

图 311-4　大圆弧导框摇动座改造示意图
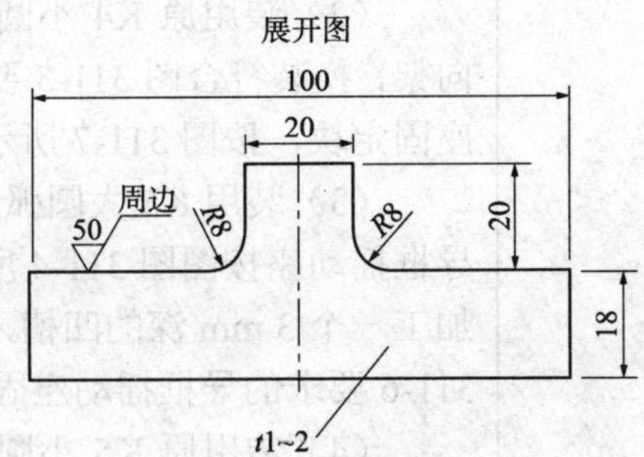

图 311-5　转 K4 型导框摇动座垫片</td></tr>
</table>

续上表

工　序	技　术　要　求
	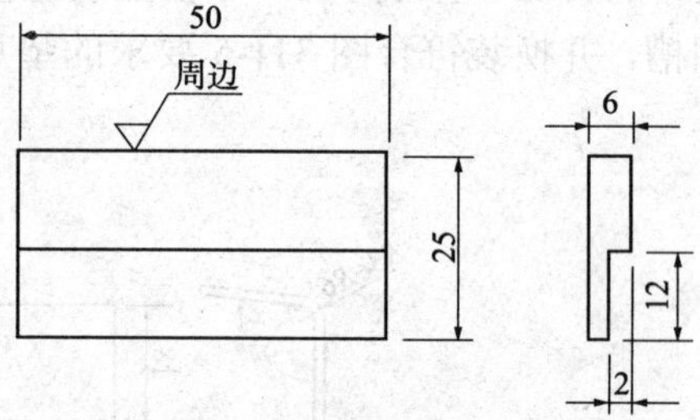 图 311-6　导框摇动座固定块 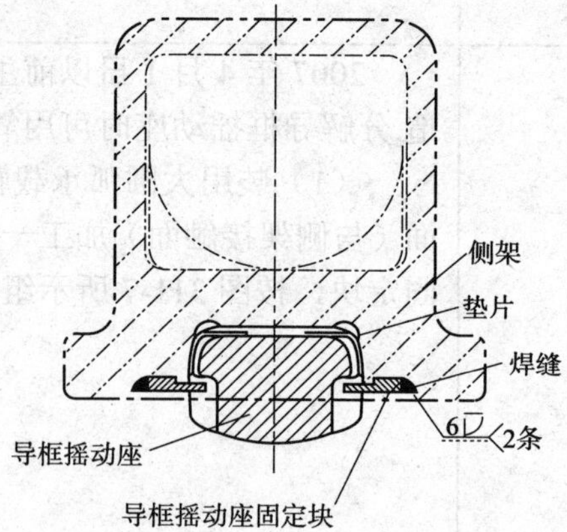 图 311-7　导框摇动座组装
3. 修理	（2）装用原 K4 小圆弧承载鞍（识别标记为 A）的转 K4 型转向架，换装符合图 311-5 要求的垫片、符合图 311-6 要求的导框摇动座固定块，按图 311-7 所示组装。 （3）装用 K5 大圆弧承载鞍（无识别标记）的转 K5 型转向架，导框摇动座按图图 311-4 所示进行改造，即在其顶面(与侧架接触面)加工一个 3 mm 深的凹槽，并换装符合图 311-8 要求的垫片、符合图 311-6 要求的导框摇动座固定块，按图 311-7 所示组装。 （4）装用原 K5 小圆弧承载鞍（识别标记为 A）的转 K5 型转向架，换装符合图 311-8 要求的垫片、符合图 311-6 要求的导框摇动座固定块，按图 311-7 所示组装。 （5）转 K4、转 K5 型转向架承载鞍和导框摇动座需要更换时，同一转向架更换的承载鞍和导框摇动座须相互匹配，即无识别标记的 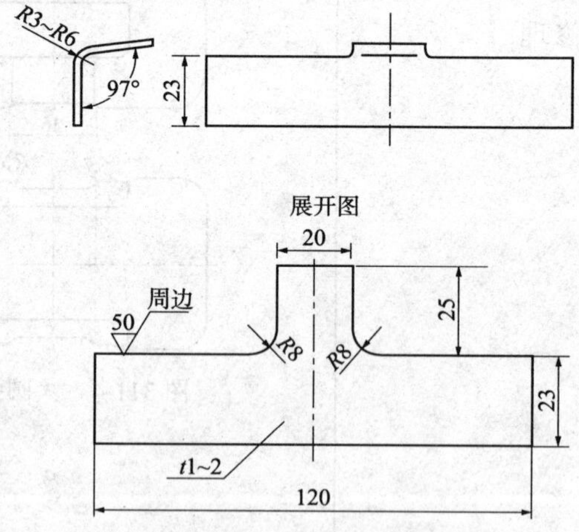 图 311-8　转 K5 型导框摇动座垫片

续上表

工　序	技　术　要　求
3．修理	*R*250 mm 大圆弧半径承载鞍配无识别标记的 *R*125 mm 大圆弧半径导框摇动座；识别标记为“A”和 A1 的 *R*80 mm 小圆弧半径承载鞍配识别标记为 A1 的 *R*70 mm 小圆弧半径导框摇动座。转 K4 型转向架装用的识别标记为“A”的承载鞍和导框摇动座报废需补充时，应补充识别标记为“A1”的承载鞍和导框摇动座；转 K5 型转向架装用的识别标记为“A”的承载鞍和导框摇动座报废需补充时，应补充识别标记为“A1”的承载鞍和导框摇动座。 （6）同一转向架承载鞍的圆弧半径须相同；同一转向架导框摇动座的圆弧半径须相同；同一辆车应装用承载鞍圆弧半径相同的转向架。

	心盘磨耗盘、中心销检修	HG312-2008

一、适用范围：通用转向架心盘磨耗盘、中心销检修。
二、工艺流程：检查→焊修→调修。
三、工装设备：电焊机、闷火炉、压力机。
四、检测量具：心盘磨耗盘检测量规、中心销直径磨耗检测量规。
五、所需材料：电焊条。
六、基本要求：

1. 心盘磨耗盘、中心销须在固定的场所，由专人进行检测。
2. 经检测的心盘磨耗盘、中心销须按《车辆及零部件检修、交验标识》HG1001-2008 的要求标注标识。

七、工序及技术要求：

工　序	技　术　要　求
1. 心盘磨耗盘检查	1. 心盘磨耗盘无制造单位、时间标记或使用时间满 6 年时报废，剩余寿命小于 1 个段修期者，经检查确认质量状态良好，可继续装车使用，并由装车单位负 1 个段修期的质量保证责任。 2. 心盘磨耗盘可有 1 处从周边至中心孔的裂纹或 2 处以上长度之和不大于 150 mm 的裂纹，超限时更换。 3. 心盘磨耗盘立面磨耗不大于 2 mm；底面磨耗：转 8AG、转 8G、转 8AB、转 8B 型不大于 2 mm，转 K2、转 K4、转 K5、转 K6、控制型不大于 3 mm；超限时更换。原型厚度：转 8AG、转 8G、转 8AB、转 8B 型 5 mm，转 K2、转 K4、转 K5、转 K6 型立面 6 mm、底面 7 mm。
2. 中心销检修	中心销裂纹时更换，弯曲时调修，直径磨耗超过 2 mm 时焊修后加工或更换。

横跨梁及附件检修	HG313-2008

一、适用范围：各型横跨梁及附件检修。
二、工艺流程：检查→调修→焊修→机加工→涂漆。
三、工装设备：电焊机、横跨梁调修设备、铣床、切割设备等。
四、检测器具：平台、空重车自动调整装置横跨梁组成检测量规、塞尺等。
五、所需材料：J422 焊条、A302 或 E306H 不锈钢焊条等。
六、基本要求：
1. 横跨梁及附件须在固定的场所，由专人进行检测。
2. 经检修的横跨梁及附件须按《车辆及零部件检修、交验标识》HG1001-2008 的要求标注标识。
七、工序及技术要求：

工　序	技　术　要　求
1. 检查	1. 横跨梁检测 （1）矩形管横跨梁全长范围内弯曲不大于 10 mm，超过时调修，槽钢横跨梁变形大于 5 mm 时调修或更换。 （2）槽钢横跨梁裂纹、破损时更换；矩形管横跨梁纵向裂纹小于 100 mm 时焊修，横向裂纹、破损或纵向裂纹超限时更换。 （3）横跨梁腐蚀大于 20%时更换。 （4）横跨梁垫板孔径磨耗大于 3 mm 更换，垫板工作面须平整。 （5）横跨梁螺栓孔径原型为 ϕ21 mm，径向磨耗大于 3 mm 时换套；槽钢横跨梁螺栓孔处平面磨耗大于 1 mm 时焊修，孔径磨耗大于 3 mm 时堆焊钻孔。 （6）触板磨耗大于 2 mm 时焊修后机械加工平整，触板上加焊的磨耗板磨耗大于 2 mm 时更换，工作面须光洁，不得有焊渣等异物。 2. 安全装置检测 （1）横跨梁安全吊链座剩余厚度小于 5 mm 或链孔上边缘宽度小于 8 mm 时更换。

续上表

工　序	技　术　要　求
1. 检查	（2）安全吊链环圆钢直径原型为 ϕ10 mm，裂纹或磨耗深度大于 2 mm 时更换。 3. 附件检测 （1）调整垫板孔径磨耗大于 2 mm 更换。 （2）摆动式转向架装用的横跨梁弧形板原型厚度 9 mm，剩余厚度小于 6 mm 时更换。 （3）磨耗垫板原型厚度 6 mm，磨耗大于 2 mm 时更换。 （4）定位螺栓破损时更换。
2. 调修	横跨梁调修时须使用专用的调修设备。
3. 焊修	1. 矩形管横跨梁纵向裂纹焊修，槽钢横跨梁螺栓孔处平面磨耗焊修或堆焊钻孔时使用 J422 焊条，按《车辆配件焊修》HG1005-2008 执行。 2. 材质为 0Cr18Ni9 的触板焊修时使用 A302 或 E306H 不锈钢焊条，按《B 级钢配件焊修及热处理》HG1006-2008 执行。 3. 组装后，调整横跨梁调整垫板及抑制盘触头间隙达不到要求时，可在横跨梁触板上焊装材质为 0Cr18Ni9 的触板磨耗板，转 8AG、转 8G、转 8AB 和转 8B 型横跨梁触板规格为 150 mm×70 mm×（5～20 mm），数量不超过 2 块，两长边满焊；其他型式横跨梁触板规格为 175 mm×95 mm×（5～20 mm），数量不超过 2 块，且两长边满焊。 4. 更换矩形管横跨梁螺栓孔套筒时，周边满焊。
4. 机加工	触板焊修后须机械加工。工作面须光洁，不得有焊渣等异物。
5. 涂漆	检修合格的横跨梁须喷涂底、面漆，漆膜干膜厚度不小于 60 μm，触板上面和安装面下面不涂漆。

	转向架组装及落成检查	HG314-2008

一、适用范围：通用转向架组装。

二、工艺流程：组装摇动座、弹簧托板（交叉支撑装置）→组装圆弹簧、斜楔→组装制动梁→组装基础制动装置→组装安全索→组装横跨梁及附件→组装承载鞍→组装下心盘及磨耗盘→组装下旁承及上拉杆托→组装轮轴→组装挡键→质量检查。

三、工装设备：转向架检修流水线、运搬小车、起重设备、摆式转向架分解组装胎具、交叉支撑装置组装检测设备、交叉杆智能扳机、伸缩式挡键液压铆钉机、电（风）扳机、承载鞍卡具等。

四、检测器具：力矩扳手，钢卷尺，防脱制动梁量规，圆销与圆销孔间隙塞尺或 $\phi3$ mm 钢针，斜楔立面与侧架立柱磨耗板间隙塞尺，1 mm 塞尺，承载鞍导框间隙塞尺，承载鞍挡边外侧与前盖、后挡凸缘间隙检测量规，下拉杆与安全吊间隙塞尺，交叉支撑装置多用途检测量规，下旁承上平面与下心盘上平面距离测量尺，下旁承磨耗板上平面至滚子上部距离测量尺，横跨梁触板与心盘上平面高度差测量尺，转向架垂下品检测尺，开口销角度量规等。

五、所需材料：心盘垫板、下旁承垫板、止退开口销、开口销（4×40、5×45、6.3×60、8×80、6.3×36、3.2×20）、扁开口销（A6×20×90、A6×16×85）、ZT 型圆头折头螺栓 M22、SFT 型防松螺母 M22、安全索、螺栓 M20×100(或 M20×110)、开槽螺母 M22、螺母 M16、垫圈等。

六、基本要求：所有组装的配件均须经检测，加修合格，按《车辆及零部件检修、交验标识》HG1001-2008 的要求标注标识。

七、工序及技术要求：

工序	技术要求
1. 组装摇动座、弹簧托板	1. 托起弹簧托板，将转 K4、转 K5 型侧架上的 2 个摇动座支承开口端相对置于侧架底部安装槽内，摇动座支承须紧贴侧架，不得摇动。 2. 将摇动座置于侧架内，校准摇动座两端，使之置于摇动座支承凹陷面内，再将摇动座朝侧架一侧倾斜至不能移动为止，用符合图样 56A80-12-06-00 的样板检查侧架中部下弦杆上平面限制摇动座摆动角，通端、止端均须合格，止端不符合要求者重新加修侧架；摇动座与摇动座支承间不得涂抹润滑脂。 3. 弹簧托板与摇动座正位后用 M22 的折头螺栓联接弹簧托板与摇动座，紧固折头螺栓直至贴合面拧断，紧固力矩为 710～830 N·m。

续上表

工　序	技　术　要　求
2．组装交叉支撑装置	1．交叉支撑装置组装时须使用专用定位胎具，在双耳垫圈与锁紧板之间安装标志板，交叉支撑装置端头螺栓用智能扭矩扳机紧固，扭紧力矩为675～700 N·m，并须全数用手动扭力扳手校核。止耳须翘起，至少有相对两止耳与螺栓头部六方平面密贴。 2．组装完成后，按规定进行正位检测。
3．组装弹簧、斜楔	1．依次装入摇枕弹簧、减振弹簧及斜楔,弹簧须装入弹簧定位凸脐。 2．摇枕弹簧、减振弹簧自由高、高度差及规格须符合《圆弹簧检测及选配》HG310-2008 规定，斜楔型式须符合《斜楔检修》HG308-2008 规定。
4．组装制动梁	1．同一辆车制动梁及闸瓦型式须一致。原车装用防脱制动梁或高摩合成闸瓦者仍须装用防脱制动梁或高摩合成闸瓦。 2．安装防脱制动梁时，须逐个测量闸瓦托防脱翼板下平面与侧架滑槽上挡铸筋之间的间隙，间隙不小于13 mm。 3．各型敞车的闸瓦插销须安装闸瓦插销环。
5．组装基础制动装置	1．组装固定杠杆、移动杠杆、下（中）拉杆、固定杠杆支点及制动圆销，转 8AG、转 8G、转 8AB、转 8B、转 K2、转 K4、转 K5、转 K6 型转向架各制动衬套材质为奥-贝球铁，硬度须为 38～48 HRC；制动圆销材质为 45 号钢，热处理后表面硬度须为 50～55 HRC。控制型转向架车辆的各制动衬套材质为 27SiMn，硬度须为 45～59 HRC；制动圆销材质为 20CrMnMo，热处理后表面硬度须为 58～62 HRC。圆销规格须符合《杠杆、拉杆及制动圆销检修》HG1002-2008 规定。 2．各圆销涂润滑油。 3．检测各圆销与销孔的间隙不大于 3 mm。 4．同一车辆两转向架的下（中）拉杆组装后圆销销孔相差不得超过 1 孔（漏斗车除外）；固定杠杆支点须留有调整余量，3 孔者留有 1 孔，其他型须留有 2 孔及以上。 5．各制动圆销竖向或斜向安装时须由上向下、直立式杠杆的圆销由右向左装入（面对制动梁定向）。各部横穿圆销须安装垫圈。

续上表

工　　序	技　　术　　要　　求
5. 组装基础制动装置	6. 安装新品开口销，开口销根部双向劈开角度为 60°～70°，开口销规格：装用 ϕ28 mm 圆销的为 ϕ6.3 mm、装用 ϕ36 mm 圆销的为 ϕ8 mm；下（中）拉杆圆销须安装扁开口销，开口销须卷起（现车单车试验活塞行程调整合格后进行），扁开口销宽度：转 K2、转 K6 型为 20 mm，其他型为 16 mm。 7. 2009 年 1 月 1 日起，转向架移动杠杆、固定杠杆与制动梁间，转向架固定杠杆支点与支点座间圆销组装后须装用符合图样 Q/QC56-122-2008 的止退开口销，劈开角度按止退开口销结构自然成型。 8. 转 K2、转 K6 型转向架制动梁拉杆组装后与制动梁体之间须有间隙（缓解位时）。 9. 组装制动梁安全链。安装安全链螺母时，须装弹簧垫圈或背母。
6. 组装安全索	1. 装用交叉支撑装置的转向架须在闸瓦托内侧使用安全索将交叉杆与制动梁缠绕后卡牢，更换安全索时须装用符合图样 QCZ85A-74A-00 要求的直径为 ϕ4 mm 的安全索。 2. 转 K1、转 K4、转 8A、转 8AG、转 8G、转 8AB、转 8B、控制型转向架装用无下拉杆安全吊的 L-A、L-B 型制动梁时，须采用安全索将下拉杆与制动梁套在一起。
7. 组装横跨梁及附件	1. 将调整垫板、磨耗板、横跨梁组成装入侧架的左、右横跨梁托中，分别穿入螺栓，安装垫圈、螺母，开口销要插入螺母的槽口，双向劈开；横跨梁组装螺栓须为 4.8 级。 2. 横跨梁垫板总厚度为 0～12 mm，不得超过 2 块，且须安装在尼龙磨耗板的下面。 3. 横跨梁垫板与横跨梁托调整垫板的间隙不大于 1 mm。 4. 横跨梁组装螺栓须良好，垂直移动量为 3～5 mm（P_{65} 等型车为 1～3 mm），调整垫圈数量不超过 3 个。
8. 组装承载鞍	1. 将轴箱弹簧或轴箱橡胶垫放在承载鞍顶面。 2. 组装承载鞍及轴箱橡胶垫并用专用卡具卡牢。 3. 同一车辆承载鞍型式须一致，不得混装。 4. 转 8A、转 8AG、转 8G、转 8AB、转 8B 型转向架承载鞍顶面可安装钢垫板。转 8AG、转 8G、转 8AB、转 8B 型同一转向架 4 个承载鞍上平面距轨面高度差不大于 1 mm，大于时可在承载鞍顶面安装 1 块不同厚度的垫板调整，同一轮对须同时安装垫板。转 8AG、转 8G、转 8AB、转 8B 型转向架的车轮直径小于 ϕ770 mm 时，须在承载鞍上安装 1 块钢垫板。 5. 轴箱橡胶垫的铜绞线须装在转向架内侧。

续上表

工　　序	技　　术　　要　　求
8. 组装承载鞍	6. 转 8A 型侧架组装前，须在侧架导框内侧面、立面（即导框摩擦面）各部分均匀涂抹适量润滑脂，润滑脂厚度不小于 1 mm。
9. 组装下心盘及磨耗盘	1. 下心盘组装时，摇枕心盘安装面螺栓孔处局部凸起须打磨整平。金属结合面之间须涂防锈漆，转 8A 型转向架须按规定进行心盘磨耗盘改造，新品符合图样 QCZ105-40-01 要求，改制品符合图样 QCP706-00-04 要求。 2. 须使用钢质或竹质垫板，竹质垫板厚度不大于 40 mm；钢质、竹质垫板混装时，钢质垫板须放于底层。 3. 螺栓组装的转 8A、转 8AG、转 8G、转 8AB、转 8B、转 K2 型下心盘垫板总厚度不大于 60 mm，厚度为 20 mm 以下时，须使用每块厚度不小于 8 mm 的钢质垫板，钢质垫板超过一层时，须在钢板层间四周点焊固。 4. 竹质垫板可于车辆横向 2 块拼装，各占一半。 5. 竹质垫板除可与钢质垫板叠装外，须单层使用，厚度不小于 20 mm。 6. 转 K4、转 K5、转 K6、控制型须使用钢质垫板，不得超过 2 块，总厚度不大于 40 mm。 7. 下心盘组装须使用 FS 型或 BY-B、BY-A 型防松螺母，并配套使用强度符合 GB 3098.1 规定的 10.9 级、精度等级符合 GB 9145 中 6g 要求的螺栓，螺栓头部须有 10.9 级标记；装用 BY 型防松螺母时均须安装符合 GB/T 7244 规定的加重型弹簧垫圈，装用 FS 型防松螺母时，须取消弹簧垫圈并安装符合 GB/T 6172 要求性能等级为 04 级的薄螺母。螺栓规格：转 K1、转 K2、转 K4、转 8A、转 8AG、转 8G、转 8AB、转 8B 型为 M22，转 K5、转 K6 型为 M24。心盘螺栓拧紧力矩：FS 型不小于 300 N·m，BY 型 M22 螺栓为 747～830 N·m、M24 螺栓为 941～1 046 N·m。螺栓直径 M22 者安装 ϕ4 mm 开口销，M24 者安装 ϕ5 mm 开口销，劈开角度为 60°～70°。 8. 组装或补装转 8A 型转向架下心盘螺栓、螺母时，须采用符合要求的锁固剂对下心盘连接螺栓与螺母啮合部分进行锁固。 9. 安装心盘磨耗盘。
10. 组装下旁承及上拉杆托	1. 转 8A、控制型下旁承组成组装时，须符合下列要求： （1）下旁承体坐入旁承盒的深度不小于 35 mm。 （2）旁承盒下部须至少有 1 块厚度不小于 2 mm 的钢垫板。

续上表

<table>
<tr><th>工　序</th><th>技 术 要 求</th></tr>
<tr><td>10. 组装下旁承及上拉杆托</td><td>2. 转 8AG、转 8G、转 K1、转 K2 型常接触下旁承组成组装时，须符合下列要求：
（1）转 8AG、转 8G 型下旁承上平面与下心盘上平面的距离（含磨耗盘）为（92±2）mm，超限时可调整下旁承座及下旁承垫板，下旁承座底部高度不大于 30 mm，下旁承调整垫板总厚度为 2～14 mm，数量为 1～2 块。
（2）转 K1、转 K2 型转向架下旁承上平面与下心盘上平面的距离（含磨耗盘）为（86±2） mm，超限时可调整下旁承垫板，下旁承调整垫板总厚度为 2～25 mm，数量为 1～3 块。
（3）下旁承磨耗板上平面至滚子上部距离为（14±1） mm。
（4）旁承座与旁承盒的纵向间隙之和不大于 2 mm，大于时用调整垫板调整，调整垫板与旁承盒上边缘须焊固。
（5）转 K2 型常接触旁承更换时，须全车更换为新型 JC 型双作用弹性旁承。
（6）旁承座安装方向须为：同一摇枕相反，同一车辆同侧同向。
3. JC 型双作用弹性旁承组装时，须符合下列要求：
（1）下旁承磨耗板上平面距滚子上部距离为 15^{+2}_{-1} mm,不符合要求时，新品弹性旁承体组成组装时不得调整，检修中可在弹性旁承体与旁承座之间加调整垫板进行调整，且须保证调整垫板平面度为 1 mm。
（2）旁承座与旁承盒的纵向间隙之和不大于 1 mm，旁承盒两侧可用不同厚度的调整板调整并焊固。
（3）同一转向架装用的弹性旁承组成须反向，同一车辆同侧同向。
（4）下旁承调整垫板总厚度为 2～25 mm，数量为 1～3 块。
4. 转 K4、转 K5 型下旁承组成组装时，须符合下列要求：
（1）转 K4 型转向架下旁承上平面与下心盘上平面的距离（含磨耗盘）须为(71±2) mm，超限时可调整下旁承垫板。
（2）转 K4 型下旁承垫板总厚度为 2～25 mm，数量为 1～3 块。当心盘垫板厚度大于 25 mm 时，可在上旁承焊装厚度不小于 20 mm 的垫板。
（3）转 K5 型下旁承垫板总厚度为 2～30 mm，数量为 1～3 块。
5. 组装合格的摇枕上拉条托架及滚套，托架滚轴上的开口销规格为 ϕ3.2 mm×20 mm，开口销须卷起贴靠滚轴。</td></tr>
</table>

续上表

工　序	技　术　要　求
11. 组装轮轴	1. 选配好的轮轴标明位数，按位数顺位放置，将组装好的构架安装在轮轴上，撤除承载鞍卡具。 2. 同一转向架、同一车辆装用的轮轴型式须一致、轴承温升标准须一致，装用轮轴型号须符合《车辆落成及检查》HG901-2008 要求。 3. 同轮对两车轮直径差：经压装和旋修者不大于 1 mm；未经旋修者提速轮对不大于 1 mm，非提速轮对不大于 2 mm。 4. 同转向架最大与最小车轮直径差：装用交叉支撑装置或运行速度 120 km/h 的车辆不大于 15 mm,装用其他型转向架不大于 20 mm。 5. 同车辆最大与最小车轮直径差：装用交叉支撑装置或运行速度 120 km/h 的车辆不大于 30 mm,装用其他型转向架不大于 40 mm。 6. 轮轴左端须装在车辆的奇数位。 7. 承载鞍鞍面与滚动轴承外圈配合正位,不允许用重物撞击侧架进行调整。
12. 组装挡键	1. 转 K2、转 K4、转 K5 和转 K6 型转向架新补充安装挡键时，须装用符合以下图样的伸缩式挡键及螺栓，并用符合 GB/T 870 的半沉头铆钉将螺栓铆固（铆钉规格 ϕ6 mm×24 mm），铆接时须使用专用设备。 （1）转 K2 型转向架装用图样 QCZ85F-00-02A 挡键 （2）转 K6 型转向架装用图样 QCZ133-00-08A 挡键 （3）转 K2、转 K6 型转向架装用图样 QCZ133-00-09A　螺栓 M16×95 （4）转 K4、转 K5 型转向架装用图样 ZCZ53-00-01B　挡键 （5）转 K4、转 K5 型转向架装用图样 ZCZ53-00-07A　螺栓 M20×100 2. 使用旧型挡键时，转 K2、转 K4 型转向架挡键处须装用符合 QCZ85F-00-01 图样的螺栓，转 K5、转 K6 型转向架的挡键处须装用符合 QCZ133-00-09 图样的螺栓，且均须装用符合 GB/T 91 规定的 ϕ6.3 mm×36 mm 开口销，组装后开口销须与螺栓盘紧。
13. 质量检查一般要求	1. 各螺栓组装前螺纹处须涂油，心盘、交叉支撑装置的组装螺栓螺纹处涂黑铅粉油。各螺栓组装紧固后，螺杆须露出螺母 1 扣以上，但不得超过 1 个螺母厚度。 2. 金属配件结合面在组装前须涂防锈漆（散装枕簧除外）。 3. 摩擦转动部分须涂润滑脂，但摩擦式减振器、转 8AG、转 8G、转 8AB、转 8B、转 K2、转 K4、转 K5、

续上表

<table>
<tr><th>工　　序</th><th>技　　术　　要　　求</th></tr>
<tr><td>13. 质量检查一般要求</td><td>转 K6 型转向架的轴承外圈与承载鞍内鞍面间，承载鞍与侧架导框间，承载鞍与轴箱橡胶垫间，轴箱橡胶垫与侧架导框顶面间，心盘与磨耗板间，上下旁承间，斜楔主摩擦板与侧架立柱磨耗板间，斜楔副磨耗面与摇枕斜楔磨耗板间，导框摇动座与侧架间，滑块磨耗套与滑槽磨耗板间，承载鞍顶面与导框摇动座间，摇动座与摇动座支承间均不涂抹润滑脂；转 8A 型转向架承载鞍顶面与侧架导框支承面间、上下心盘间、磨耗盘与上下心盘间的润滑脂及污物须清除干净，不得涂抹润滑脂，原润滑脂用煤油清除；橡胶弹性旁承任何部位均不得涂抹润滑脂。
4. 各零部件组装位置正确，弹簧入槽，螺栓紧固。
5. 各部横穿圆销须加垫圈。直立式杠杆的圆销由右向左组装（以面对制动梁定向）。各种圆销与销孔间隙不大于 3 mm，开口销双向劈开角度为 60°～70°，劈开角度按止退开口销结构自然成型。制动下（中）拉杆圆销的开口销须卷起（可在单车试验活塞行程调整完毕后进行）。
6. 同一车辆转向架型号须一致，转向架构架检修后须装回原车，不得互换，更换转向架须符合规定。同一转向架两侧架固定轴距差：转 8A 型不大于 5 mm；转 8AG、转 8G、转 8AB、转 8B、转 K2、转 K4、转 K5、转 K6、控制型不大于 2 mm（即具有相同的铲豆）。
7. 实行寿命管理的配件使用时间不过期。</td></tr>
<tr><td>14. 下心盘组装质量检查</td><td>1. 下心盘组装检查
（1）下心盘不得有裂纹，平面、直径磨耗不超限。
（2）下心盘垫板安装符合规定。
（3）下心盘组装螺栓、螺母、开口销须符合规定，校核防松螺母扭矩, FS 型不小于 300 N・m ，BY 型 M22 螺栓为 747～830 N・m、M24 螺栓为 941～1 046 N・m。
（4）下心盘内不得有异物及油脂。下心盘底平面与摇枕心盘安装面或心盘垫板之间不得有间隙。
（5）转 8A 型转向架下心盘螺栓、螺母须采用符合要求的锁固剂进行锁固。
2. 心盘中心销检查
心盘中心销不得有弯曲、裂纹、磨耗不过限。中心销插入摇枕长度及露出长度均不得少于 150 mm（从下心盘凸脐上部测量）。
3. 心盘磨耗盘检查
裂纹、磨耗不得超限。</td></tr>
</table>

续上表

工　序	技　术　要　求
15. 承载鞍组装质量检查	1. 转 8A、转 8AG、转 8G、转 8AB、转 8B 型侧架承载鞍支承面与承载鞍顶面（或与垫板顶面）接触须良好，局部间隙用 1 mm 塞尺检查，深入量不大于 20 mm。 2. 轮对、承载鞍须正位；承载鞍推力挡肩内径与前盖、后挡最大外径间的径向间隙不小于 2 mm；承载鞍挡边外侧与前盖、后挡凸缘间隙均不小于 2 mm。 3. 承载鞍与导框间隙须符合附表 1 规定。 4. 同一辆车上承载鞍型号须一致，新旧型不得混装。转 8A、转 8AG、转 8G、转 8AB、转 8B 型承载鞍Ⅰ、Ⅱ型不得混装。 5. 转 K4、转 K5 型转向架承载鞍、导框摇动座、减振外圆弹簧须匹配，具体要求为： （1）无识别标记的 *R*250 mm 大圆弧半径承载鞍配无识别标记的 *R*125 mm 大圆弧半径导框摇动座。 （2）识别标记为“A”和“A1”的 *R*80 mm 小圆弧半径承载鞍配识别标记为“A1”的 *R*70 mm 小圆弧半径导框摇动座。 （3）转 K4 型转向架装用的识别标记为“A”的承载鞍和导框摇动座报废需补充时，应补充识别标记为“A1”的承载鞍和导框摇动座；转 K5 型转向架装用的识别标记为“A”的承载鞍和导框摇动座报废需补充时，应补充识别标记为“A1”的承载鞍和导框摇动座。 （4）装用无识别标记的 *R*250 mm 大圆弧半径承载鞍的转 K4 型转向架,原无识别标记的自由高为 275 mm 的减振外圆弹簧状态正常时可不更换，如需要更换时,应换装 265 mm 自由高减振外圆弹簧,但同一转向架的减振外圆弹簧须相同。 （5）识别标记为“A”或“A1”的转 K4 型 *R*80 mm 小圆弧半径承载鞍须配套装用自由高为 265 mm、识别标记为 K4－265 的减振外圆弹簧。 （6）装用无识别标记的 *R*250 mm 大圆弧半径承载鞍的转 K5 型转向架,原自由高为 275 mm、无识别标记的减振外圆弹簧状态正常时可不更换，如需要更换时,应换装 269 mm 自由高减振外圆弹簧,但同一转向架的减振外圆弹簧须相同。 （7）识别标记为“A”或“A1”的转 K5 型 *R*80 mm 小圆弧半径承载鞍须配套装用自由高为 265 mm、识别标记为 K5-269 的减振外圆弹簧。

续上表

工　序	技　术　要　求
16. 挡键组装质量检查	1. 使用旧型挡键时，转 K2、转 K4 型转向架挡键处须装用符合 QCZ85F-00-01 图样的螺栓，转 K5、转 K6 型转向架的挡键处须装用符合 QCZ133-00-09 图样的螺栓，组装后开口销须与螺栓盘紧。 2. 转 K2、转 K4、转 K5 和转 K6 型转向架新补充安装挡键时，须装用符合图样的伸缩式挡键及螺栓，并用沉头铆钉将螺栓铆固。 3. 检测挡键与轴承外圈的间隙：转 K2、转 K4、转 K5、控制型不小于 2 mm；转 K6 型为 3～7 mm。
17. 侧架立柱磨耗板组装质量检查	1. 转 8A、转 8AG、转 8G、转 8AB、转 8B、控制型侧架立柱磨耗板铆钉不得松动，不允许用螺栓组装。 2. 转 K2、转 K4、转 K5、转 K6 型须采用折头螺栓紧固，不得松动。 3. 转 8B、转 8AB 型转向架须装用符合图样 QCZ105A-30-00 的组合式斜楔，配套装用符合图样 QCZ105A-20-01 要求的加宽 45 号钢立柱磨耗板。
18. 斜楔组装质量检查	1. 斜楔材质：转 8A、转 8AG、转 8G 型为贝氏体球墨铸铁；转 K2 型分离式为针状马氏体铸铁，整体式为贝氏体球墨铸铁，组合式斜楔体为贝氏体球墨铸铁、主摩擦板为高分子材料。转 K4 型主摩擦板为高分子材料，斜楔体为针状马氏体铸铁或贝氏体球墨铸铁。转 K5、转 K6 型主摩擦板为高分子材料，斜楔体为贝氏体球墨铸铁组合式，转 8AB、转 8B 型为贝氏体球墨铸铁组合式，控制型为贝氏体球墨铸铁。 2. 同一辆车斜楔型式和材质均须一致。 3. 转 8A、转 8AG、转 8G 型斜楔弹簧支承面不得高于摇枕弹簧支承面。转 8A 型转向架组装后承载斜楔的弹簧支承面须低于同组其他摇枕弹簧支承面 1~6 mm。 4. 斜楔立面与侧架立柱磨耗板接触须良好，垂直方向不得有贯通间隙，局部间隙不大于 2 mm，横向以 2 mm×10 mm 塞尺不得深入 50 mm。 5. 转 K2 型整体式斜楔主摩擦面磨耗限度高度标记为 19.1 mm，超出摇枕上平面时，须将斜楔、侧架立柱磨耗板和摇枕斜楔摩擦面磨耗板或分离式斜楔插板成套更换，更换时须符合《斜楔检修》HG308-2008 要求。 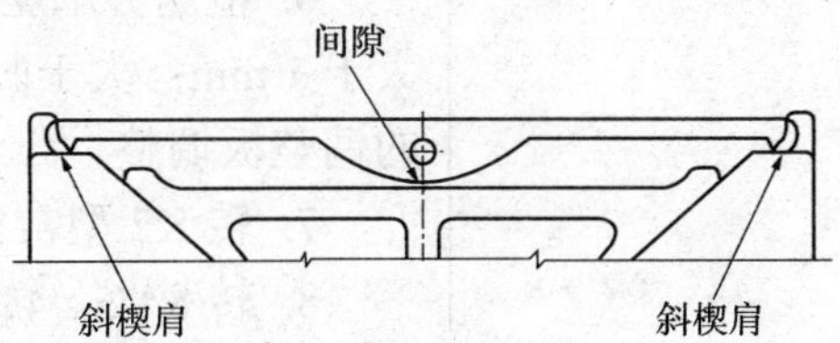 图 315-1　斜楔上移量检测 6. 转 K4、转 K5 型转向架在整车落成后用样板检查斜楔上移量不得大于 4 mm，当样板落在斜楔肩之间，但不能接触摇枕端部上表面时，更换斜楔主摩擦板，见图 315-1。 7. 转 8A、转 8AG、转 8G、转 8AB、转 8B 型侧架上的斜楔挡不得丢失、裂纹或弯曲，焊缝须良好。

续上表

工　序	技　术　要　求
19. 弹簧组装质量检查	1. 各内外卷不得顺卷，弹簧组装须正位、入槽，摇枕弹簧、减振弹簧及轴箱弹簧须落入相应弹簧定位脐及挡边之内。 2. 弹簧种类、数量须符合《圆弹簧检测及选配》HG310-2008 规定。
20. 下旁承组装质量检查	1. 转 8A、控制型下旁承体坐入旁承盒的深度不小于 35 mm，旁承体须无裂损。 2. 旁承盒下部须至少有 1 块厚度不小于 2 mm 的钢垫板。 3. 检测下旁承上平面与下心盘上平面（含磨耗盘）的距离，超限时调整下旁承座及下旁承垫板：转 8AG、转 8G 型为（92±2）mm；转 K1、转 K2 型为（86±2）mm；转 K4 型为(71±2) mm；JC-1 型下心盘上平面与弹性旁承磨耗板上平面垂直距离（不含心盘磨耗盘和下心盘调整垫板）尺寸，参考尺寸为 98 mm。 4. 转 8AG、转 8G 型下旁承座底部高度不大于 30 mm，下旁承调整垫板总厚度及数量：转 8AG、转 8G 型为 2～14 mm，数量为 1～2 块；转 K1、转 K2 型为 2～25 mm，数量为 1～3 块；JC 型为 2～25 mm，数量为 1～3 块；转 K4 型为 2～25 mm，数量为 1～3 块；转 K5 型为 2～30 mm，数量为 1～3 块；JC-1 型总厚度不大于 30 mm，数量为 1～3 块。 5. 检测下旁承磨耗板上平面至滚子上部距离：转 8AG、转 8G、转 K1、转 K2 型为（14±1） mm；JC 型为15_{-1}^{+2} mm；JC-1 型旁承磨耗板顶面至支承磨耗板（中间平面范围内）顶面高度为15_{-1}^{+2} mm。 6. 检测旁承座与旁承盒的纵向间隙之和：转 8AG、转 8G、转 K1、转 K2 型不大于 2 mm；JC 型、JC-1 型不大于 1 mm；大于时用调整垫板调整，调整垫板与旁承盒上边缘须焊固，JC 型、JC-1 型旁承盒两侧可用不同厚度的调整板调整。 7. 转 K2 型常接触旁承更换时，须全车更换为新型 JC 型双作用弹性旁承。 8. 转 8AG、转 8G、转 K1、转 K2、JC 型、JC-1 型旁承座安装方向须为：同一摇枕相反，同一车辆同侧同向。 9. JC-1 型旁承在无旁承垫板状态下，旁承座伸出部分与摇枕旁承盒上部垂向间隙不小于 2 mm，不满足时修磨摇枕旁承盒。
21. 轮轴组装质量检查	1. 同一转向架、同一车辆装用的轮轴型式须一致、轴承温升标准须一致，装用轮轴型号须符合《车辆落成及检查》HG901-2008 附表 1 要求。

续上表

工　序	技　术　要　求
21. 轮轴组装质量检查	2. 同轮对两车轮直径差：经压装和旋修者不大于 1 mm，未经旋修者提速轮对不大于 1 mm，非提速轮对不大于 2 mm。 3. 同转向架最大与最小车轮直径差：装用交叉支撑装置或运行速度 120 km/h 的车辆不大于 15 mm,装用其他型转向架不大于 20 mm。 4. 同车辆最大与最小车轮直径差：装用交叉支撑装置或运行速度 120 km/h 的车辆不大于 30 mm,装用其他型转向架不大于 40 mm。 5. 轮轴左端须装在车辆的奇数位。 6. 密封罩无碰伤，轴端螺栓紧固良好，防松片止耳须撬起，两个止耳至少有一个须贴靠在轴端螺栓的六方平面上，施封锁须锁固，手拉不得开锁。
22. 横跨梁组装质量检查	1. 横跨梁及附件不得存在裂纹、破损；腐蚀、变形、磨耗不超限。 2. 横跨梁垫板与横跨梁托调整垫板的间隙不大于 1 mm。 3. 横跨梁组装螺栓须良好，垂直移动量为 3～5 mm（P_{65} 等型车为 1～3 mm），开口销要插入螺母的槽口，双向劈开，调整垫圈数量不超过 3 个。 4. 横跨梁垫板总厚度为 0～12 mm，不得超过 2 块，且须安装在尼龙磨耗板的下面。 5. 转 8G（B）、转 8AG（B）型转向架装用的横跨梁总成须符合《横跨梁及附件检修》HG313-2008 规定。 6. 未安装心盘垫板的转向架组装后，检测横跨梁触板与心盘上平面高度差，转 K2 型转向架为（154.5±10）mm，转 K4 型转向架为（139±10）mm，转 K 5 型转向架为（143±10）mm，转 K6 型转向架为（168.5±10）mm（横跨梁在固定杠杆侧）或（145.5±10）mm（横跨梁在移动杠杆侧）。
23. 交叉支撑装置组装质量检查	1. 新组装的交叉支撑装置须符合《交叉支撑装置检修》HG306-2008 要求。 2. 在双耳垫圈与锁紧板之间须安装标志板，止耳须翘起，至少有相对两止耳与螺栓头部六方平面密贴。 3. 核对正位检测记录，须合格。
24. 制动梁组装质量检查	1. 同一辆车制动梁及闸瓦型式须一致,不得混装。 2. 不得装用旧型圆钢弓形杆制动梁。原车装用防脱制动梁或高摩合成闸瓦者仍须装用防脱制动梁或高摩合成闸瓦。 3. 高摩合成闸瓦与高磷闸瓦、低摩合成闸瓦不得混装。

续上表

工　序	技　术　要　求
24. 制动梁组装质量检查	4. 转 8AB、转 8B 转向架须装用符合图样要求的 L-B 型组合式制动梁及高摩合成闸瓦。 5. 须装用铁道部定点厂生产的闸瓦，无制造厂代号的闸瓦不允许使用，各型车辆装用闸瓦须符合要求： （1）闸瓦剩余厚度：高磷闸瓦不小于 30 mm，高摩、低摩合成闸瓦不小于 18 mm。 （2）同一制动梁两闸瓦厚度差：高磷闸瓦不大于 5 mm，高摩、低摩合成闸瓦不大于 10 mm。 6. 制动梁安全链螺栓须有弹簧垫圈或背母，紧固良好。 7. 制动梁安全链松余量：槽钢制动梁为 20～50 mm，组合式制动梁为 40～70 mm。 8. 安装防脱制动梁时，须逐个测量闸瓦托防脱翼板下平面与侧架滑槽上挡铸筋之间的间隙，不小于 13 mm。 9. 各型敞车的闸瓦插销须安装闸瓦销环。 10. 侧架上的制动梁滑槽磨耗板检查 （1）磨耗不过限、无裂损，焊缝质量良好。焊装平板式滑槽磨耗板后其上、下承台间的距离为 56～58 mm。 （2）卡入式滑槽磨耗板安装时，上、下面的凸起要嵌入侧架滑槽的凹窝中。 11. 装用交叉支撑装置的转向架须在闸瓦托内侧使用安全索将交叉杆与制动梁缠绕后卡牢。更换交叉杆或安全索时，须装用符合图样 QCZ85A-74A-00 要求的直径为 ϕ4 mm 的安全索。 12. 转 K1、转 K4、转 8A、转 8AG、转 8G、转 8AB、转 8B、控制型转向架装用无下拉杆安全吊的 L-A、L-B 型制动梁时，须采用安全索将下拉杆与制动梁套在一起。
25. 基础制动配件组装质量检查	1. 制动杠杆、拉杆不得异型，腐蚀、磨耗不超限。 2. 转 K2、转 K6 型转向架制动梁拉杆组装后与制动梁体之间须有间隙（缓解位时）。 3. 检测下拉杆与安全吊的间隙为 10～30 mm（缓解位）。交叉支撑装置与下拉杆的上部间隙：转 8AG 型不小于 12 mm（制动位）、转 8G 型不小于 18 mm（制动位）；下部间隙不小于 10 mm（缓解位）。 4. 制动位时，转 8AG、转 8G、转 8AB、转 8B 转 K2、转 K6 型交叉杆（上部）与闸瓦托间隙不小于 20 mm。 5. 同一车辆两转向架的下拉杆组装后圆销销孔相差不得超过 1 孔（漏斗车除外）；移动杠杆不得倒向车轴一侧（转 K2、转 K6 型除外）；固定杠杆支点须留有调整余量，3 孔者留有 1 孔，其他型须留有 2 孔及以上。制动状态时，各闸瓦须贴靠车轮。 6. 摇枕上拉条托架及滚套须合格，托架滚轴上的开口销规格为 ϕ3.2 mm×20 mm，开口销须卷起贴靠滚轴。

续上表

工　序	技　术　要　求
26.摇枕侧架配合间隙检查	1. 摇枕的上平面与侧架的间隙不小于 10 mm。 2. 控制型侧架与摇枕斜楔槽两侧间隙之和为 10～18 mm。
27. 转向架下部限界检查	检查各垂下品与轨面最小距离：钢轨内侧为 60 mm；钢轨外侧为 80 mm；闸瓦插销为 25 mm。
28.组装后电焊要求	装用滚动轴承的转向架，当转向架组装后需进行电焊作业时，禁止电流通过轴承，须将轮对与侧架分离，或架车后进行。

附表 1　承载鞍与侧架导框的间隙

单位：mm

名　称		原　型	段　修	备　注
承载鞍与侧架导框的间隙前后之和	转 8A 型	3～5	2～9	
	转 8AG、转 8AB、转 8G、转 8B 型	3～5	3～9	
	转 K6 型	5～7	5～11	
	转 K2 型	3～6	3～9	
	转 K4 型	1.5～6.5	1.5～8	
	转 K5 型	1.5～6.5	1.5～8	
	控制型		3～8	
承载鞍与侧架导框的间隙左右之和	转 8A 型（Ⅱ型）	9～12	9～12	
	转 8A 型（Ⅰ型）	5～8	5～12	

续上表

名　称		原 型	段 修	备 注
承载鞍与侧架导框的间隙左右之和	转 8AG、转 8AB、转 8G、转 8B 型	9～12	9～14	
	转 K6 型	9～13	9～15	
	转 K2 型	6～12.5	6～14.5	
	转 K4 型（无标记）	6～14	6～18	
	转 K4 型（标记 A）	10～16	10～20	
	转 K4 型（标记 A1）	16～22	16～26	
	转 K5 型（无标记）	12～18	12～20	
	转 K5 型（标记 A）	12～18	12～20	
	转 K5 型（标记 A1）	18～24	18～26	
	控制型		6～14	
转 8AG、转 8AB、转 8G、转 8B 型同一轮对导框内侧横向间隙之和与外侧横向间隙之和			≥4	

四、现车制动装置

	制动管系及附属配件检修	HG401-2008

一、适用范围：现车制动管系及附属配件检修。
二、工艺流程：检查→检修→组装。
三、工装设备：扳手、管钳、电焊设备、气密性试验设备。
四、检测器具：扭矩扳手。
五、所需材料：聚四氟乙烯薄膜、橡胶垫。
六、工序及技术要求：

工　序	技　术　要　求
1. 检查	1. 下列配件进行外观检查和单车试验，良好时可不分解，但集尘器下体须分解除尘；更换时须为原型配件。 （1）球芯折角塞门、球芯截断塞门和组合式集尘器； （2）密封式制动缸； （3）闸瓦间隙自动调整器。 2. 制动软管须分解检修。 3. 主管、支管须进行外观检查，钢管裂纹或壁厚腐蚀深度大于 1 mm 时更换。主管、支管、连接管、活接头、接头、吊卡等折裂时更换，木垫损坏时更换，主管、支管穿过各梁处不得与底架各梁接触，间距不小于 3 mm。 4. 新制钢管切断后，须去除油垢、切屑和毛刺，端口部内径缩小量不大于 1 mm，弯曲部位外径的减少量不大于原外径的 10%。 5. 不锈钢管不得加热调修。其他钢管火焰加热调修后，须清除内、外表面氧化皮。 6. 法兰连接制动管 （1）法兰体裂纹或弯曲变形大于 0.5 mm 时更换。 （2）新制法兰式制动管焊接时，须采用工装定位并组焊钢管与接头体，接头体端面与制动管中心线的垂直度在距端部 200 mm 范围内不大于 1.5 mm。组焊后须采用压缩空气将制动管内部吹净并进行 650～700 kPa 气密性试验。

续上表

<table>
<tr><th>工　序</th><th>技　术　要　求</th></tr>
<tr><td>2．制动管系检修</td><td>
1．制动管系分解检修后组装时，法兰用密封圈和压紧式管接头用密封圈须更换新品。各管组装前须用压缩空气吹扫干净，不得在现车上采用火焰加热对管路进行调修。
2．管件内部和各法兰连接面不涂漆。
3．更换主管、支管、连接管时，磷化管更换时须为磷化管或不锈钢管，不得使用镀锌钢管，管件须在加工成型后磷化处理。螺纹管或接头新制时螺纹部分须符合 GB/T 7306.1《55° 密封管螺纹　第一部分：圆柱内螺纹与圆锥外螺纹》。
4．管系组装时螺纹处须使用聚四氟乙烯薄膜，缠绕不得超过螺纹端部，连接处拧紧后须外露 1 扣以上的完整螺纹，旋入部分不得少于 4 扣。
5．橡胶密封圈、接头体、法兰体组装后，橡胶密封圈须高出法兰平面 1 mm 以上，但不大于 2 mm。螺栓应均匀紧固。
6．压紧式管接头须采用扭矩扳手检查组装力矩，须符合表 1 的规定。
表 1　压紧式管接头组装力矩
<table>
<tr><td>公称通径</td><td>DN10</td><td>DN15</td><td>DN20</td><td>DN25</td><td>DN32</td></tr>
<tr><td>力矩（N・m）</td><td>90</td><td>115</td><td>155</td><td>200</td><td>270</td></tr>
</table>
7．主管端接管长度为 250～400 mm。制动主管两端突出端梁的位置须符合下列要求：
（1）装用 13 型系列车钩的货车：制动主管中心与钩身中心线的左右水平距离为 365^{+25}_{-35} mm；折角塞门中心线与主管垂直中心夹角为 30°，与车钩水平中心线的垂直距离为（50±20）mm；与钩舌内侧面连接线距离为 353^{+25}_{-45} mm，见图 401- 1。
</td></tr>
</table>

续上表

工　序	技　术　要　求
2．制动管系检修	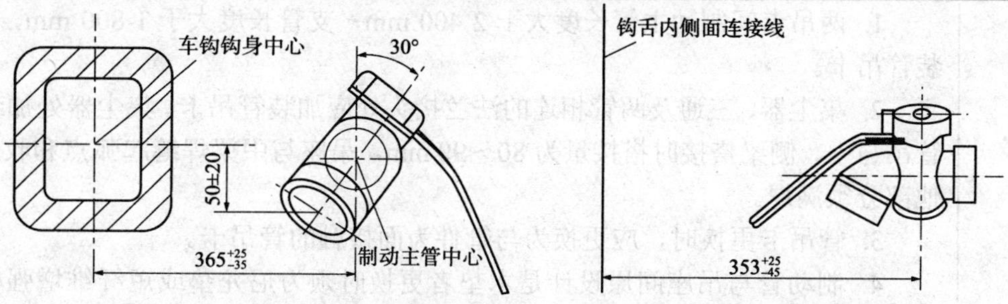 图 401-1　装用 13 型系列车钩制动主管中心、折角塞门与车钩位置 （2）装用 16 型或 17 型车钩的货车：采用球芯折角塞门的车辆，折角塞门手把中心与钩舌内侧面的连接线距离为 367^{+20}_{-45} mm，当冲击面距端梁外侧面为 83 mm 时，其纵向中心距车体纵向中心的水平距离为（365±20）mm，较长车辆其值为（390±20）mm；采用球芯直端塞门的车辆，塞门手把中心与钩舌内侧面的连接线距离为 606^{+20}_{-45} mm，其纵向中心距车体纵向中心的水平距离为（457±20）mm；折角或直端塞门的纵向中心与车钩水平中心线的垂直距离为（15±20）mm，见图 401-2。 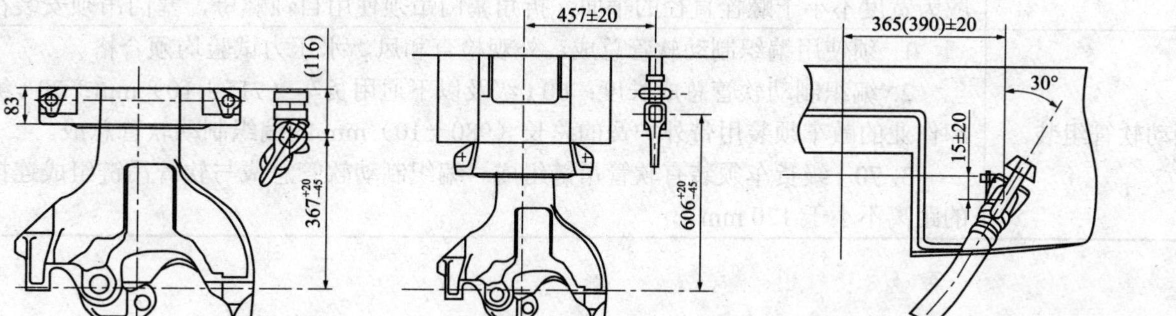 图 401-2　装用 16 型或 17 型车钩制动主管中心、折角塞门与车钩位置

4

续上表

工　　序	技　　术　　要　　求
3. 管吊卡组装	1. 两吊卡间制动主管长度大于 2 400 mm，支管长度大于 1 800 mm，或U形管悬臂长度大于 500 mm 时须加装管吊卡。 2. 集尘器、三通及两管相连的法兰接头处应加装管吊卡。集尘器处加装管吊卡时，管吊长度可根据现车确定，管吊与中、侧梁搭接时搭接量为 80～90 mm，吊座与中梁焊缝起弧点和收弧点应距中、侧梁边缘 20 mm 以上，其他部分须满焊。 3. 管吊卡更换时，应更换为与管件为面接触的管吊卡。 4. 制动管与吊座间原设计是木垫者更换时须为尼龙垫或短纤维增强橡胶垫；原车装用尼龙垫者须使用尼龙垫。原车设计无垫者，检修时可不加垫。 5. 70 t 级货车制动装置安装要求 （1）分解检修的制动装置零部件的油漆工作须在装车前完成。 （2）制动装置组装时，所有固定装置和管卡均应处于松弛状态，须待制动管组装就位后再予以紧固。相邻管件错位不大于一个法兰上连接螺栓孔直径，制动管与管吊的间隙大于两个管卡垫时不得抗力组装、不得现车火焰调修。 （3）制动管使用 U 形螺栓式管吊卡固定时，除折角塞门处的 U 形管吊卡外，其余管吊卡与管子接触部位均应为宽度不小于螺栓直径的平面。折角塞门吊须使用自锁螺母，塞门吊须安装在塞门体定位凹槽位置。
4. 制动软管组装	1. 须使用编织制动软管总成，外观检查和风、水压力试验均须合格。 2. 编织制动软管总成长度：60 t 级及以下通用货车（715±10）mm；70 t 级货车（795±10）mm；不摘钩翻卸作业的敞车须装用带外护簧的总长（980±10）mm 的编织制动软管总成。 3. 70 t 级货车须装有软管吊链组成。编织制动软管总成与软管吊链组成连接后，软管连接器的最下端距轨面的距离不小于 120 mm。

	现车各阀及塞门检修	HG402-2008

一、适用范围：空气制动各阀及塞门在现车上的检修。
二、工艺流程：分解→检修→组装→试验。
三、工装设备：扳手、管钳。
四、所需材料： 89D 制动缸脂、尼龙垫、ϕ8 mm 的开口销、专用拉铆钉。
五、工序及技术要求：

工　序	技　术　要　求
1．分解	1．三通阀、分配阀、控制阀、传感器、调整阀须卸下分解检修，经微机控制试验台试验合格后装车使用。 2．压力表塞门、截断塞门、空重车转换塞门及远心集尘器可在现车分解检修并清洗注油。 3．安全阀、锥芯折角塞门、缓解阀及紧急制动阀须卸下分解检修。 4．球芯截断塞门和集尘器联合体经外观检查和单车试验，良好时可不分解。 5．各阀分解过程中须采取保护措施，分解后应将各零件放置在专用存放盒内，方防止磕碰损伤。
2．检修	1．三通阀安装座、分配阀和控制阀中间体裂纹时更换，安装螺栓处螺纹滑扣时攻制螺纹或更换。 2．三通阀、分配阀、控制阀、安全阀用的滤尘器须清洗清除尘垢，变形破损时更换，三通阀、分配阀、安全阀用半圆形滤尘网的材质须为铜制品或镀有防锈层，控制阀滤尘网非粉末冶金材质者更换，滤尘网内填料应使用马鬃、马尾或同类毛制品，长度在 75 mm 以上，不得使用树棕或其他杂物。 3．球芯截断塞门集尘器（TB/T 2201）损坏、失效时，须更换为组合式集尘器（TB/T 2697）。 4．折角塞门损坏、失效时，须更换为不锈钢球芯折角塞门。更换为球芯折角塞门时，端梁孔直径为 ϕ80 mm，并将孔边磨光、磨圆。不锈钢球芯折（直）角塞门的手把和套口（图号：QCP460-00-03、QCP460-00-02）须更换为铸铁球芯折角塞门的手把和套口（图号：QCP432-00-10、QCP432-00-09），塞门手把丢失的须补装铸铁球芯折角塞门手把。 5．空重车转换塞门手把传动轴弯曲时调修，裂纹、折断时焊修或更换。吊架与底架连接处须满焊牢固；手把、标牌、连杆及轴损坏时须换为标准品，丢失者添补。

续上表

工　序	技　术　要　求
2．检修	6．截断塞门和空重车转换塞门现车检修时，须拆下弹簧托盖，取出弹簧及塞门芯，将塞门体内部擦拭干净。漏泄时研磨后，将研磨剂擦拭干净，涂适量 89D 制动缸脂后组装。 7．集尘器：拆下集尘盒，清除集尘盒内尘垢、积水，止尘伞及集尘盒内须擦拭干净。止尘伞裂纹、破损、变形时更换。
3．组装	1. 120 阀装车时须为改进型 120 阀，356 mm 制动缸须与配 356 mm 制动缸的 120 型控制阀配套使用，254 mm 制动缸和 305 mm 制动缸须与配 254 mm 制动缸的 120／120-1 型控制阀配套使用。 2．折角塞门、截断塞门阀芯开通线须清晰。截断塞门装在垂直管上者，手把向上为开通位置。各塞门的手把销不得以开口销、铁钉代用。折角塞门中心线与主管垂直中心夹角须为 30°。 3．制动阀须安装排气管，管口向下。 4．阀类零部件安装须正位、牢固。原车装用尼龙垫者须使用尼龙垫；装用球芯折角塞门（TB／T 2698）者，须在端梁外侧吊座与塞门之间安装尼龙垫。原车设计无垫者，检修时可不加垫。 5．集尘器组装时胶垫须正位，密封线向上；止尘伞位置正确；上、下口对正后均匀拧紧螺栓。 6．无自防丢失功能的货车空气制动阀、安全阀须安装防丢失罩。已装用防丢失罩者，按原型检修；未安装防丢失罩或防丢失罩丢失者补装。 7．70 t 级货车制动装置中空气制动阀、制动缸的安装须采用自锁螺母，其余件的安装和连接均须采用防松螺母或自锁螺母。须装用经表面防腐处理的螺栓、螺母、圆销。安装空气制动阀、限压阀防丢失箱及手制动机须采用专用拉铆钉。
4．试验	制动装置组装后，须按规定进行单车试验。

现车风缸、降压气室、制动缸及附件检修	HG403-2008

一、适用范围：现车风缸、降压气室、制动缸及附件检修。
二、工艺流程：检查（分解及清洗）→现车制动检修→组装。
三、工装设备：风、水压试验装置、扳手、管钳、安全套及销。
四、检测器具：缓解弹簧自由高检测尺。
五、所需材料： 铅粉油、缠聚四氟乙烯胶带、89 D 制动缸脂。
六、工序及技术要求：

工　序	技　术　要　求
1. 风缸、降压气室	
（1）检查	1. 外观及单车全车漏泄试验时检查风缸、降压气室各部是否有裂纹及漏泄。 2. 检查各风缸、降压气室吊架的磨耗、腐蚀以及安装螺母。 3. 分解各风缸、降压气室的螺堵，清除内部积水和尘砂。
（2）检修	1. 清除各风缸、降压气室表面锈垢，检查各部，腐蚀深度大于 2 mm 时更换；裂纹时焊修。 2. 铸造的副风缸有气孔、砂眼时焊修，连通管锈蚀严重或端部连接处漏泄时更换。 3. 储风缸裂纹长度小于 50 mm 及焊缝开焊时焊修，裂纹长度大于 50 mm 时更换，缸体壁厚腐蚀深度大于 2 mm 时更换。缸体裂纹焊修时，须在裂纹端部钻直径 6 mm 止裂孔，裂纹焊修后堵焊止裂孔，焊接后将焊缝打磨平整，不锈钢储风缸焊修时须符合相关焊接工艺要求。 4. 焊装于缸体上的固定式吊座变形时调修。嵌入式储风缸吊架与缸体接触，但未焊接部分须涂缝隙填缝胶。 5. 储风缸焊修后，须进行 900 kPa 的水压试验，保压 3 min 不得漏泄，不得产生永久变形，水压试验后须清除缸体内积水。双室风缸在水压试验前须对各气室分别以 650～700 kPa 的风压进行试验，内部串通时更换。
（3）组装	1. 组装各风缸、降压气室螺堵，螺堵丝扣部分须涂铅粉油或缠聚四氟乙稀胶带。 2. 阀及缸类零部件安装须正位、牢固。缸与吊座间、制动管与吊座间原设计是木垫者须更换为尼龙垫或短纤维增强橡胶垫；原车装用尼龙垫者须使用尼龙垫；装用球芯折角塞门（TB / T 2698）者，须在端梁外侧吊座与塞

续上表

<table>
<tr><th>工　序</th><th>技　术　要　求</th></tr>
<tr><td>（3）组装</td><td>门之间安装尼龙垫。原车设计无垫者，检修时可不加垫。
3．储风缸采用圆钢U形吊和短纤维增强橡胶垫或尼龙垫安装的，须安装背母；采用螺栓安装的，须安装弹簧垫圈。阀类和储风缸安装螺栓应由上向下装入（无安装空间者除外），在长圆孔侧加平垫圈。各螺栓组装紧固后，螺杆须露出螺母1扣以上，但不大于1个螺母厚度（U形管吊卡和储风缸吊卡除外）。
4．风缸外表面锈蚀部位及焊修部位，清除原锈垢后须涂防锈底漆及面漆。
5．风缸、降压气室组装内容增加补充新品时，储风缸须为嵌入式储风缸。</td></tr>
<tr><td colspan="2">2．制动缸及制动缸附件</td></tr>
<tr><td>（1）分解及清洗</td><td>1．普通式制动缸须分解，在活塞杆前端插入安全销，分解前盖组装螺栓，取下前盖与活塞组成，不得划伤缸体内壁。
2．旋压式密封制动缸作用不良时须分解检修。密封式制动缸作用不良、滤尘呼吸网罩丢失或漏泄时须分解检查。
3．半密封式制动缸须分解滤尘器组成，并清洗滤尘器组成中的铜基粉末冶金滤尘垫，更换前盖滤尘套组成的滤尘毛毡。
4．分解检修的制动缸皮碗、缓解弹簧（活塞杆前端铆接者除外）须分解、清洗、检查、注油。</td></tr>
<tr><td>（2）检修</td><td>1．擦净油脂后对制动缸内壁进行检查。
（1）铸造缸体裂纹、砂眼、缺损、漏泄时更换。
（2）缸体内壁偏磨、划伤时修理或更换。旋压密封式制动缸缸体底部、中部处内径磨耗大于2 mm，铸造缸体内径磨耗大于3 mm时更换。
（3）旋压密封式制动缸缸体变形、裂纹时更换，腐蚀深度大于1 mm时更换，小于1 mm时磨修。
（4）漏泄沟内油垢须清除，漏泄沟不得堵塞。
2．前、后盖
（1）密封式压形前盖变形或活塞杆孔偏磨大于3 mm时更换。
（2）铸造前、后盖裂纹、砂眼、缺损严重、漏泄时报废。</td></tr>
</table>

续上表

<table>
<tr><th>工　　序</th><th>技　　术　　要　　求</th></tr>
<tr><td>（2）检修</td><td>
3．活塞组成
（1）活塞杆弯曲、裂损、腐蚀严重时更换。铆钉松动、折损时更换铆钉。
（2）活塞裂纹、缺损、漏泄时更换。
（3）压板裂纹、变形时更换。
（4）整体压形活塞变形时更换，局部腐蚀深度大于 2 mm 时焊修磨平或更换。
（5）推杆复原装置各零件锈蚀严重时更换；复原弹簧裂纹，或弹簧钢丝直径磨耗大于 0.5 mm 时更换。
4．皮碗裂损、老化、变形及缓解弹簧折断或自由高小于表 1 中的规定时更换。
表 1　缓解弹簧规格表　　单位：mm
<table>
<tr><th colspan="2" rowspan="2">名　　称</th><th colspan="2">原　　型</th><th rowspan="2">段修</th></tr>
<tr><th>钢丝直径</th><th>自由高</th></tr>
<tr><td rowspan="4">制动缸缓解弹簧自由高</td><td>254×254（密封式）
356×254（HT）</td><td>$\phi 12$</td><td>498</td><td>-40</td></tr>
<tr><td>305×254（密封式）</td><td>$\phi 11$</td><td>571</td><td>-40</td></tr>
<tr><td>356×254（苏式）</td><td>$\phi 11$</td><td>665</td><td>-60</td></tr>
<tr><td>356×254（密封式）
356×254（HT）
254×254（密封式）
203×254（密封式）</td><td>$\phi 10$</td><td>555.4</td><td>-40</td></tr>
</table>
5．旋压密封式制动缸缸座变形时调修或更换，焊缝开裂时焊修或更换，施焊前须清除裂纹。缸座前法兰盘边缘破损不超过 2 处，破损总长度不超过 50 mm，不影响制动缸性能可继续使用。
6．弹簧座、活塞润滑套支架、前盖滤尘套内外环等裂纹、损坏时更换。
7．密封式制动缸前盖垫、缓解弹簧、弹簧座、活塞润滑套、前盖滤尘套、滤尘毡等不良时修理或更换。
8．半密封式制动缸须更换前盖滤尘套组成的滤尘毛毡。
9．制动缸附件
（1）铸造后支点裂纹、腐蚀或销孔磨耗大于 2 mm 时更换。钢板组焊后支点座变形时调修，焊缝开裂时，清
</td></tr>
</table>

续上表

工　序	技　术　要　求
（2）检修	除裂纹后焊修，销孔磨耗大于 2 mm 时更换。 （2）制动缸推杆裂纹时更换，弯曲时调修，尾部端面形状须为 *SR*50 mm 球面。推杆长度小于设计尺寸时修理或更换，修理时可堆焊推杆尾部或截换，推杆尾部堆焊后须加工，截换时接口处须开 X 形坡口焊接，焊后表面磨平。
（3）组装	1．更换的新制 L 形皮碗须符合 TB / T2236—1991 的规定，其中夹布可为符合 GB / T2909—1994 中编号 207- A 性能要求，成形后三层厚度 17～18 mm 的工业棉帆布。 2．组装活塞前，制动缸体内壁、活塞、皮碗须涂抹 89 D 制动缸脂。活塞装入缸体后，缸体内壁须补涂 89D 制动缸脂，其总用量见表 2。

表 2　制动缸润滑脂用量表

制动缸直径（mm）	ϕ203	ϕ254	ϕ356
89D 制动缸脂用量（kg）	0.10	0.12	0.15

3．密封式制动缸润滑套和前盖滤尘套的毛毡须用 89M 脂浸润透，可将 89M 脂间接加热至 50 ℃，将毛毡浸润 3 h 以上。

4．制动缸活塞杆按图 403-1 及表 3 在 B、C 部涂打白色油漆标记，密封式、半密封式制动缸活塞 B 部可不涂打。

表 3　活塞杆标记尺寸表　　单位：mm

制动缸规格	装用闸调器		未装用闸调器	
	A	B	A	B
356×254	115	20	110	50
305×254	145	20	—	—
254×254	140	20	—	—
203×254	115	20	—	—

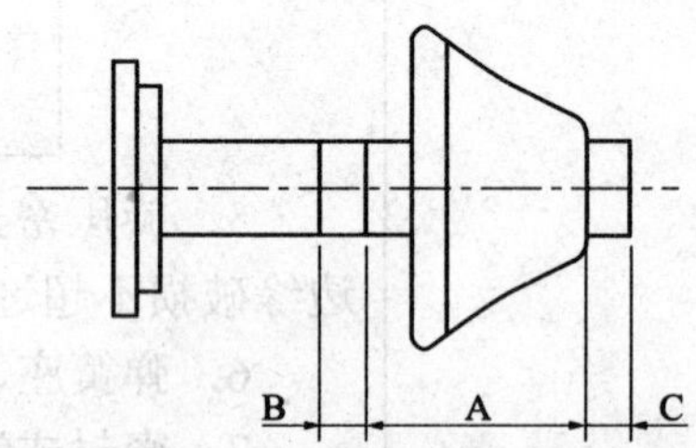

图 403-1　制动缸活塞杆定位标记

续上表

工　序	技　术　要　求
（3）组装	5. 安装制动缸时，前盖上的滤尘器孔须向下。 6. 安装活塞推杆、杠杆及杠杆链，杠杆圆销开口销双向劈开角度为60°～70°，圆销与孔间隙不大于3 mm。 7. 螺栓须紧固，吊架螺栓须有弹簧垫圈或背母。70 t级货车制动装置制动缸的安装须采用自锁螺母。 8. 制动缸更换时须为旋压密封式制动缸。
3. 现车各风缸、气室的吊架检修	1. 各风缸、气室的吊架裂纹、弯曲时修理，吊卡腐蚀深度大于25%时修理，折裂时更换，木垫损坏时更换。风缸采用圆钢U形吊和木垫安装的，须安装背母；采用螺栓安装的，须安装弹簧垫圈。 2. 储风缸采用圆钢U形吊和短纤维增强橡胶垫或尼龙垫安装的，须安装背母；采用螺栓安装的，须安装弹簧垫圈。阀类和储风缸安装螺栓应由上向下装入（无安装空间者除外），在长圆孔侧加平垫圈。各螺栓组装紧固后，螺杆须露出螺母1扣以上，但不大于1个螺母厚度（U形管吊卡和储风缸吊卡除外）。 3. 缸与吊座间原设计是木垫者须更换为尼龙垫或短纤维增强橡胶垫；原车装用尼龙垫者须使用尼龙垫；原车设计无垫者，检修时可不加垫。

	现车空重车自动调整装置检修	HG404-2008

一、适用范围：KZW 系列、TWG-1 系列空重车自动调整装置的现车检修。
二、工艺流程：分解→检修→组装→试验。
三、工装设备：扳手、管钳。
四、检测器具：塞尺、KZW 系列支架内孔磨耗检测量规、KZW 系列抑制盘柱面磨耗检测量规、触头与横跨梁触板的间隙检测量规。
五、所需材料： GP-9 润滑脂。
六、工序及技术要求：

工　序	技　术　要　求
1．分解	1. KZW 系列 （1）卸下调整阀（限压阀、比例阀），送指定场所检修； （2）取下测重机构抑制盘杆上的开口销，旋下触头，将抑制盘从支架孔内取出，取下传感阀送指定场所检修； （3）现车分解、抑制盘、复位弹簧、弹簧座。 2. TWG-1 系列 卸下调整阀（限压阀、比例阀）、传感阀，送指定场所检修。
2．检修	1. 复位弹簧自由高为168^{+5}_{-10} mm，在数控弹簧测力机上检测不符合规定或裂纹、腐蚀严重时更换。弹簧座上的弹簧支承平面磨耗大于 1 mm 时更换。 2. 触头组成减摩垫露出高度小于 1 mm 时更换。无减摩垫的触头须更换为有减摩垫的触头。 3. 支架 ϕ25 mm 或 ϕ36 mm 内孔磨耗大于 1 mm，或支架裂纹、缺损时更换。 4. 抑制盘 ϕ25 mm 或 ϕ36 mm 柱面磨耗大于 1 mm，或抑制盘裂纹、缺损时更换。 5. 组装抑制盘时，非不锈钢触杆的抑制盘润滑脂腔内须注入适量 GP-9 润滑脂。 6. 管路检修执行《制动管系及附属配件检修》HG401-2008。

续上表

<table>
<tr><th>工　　序</th><th>技　术　要　求</th></tr>
<tr><td>3．组装</td><td>
1. 测重机构安装后，其触头中心应位于以触板中心为圆心、半径 20 mm 的圆范围内。
2. 支架及抑制盘触头支架组成用螺栓安装在支架托板上，并安装弹簧垫圈，螺栓须紧固并露出 1～3 扣螺纹。制动机处于缓解状态时，KZW 系列空重车自动调整装置抑制盘下平面应坐落在支架导管的顶端，抑制盘触头与横跨梁触板的间隙应符合表 1 的规定，触头与抑制盘螺杆须用开口销锁定。
3. TWG-1A、TWG-1C 型间距不符合规定时，可用双扳手调整传感阀触头。传感阀触头拧出顶杆的长度超过 20 mm 仍达不到要求时，则在传感阀安装座与传感阀吊架之间加入图 404-1 所示调整垫。触头与横跨梁触板的间隙见表 1。
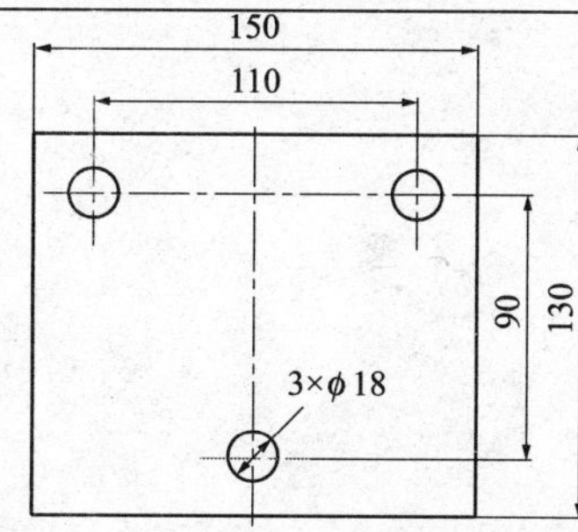

图 404-1　TWG-1A、TWG-1C 型调整垫
表 1　触头与横跨梁触板的间隙　　单位：mm
<table>
<tr><td colspan="2">KZW 系列传感阀</td><td colspan="2">TWG-1 系列传感阀</td></tr>
<tr><td>测重行程 21</td><td>测重行程 27</td><td>TWG-1A 型</td><td>TWG-1C 型</td></tr>
<tr><td>3±1</td><td>6±1</td><td>3±1</td><td>6±1</td></tr>
</table>
4. 各连接管法兰间须安装密封圈。
5. 各部件的面漆颜色须与车体一致；传感阀的触杆、抑制盘的圆柱轴及触头螺纹等活动部位不得涂漆；比例阀盖上的空重车显示牌翻起显示重车位，表面为白色；落下显示空车位，表面为红色。
6. 单车试验合格后，须将比例阀安装螺栓加装防盗卡双边点焊固和按 QCP499-00-12 图样加装限压阀防盗装置，图样见附录 1。
</td></tr>
<tr><td>4．试验</td><td>单车试验时同步进行空重车自动调整装置试验，作用性能须良好。</td></tr>
</table>

附录 1　限压阀防盗装置（QCP499-00-12）

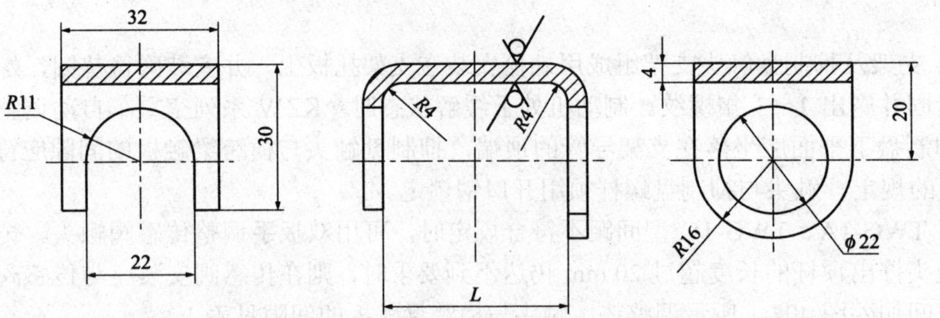

L(mm)	质量（kg）	适用限压阀型号
38	0.08	KZW-4
53	0.09	KZW-A、KZW-4G
68	0.1	KZW-4GAB、KZW-4GCD、KZW-4GA、KZW-4GC

L＝38 mm 限压阀防盗挡的标记为：限压阀防盗挡 38

安装说明：将 U 形卡一端的圆环套在阀体的紧固螺栓的头部，另一端的 U 形开口套在螺母上，并与螺母焊固，如图所示。

安装数量：在限压阀盖上三套螺栓、螺母中的任意两套上加装防盗挡。

现车闸瓦间隙自动调整装置检修		HG405-2008

一、适用范围：现车闸瓦间隙自动调整装置的检修。
二、工艺流程：检查→组装→标记涂打→试验。
三、工装设备：扳手、管钳。
四、所需材料：89D 制动缸脂。
五、工序及技术要求：

工　　序	技　术　要　求
1．检查	1．闸瓦间隙自动调整器大修期为 6 年，到期时送指定单位检修。 2．闸瓦间隙自动调整器单车试验作用良好时可不分解；不良时送指定单位检修。 3．闸调器附属配件须无弯曲、变形、损坏，控制杠杆、控制杆、调整螺杆、连接杆等磨耗大于 3 mm 时修理，裂纹时更换。 4．托滚及套管磨耗大于 3 mm 或破损时更换。 5．ST1-600 型闸调器用支点调整杆裂纹时更换，变形时调修。螺纹损伤时，可焊修后修复螺纹。 6．ST2-250 型闸调器控制杆、挡铁切伤处焊后磨修；控制杆变形时调修或更换。
2．组装	1．闸调器安装须正位，安装时须在螺杆及拉杆外露部分涂以适量的 89D 制动缸脂（严禁涂漆）。 2．闸调器各附属配件组装好后须无松动、弯曲、变形、破损。 3．574Б 型闸瓦间隙自动调整器不能修复时，须更换为 ST1-600 型闸瓦间隙自动调整器，相关配件按图样改装：12-759XLP5（制动缸改造）、12-759XLP6（制动缸推杆）、12-759XLP8（闸瓦间隙自动调整器拉杆头）、12-759XLP9（制动缸支点座）。 4．更换闸瓦间隙自动调整器的 P_{63} 型车安全吊须符合图样 QCH87-02B-01-000，进口 C_{62B} 型车底架附属件须符合图样 SSLDG93-00-00。 5．当确定 L 值需要调整销孔的位置时，须在两转向架上对称调整，相差须不大于 1 个销孔的位置。

续上表

工　　序	技　　术　　要　　求
3. 标记涂打	经单车试验合格的闸瓦间隙自动调整器须在铭牌附近外体上按示图 405-1 涂打标记，汉字字号为 20 号，日期为 15 号。 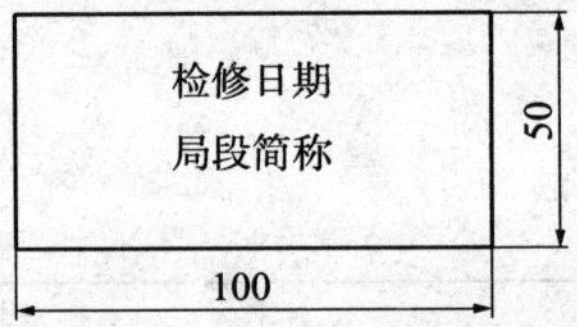 图 405-1　闸瓦间隙自动调整器检修标记示意
4. 试验	在单车试验时同时进行闸调器性能试验，作用性能须良好。

	现车脱轨自动制动装置检修	HG406-2008

一、适用范围：脱轨制动制动装置检修。

二、工艺流程：拉环分解→架车→检修→组装→位置尺寸调整。

三、工装设备：架车机、抽芯铆钉枪。

四、检测器具：塞尺、脱轨阀间隙检查样板。

五、所需材料： ϕ3 mm×10 mm、ϕ3 mm×14 mm 抽芯铆钉。

六、工序及技术要求：

工　序	技　术　要　求
1．检查	1．脱轨自动制动装置须进行外观检查。各部位紧固件松动时紧固；配件丢失时补装，损坏时更换；拉环、顶梁组成裂纹或腐蚀严重时更换；调节杆与作用杆螺纹损坏时更换。 2．单车试验时须开放脱轨自动制动装置截断塞门，因脱轨自动制动装置漏泄造成全车漏泄超限时更换。 3．制动阀杆端头与作用杆孔间隙原型为（2±0.5）mm，小于 1 mm 时，须分解脱轨自动制动装置，更换弹片。
2．分解	1．拆除拉环与限位筒连接处圆销上的抽芯铆钉，取下圆销和拉环。拆除脱轨制动阀与制动支管的连接螺栓，拆除脱轨制动阀与安装座的连接螺栓，取下脱轨制动阀。 2．取出制动阀杆时应避免磕碰。拆除调节杆与作用杆连接处圆销上的抽芯铆钉，拧下顶梁组成。将脱轨制动阀送制动室检修。
3．检修	1．清除拉环、顶梁及阀体内外锈垢。拉环、顶梁裂损或腐蚀深度大于 1.5 mm 时更换，变形时调修或更换。制动阀阀体裂纹时更换。 2．不锈钢球阀的检修执行《现车各阀及塞门检修》HG402-2008，连接管系检修执行《制动管系及附属配件检修》HG401-2008。
4．组装、位置尺寸调整	1．脱轨自动制动阀调节杆与作用杆、拉环与限位筒间应采用圆销和符合 GB/T 12618 要求的不锈钢抽芯铆钉连接。 2. 根据转向架型式按表 1 安装脱轨自动制动装置。脱轨自动制动装置组装后按图 406-1 和表 2 检查拉环、顶梁与车轴的位置尺寸 ΔX、ΔY_1、ΔY_2，不符时调整。

4

续上表

工　序	技　术　要　求
4. 组装、位置尺寸调整	见下表 1、表 2 及图 406-1

表 1　脱轨自动制动装置的类型　　单位:mm

脱轨自动制动装置类型	拉环类型	拉环颜色	拉环销孔距底部钢管内侧高度	适用转向架类型
Ⅰ	Ⅰ	黑色	341	转 8 系列、转 K2
Ⅱ	Ⅱ	黄色	366	转 K4、转 K5、转 K6

表 2　ΔX、ΔY_1、ΔY_2取值范围　　单位:mm

转向架型号	转 8 系列、转 K2	转 K4	转 K5、转 K6
ΔX	80±10	80±10	75±10
ΔY_2	85±2	105±2	100±2
ΔY_1	40^{+2}_{-5}	45^{+2}_{-5}	40^{+2}_{-5}

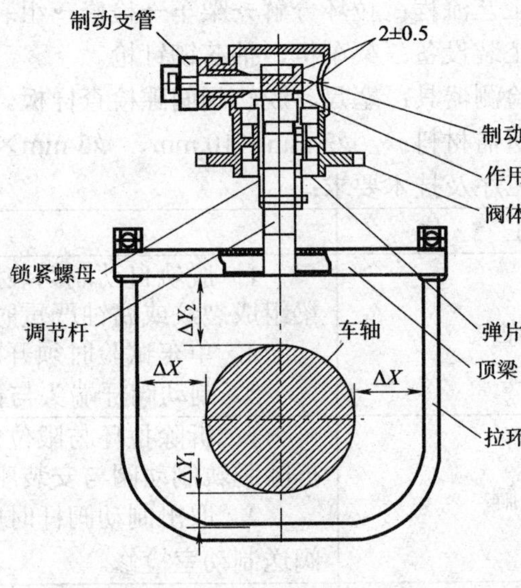

图 406-1　脱轨自动制动装置安装位置

	现车制动附属配件检修	HG407-2008

一、适用范围：现车制动附属件检修。
二、工艺流程：分解→检修→组装。
三、工装设备：铅封钳。
四、检测器具：销孔检测量规、缓解阀拉杆直径检测量规。
五、所需材料：ϕ1 mm 棉线绳。
六、工序及技术要求：

<table>
<tr><th>工　序</th><th>技　术　要　求</th></tr>
<tr><td>1．压力表检修</td><td>车辆装用的压力表为 1.5 级，分度盘为 1 000 kPa，并有 12 mm 高的路徽压印标记；压力表经修理、校对合格后，须在玻璃内面贴以白纸红字的合格证标记（时间为到期年月日），如图 407-1 所示，并安装铅封；安装时固定在墙板上，须有防护罩，并用螺栓紧固。
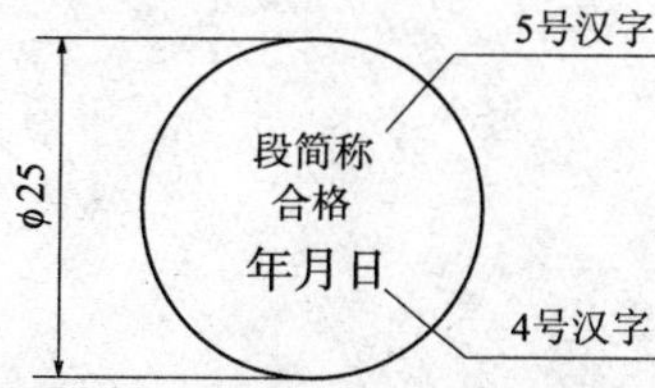

图 407-1　压力表校验合格证标记示意图</td></tr>
<tr><td>2．其他配件检修</td><td>1．紧急制动阀手把距地板高度为（1 800±50） mm；铅封线为红棉线；排风口须与墙板平行，并安装铁纱网罩；在其附近的墙上须涂打或安装“危险　请勿动”标记或标记牌。
2．空重车调整装置的手把、杠杆及轴、空重指示牌等须齐全良好。103 型分配阀的空重指示牌不得以 GK、120 阀的代用。
3．缓解阀拉杆直径小于 ϕ7 mm 时更换，手把接口须在缓解阀拉杆与缓解阀组装前焊固。
4．杠杆支点裂纹、磨耗大于 2 mm 时焊修；销孔或衬套直径磨耗大于 2 mm 时，钻孔镶套或更换衬套；组装制动缸杠杆支点螺栓时，须安装弹簧垫圈或背母。
5．装用转 8AG、转 8G、转 8AB、转 8B、转 K1、转 K2、转 K3、转 K4、转 K5、转 K6 型转向架车辆的各制动</td></tr>
</table>

续上表

工　序	技　术　要　求
2. 其他配件检修	衬套材质为奥-贝球铁，硬度为 38～48 HRC；制动圆销材质为 45 号钢，热处理后表面硬度为 50～55 HRC。圆销裂纹、磨耗超过 2 mm 时更换，销孔或衬套直径磨耗超过 2 mm 时扩孔镶套或更换。 6. 制动杠杆腐蚀、磨耗超过 3 mm 时焊修或更换。各拉杆腐蚀、磨耗深度大于 15%、裂纹或折断时更换。安全吊、托滚吊的吊板厚度，不足 2 mm 时更换，发现有裂纹时更换。发现托滚及套管磨耗破损时更换。新焊装的上拉杆头的搭接量不小于 50 mm，须进行 117 MPa 的拉力试验，保压 1 min，不得裂纹。各拉杆弯曲时调直。 7. 安全吊、托滚吊的吊板厚度，不足 2 mm 时更换，裂纹时更换。托滚及套管磨耗破损时更换。 8. 制动吊架与底架焊缝开裂时，须割除原焊波重新焊固。 9. P_{63} 型车、进口 C_{62B} 型车原螺栓连接的水平杠杆托架须改为铆接结构。 10. 装用转 K6 型转向架的车辆侧架制动梁滑槽处按图样 QCZ133JX-20-01、装用转 K5 型转向架的车辆侧架制动梁滑槽处按图样 ZCHZ56-20GZ-00 焊装防止制动梁脱出挡块者，须去除前制动杠杆止挡。

人力制动机检修

HG408-2008

一、适用范围：各型货车人力动机检修、试验。

二、工艺流程：检修→性能试验→油漆与标记。

三、工装设备：扳手、切割设备、电焊设备、拉力试验器、手锤、电筒。

四、检测器具：游标卡尺、样板。

五、所需材料：电焊条、89D 制动缸脂。

六、工序及技术要求：

工　序	技　术　要　求
1. 通用要求	1. 各型人力制动机零件裂损时更换，丢失时补装。 2. 手制动轴磨耗大于 2 mm 时焊修后加工。制动轴链及各拉链链环直径磨耗超限时更换。链环裂纹时须熔接焊修，焊后须进行拉力试验。 3. 制动轴链、制动拉杆链、脚踏式制动机拉链焊修后须分别进行拉力试验，手制动轴链拉力为 14.70 kN，拉杆链拉力为 26.47 kN，不得裂损或产生永久变形。 （见表 1） 4. 固定链式手制动机定滑轮园销与垫片结构须更改为螺栓与螺母结构，螺栓由外向里（即车体纵向中心线方向）穿，并将螺母与螺栓进行圆周满焊焊固。螺栓、螺母型号、规格：螺栓 GB/T 5780 M27×130 4.8 级；螺母 GB/T 41 M27 5 级。

表 1　手制动轴链和拉杆链限度表

名　称		原　型	段　修
手制动轴链和拉杆链直径磨耗	NSW 型制动链环	$\phi12$	≤3
	其他链环	$\phi10$	≤2
		$\phi12$	≤2

续上表

工　序	技　术　要　求
2．NSW 型手制动机	
（1）检修	1. 手制动机装用的锁闭机构的锁臂、锁闭弹簧、轴、轴架和锁闭凸轮须拆除，按 SYS25-00-00-00A，SYS25-00-00-03 图样要求封堵壳体上钥匙孔，并涂装与壳体相同颜色的面漆。封堵钥匙孔时应确保手制动机锁闭机构处于开锁位，完成后进行试验验证，手制动机应能正常工作。 2．手制动机箱内转动件铆接者状态良好时可不分解，状态不良的须分解修理或更换。 3．手轮组成或箱壳组成零部件裂纹或焊缝开裂时焊修后磨平。 4．棘轮、离合器、小齿轮损坏时更换；键轮损坏时，主动轴和键轮须同时更换。 5．卷链轴凹槽深度大于 14 mm 或链环直径磨耗后小于 9 mm 时更换。链环裂纹时须熔接焊修，并须进行 14.70 kN 的拉力试验。 6．键轮与离合器之间、离合器与棘轮和小齿轮之间、小齿轮与主动轴之间和卷链轴组成的大齿轮须涂 89D 制动缸脂。 7．检修中按规定更换配件时，功能手柄、拨架、棘舌、棘舌销须符合以下图样要求：SYSH25-01-00-09A 功能手柄、SYSH25-01-00-10A 拨架、SYSH25-01-00-11A 棘舌、SYSH25-01-00-13A 棘舌销。
（2）性能试验	1．制动试验：在功能手柄置于常用位时，顺时针方向转动手轮，须产生并保持制动力。 2．缓解试验：快速逆时针方向转动手轮约 40° 时须缓解。 3．调力试验：功能手柄置于常用位，顺时针转动手轮，当链条产生一定拉力时，给手轮施加顺时针方向扭矩的同时，将功能手柄拨向调力位，此时，链条拉力可随手轮的旋转增大或减小。
（3）油漆与标记	1．检修后试验合格的 NSW 型手制动机外表面须喷涂底、面漆，油漆干膜厚度不小于 120 μm。 2．NSW 型手制动机壳体和手轮须喷涂面漆。手轮上用白油漆涂打“制动”和“缓解”方向指示标记，在箱壳上涂打“调力”“常用”方向指示标记，字号为 20 号，见图 408-1。

续上表

工　　序	技　术　要　求
（3）油漆与标记	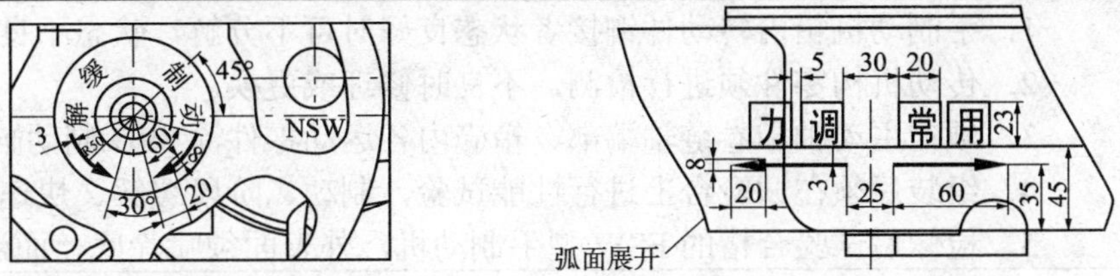 (a)“制动”和“缓解”标记　(b)“调力”和“常用”标记 图 408-1　NSW 手制动机标记
3．链式手制动机	
（1）固定链式手制动机检修	1．手轮、操作手轮、棘轮、棘子、棘子托、棘子锤、轴键、链、链导板、转动支架、转动支架座、销链及滑轮等配件，裂损时更换，轴导架、轴托弯曲、裂损时修理或更换。 2．手制动轴弯曲时调修，无法调修时截换，截换接口处须开 X 形坡口焊接，并须刻打焊工钢印。 3．手轮组装螺栓须安装弹簧垫圈或背母及开口销，轴下部须安装垫圈及开口销，开口销须劈开卷起。 4．棘子锤不得反装。 5．各转动接触部位须涂润滑油。
（2）折叠式手制动机检修	1．手制动轴折叠处铆钉须平整牢固，叉口处裂纹时须在轴上截换，截换接口处须开 X 形坡口焊接。 2．轴套裂纹、变形时更换，轴卡板及销、链须齐全。 3．手制动机在车辆上组装后须放下检查，不得超过车辆限界。
（3）旋转式手制动机检修	1．止轮座组成裂纹、弯曲或磨耗大于 2 mm 时焊修或更换，腐蚀大于 30%时更换。 2．转动支架与转动支架座间隙大于 3 mm 时焊修后加工或更换；转动支架孔与手制动轴间隙大于 4 mm 时焊修后加工或更换。 3．转动支架沟槽磨耗大于 2 mm 时堆焊后加工或更换。 4．定位螺钉须更换新品，组装后须与转动支架点焊固。
（4）掣轮式手制动机检修	1．掣轮盒盖、拉把、棘轮、棘子裂纹时更换；弹簧衰弱、折断时更换。 2．组装时，摩擦面须涂润滑油。

续上表

<table>
<tr><th>工　序</th><th>技　术　要　求</th></tr>
<tr><td>4. FSW 型手制动机</td><td>1. 手制动机箱内转动件铆接者状态良好时可不分解，状态不良的须分解修理或更换。
2. 传动机构零件须进行检测，不良时修理或更换。
3. 须在主动轴和卷链轴端部、箱壳内各运动零件涂 89D 制动缸脂，在注油孔内注入适量润滑油。
4. 组装后须在试验台上进行性能试验，制动、阶段缓解、快速缓解功能不良时修理或更换。
5. 检修后试验合格的 FSW 型手制动机，外表面须喷涂底、面漆，油漆干膜厚度不小于 120 μm。</td></tr>
<tr><td>5. 脚踏式制动机</td><td>1. 各零件裂纹、破损时更换。
2. 控制棘爪、绕链棘爪齿尖 R 值的磨损大于 2.5 mm 时，绕链棘轮棘齿的 K 值（见图 408-2）磨损大于 1 mm 时更换。各开口销、挂链螺杆须更换，其他销轴磨耗或变形大于 2 mm 时更换。轴端直径磨耗大于 1 mm 时更换。
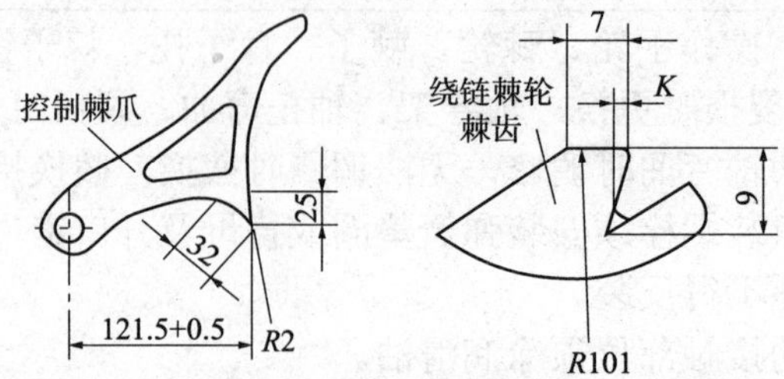

图 408-2　脚踏式制动机绕链棘轮棘齿的 K 值示意
3. 控制杆置于制动位（左位），脚蹬在外力作用下重复 240^{+20}_{0} mm 的全行程 4 次，每次须过 2 齿；控制杆置于缓解位（右位），绕链棘爪能自由转动而脚踏杠杆上下踏动为无效运动。</td></tr>
<tr><td>6. 人力制动装置组装、试验</td><td>1. 敞车手制动机手轮在上端梁上方时，手轮下面至车体端部上平面的距离不小于 80 mm；手轮在上端梁下方时，手轮上面至上端梁下平面的距离不小于 200 mm。手制动踏板上平面至手轮上面的距离为 950～1 050 mm。手轮原为 ϕ400 mm 时，不得更换为 ϕ300 mm 的手轮。（原设计上述各尺寸小于者除外）
2. 制动状态时，链式手制动装置手制动轴链卷入量为 0.5～2 圈，脚踏式制动机链卷入量为 0.5～1 圈。装用 FSW 型或 NSW 型手制动机的车辆空车全缓解位时，前制动杠杆与手制动拉杆之间链条的松余量不小于 30 mm。
3. 人力制动机须进行作用试验。制动时，全车闸瓦须抱紧车轮；缓解时，闸瓦须松开车轮。</td></tr>
</table>

	空气制动机单车试验	HG409-2008

一、适用范围：装用 GK、103、120、120-1 型空气制动机车辆的单车试验。

二、工艺流程：单车试验器校验→试验前准备→制动管漏泄试验→全车漏泄试验→制动、缓解感度试验→制动安定试验→紧急制动试验→120、120-1 型制动机加速缓解阀试验→120、120-1 型制动机半自动缓解阀试验→闸调器性能试验→空重车自动调整装置性能试验→杠杆调整→手动空重车调整装置、缓解阀试验→试验结束。

三、工装设备：能自动打印的微机控制单车试验器或集中控制单车试验器。

四、检测器具：压力表、手锤、木锤或橡皮锤、开口器、（340 mm×60 mm×16 mm）弧度为 R420 mm钢垫板、空重车试验垫板、秒表、软管堵、扳手。

五、所需材料：防锈检漏剂、毛刷、开口销、密封圈垫、铅粉油或聚四氟乙烯薄膜、直径为 $25.4^{+0.05}_{0}$ mm 的实心尼龙球（尼龙 6）。

六、工序及技术要求：

工　序	技　术　要　求
1. 单车试验器校验	每日开工前须对微机控制单车试验器或微机集中控制单车试验器进行性能校验。
2. 试验前准备	1. 装用手动空重车调整装置的车辆，将空重车调整手把置于空车位；车辆上安装的其他风动装置应开放，处于工作状态。脱轨自动制动装置的球阀须处于开放位。 2. 安装制动阀前，用压力空气将制动管系吹扫干净，安装制动阀后将各风缸内水分及污垢吹净。 3. 准备材质为尼龙 6、直径为 $25.4^{+0.05}_{0}$ mm 的实心尼龙球及安装于软管连接器上的实心尼龙球网状回收器。 4. 在制动缸后盖或制动阀排风口处安装压力表或传感器。 5. 闸调器的螺杆伸出长度调整为：ST1-600 型为 500～570 mm；ST2-250 型为 200～240 mm。 6. 装用空重车自动调整装置的车辆按表 1 准备试验垫板。在空车状态下，检查和调整抑制盘触头与磨耗板的间隙。抑制板下平面坐落在阀座支架导管的顶端时，触头与磨耗板的间隙应符合表 1 规定，触头与抑制盘螺杆应用开口销锁定。 7. 确认单车试验器总风源压力须不低于 600 kPa，单车试验器压力为 500 kPa，PB 型棚车为 600 kPa（以下简称定压）。

续上表

<table>
<tr><th>工　序</th><th>技　术　要　求</th></tr>
<tr><td>2. 试验前准备</td><td>

表1　空重车自动调整装置试验垫板厚度表　　单位：mm

试验垫板厚度	KZW 系列		TWG-1 系列	
	测重行程 21	测重行程 27	TWG-1A	TWG-1C
空车位	3	6	3	6
半重车位	13	19	12	18
重车位	25	35	30	40

</td></tr>
<tr><td>3. 过球试验</td><td>1. 开放车辆制动主管两端折角塞门，关闭截断塞门。
2. 将实心尼龙球网状回收器安装于远离单车试验器一端的编织制动软管总成连接器（以下简称软管）上。
3. 将实心尼龙球放在车辆另一端的连接器中，然后将单车试验器与之连挂。
4. 单车试验器置1位充风，实心尼龙球须通过制动主管进入网状回收器。
5. 试毕，单车试验器置3位，将网状回收器和实心尼龙球取下后安装软管堵。</td></tr>
<tr><td>4. 制动管漏泄试验</td><td>1. 单车试验器与车辆一端软管连接，关闭该端折角塞门，单车试验器置1位，制动管充至定压后，移置3位保压1 min，不得漏泄。
2. 另一端软管加软管堵，开放两端折角塞门，截断塞门处关闭位，单车试验器置1位，制动管充至定压后，移置3位保压1 min，用防锈检漏剂检查，管系各接头不得漏泄，制动管漏泄量不大于5 kPa。
3. 关闭另一端折角塞门，卸下软管堵，保压1 min，制动管漏泄量不大于5 kPa。</td></tr>
<tr><td>5. 全车漏泄试验</td><td>开放截断塞门，单车试验器置1位充风，待副风缸充至定压后，用防锈检漏剂检查制动主支管及副风缸管系接头不得漏泄，保压1 min，漏泄量不大于5 kPa。</td></tr>
<tr><td>6. 制动、缓解感度试验</td><td>1. 制动感度试验
单车试验器置1位充气，待副风缸充至定压后，将单车试验器移置4位。当制动管减压40 kPa时立即将单车试验器移置3位，制动机须在制动管减压40 kPa以前发生制动作用，其局部减压量：103、120/120-1型不大于40 kPa；</td></tr>
</table>

续上表

<table>
<tr><th>工　序</th><th>技　术　要　求</th></tr>
<tr><td>6. 制动、缓解感度试验</td><td>GK 型不大于 50 kPa。局部减压作用终止后，保压 1 min，制动机不得发生自然缓解。
2.缓解感度试验
（1）120／120-1 型制动机
① 制动管长度小于 16 m 时，将单车试验器移置 2 位充气，制动缸压力应在 45 s 内缓解至 30 kPa 以下。
② 制动管长度为 16～24 m时，在制动感度试验后，将单车试验器置 4 位，使制动管继续减压 30 kPa，然后移置 3 位，待压力稳定后，将单车试验器置 2 位充气，制动缸压力应在 45 s 内缓解至 30 kPa 以下。
（2）GK、103 型制动机：将单车试验器置 2 位充气，制动机均须在 45 s 内缓解完毕。</td></tr>
<tr><td>7. 制动安定试验</td><td>1. 120／120-1 型制动机：单车试验器置 1 位充气，待副风缸充至定压后，置 3 位保压，开启专用安定试验位，制动管减压 200 kPa 前，制动机不得发生紧急制动作用。关闭专用安定试验位，保压 1 min，制动缸漏泄量不大于 5 kPa。
2. GK、103 型制动机：单车试验器置 1 位充气，待副风缸充至定压后，置 5 位制动管减压 140 kPa 前，制动机不得发生紧急制动作用。压力稳定后，置 3 位保压 1 min，制动缸漏泄量不大于 5 kPa。保压时检查制动缸活塞行程，须符合表 2 规定。
表 2　制动缸活塞行程
<table>
<tr><th rowspan="2">制动缸规格（mm）</th><th colspan="2">制动缸行程（mm）</th></tr>
<tr><th>装用闸调器者</th><th>未装闸调器者</th></tr>
<tr><td>356×254</td><td>125±10</td><td>100±15</td></tr>
<tr><td>305×254</td><td>155±10</td><td></td></tr>
<tr><td>254×254</td><td>155±10</td><td></td></tr>
<tr><td>203×254</td><td>125±10</td><td></td></tr>
</table></td></tr>
<tr><td>8. 紧急制动试验</td><td>1. 120／120-1 型制动机：单车试验器置 1 位充气，待副风缸充至定压后，置 3 位保压，开启专用紧急试验位，制动管减压 100 kPa 前，制动机须发生紧急制动作用。安装手动空重车调整装置的车辆，制动缸压力达到 190 kPa 前，安全阀须开始排风，压力降至 160 kPa 前安全阀须停止排风。</td></tr>
</table>

续上表

工　序	技　术　要　求
8. 紧急制动试验	2. 103 型制动机：单车试验器置 1 位充气，待副风缸充至定压后置 6 位，制动管减压 100 kPa 前，制动机须发生紧急制动作用，空车位制动缸压力须为 170～190 kPa。 3. GK 型制动机：单车试验器置 1 位充气，待副风缸充至定压后置 6 位，制动管减压 140 kPa 前，制动机须发生紧急制动作用。制动缸压力达到 190 kPa 前，安全阀须开始排风，压力降至 160 kPa 前安全阀须停止排风。
9. 120 / 120-1 型制动机加速缓解阀试验	单车试验器置 1 位充气，待副风缸充至定压后，将单车试验器置 4 位减压 100 kPa，然后置 3 位保压，待压力稳定后，单车试验器置 2 位，制动缸开始缓解时，制动管压力应有明显跃升。
10. 120 / 120-1 型制动机半自动缓解阀试验	1. 主阀缓解试验：单车试验器置 1 位，待副风缸充至定压后，将单车试验器置 4 位减压 50 kPa，然后置 3 位保压，拉缓解阀手柄至全开位 3～5 s 后松开，待制动缸压缩空气自动排完后，将单车试验器置 5 位，再减压约 50 kPa，制动机须发生制动作用。然后单车试验器置 1 位。 2. 制动缸缓解试验：待副风缸充至定压后，单车试验器置 3 位，开启专用紧急试验位，施行紧急制动，制动管压缩空气排尽后，拉缓解阀手柄至全开位 3～5 s 后松开，制动缸压力应能下降到零。
11. 闸调器性能试验	装用闸瓦间隙自动调整器者同时进行性能试验。 1. 闸瓦间隙减小试验：单车试验器置 1 位，待制动机缓解完毕后，将垫板放入任一闸瓦与车轮之间，副风缸充至定压后，单车试验器置 5 位减压 140 kPa，制动缸活塞行程须变短。反复制动、缓解 3 次后，制动缸活塞行程与初始行程（即未安装垫板时的行程）之差须不大于 10 mm。 2. 闸瓦间隙增大试验：制动机缓解后，撤去闸瓦与车轮之间的垫板，制动后制动缸活塞行程须变长。反复制动、缓解 3 次后，制动缸活塞行程与初始行程（即未安装垫板时的行程）之差不大于 10 mm。
12. 空重车自动调整装置性能试验	装用空重车自动调整装置者，同时进行性能试验。 1. KZW 系列空重车自动调整装置性能试验 （1）制动机处于缓解状态时，KZW 系列空重车自动调整装置抑制盘下平面应坐落在支架导管的顶端，抑制盘触头与横跨梁触板的间隙应符合表 3 的规定，触头与抑制盘螺杆须用开口销锁定。

续上表

工　　序	技　术　要　求
12. 空重车自动调整装置性能试验	

表 3　触头与横跨梁触板的间隙　　单位：mm

KZW 系列传感阀		TWG-1 系列传感阀	
测重行程 21	测重行程 27	TWG-1A 型	TWG-1C 型
3±1	6±1	3±1	6±1

（2）空车位试验

取出抑制盘触头与触板之间的试验垫板。将单车试验器置 1 位充气，待副风缸充至定压后，置 5 位减压 160 kPa，置 3 位保压，制动缸压力应符合表 4 的规定。压力稳定后，保压 1 min，制动缸压力下降不大于 5 kPa。此时空重车位显示牌不应翻起。置 1 位缓解，制动缸压力须降至零。

表 4　KZW 系列空重车自动调整装置单车试验压力值　　单位：kPa

工　况	制动缸压力						
	KZW-A			KZW-4GAB	KZW-4GCD	KZW-4G	KZW-4
	自重<28 t	28 t <自重<33 t	自重>33 t				
空车位	140±20	180±20	220±20	160±20	160±20	160±20	150±20
半重车位	230±40	—	—				
重车位	不做要求						

（3）半重车位试验

将抑制盘上移，在触头与触板之间插入表 1 规定的半重车位试验垫板。单车试验器置 1 位充气，待副风缸充至定压后，置 5 位减压 160 kPa，置 3 位保压。制动缸压力应符合表 4 的规定。压力稳定后，保压 1 min，制动缸压力下降不大于 5 kPa。置 1 位缓解，制动缸压力须降至零。

（4）重车位试验

将抑制盘上移，在触头与触板间插入表 1 规定的重车位试验垫板。单车试验器置 1 位充气，待副风缸充至定压后，置 5 位减压 160 kPa，置 3 位保压。此时空重车位显示牌应翻起。压力稳定后，保压 1 min，制动缸压力下

续上表

工　序	技　术　要　求
12. 空重车自动调整装置性能试验	降不大于 5 kPa；置 1 位缓解，制动缸压力须降至零，显示牌落下。 2. TWG-1 系列空重车自动调整装置性能试验 （1）制动机处于常用全制动状态时，检查传感阀触头与横跨梁触板间隙，应符合表 3 的规定。调整传感阀触头与横跨梁触板间隙时，可调整触头伸长量，触头在顶杆上的拧出长度应小于 20 mm；或在传感阀安装座与传感阀吊座之间加入调整垫。 ① 调整触头伸长量时，须用 2 个扳手，一个扳手固定住顶杆，另一个扳手旋转触头以调整间隙。 ② 调整垫材质为钢质，厚度根据实际情况确定，原则上应与心盘垫总厚度基本一致。调整垫形式见图 409-1。 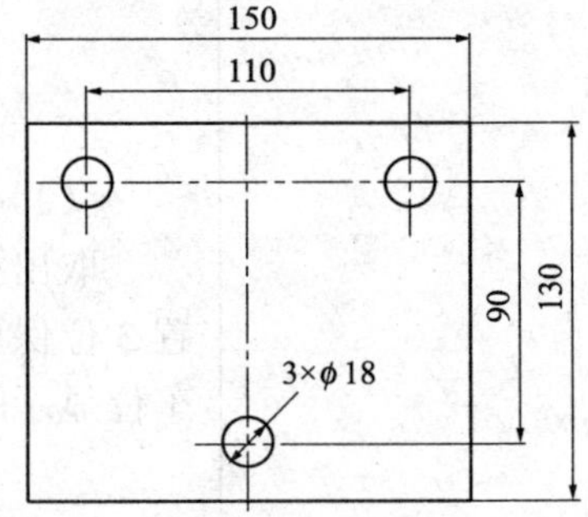 图 409-1 （2）空车位试验 单车试验器置 1 位充气，待副风缸充至定压后，置 5 位减压 160 kPa，置 3 位保压，待压力稳定后，制动缸压力应为（160±29） kPa，此时空重车位显示器应完全伸出。保压 1 min，制动缸压力下降不大于 5 kPa。置 1 位缓解，制动缸压力须降至零。 （3）半重车位试验 在触头与触板之间插入表 1 规定的半重车位试验垫板。单车试验器置 1 位充气，待副风缸充至定压后，置 5 位减压 160 kPa，置 3 位保压，待压力稳定后，制动缸压力应为（250±30）kPa。保压 1 min，制动缸压力下降不大于 5 kPa。置 1 位缓解，制动缸压力须降至零。 （4）重车位试验 在触头与触板之间插入表 1 规定的重车位试验垫板。单车试验器置 1 位充气，待副风缸充至定压后，置 5 位减压 160 kPa，置 3 位保压。待压力稳定后，空重车位显示器不得伸出。保压 1 min，制动缸压力下降不大于 5 kPa。置 1 位缓解，制动缸压力须降至零。
13. 试验特殊要求	1. 当 1 辆车装设 2 个及以上制动阀时，每个制动阀均须按上述要求分别进行试验。 2. 制动管长度超过 24 m 的车辆的制动、缓解感度试验方法和紧急制动试验方法由车辆设计单位确定。

续上表

工　序	技　术　要　求
14. 杠杆调整	1. 调整制动缸活塞行程时，两转向架制动力须均衡，其 2 根下拉杆（或中拉杆）圆销组装后的销孔相差不超过 1 孔（装用 2 个制动缸且在车辆两端布置的车辆不做要求）。 2. 制动时，闸瓦须贴靠车轮，制动缸前、后杠杆与杠杆托的游动间隙不小于 50 mm。转 K2 型、转 K5 型、转 K6 型转向架的移动杠杆不得倒向摇枕一侧；转 8A、转 8AG、转 8G、转 8AB、转 8B、转 K4 型转向架的移动杠杆不得倒向车轴一侧。未装用闸调器的车辆上拉杆圆销须安装在最外孔，固定杠杆支点须留有调整余量，3 孔者留有 1 孔，其他型须留有 2 孔及以上。 3. 车辆处于制动状态时，各拉杆、杠杆不得与相邻件或托、吊有非正常接触。
15. 手动空重车调整装置、缓解阀试验	1. 手动空重车调整装置的转换手把作用须灵活，空重车转换塞门开闭位置准确，缓解阀开、闭作用须良好。 2. 每辆车须在缓解状态以人力推动前制动杠杆，制动缸推杆应复位。
16. 试验结束	1. 打印单车试验结果。 2. 关闭单车试验器端折角塞门，排出软管内压缩空气后，摘下单车试验器。

五、制 动 梁

	制动梁检修	HG501-2008

一、适用范围：槽钢型，L-A、L-B、L-C 型，转 K3 型制动梁的检修。
二、工艺流程：分解→除锈→探伤→检测→焊修→拉力试验→组装→标记涂打。
三、工装设备：制动梁检修线、氧-乙炔割炬、电焊设备、压力机、镶套机、起重装置、端轴挡圈分解机、制动梁自动检测机、湿法探伤机、端轴焊定位装置、滑块磨耗套铆钉机、拉力试验器、制动梁存放架、检查样板、自动除锈设备。
四、检测量具：制动梁全长量规、两闸瓦托中心距离、$L_{差}$测量尺、支柱孔中心至闸瓦托弧面中心距量具、制动梁两闸瓦托扭曲量具、制动梁两闸瓦托倾斜度量具、塞尺、滚子壁磨耗检测量规、制动梁综合检测量规、闸瓦托 *R*451 弧面量具。
五、所需材料： 电焊条、氧气、乙炔。
六、基本要求：须有专职的检查人员对制动梁进行检查，对检查发现的故障确定施修方案。并按《车辆及零部件检修、交验标识》HG1001-2008 的要求标注标识，同时记录在《制动梁检修记录单》中。
七、工序及技术要求：

工　　序	技　术　要　求
1. 分解	1. 分解闸瓦插销及闸瓦。 2. 分解滚子轴挡圈。
2. 滚子轴、滑块和端头除锈	槽钢制动梁滚子轴外露部位、L-A 型、L-B 型组合式制动梁闸瓦托滑块根部和 L-C 型制动梁端头须除锈，除锈后表面清洁度须达到 GB/T 8923 规定的 Sa2 级，局部不低于 Sa1 级。
3. 探伤	1. L-A 型、L-B 型组合式制动梁闸瓦托滑块根部和 L-C 型制动梁端头须探伤，裂纹深度不大于 1 mm、长度不大于 30 mm 时，磨修并圆滑过渡；裂纹超限时，L-A 型、L-B 型制动梁更换闸瓦托，L-C 型型组合式制动梁更换梁架。 2. 槽钢制动梁滚子轴外露部位须探伤。焊缝开裂时焊修，弯曲或裂纹时更换新品，新品材质为 30 号、35 号或 Q275 钢。滚子轴组焊前须探伤无裂纹，组焊后滚子轴根部及焊缝须探伤无裂纹。 3. 转 K3 型制动梁端头、连接焊缝及制动梁吊须探伤。端头裂纹时更换，与撑杆两端的焊缝开裂时清除原焊缝、重焊磨修；制动梁吊横裂纹时更换，纵裂纹时焊修或更换。 4. 探伤机季度全面性能检查、日常探伤机综合灵敏度校验及探伤过程有关要求执行《磁粉探伤》HG1011-2008。

续上表

工　序	技　术　要　求
4. 检修	1. 组合式制动梁全长 1 770^{+1}_{-8} mm,超限时修理恢复原型或更换。超上限时，L-A 型、L-B 型制动梁对称磨修闸瓦托滑块端面，L-C 型制动梁对称磨修制动梁端头端面。超下限时，L-A 型、L-B 型制动梁堆焊闸瓦托滑块端面后对称磨修并圆滑过渡，或更换闸瓦托；L-C 型制动梁堆焊制动梁端头端面后对称磨平。转 K3 型制动梁全长（1 646±6）mm，超上限时，对称磨修制动梁端头端面，修至限度内；超下限且影响装配时更换梁架。槽钢制动梁全长 1 770^{+6}_{-3}mm，超限时报废。 2. 组合式制动梁两闸瓦托中心距离 1 524^{+6}_{-4} mm，超限时更换梁架或调整闸瓦托位置。槽钢制动梁两闸瓦托中心距 1524^{+10}_{-4} mm，超限时报废。 3. 两闸瓦托中心至支柱中心距离差（$L_{差}$）不大于 15 mm，超限时，槽钢制动梁报废，组合式制动梁可调整支柱位置、更换闸瓦托或更换制动梁架，转 K3 型制动梁调整闸瓦托位置或更换制动梁架，恢复原型。 4. 支柱孔中心至闸瓦托弧面中心距 53^{+7}_{-2} mm，组合式制动梁支柱孔中心至闸瓦托弧面中心距因闸瓦托磨耗造成超限时，可修复闸瓦托。无法恢复时，更换闸瓦托或支柱。 5. 两闸瓦托扭曲不大于 10 mm，超限时调修恢复原型或更换。 6. 两闸瓦托倾斜度不大于 1：40，或闸瓦托内侧低于外侧 2 mm，超限时调修恢复原型或更换。
5. 零部件检修	1. 制动梁架 （1）制动梁架与安全链吊座连接处裂纹或制动梁架与下拉杆安全吊座连接处裂纹时更换。 （2）L-A型、L-B型组合式制动梁梁架 $R6 \sim R8$ mm 圆弧处（见图 501-1）裂纹时，须周向磨除并圆滑过渡，磨修深度大于 0.5 mm 裂纹仍无法消除时，梁架报废；梁架横向裂纹时报废，纵向裂纹深度不大于 1 mm 时，可纵向磨除并圆滑过渡，磨修长度不小于 50 mm。 （3）L-C型组合式制动梁梁架各部位有横裂纹时报废。弓形杆裂纹时，梁架报废。撑杆端部露出端头 30 mm 范围内裂纹时，梁架报废；其他部位纵裂纹时可纵向打磨并圆滑过渡，打磨深度不得超过 1 mm，超过时梁架报废。 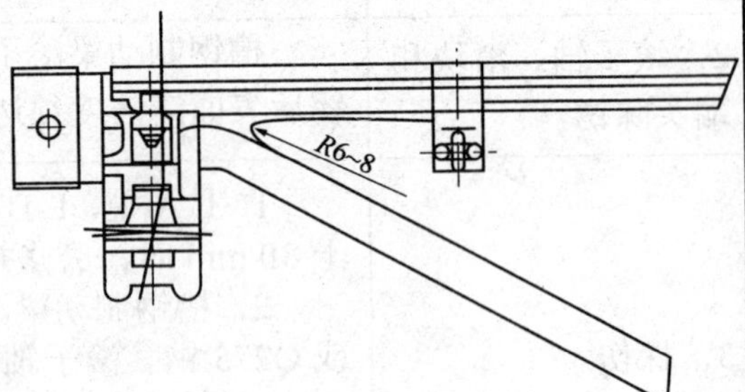 图　501-1

续上表

<table>
<tr><th>工　序</th><th>技　术　要　求</th></tr>
<tr><td>5. 零部件检修</td><td>（4）槽钢制动梁横梁、弓形梁横裂纹报废，纵裂纹小于 100 mm 时焊修后磨平，超限时报废；腐蚀深度超限时报废。
（5）转 K3 型制动梁撑杆、弓形杆横裂纹时更换制动梁架；撑杆纵裂纹时焊修后磨平。
（6）组合式制动梁梁架不得焊修。
2．支柱和夹扣
（1）L-A 型、L-B 型制动梁支柱和夹扣的U形槽内裂纹时更换。L-C 型制动梁支柱裂纹时更换。
（2）L-A型、L-B型制动梁支柱其他部位裂纹长度大于 30 mm 或裂至支柱孔边缘时更换，未超限时开坡口焊修后打磨，焊波须高于施焊表面 2 mm。
（3）支柱与杠杆配合长槽宽度磨耗大于 3 mm 时焊修后磨平或更换。
（4）槽钢制动梁支柱裂纹时报废。
3．安全装置
（1）制动梁安全链吊座腐蚀超限或链孔上边缘宽度小于 8 mm 时更换。
①槽钢制动梁割除安全链吊座后磨平，焊装新品。
②组合式制动梁装用的焊接结构安全链吊座磨耗、腐蚀超限时，改装卡子结构的制动梁安全链。若L-A型、L-B型制动梁梁架上有交叉杆安全链吊座影响组装时，须用冷加工方式去除影响部分，不得伤及梁架母材。组装后两安全链卡子距离为（1 000±5）mm。
③同一制动梁安全链结构一致。
④组合式制动梁须去除与交叉杆安全链相连接的链环。
（2）组合式制动梁的安全链卡子状态良好时可不分解，裂纹或局部磨耗大于 2 mm 时更换。安全链卡子组装螺栓须点焊固。
（3）安全链环裂纹或直径磨耗大于 3 mm 时更换。螺栓磨耗深度大于 2 mm 或螺纹滑扣、破损时更换。
（4）下拉杆安全吊座剩余厚度小于 4 mm 时，转 K3 型制动梁、槽钢制动梁割除安全吊座，磨平梁架后焊装新品；L-A型、L-B型制动梁拆除下拉杆安全吊环，改装安全索；L-C型制动梁割除下拉杆安全吊座，磨平梁架后改装卡子式下拉杆安全吊。
（5）下拉杆安全吊环直径磨耗大于 3 mm 时更换。
4．滑块磨耗套
同一L-A型、L-B型组合式制动梁两端滑块磨耗套型式须一致，滑块磨耗套剩余厚度不小于 4 mm。
5．滚子轴</td></tr>
</table>

续上表

工　　序	技　术　要　求
5. 零部件检修	防脱制动梁滚子轴直径为 40 mm、长度155_{0}^{+2} mm，非防脱制动梁滚子轴直径为 36 mm、长度 160_{-5}^{+3} mm。在距滚子轴内侧端面 25 mm 处测量，直径磨耗大于 3 mm 时更换。 6. 滚子 防脱制动梁滚子壁厚小于 3 mm，非防脱制动梁滚子壁厚小于 5 mm 时，更换新品。 7. 滚子轴挡圈 槽钢制动梁滚子轴挡圈更换新品。组装时挡圈与闸瓦托须密贴，滚子轴挡圈与闸瓦托三等分点焊定位后焊固，滚子轴挡圈与闸瓦托段焊长度不小于 12 mm。 8. 紧固件 组合式制动梁螺栓与螺母、拉铆钉等紧固件状态良好时可不分解，松动或锈蚀严重时更换。L-C 型组合式制动梁连接闸瓦托与制动梁端头的折头螺栓和其他部位紧固件更换时，均须更换为同型紧固件。
6. 焊修	1. 焊修时应确认焊修标记，检测施焊部位尺寸，掌握裂纹长度、堆焊量等，达到报废条件者不得施修。 2. 配件磨耗处有裂纹时，应彻底消除裂纹后堆焊。 3. 闸瓦托堆焊可选用 J422 型焊条；其余部位焊修时直流电焊机选用 J507 型焊条，交流电焊机选用 J506 型焊条，并经烘干处理或采用二氧化碳气体保护焊选用中碳钢型焊条。堆焊后须清除焊渣复查焊接质量，焊缝无裂纹、脱焊、气孔、缺肉、焊伤等缺陷。 4. 滚子轴定位焊修，滚子轴组装须采用专用卡具定位，滚子轴内侧端面须缩入闸瓦托内 5 mm，并将滚子轴紧靠闸瓦托一侧（制动梁装车时的上方），间隙大于 1 mm 时须用金属塞严，点焊定位后焊固。
7. 镶换套	1. 套孔及衬套不得有裂纹，支柱孔衬套磨耗大于 2 mm，更换。 2. 孔及衬套的表面粗糙度须达到 R_a3.2 μm。衬套外径应较孔径大 0.05～0.1 mm。衬套垂直置于支柱孔口，缓缓开动液压机，慢慢压入衬套。 3. 衬套与孔之间不得有贯通间隙；衬套与孔一端须平齐，另一端面允许低于孔面不大于 2 mm，不得超出孔面；衬套须压紧并与孔壁密贴，不得有边缘裂纹。
8. 制动梁组装	1. 支柱组装 （1）更换支柱时须选配，L-A 型、L-B 型组合式制动梁架张开量 1～4 mm，L-C 型制动梁架挠度 1～4 mm。 （2）用专用划针在制动梁架横梁或撑杆中部对称划出支柱定位线，定位线间距约 80 mm。 （3）用液压卡钳将左支柱或右支柱向制动梁架上压装，支柱 U 形槽头部须位于两支柱定位线之间，对称度

续上表

工　序	技　术　要　求
8. 制动梁组装	不超过 2 mm。支柱U形槽两平面与制动梁架翼面配合无间隙。 （4）支柱与梁架弓形梁或弓形杆圆弧须贴合，使用检查锤锤击检查，不得松动。松动时更换支柱，更换后L-A型、L-B型制动梁支柱与弓形杆至少三点接触，未接触处间隙不大于 0.5 mm；L-C型制动梁支柱与弓形杆圆弧须贴合。 2. 紧固件组装 （1）L-A型、L-B型组合式制动梁原采用螺栓与螺母连接的，更换螺栓、螺母，拧紧后将螺栓与螺母点焊固；采用拉铆钉连接的，更换拉铆钉或将支柱和夹扣铆钉孔扩孔至 ϕ16.5 mm 后，更换为符合 GB/T 5780 M16×110 的 4.8 级螺栓及配套螺母，并点焊固。将螺栓或拉铆钉穿上垫圈，从支柱一侧穿入支柱和夹扣，在夹扣一侧的螺栓头部穿上平垫圈、弹簧垫圈，拧上螺母，紧固后点焊固；或在拉铆钉头部套上套环并紧固。 （2）L-C型组合式制动梁压板与支柱采用 GB/T 5782 M16×80 的 8.8 级螺栓及配套螺母连接，紧固力矩为 80～120 N·m。紧固后将螺栓与螺母点焊固。 3. 制动梁安全链组装 （1）将两制动梁安全链卡子套装到制动梁架上，制动梁架组装安全链卡子的位置须涂防锈底漆。 （2）用专用工具将两制动梁安全链卡子压装在制动梁架上，检查两制动梁安全链卡子的中心距为（1 000±5）mm。 （3）将制动梁安全链上的长孔眼环螺栓穿入安全链卡子孔，组装垫圈和螺母，紧固后点焊固。制动梁安全链上的 M16×65 螺栓由支柱侧向闸瓦托穿入。制动梁安全链卡子不得松动。 4. 滑块磨耗套组装：使用铆接机具铆装滑块磨耗套铝铆钉，铆接后滑块磨耗套不得有裂纹。铆钉高出滑块磨耗套表面部分须磨除。
9. 试验	1. 组合式制动梁分解组装后（不含更换闸瓦托）须进行挠度载荷试验，预加载 69 kN，保持 2 min，连续 3 次后，再加载至 103.5 kN，挠度须不大于 25 mm。超限时更换支柱。 2. 槽钢制动梁调修后须进行 8 826 kN 的拉力试验，保持 1 min，产生裂纹或永久变形时报废。
10. 成套组装	1. 闸瓦插销磨耗剩余厚度头部不小于 10 mm，中部不小于 6 mm。 2. 高磷闸瓦、高摩、低摩合成闸瓦允许有贯通毛细裂纹，高摩闸瓦厚度不低于 30 mm，高摩、低摩合成闸瓦厚度不低于 18 mm。 3. 同一制动梁两闸瓦厚度差不小于：高磷闸瓦 5 mm，高摩合成闸瓦 10 mm，低摩合成闸瓦 10 mm。 4. 同一制动梁闸瓦型式须一致，高摩、高磷、低摩合成闸瓦不得混装。

续上表

<table>
<tr><th>工　　序</th><th>技　术　要　求</th></tr>
<tr><td>10．成套组装</td><td>5．闸瓦与闸瓦托组装后，闸瓦和闸瓦托中部间隙不大于 2 mm，端部间隙不大于 6 mm。
6．敞车的闸瓦插销上须安装闸瓦插销环。</td></tr>
<tr><td>11．油漆与标记</td><td>制动梁检修后，在横梁或撑杆上距支柱中心 200 mm 处，用白色油漆涂打检修单位简称和检修年月标记。字号为 20 号。各型制动梁标记涂打位置见示意图 501-2。

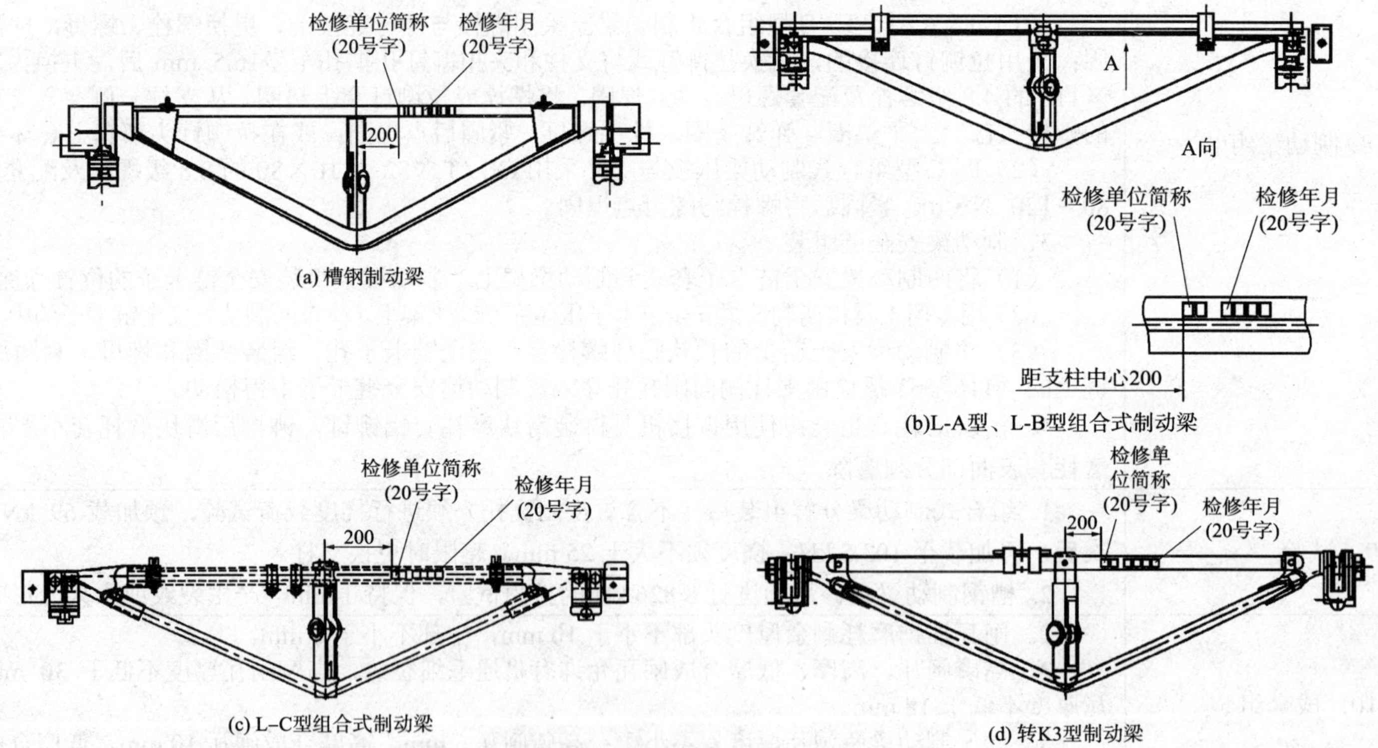

(a) 槽钢制动梁　(b)L-A型、L-B型组合式制动梁　(c) L–C型组合式制动梁　(d) 转K3型制动梁

图 501-2　制动梁标记涂打位置示意图</td></tr>
</table>

	闸瓦托检修	HG502-2008

一、适用范围：各型闸瓦托检修。

二、工艺流程：检查→焊修→闸瓦托更换→铣修。

三、工装设备：氧-乙炔割炬、电焊设备、闸瓦托铣床、压力机、起重装置、检查样板、手提式砂轮机。

四、检测量具：制动梁综合检测量规、闸瓦托 *R*451 弧面量具。

五、所需材料：电焊条、氧气、乙炔。

六、工序及技术要求：

工　序	技　术　要　求
1. 闸瓦托检查	1. 闸瓦托裂纹时更换，磨耗超限时焊修或更换，各部名称见图 502-1。 2. 高磷闸瓦托支承面端部、中部厚度小于 6 mm，其他部位磨耗深度大于 2 mm 时焊修。支承面端部厚度均小于 6 mm 时更换。 3. 高摩合成闸瓦托支承面端部厚度小于 8 mm 或中部厚度小于 6 mm，其余部位磨耗深度大于 2 mm 时焊修；支承面端部厚度均小于 6 mm 时更换。 4. L-A、L-B 型制动梁闸瓦托滑块上下面磨耗超过 1 mm 时更换，不得焊修。 5. 转 K3 型制动梁闸瓦托耐磨衬套须更换为含油尼龙新品。 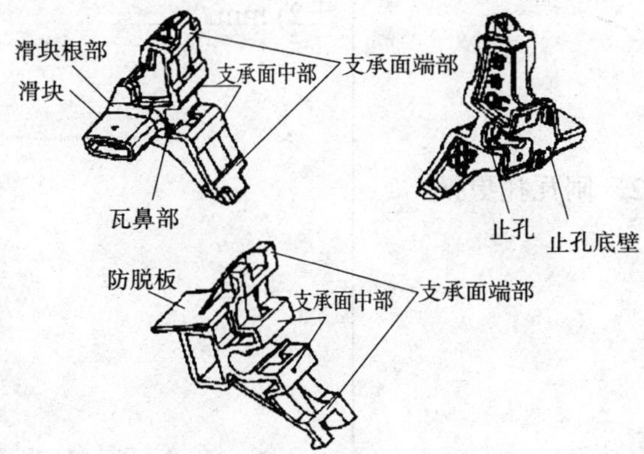 图 502-1　闸瓦托各部名称示意图
2. 闸瓦托更换	1. 同一制动梁两端闸瓦托型式须一致。 2. 组装紧固件。 （1）L-A 型、L-B 型组合式制动梁闸瓦托与制动梁架连接紧固件松动时更换。原采用拉铆钉的，可更换为

续上表

工　序	技　术　要　求
2. 闸瓦托更换	直径 ϕ13 mm，杆长为 58 mm，材料为 BL3 的小半圆头铆钉，其头部形状及其他要求须符合 GB / T 863-2；原采用小半圆头铆钉的仍采用同型铆钉。将制动梁架放置在闸瓦托压装工装上，分别压装左、右闸瓦托。用手锤锤击检查闸瓦托，不得松动。用拉铆钉或小半圆头铆钉将闸瓦托与制动梁架紧固。 （2）L-C 型组合式制动梁压板闸瓦托与端头采用专用折头螺栓连接。 3. 更换 L-A 型、L-B 型组合式制动梁闸瓦托时，不得将制动梁架上的铆钉孔堵焊后重钻。止孔底壁厚为 7.5 mm 的闸瓦托须与长度为（1 606±2） mm 制动梁架配套使用；止孔底壁厚为 10.5 mm 的闸瓦托须与长度为(1 600±2) mm 制动梁架配套使用，见图 502-2。长度为(1 606±2) mm 制动梁架可对称机械加工至(1 600±2) mm。 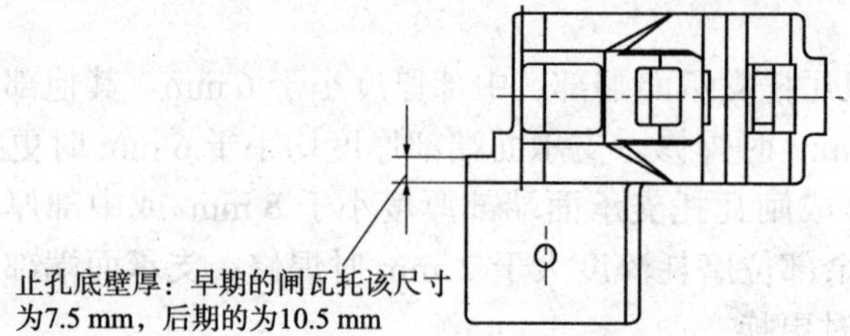 图 502-2 4. L-A 型、L-B 型组合式制动梁更换支柱、夹扣或闸瓦托时，闸瓦托、支柱及夹扣须配套。瓦鼻槽底至止孔边距为 28 mm 的闸瓦托，配套的支柱孔中心至 U 形槽中心距为(183±1) mm，夹扣与支柱配合面至 U 形槽中心距为 60_{-1}^{0} mm；瓦鼻槽底至止孔边距为 18 mm 的闸瓦托，配套的支柱孔中心至 U 形槽中心距为(175±1) mm，夹扣与支柱配合面至 U 形槽中心距为 58_{-1}^{0} mm，见图 502-3。

续上表

工　序	技　术　要　求
2．闸瓦托更换	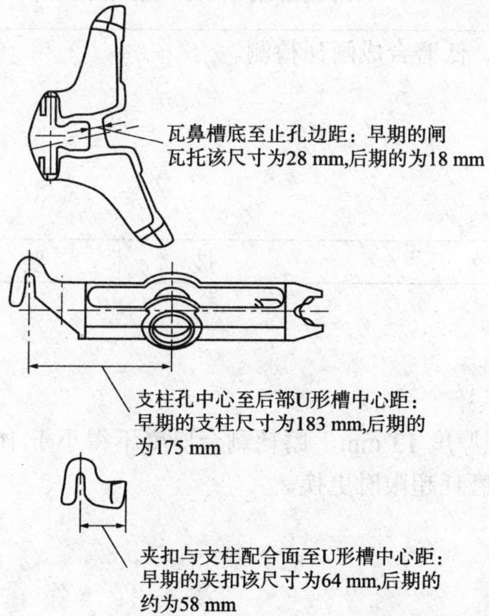 图 502-3　L-A 型、L-B 型组合式制动梁支柱与夹扣的配合尺寸
3．铣修	1．闸瓦托弧面堆焊后须进行铣修，闸瓦托四周金属飞边须割除。 2．铣修后，闸瓦托以 *R*451 mm 样板检查，闸瓦托支承面中部中心线两侧四处须接触，局部间隙不大于 1.5 mm，闸瓦托支承面端部的间隙均不大于 2 mm。 3．闸瓦托支承面端部厚度不得小于 8 mm。

	闸瓦插销、闸瓦检测	HG503-2008

一、适用范围：闸瓦插销；高磷、高摩合成、低磨合成闸瓦检测。
二、工艺流程：闸瓦插销检测→闸瓦检测。
三、工装设备：手锤、检修流水线。
四、检测量具：闸瓦及闸瓦插销检测量规。
五、工序及技术要求：

工　序	技　术　要　求
1. 闸瓦插销检测	闸瓦插销头部原型厚度 13 mm，磨耗剩余厚度不得小于 10 mm；闸瓦插销中部原型厚度为 8 mm，磨耗剩余厚度不得小于 6 mm，磨耗超限时更换。
2. 闸瓦检测	高磷闸瓦原型厚度为 45 mm，磨耗剩余厚度不得小于 30 mm；高摩、低摩合成闸瓦原型厚度为 45 mm，磨耗剩余厚度不得小于 18 mm。磨耗超限时更换。

六、空气制动装置

	空气制动零部件外部清洗	HG601-2008

一、适用范围：现车分解的各型空气制动阀、空重车调整阀、安全阀、缓解阀、其他阀类配件、折角塞门、制动软管外部清洗。

二、工艺流程：防护→清洗、喷（抛）丸清理。

三、工装设备：清洗机、抛丸除锈机。

四、所需材料：具有防锈性能的清洗介质、直径不大于1 mm钢丸。

五、工序及技术要求：

工　　序	技　　术　　要　　求
1．配件及防护	1．检修前清洗的配件：现车分解的各型空气制动阀、空重车调整阀、安全阀、缓解阀、其他阀类配件、折角塞门、制动软管等。 2．喷（抛）丸清理的配件：需分解检修的制动缸和储风缸。 3．清洗前须在各阀的安装面及通路外露口、各排气口等处装橡胶堵、盖板或其他遮盖物，防止安装面损伤或尘砂、水进入部件内部。清洗或喷（抛）丸清理后，配件表面固着良好的油漆可不处理。
2．清洗	清洗采用清洗机清洗。可对清洗介质加温，清洗介质应具有防锈性能。清洗后须用清水冲净并干燥。清洗或烘干的最高温度不高于 60 ℃。
3．喷（抛）丸清理	喷（抛）丸清理时，钢丸直径不大于 1 mm，根据工件及其表面情况确定喷（抛）丸时间，不得损伤配件外表面。

空气制动内部零件分解、清洗	HG602-2008

一、适用范围：空气制动阀、空重车阀及其他阀类分解后内部零件清洗。

二、工艺流程：分解→清洗→检查。

三、工装设备：风扳机、扳手、分解工作台、台虎钳、配件存放盒、超声波清洗机。

四、所需材料：制动机专用清洗剂。

五、工序及技术要求：

工　　序	技　　术　　要　　求
1．制动阀分解	1．各部件分解过程中须采取保护措施，分解后应将各零件放置在专用存放盒内，避免磕碰损伤。 2．拆卸防丢失螺母时，须使用专用拆卸工具，作用在螺母上的压力应小于 23 kN。 3．分解主活塞时，须将 120／120-1 阀、103 阀主活塞组成从阀体内取出后，采用两个扳手或借助台虎钳等工装进行分解，扳手须卡在主活塞杆根部的工艺平面处拆卸主活塞螺母。不得在阀体内分解主活塞。 4．橡胶件的拆卸 （1）取出膜板及柱塞上的橡胶密封圈时，不得损伤活塞或柱塞等零件。 （2）阀体、塞门体上的橡胶密封圈、密封座等可用辅助工具取下，不得损伤阀体。
2．清洗及烘（吹）干	1．货车空气制动阀、空重车阀和其他阀类配件分解后，除规定更换的零件外，其他零件均须采用超声波或压力清洗方式清洗，清洗介质可加温，但最高温度不高于 60℃。滑阀、节制阀等精密研磨件应单独清洗。不得用汽油、煤油、香蕉水等腐蚀性介质清洗。 2．清洗后须用清水冲洗，阀体型腔须采用压缩空气吹净，型腔内不得有水或污物。各零件须烘干或吹干，烘干温度不高于 60 ℃。 3．滤尘器、滤尘网、滤尘套、滤尘缩孔堵等滤尘元件须清洗，并用压缩空气吹净。
3．清洁度检查	1．零件表面不得有目视可见的污垢、灰砂、水分、纤维物和其他污物。 2．用棉白细布（不得用棉丝、毛巾、白纱布）擦拭阀内零件及阀体摩擦面、滑动工作面，不得有浮灰、浮砂、浮锈及污迹。 3．阀体内部及零件工作面手感不得有颗粒存在。

	GK 型三通阀检修	HG603-2008

一、适用范围：GK 型三通阀检修。
二、工艺流程：分解→清洗→检修→二次清洗→组装→试验→涂打检修标记→组装。
三、工装设备：电(风)扳机、超声波清洗机、研磨机、铅平台、台虎钳、缩孔通针。
四、检测器具：数控弹簧测力机、GK 阀综合检测量规、GK 阀充气沟长度检测量规、GK 阀充气沟宽度深度检测量规、GK 阀弹簧检测量规、内径百分表、间隙塞尺。
五、所需材料：硅脂、甲基硅油、清洗剂、细白布。
六、工序及技术要求：

工　序	技　术　要　求
1．外部清洗	1. GK 阀须经外部清洗，清洗须符合《空气制动零部件外部清洗》HG601-2008 的工艺要求。 2. 清洗后须烘干或采用压缩空气吹干。
2．分解检查	1．减速部：拆下减速部弹簧盖。减速弹簧及套裂纹或变形时更换。 2．递动部： （1）拆下风筒盖。拧下递动螺母，取出递动杆及弹簧。递动杆裂纹、弯曲，或递动杆头部长度不满足 6.0～7.8 mm 时修理或更换。 （2）风筒盖边缘允许有 1 处长度不大于 20 mm 的缺损，有 2 处以上缺损或其他影响三通阀性能的缺陷时更换。 3．作用部： （1）取出主活塞，取下滑阀弹簧、滑阀、节制阀和节制阀弹簧。 （2）用内径千（百）分表测量铜套内径。主活塞铜套内径磨耗直径大于 ϕ89.4 mm 时更换，偏磨或划伤时修理或更换；任意 2 处直径之差大于 0.04 mm 时更换。 （3）主活塞杆弯曲，或主活塞和主活塞后端四爪磨耗影响性能时更换。 （4）主活塞与铜套间隙大于 0.6 mm 时更换主活塞。 （5）减速杆变形、裂纹或弯曲时更换。 4．紧急部：拆下紧急部下体螺栓，取下下体及胶垫。取出弹簧托板、紧急阀的外弹簧、止回阀及止回阀弹簧。

续上表

工　序	技　术　要　求
2．分解检查	（1）下体裂纹、缺损，M48×3 螺纹磨损或损坏时更换。止回阀铜套松动，弹簧折损、衰弱，外弹簧托板变形或裂损时更换。止回阀裂纹时更换。 （2）紧急阀裂纹、阀杆弯曲时更换，紧急阀座孔边缘均须有半径为 1.5 mm 的圆弧。紧急阀六方螺母对角距离不大于 22 mm，紧急阀座碰伤修理或更换。 5．阀体裂纹时更换。各铜套松动，滑动面上划伤或存在其他缺陷无法修复时更换。 6．GK 型三通阀各弹簧须在数控弹簧测力机上进行检测，符合附表 1 的规定。弹簧锈蚀、变形、裂纹、折断或在数控弹簧测力机上检测不合格时更换。 7．其他各零件检修限度见附表 2。 8．各部件分解过程中须采取保护措施，分解后应将各零件放置在专用存放盒内，避免磕碰损伤。 9．橡胶件的拆卸： （1）取出膜板及柱塞上的橡胶密封圈时，不得损伤活塞或柱塞等零件。 （2）阀体上的橡胶密封圈、密封座等可用辅助工具取下，不得损伤阀体。
3.清洗	1.分解后除规定更换的零件外，其他零件均须采用超声波或压力清洗方式清洗，须符合《空气制动内部零件分解、清洗》HG602-2008 的要求。 2.清洗后须烘干或采用压缩空气吹干。
4．修理与组装	1.橡胶密封件须装用新品。 2.各型橡胶密封件自制造完成之日起至组装使用前的贮存期不超过 6 个月。 3．作用部 （1）主活塞环与活塞室铜套、主活塞环与槽、滑阀与滑阀座、节制阀与滑阀背面接触须严密，活塞环弹力、滑阀弹簧弹力须适当。 （2）主活塞与活塞环选配 ① 活塞环应预先研磨至真圆。活塞环在自由状态下的开口间隙应为 0.1～1.0 mm；装入铜套内，工作状态的搭口间隙须不大于 0.5 mm。

续上表

工　序	技　术　要　求
4. 修理与组装	② 活塞环装入槽内须无过松、过紧或局部卡滞现象。 ③ 活塞环与铜套对磨时，应转动主活塞，直至接触面均匀光亮为止。 ④ 组装前须彻底清除研磨剂。 ⑤ 不得对活塞环进行锡焊或电镀，搭口不得改短或加长。 ⑥ 严禁挤压主活塞环槽。 （3）滑阀、滑阀座、节制阀及阀体 ① 滑阀、滑阀座、节制阀各滑动面接触不严密及有划伤时研磨。 a) 滑阀、滑阀座、节制阀各工作面须用 180～240 目油石粗研，用 320 目以上细油石精研。 b) 滑阀上下工作面和节制阀工作面粗研后，将滑阀和节制阀的下工作面两侧磨出约 0.5 mm×45° 的倒角。 c) 研磨后，在平整的铅板上校对滑阀下工作面的平面度。必要时用粗糙度仪检测，滑阀面的粗糙度 R_a 的上限值为 0.4 μm。 ② 滑阀与滑阀座之间、节制阀与滑阀之间不得对研。因滑阀或滑阀座工作面磨耗超限引起漏泄时，应更换滑阀或阀体。研磨后将滑阀、滑阀座、节制阀清洗干净。 ③ 滑阀、节制阀的各孔、槽、限制孔及缩孔堵等须通畅、无油垢。孔堵塞时可用小于各孔直径且硬度低于零件硬度的通针疏通，疏通时不得损伤孔边缘和内壁，清洗后吹干净。 ④ 阀口不平整或轻微损伤时，可用细油石研磨修复，研磨后将残留物清洗干净。 ⑤ 主活塞与滑阀、滑阀弹簧、节制阀、节制阀弹簧组装后，弹簧销须牢固，滑阀弹簧比滑阀套高出约 3 mm。滑阀在主活塞杆内的前后间隙为 $55^{+0.5}_{-0.1}$ mm。 （4）主活塞装入主活塞室后，在主活塞杆接触减速杆时检查充风沟露出主活塞外面约 0.5 mm。 （5）组装时主活塞环、铜套、滑阀、节制阀、滑阀座及滑阀弹簧涂以适量的 120 阀用改性甲基硅油，组装后推拉主活塞，阻力须适当。 4. 紧急部 （1）紧急活塞与紧急阀座，紧急阀与止回阀配合部分须圆滑。紧急活塞与铜套应有 0.1～0.3 mm 的间隙。紧急活塞杆与紧急阀座配合间隙不小于 0.2 mm。

续上表

工　序	技　术　要　求
4. 修理与组装	(2) 紧急活塞圆周面磨耗超限时更换，不得用打、压等方法扩大直径。配装的紧急活塞与紧急活塞套的配合间隙过小时，须采用车床对紧急活塞进行加工，不得手工锉、磨。 (3) 紧急阀座厚度小于阀下体的座槽深度时，须按图样修理或更换。 (4) 不得在紧急活塞座的胶垫上开制沟槽。 5. 其他零件 (1) 柱塞类零件碰伤时更换。 (2) 零件裂纹、锈蚀及磨损严重时更换。 (3) 滤尘元件变形、损坏时更换。 (4) 双头螺柱状态良好时不拆卸，松动时须加螺纹锁固剂后重新组装。 6. 零件涂抹润滑油脂前须干燥、清洁，柱塞上橡胶密封圈、塞门内的橡胶密封座、尼龙密封圈须涂适量 GP-9 硅脂或 7057 硅脂，组装时不得损伤密封件。 7. 紧固组装螺栓时，各螺栓须对角均匀拧紧，不得偏压。
5. 试验及故障处理	1. 检修的 GK 型三通阀，须经微控 701 型试验台试验合格后装车使用。试验方法和质量要求按《GK 型三通阀试验台试验》HG613-2008 的规定执行，试验后打印试验记录。 2. 故障处理 (1) 充风沟尺寸不符合规定引起充风过快或制动感度不良时，更换三通阀体。因主活塞内侧的环状突起部接触不严引起充风过快时，不得将滑阀室铜套的充风沟焊小。 (2) GK 型三通阀局部减压量超过规定时，可在阀下体旁道孔上加装 $\phi 1.4 \sim \phi 1.6$ mm 缩孔的铜片堵。 (3) 锡青铜材质（颜色发红）的滑阀与滑阀座之间阻力较大，缓解感度作用不良时，可与硅锰黄铜（颜色发白）的滑阀或滑阀座配用。 (4) 滑阀、滑阀座或阀体的常用制动通路小于图样尺寸引起制动安定作用不良时，按图样修理，不得加大紧急活塞与铜套间隙。

续上表

工　序	技　术　要　求
5．试验及故障处理	(5) 紧急制动时，因滑阀越位引起排气口漏泄，应按图样校对滑阀与滑阀座各部尺寸，确认符合时，可适当加强滑阀弹簧的弹力。不得焊补滑阀常用制动孔，不得使用双层风筒盖胶垫
6．油漆与标记	经试验合格的 GK 型三通阀面漆喷涂后，在三通阀下体排气口侧用白色油漆涂打检修单位简称和检修年月，字号为 20 号。涂打标记见图 603-1。 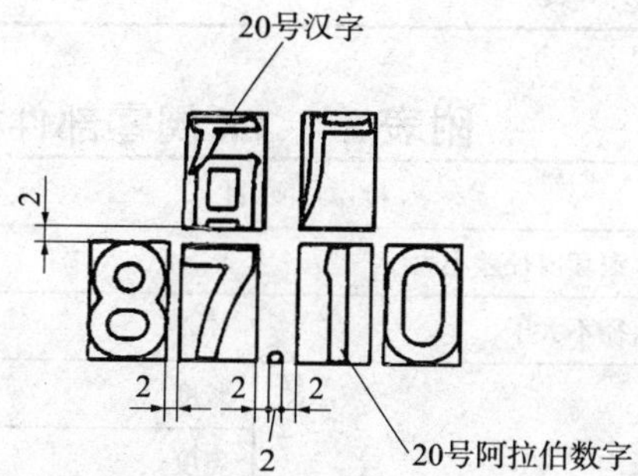 图 603-1　三通阀检修标记示意图
7. 包装、贮存、运输	1．各阀的通气孔、排气口须用塞堵或压板等方法密封防护。装车前取下各包装、防护物。 2．空气制动阀检修后应在干燥、通风、避光、避热的室内贮存。 3．空气制动阀检修完成后，贮存期超过 3 个月不足 6 个月的，须经试验台试验合格后装车使用；贮存期超过 6 个月的须分解，涂抹硅脂、硅油或润滑脂，装用的橡胶件距生产日期超过 1 年时更换新品，经试验台试验合格后装车使用；贮存期超过 1 年的须分解检修，橡胶件更换新品，经试验台试验合格后装车使用。试验后须重新涂打检修标记。 4．运输过程中应避免磕碰，长距离运输时应有整体包装和能承受压力的外包装。

附表 1　GK 阀弹簧参数表

序　号	弹簧名称	自由高（mm）	加载 45 N 的高度（mm）
1	递动弹簧	65～68.5	53～57
2	减速弹簧	31.5～34	24.5～30.9
3	止回阀弹簧	41～45	30～34
4	紧急外弹簧	34.5～35.5	全压缩 3 次后应恢复自由高尺寸

附表 2　GK 阀零部件检修限度表

序　号	检 测 项 目		检修限度(mm)	备　注
1	作用部铜套内径差不大于		0.04	
2	铜套内径不大于		89.4	
3	主充风沟	长度	12.7±0.1	
		宽度	2.5±0.2	
		深度	1.2±0.1	该限度指半径
4	补助充风沟	长度	8.7±0.1	
		宽度	2.5±0.2	
		深度	1.2±0.1	该限度指半径
5	选配后活塞环搭口间隙不大于		0.5	指工作状态下
6	选配后活塞环开口间隙		0.1～1.0	指自由状态下
7	滑阀座剩余厚度不小于		39.8	
8	滑阀剩余厚度不小于		10.9	
9	节制阀剩余厚度不小于		5.5	
10	滑阀在活塞杆前后移动间隙		5.4～6.0	原型为 5.5 mm
11	紧急阀座外径与下体座槽间隙不大于		0.5	
12	紧急活塞杆与紧急阀配合间隙不小于		0.2	
13	紧急阀六角压紧螺母各对角线不大于		22	

<table>
<tr><td></td><td>103 型分配阀检修</td><td>HG604-2008</td></tr>
<tr><td colspan="3">一、适用范围：103 型分配阀的检修。
二、工艺流程：分解→清洗→检修→组装→试验→涂打检修标记→贮存。
三、工装设备：电(风)扳机、超声波清洗机、研磨机、铅平台、台虎钳、缩孔通针。
四、检测器具：数控弹簧测力机、103 阀弹簧检测量规
五、所需材料：硅脂、甲基硅油、清洗剂、细白布。
六、工序及技术要求：</td></tr>
<tr><td>工　序</td><td colspan="2">技　术　要　求</td></tr>
<tr><td>1. 外部清洗</td><td colspan="2">1. 103 阀须经外部清洗，须符合《空气制动零部件外部清洗》HG601-2008 的要求。
2. 清洗后须烘干或采用压缩空气吹干。</td></tr>
<tr><td>2. 分解</td><td colspan="2">1. 主阀组成：主阀分解的顺序依次为充气部、作用部、均衡阀部、局减阀、减速部、均衡部（包括空重车调整部）、紧急二段部。
（1）充气部：拆下止回阀盖，取出止回阀弹簧、夹心阀。取下充气阀体、充气膜板垫、充气膜板及充气活塞。用专用工具旋出充气阀座，取下夹心阀、充气阀弹簧。
（2）作用部：拆下主阀上盖，取出主活塞组成，取下滑阀销、滑阀弹簧、滑阀、节制阀及节制阀弹簧。拧下主活塞螺母，卸下主阀上活塞、主膜板、主阀下活塞。用孔用弹簧挡圈钳取出主活塞杆尾端的挡圈，取出稳定弹簧座、稳定弹簧、稳定杆。
（3）均衡阀部：拆下均衡阀上盖，取出均衡阀弹簧、均衡阀、均衡阀杆组成和滤尘网。分解均衡阀与均衡阀杆。
（4）局减阀：拆下局减阀盖，取出局减阀弹簧、局减活塞压圈和局减活塞组成。分解局减阀组成，先卸下螺母及弹簧垫圈，取下局减活塞、局减阀膜板。
（5）减速部：拆下主阀下盖，取出减速弹簧、减速弹簧座。
（6）均衡部和空重车调整部：取下调整部和均衡部。从下体中取出跳动弹簧、调整套，从拉杆上拆下空重车活塞、空重车膜板和调整垫，将均衡活塞组成与中体分离。分离均衡活塞压帽与均衡活塞杆，取下均衡上活塞、均衡膜板、均衡下活塞。取出空重车调整部开口销、指示挡块和偏心杆。</td></tr>
</table>

续上表

工　　序	技　术　要　求
2．分解	（7）紧急二段部：拆下紧急二段阀盖。用 M10 螺栓拔出紧急二段阀杆，取出紧急二段阀弹簧。 2．紧急阀：取出阀体安装面上的滤尘网，分解紧急活塞部和放风阀部。 （1）紧急活塞部拆下紧急阀盖，取下橡胶密封圈，取出紧急活塞及安定弹簧。拆下紧急活塞螺母，从紧急活塞杆上依次取下紧急下活塞、紧急膜板和紧急上活塞。 （2）放风阀部拆下放风阀盖，依次取出放风阀弹簧、放风阀导向杆、夹心阀。 3．各部件分解过程中须采取保护措施，分解后应将各零件放置在专用存放盒内，避免磕碰损伤。 4．拆卸防丢失螺母时，须使用专用拆卸工具，作用在螺母上的压力应小于 2.3 kN。 5．解主活塞时，须将 103 阀主活塞组成从阀体内取出后，采用两个扳手或借助台虎钳等工装进行分解，扳手须卡在主活塞杆根部的工艺平面处拆卸主活塞螺母。不得在阀体内分解主活塞。 6．橡胶件的拆卸 （1）取出膜板及柱塞上的橡胶密封圈时，不得损伤活塞或柱塞等零件。 （2）阀体上的橡胶密封圈、密封座等可用辅助工具取下，不得损伤阀体。
3.清洗	1. 分解后除规定更换的零件外，其他零件均须采用超声波或压力清洗方式清洗，清洗须符合《空气制动内部零件分解、清洗》HG602-2008 的工艺要求。 2. 清洗后须烘干或采用压缩空气吹干。
4．检修	1．橡胶件按附表 1 更换新品。局减阀阀盖通大气孔处毛毡更换新品。 2. 各型橡胶密封件自制造完成之日起至组装使用前的贮存期不超过 6 个月。 3．弹簧须在数控弹簧测力机上进行检测，符合附表 2 的规定。弹簧锈蚀、变形、裂纹、折断或在数控弹簧测力机上检测不合格时更换。 4．滑阀座、滑阀、节制阀等各滑动工作面接触不良、划伤时研磨。 （1）滑阀、滑阀座、节制阀各工作面须用 180～240 目油石粗研，用 320 目以上细油石精研。 （2）滑阀上下工作面和节制阀工作面粗研后，将滑阀和节制阀的下工作面两侧磨出约 0.5 mm×45° 的倒角。 （3）研磨后，在平整的铅板上校对滑阀下工作面的平面度。必要时用粗糙度仪检测，滑阀面的粗糙度 R_a 的

续上表

<table>
<tr><th>工　　序</th><th>技　术　要　求</th></tr>
<tr><td>4．检修</td><td>上限值为 0.4μm。
（4）滑阀与滑阀座之间、节制阀与滑阀之间不得对研。因滑阀或滑阀座工作面磨耗超限引起漏泄时，应更换滑阀或阀体。研磨后将滑阀、滑阀座、节制阀清洗干净。
（5）滑阀、节制阀的各孔、槽、限制孔及缩孔堵等须通畅、无油垢。孔堵塞时可用小于各孔直径且硬度低于零件硬度的通针疏通，疏通时不得损伤孔边缘和内壁，清洗后吹干净。
（6）阀口不平整或轻微损伤时，可用细油石研磨修复，研磨后将残留物清洗干净。
5．阀体、阀套和阀盖
（1）安装平面密封部位碰伤时报废，非密封部位碰伤时须修平。
（2）各阀套松动时，须整体更换阀体组成。各阀套滑动工作面上须无划伤。
（3）阀体、阀盖上的膜板圆弧压筋轻微碰伤时，可用细油石研磨碰伤处并圆滑过渡，研磨后将残留物清洗干净；碰伤严重时更换。
6．其他零件
（1）充气活塞顶杆松动时铆固或更换
（2）柱塞类零件碰伤时更换。
（3）零件裂纹、锈蚀及磨损严重时更换。
（4）滤尘元件变形、损坏全压缩 3 次后应恢复自由高尺寸。
（5）双头螺柱状态良好时不拆卸，松动时须加螺纹锁固剂后重新组装。
7．零件检修限度见附表 3。</td></tr>
<tr><td>5．组装</td><td>1．零件涂抹润滑油脂前须干燥、清洁，柱塞上橡胶密封圈、塞门内的橡胶密封座、尼龙密封圈须涂适量 GP-9 硅脂或 7057 硅脂，组装时不得损伤密封件。
2．组装主活塞时，须采用两个扳手或借助台虎钳等工装进行组装，扳手须卡在主活塞杆根部的工艺平面处，均匀用力转动扳手。不得在阀体内组装主活塞。
3．滑阀、节制阀工作面、滑阀座和滑阀弹簧顶部涂适量 120 阀用改性甲基硅油。
4．活塞组成在阀体内推、拉时，动作须灵活，阻力适当。活塞膜板边缘须完全入槽。</td></tr>
</table>

6

续上表

工　　序	技　术　要　求
5．组装	5．紧固组装螺栓时，各螺栓须对角均匀拧紧，不得偏压。
6．试验	检修的 103 阀的主阀和紧急阀，须经微控 705 型试验台试验合格后装车使用。试验方法和质量要求按《103 型分配阀试验台试验》HG614-2008 的规定执行，试验后打印试验记录。
7．油漆与标记	经试验合格的 103 阀的主阀和紧急阀面漆喷涂后，须在主阀阀体正面和紧急阀上盖顶部用白色油漆涂打检修单位简称和检修年月，字号为 20 号。涂打标记见图 604-1。 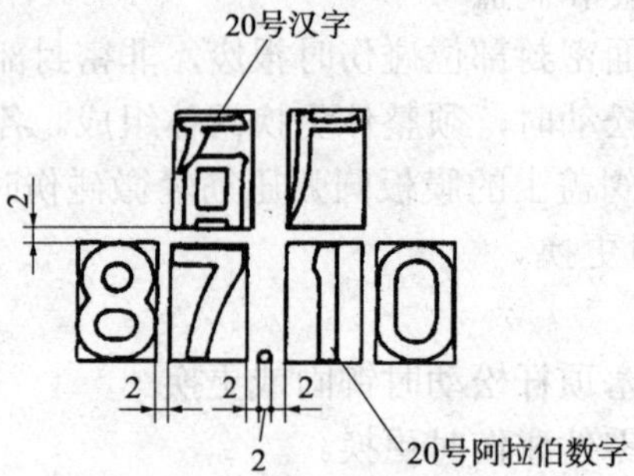 图 604-1　制动阀检修标记示意
8．包装、贮存、运输	1．各阀的通气孔、排气口须用塞堵或压板等方法密封防护。装车前取下各包装、防护物。 2．空气制动阀检修后应在干燥、通风、避光、避热的室内贮存。 3．空气制动阀检修完成后，贮存期超过 3 个月不足 6 个月的，须经试验台试验合格后装车使用；贮存期超过 6 个月的须分解，涂抹硅脂、硅油或润滑脂，装用的橡胶件距生产日期超过 1 年时更换新品，经试验台试验合格后装车使用；贮存期超过 1 年的须分解检修，橡胶件更换新品，经试验台试验合格后装车使用。试验后须重新涂打检修标记。 4．运输过程中应避免磕碰，长距离运输时应有整体包装和能承受压力的外包装。

附表 1　103 阀橡胶件明细表

序号	图　　号	名　　称	规　　格	每套数量	使用部位		
					主阀	紧急阀	中间体
1	MSP104-30-02	主阀垫	—	1	—	—	1
2	MSP104-30-03	紧急阀垫	—	1	—	—	1
3	MSP104-10-15	膜板	ϕ126	1	1	—	—
4	MSP104-10-07	充气膜板	ϕ60	1	1	—	—
5	MSP104-10-33	局减膜板	ϕ59	1	1	—	—
6	MSP104-20-05	紧急活塞膜板	ϕ100	1	—	1	—
7	MSP104–10-04	密封圈	ϕ16	10	7	3	—
8	MSP104-13-00	夹心阀	D38	1	—	1	—
9	MSP104-13-00	夹心阀	D25	2	2	—	—
10	MSP104-15A-00	均衡阀组成	D32	1	1	—	—
11	MSP104-20-07	排风口罩垫	D38	1	—	1	—
12	MSP104-10-01	O 形橡胶密封圈	D16×2.4	2	2	—	—
13	MSP104-10-01	O 形橡胶密封圈	D20×2.4	2	1	1	—
14	MSP104-10-01	O 形橡胶密封圈	D25×2.4	6	5	1	—
15	MSP104-10-01	O 形橡胶密封圈	D35×3.1	2	2	—	—
16	MSP104-10-01	O 形橡胶密封圈	D40×3.1	2	2	—	—
17	MSP104-10-01	O 形橡胶密封圈	D45×3.1	1	1	—	—
18	MSP104-10-01	O 形橡胶密封圈	D50×3.1	1	—	—	1
19	MSP104-10-01	O 形橡胶密封圈	D75×3.1	1	1	—	—

附表 2 103 阀弹簧参数表

序号	名称	自由高(mm)	试验压缩高(mm)	试验负荷(N)
1	稳定簧	35.5～34	24～21	20
2	均衡阀簧	42.5～36.3	27～23	50
3	减速簧	78～74	47.5～43.5	140
4	安定簧	52.5～48.3	25～21	28
5	放风阀簧	50.5～46.5	全压缩三次恢复自由高	—
6	跳跃簧	65.5～61.5	全压缩三次恢复自由高	—
7	紧急二段阀簧	55.5～51.5	全压缩三次恢复自由高	—
8	局减阀簧	55.5～51.5	全压缩三次恢复自由高	—
9	止回阀簧	26～24.5	全压缩三次恢复自由高	—
10	充气阀簧	26～24.5	全压缩三次恢复自由高	—
11	节制阀簧	15～13.5	全压缩三次恢复自由高	—

附表 3 103 阀零部件检修限度表

序号	名称	图号	检测项目	原型（mm）	限度(mm)	检测器具
1	滑阀	MSP104-10-17	滑阀厚度不小于	17±0.15	16	游标卡尺
			缓解槽深度不小于	3	2.2	或样板
2	节制阀	MSP104-10-19	节制阀厚度不小于	6±0.2	5	游标卡尺或样板
3	主阀体组成	MSP104-11-00	滑阀套阀面高不大	$45.5_{0}^{+0.39}$	46.8	游标卡尺或塞规

<table>
<tr><td></td><td colspan="1">120／120-1 型控制阀检修</td><td>HG605-2008</td></tr>
<tr><td colspan="3">一、适用范围：120、120-1 型控制阀的检修。
二、工艺流程：分解→检修→组装→试验→涂打检修标记→贮存。
三、工装设备：电(风)扳机、超声波清洗机、研磨机、铅平台、台虎钳、缩孔通针。
四、检测器具：检测工具、数控弹簧测力机。
五、所需材料：硅脂、甲基硅油、清洗剂、细白布。
六、工序及技术要求：</td></tr>
<tr><td>工　序</td><td colspan="2">技　术　要　求</td></tr>
<tr><td>1．外部清洗</td><td colspan="2">1. 120／120-1 阀须经外部清洗，须符合《空气制动零部件外部清洗》HG601-2008 的要求。
2. 清洗后须烘干或采用压缩空气吹干。</td></tr>
<tr><td>2．分解</td><td colspan="2">1．主阀
将半自动缓解阀从主阀上拆下。
（1）作用部及紧急二段部
① 拆下主阀上盖和下盖，用 M10 螺栓拧入主活塞杆顶部螺纹工艺孔，抽出主活塞组成，取出减速弹簧座、减速弹簧、止回阀弹簧、夹心阀 ϕ38 mm 等配件。取出紧急二段阀杆、紧急二段阀弹簧，取下 2 个 O 形橡胶密封圈 D25×2.4。
② 取出滑阀销，将滑阀、节制阀、滑阀弹簧、节制阀弹簧从主活塞杆上取下。
③ 拧下主活塞上端螺母，卸下主阀上活塞、主活塞膜板、O 形橡胶密封圈 D25×2.4、主阀下活塞。
④ 用孔用弹性挡圈钳取出弹性挡圈，取下稳定弹簧座、稳定弹簧、稳定杆。
⑤ 与 254 mm 直径制动缸相匹配的 120／120-1 阀，还须取下紧急二段阀杆内的缩孔堵 ϕ2.4 mm 及主阀安装面内的列车管充气缩孔堵 ϕ1.8 mm。
（2）加速缓解部及局减部
① 拆下前盖，取出加速缓解活塞组成和局减阀组成。
② 取出局减阀弹簧、压垫及毛毡。与 254 mm 直径制动缸相匹配的 120／120-1 阀，还须从前盖上拧出排气</td></tr>
</table>

续上表

工　　序	技　术　要　求
2．分解	缩孔堵 ϕ2.9 mm。 ③ 拧下加速缓解活塞锁紧螺母，取下加速上活塞、加速缓解膜板、加速下活塞及活塞紧固螺钉。 ④ 用孔用弹性挡圈钳取出主阀体上的挡圈，取出加速缓解阀套等组件时，不得损伤 M3 螺纹。依次拔出顶杆，取下 2 个 O 形橡胶密封圈 D25×2.4。用孔用弹性挡圈钳取出加速缓解阀套上的挡圈，取下加速缓解阀弹簧座、加速缓解阀弹簧、夹心阀 ϕ16 mm。 ⑤ 拧下局减活塞锁紧螺母，取下局减阀活塞、局减阀膜板及 2 个 O 形橡胶密封圈 D16×2.4。 （3）半自动缓解阀 ① 拆下缓解阀上盖，取出缓解阀弹簧，拧出上盖上的滤尘缩堵，取下缓解阀体上的 2 个 O 形橡胶密封圈 D22×2.25、2 个止回阀簧及 2 个夹心阀 ϕ16 mm。 ② 拧下缓解阀活塞上端螺母，取下垫圈、缓解阀上活塞、缓解阀膜板、缓解阀下活塞和 O 形橡胶密封圈 D14×2.25。 ③ 取出开口销，拆下缓解阀手柄。 ④ 卸下缓解阀下盖，取出 O 形橡胶密封圈 D45×3.1、缓解阀手柄座，再从缓解阀体内取出缓解阀顶杆座、缓解阀手柄弹簧和 2 个缓解阀顶杆。 ⑤ 从缓解阀体组成内推出缓解阀活塞杆等组件，取出销轴，拆下排风阀组成和 2 个 O 形橡胶密封圈 D16×2.4。 ⑥ 从缓解阀下盖中取出缓解放风阀座及 O 形橡胶密封圈 D35×3.1。 2．紧急阀 （1）从安装面的列车管孔中取出滤尘网。 （2）拆下紧急阀盖，取出紧急活塞组成及安定弹簧。 （3）拧下紧急活塞杆上的螺母，取下防松垫圈、紧急下活塞、O 形橡胶密封圈 D20×2.4、紧急活塞膜板、紧急上活塞。 （4）从紧急活塞杆中取出橡胶密封圈 ϕ16 mm 及滤尘套。 （5）拆下放风阀盖组成，取出放风阀弹簧、紧急放风阀导向杆、弹簧座、先导阀弹簧、夹心阀 ϕ16 mm、O 形橡胶密封圈 D 28×3.1。从紧急阀体组成中拧下滤尘缩堵 ϕ1.0 mm。

续上表

工　序	技　术　要　求
2. 分解	（6）取出紧急放风阀组成，拔出顶杆，取出O形橡胶密封圈D 6×1.45。 3. 各部件分解过程中须采取保护措施，分解后应将各零件放置在专用存放盒内，避免磕碰损伤。 4. 拆卸防丢失螺母时，须使用专用拆卸工具，作用在螺母上的压力应小于2.3 kN。 5. 解主活塞时，须将120／120-1阀主活塞组成从阀体内取出后，采用两个扳手或借助台虎钳等工装进行分解，扳手须卡在主活塞杆根部的工艺平面处拆卸主活塞螺母。不得在阀体内分解主活塞。 6. 橡胶件的拆卸 （1）取出膜板及柱塞上的橡胶密封圈时，不得损伤活塞或柱塞等零件。 （2）阀体上的橡胶密封圈、密封座等可用辅助工具取下，不得损伤阀体。
3. 零件清洗	1. 分解后除规定更换的零件外，其他零件均须采用超声波或压力清洗方式清洗，清洗须符合《空气制动内部零件分解、清洗》HG602-2008的要求。 2. 清洗后须烘干或采用压缩空气吹干。
4. 检修	1. 橡胶件按附表1更换新品。前盖局减阀通大气孔处毛毡更换新品。 2. 各型橡胶密封件自制造完成之日起至组装使用前的贮存期不超过6个月。 3. 弹簧须在数控弹簧测力机上进行检测，符合附表2的规定。弹簧锈蚀、变形、裂纹、折断或在数控弹簧测力机上检测不合格时更换。 4. 滑阀座、滑阀、节制阀等各滑动工作面接触不良、划伤时研磨。滑阀剩余厚度小于16 mm，或缓解槽深小于2.2 mm时更换。滑阀座磨耗后，滑阀座底面与顶面最高点处距离大于46.8 mm时更换。节制阀剩余厚度小于5 mm时更换。 （1）滑阀、滑阀座、节制阀各工作面须用180～204目油石粗研，用320目以上细油石精研。 （2）滑阀上下工作面和节制阀工作面粗研后，将滑阀和节制阀的下工作面两侧磨出约0.5 mm×45°的倒角。 （3）研磨后，在平整的铅板上校对滑阀下工作面的平面度。必要时用粗糙度仪检测，滑阀面的粗糙度R_a的上限值为0.4 μm。 （4）滑阀与滑阀座之间、节制阀与滑阀之间不得对研。因滑阀或滑阀座工作面磨耗超限引起漏泄时，应更换滑阀或阀体。研磨后将滑阀、滑阀座、节制阀清洗干净。

6

续上表

工　序	技　术　要　求
4. 检修	（5）滑阀、节制阀的各孔、槽、限制孔及缩孔堵等须通畅、无油垢。孔堵塞时可用小于各孔直径且硬度低于零件硬度的通针疏通，疏通时不得损伤孔边缘和内壁，清洗后吹干净。 （6）阀口不平整或轻微损伤时，可用细油石研磨修复，研磨后将残留物清洗干净。 5．阀体、阀套和阀盖 （1）安装平面密封部位碰伤时报废，非密封部位碰伤时须修平。 （2）各阀套松动时，须整体更换阀体组成。各阀套滑动工作面上须无划伤。 （3）阀体、阀盖上的膜板圆弧压筋轻微碰伤时，可用细油石研磨碰伤处并圆滑过渡，研磨后将残留物清洗干净；碰伤严重时更换。 6．120、120-1 阀主阀体、半自动缓解阀体和紧急阀体各安装面上 M10 螺纹孔滑扣时，可攻为 M12 螺纹；主阀、半自动缓解阀体各安装面攻丝扩孔的数量不超过 2 个，紧急阀体上、下安装面分别不超过 1 个。配套采用 M10、M12 异径双头螺柱。 7．其他零件 （1）柱塞类零件碰伤时更换。 （2）零件裂纹、锈蚀及磨损严重时更换。 （3）滤尘元件变形、损坏时更换。 （4）双头螺柱状态良好时不拆卸，松动时须加螺纹锁固剂后重新组装。组装用盖形螺母状态良好的继续使用。 8．零件检修限度见附表 3。 9．各限制孔直径见附表 4。
5．组装	1．零件涂抹润滑油脂前须干燥、清洁，柱塞上橡胶密封圈、塞门内的橡胶密封座、尼龙密封圈须涂适量 GP-9 硅脂或 7057 硅脂，组装时不得损伤密封件。 2．组装主活塞时，须采用两个扳手或借助台虎钳等工装进行组装，扳手须卡在主活塞杆根部的工艺平面处，均匀用力转动扳手。不得在阀体内组装主活塞。 3．滑阀、节制阀工作面、滑阀座和滑阀弹簧顶部涂适量 120 阀用改性甲基硅油。 4．活塞组成在阀体内推、拉时，动作须灵活，阻力适当。活塞膜板边缘须完全入槽。

续上表

工　序	技　术　要　求
5．组装	5．120／120-1 阀主阀体安装面防误装销钉孔在上侧的，须在列车管充气孔、紧急二段阀杆上制动缸充气孔和前盖制动缸缓解通路孔上安装相应缩孔堵，并按配 254 mm 直径制动缸标准进行试验。 6．120 阀与 120-1 阀的滑阀、节制阀、主阀上盖不得互换。带有 120-1 阀标识的配件不得装在 120 阀上。 7．活塞组成螺母紧固力矩须符合规定。紧固组装螺栓时，各螺栓须对角均匀拧紧，不得偏压。 8．原装用防丢失螺母的，须在原位置安装防丢失螺母。每 M10 和 M12 防丢失螺母的组装拧紧力矩分别达到 20 N·m、40 N·m 后，进行试验台性能试验，试验合格后，将防丢失螺母的六方头拧断。
6．试验	1．检修的 120／120-1 阀的主阀和紧急阀，须经微控 120 阀试验台试验合格后装车使用。试验方法和质量要求按《120/120-1 型控制阀试验台试验》HG615-2008 的规定执行，试验后打印试验记录。
7．油漆与标记	经试验合格的 120／120-1 阀的主阀和紧急阀面漆喷涂后，在主阀前盖上方和紧急阀顶部用白色油漆涂打检修单位简称和检修年月，字号为 20 号。涂打标记见图 605-1。 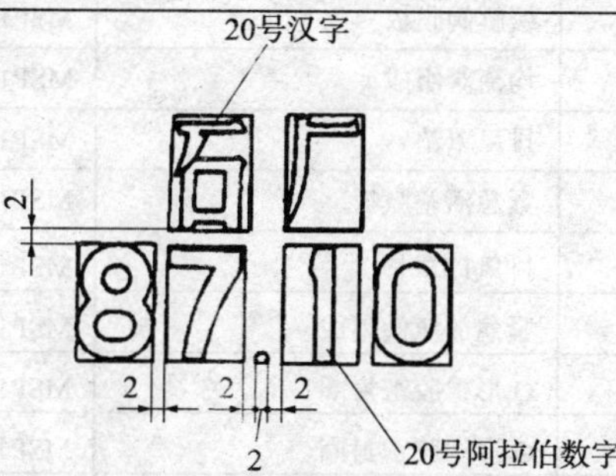 图 605-1　制动阀检修标记示意
8. 包装、贮存、运输	1．各阀的通气孔、排气口须用塞堵或压板等方法密封防护。装车前取下各包装、防护物。 2．空气制动阀检修后应在干燥、通风、避光、避热的室内贮存。 3．空气制动阀检修完成后，贮存期超过 3 个月不足 6 个月的，须经试验台试验合格后装车使用；贮存期超过 6 个月的须分解，涂抹硅脂、硅油或润滑脂，装用的橡胶件距生产日期超过 1 年时更换新品，经试验台试验合格后装车使用；贮存期超过 1 年的须分解检修，橡胶件更换新品，经试验台试验合格后装车使用。试验后须重新涂打检修标记。 4．运输过程中应避免磕碰，长距离运输时应有整体包装和能承受压力的外包装。

附表 1　120／120-1 阀橡胶件明细表

序号	名　称	图　号	规　格	每套数量	使用部位			
					主阀	缓解阀	紧急阀	中间体
1	主阀垫	MSP120F-30-02	—	1	—	—	—	1
2	紧急阀垫	MSP120F-30-04	—	1	—	—	—	1
3	膜板	MSP120F-10-24	ϕ126	1	1	—	—	—
4	密封圈	MSP120F-10-21	ϕ16	5	2		3	—
5	缓解阀垫	MSP120F-10-11		1	1	—	—	—
6	夹心阀	MSP120F-13-00	ϕ38	1	1	—	—	—
7	夹心阀	MSP120F-43-00	ϕ16	4	1	2	1	
8	加速缓解膜板	MSP120F-10-16	ϕ59	2	2	—	—	—
9	缓解阀膜板	MSP120F-20-05	ϕ84	1	—	1	—	—
10	均衡阀组成	MSP120F-22-00	ϕ32	1	—	1	—	—
11	排风罩垫	MSP120F-12-03	ϕ27	1	1	—	—	—
12	紧急活塞膜板	MSP120F-40-11	ϕ100	1	—	—	1	—
13	排风口罩垫	MSP120F-40-07	ϕ43	1	—	—	1	—
14	紧急放风阀组成	MSP120F-44-00	ϕ38	1	—	—	1	—
15	O 形橡胶密封圈	MSP120F-10-13	D6×1.45	2	1	—	1	—
16	O 形橡胶密封圈	MSP120F-40-05	D28×3.1	1	—	—	1	—
17	O 形橡胶密封圈	MSP120F-10-21	D45×3.1	3	2	1	—	—
18	O 形橡胶密封圈	MSP120F-10-21	D25×2.4	7	7	—	—	—
19	O 形橡胶密封圈	MSP120F-10-21	D35×3.1	10	1	1	—	8
20	O 形橡胶密封圈	MSP120F-10-21	D50×3.1	1	1	—	—	—
21	O 形橡胶密封圈	MSP120F-10-21	D75×3.1	1	1	—	—	—
22	O 形橡胶密封圈	MSP120F-10-21	D16×2.4	4	2	2	—	—
23	O 形橡胶密封圈	MSP120F-10-21	D20×2.4	1	—	—	1	—
24	O 形橡胶密封圈	MSP120F-10-21	D22×2.25	2	—	2	—	—
25	O 形橡胶密封圈	MSP120F-10-21	D14×2.25	1	—	1	—	—

附表 2 120 / 120-1 阀弹簧参数表

序号	弹簧名称		规格	数量件	装配高 (mm)	装配负荷(N)	工作高(mm)	工作负荷(N)
1	紧急阀	安定簧	2.0×48.5×54.5	1	38	6.5±0.8	26	11.2±1.3
2		先导阀簧	1.0×11×17.5	1	10.5	13.8±1.7	8	18.8±2.6
3		放风阀簧	1.6×15×33.5	1	22	51.6±6.2	16	78.4±9.4
4	缓解阀	缓解阀簧	2.0×24×48	1	32	39.6±4.8	22	64.3±7.7
5		止回阀簧	1.2×10.2×32.5	1	26	21.5±2.6	23.5	29.7±3.6
6		缓解阀手柄簧	2.4×13.9×35	1	31	108±13	24	296±35.5
7	主阀	止回阀簧	0.7×14.8×25	1	20	0.8±0.12	—	—
8		加速缓解阀簧	1.0×11×17.5	1	11.5	11.8±1.4	8.9	17±2.0
9		局减阀簧	2.0×20×53	1	41	36.1±4.3	32	63.2±7.6
10		减速簧	3.5×43×75	1	51	115±13.8	47	134±16.1
11		稳定簧	1.5×20×34.5	1	26	13.4±1.6	20	22.9±2.7
12		节制阀簧	0.7×4.9×18	1	12	18.3±1.8	—	—
13		紧急二段阀簧	2.0×20×53	1	41	36.1±4.3	32	63.2±7.6

注：120、120-1 阀图号均为 MSP120F-20-02。

附表 3 120 / 120-1 阀零部件检修限度表

序号	名称	图号	检测项目	原型（mm）	限度(mm)	检测器具
1	滑阀	120:MSP120F-20-03	滑阀厚度不小于	17±0.15	16	游标卡尺
		120-1:TKH126-10-02	缓解槽深度不小于	3	2.2	或样板
2	节制阀	MSP120F-10-28	节制阀厚度不小于	6±0.2	5	游标卡尺或样板
3	缓解阀顶杆座	MSP120F-20-01	全长不小于	37±0.125	36	游标卡尺或样板
4	缓解阀手柄座	MSP120F-20-15	杆部弯曲不大于	—	2	刀口尺

续上表

序号	名　称	图　号	检测项目	原型（mm）	限度(mm)	检测器具
5	紧急活塞杆	MSP120F-40-03	与紧急阀座接触部位的外径不小于	$\phi 12_{-0.12}^{-0.05}$	ϕ11.7	游标卡尺
6	主阀体组成	MSP120F-11-00	滑阀座底面与顶面圆弧最高点处距离不大于	$45.5_{0}^{+0.39}$	46.8	游标卡尺或塞规

附表 4　120／120-1 阀各限制孔孔径

序　号	缩孔部位	孔　径（mm）
1	紧急活塞杆上紧急室充气限制孔	ϕ0.5
2	紧急活塞杆上紧急室排气限制孔	ϕ1.1
3	紧急活塞杆安定限制孔	ϕ2.5
4	主阀安装面局减室排气限制孔	ϕ0.8
5	滑阀充气限制孔	ϕ2.0
6	滑阀减速充气限制孔	ϕ1.9
7	254 mm 制动管充气限制缩孔堵	ϕ1.8
8	254 mm 制动缸缓解限制缩孔堵	ϕ2.9
9	356 mm 制动缸缓解限制缩孔	ϕ3.6
10	254 mm 制动缸用紧急二段阀缩孔堵	ϕ2.4
11	滑阀加速缓解风缸充气限制孔	ϕ0.9
12	滑阀逆流孔	ϕ0.2
13	放风阀盖列车管充气限制缩堵孔	ϕ1.0
14	滑阀下面 ju3 限制孔（仅 120-1 阀有）	ϕ0.6
15	F7 限制孔（仅 120-1 阀有）	ϕ2.0

<table>
<tr><td></td><td>空重车自动调整装置检修</td><td>HG606-2008</td></tr>
<tr><td colspan="3">一、适用范围：KZW 系列空重车自动调整装置、TWG-1 系列空重车自动调整装置、横跨梁及附件检修。
二、工艺流程：现车分解→检修→组装。
三、工装设备：扳手、试验台、电(风)扳机、超声波清洗机、台钳。
四、检测器具：空重车自动调整装置横跨梁组成检测量规、支架、抑制盘检测量规。
五、工序及技术要求：</td></tr>
<tr><td>工　序</td><td colspan="2">技　术　要　求</td></tr>
<tr><td>1. 外部清洗</td><td colspan="2">1. 空重车自动调整阀须经外部清洗，须符合《空气制动零部件外部清洗》HG601-2008 的要求。
2. 清洗后须烘干或采用压缩空气吹干。</td></tr>
<tr><td colspan="3">2. KZW 系列空重车自动调整装置</td></tr>
<tr><td>（1）分解</td><td colspan="2">1. 测重机构
取下测重机构抑制盘杆上的开口销，旋下触头，将抑制盘从支架孔内取出，取下传感阀。
2. 传感阀
（1）取下防尘罩。外体清理后，用专用扳手卸下阀盖，取下 O 形橡胶密封圈。用轴用弹性挡圈钳取下触杆上的弹性挡圈。取出活塞组成及各弹簧。取下阀体上部的 Y 形橡胶密封圈。
（2）取下活塞体上的 Y 形橡胶密封圈。用孔用弹性挡圈钳取下活塞下部的弹性挡圈，取下压盖、夹心弹簧、夹心阀。用冲头冲出触杆与活塞间的圆销，取下触杆、连接杆。
3. 调整阀
（1）取下阀盖，取出膜板、推杆组成、O 形橡胶密封圈、中体及中体上的密封孔垫。取出阀体内的活塞组成、压力弹簧、O 形橡胶密封圈及阀体上的密封 3 孔垫。分解时不得损伤活塞表面。
（2）用专用扳手旋下显示活塞后盖，取下 O 形橡胶密封圈、显示活塞、显示弹簧。取下显示活塞上的 Y 形橡胶密封圈和阀盖显示活塞杆孔内的 O 形橡胶密封圈。
（3）取下活塞上的 O 形橡胶密封圈、夹心阀和夹心阀弹簧。
4. 各部件分解过程中须采取保护措施，分解后应将各零件放置在专用存放盒内，避免磕碰损伤。</td></tr>
</table>

续上表

工　序	技　术　要　求
（2）零件检修	1．弹簧 弹簧须在数控弹簧测力机上进行检测，符合表1及表2的规定。

表1　KZW系列传感阀弹簧参数表

序号	名　称	自由高(mm)	工作高(mm)	工作负荷(N)	数量	适用型号
1	复原弹簧	63_{-3}^{+1}	29	$51.8_{-5}^{+1.6}$	1	KZW-A（21），KZW-4GA
		75.5_{-3}^{+1}	34	$47.5_{-4}^{+1.2}$	1	KZW-A（27），KZW-4GC
		63_{-3}^{+1}	23	$60_{-4.5}^{+1.5}$	1	KZW-4
2	调压弹簧	53.5_{-2}^{0}	33	433_{-42}^{0}	1	KZW-A（21），KZW-4GA
		60_{-2}^{0}	36	305_{-26}^{0}	1	KZW-A（27）
		60_{-2}^{0}	36	255_{-21}^{0}	1	KZW-4GC
		52.2_{-2}^{0}	36	254.8_{-32}^{0}	1	KZW-4
3	夹心阀弹簧	30.2_{-2}^{+1}	13	$23.42_{-3}^{+1.5}$	1	KZW-A（21），KZW-4GA，KZW-A（27），KZW-4GC，KZW-4
4	复位弹簧	168.6_{-10}^{+5}	87.5	65_{-8}^{+4}	1	KZW-A（21），KZW-4GA，KZW-A（27），KZW-4GC

续上表

工　　序	技　　术　　要　　求
（2）零件检修	（见下）

表 2　KZW 系列调整阀弹簧参数表

序号	名　称	自由高(mm)	工作高(mm)	工作负荷 (N)	数量	适用型号
1	压力弹簧	19±1	13	165.4±28	1	
		19±1	15	90±24	1	KZW-4
2	阀芯弹簧	30^{+1}_{-2}	13.3	$11.3^{+0.7}_{-1.4}$	1	
		30^{+1}_{-2}	19	$6^{+0.5}_{-1}$	1	KZW-4
3	显示弹簧	36^{+1}_{-2}	19.3	$56.5^{+3.5}_{-7}$	1	
		36^{+1}_{-2}	16.5	130^{+7}_{-14}	1	KZW-4

2．支架、抑制盘

（1）复位弹簧裂纹、腐蚀严重时更换。弹簧座上的弹簧支承平面磨耗大于 1 mm 时更换。

（2）触头组成减摩垫露出高度小于 1 mm 时更换。无减摩垫的触头须更换为有减摩垫的触头。

（3）支架 ϕ25 mm 或 ϕ36 mm 内孔磨耗大于 1 mm，或支架裂纹、缺损时更换。

（4）抑制盘 ϕ25 mm 或 36 mm 柱面磨耗大于 1 mm，或抑制盘裂纹、缺损时更换。

3．传感阀

（1）触杆 ϕ18 mm 柱面直径小于 ϕ17.6 mm 时更换，划伤时可用细砂纸或油石打磨修理，各柱塞及铜套表面须光滑。触杆 ϕ1.5 mm 孔及 ϕ4 mm 孔须通畅，阻塞时用小于各孔径的钢针疏通。

（2）橡胶件按表 3 更换新品。各型橡胶密封件自制造完成之日起至组装使用前的贮存期不超过 6 个月。

续上表

<table>
<tr><th>工 序</th><th>技 术 要 求</th></tr>
<tr><td>(2)零件检修</td><td>

表 3 KZW 系列传感阀橡胶件明细表

序号	名 称	规 格	材 料	数量
1	Y形橡胶密封圈	$\phi24\times\phi18\times6$	耐油耐寒橡胶	1
2	O形橡胶密封圈	$\phi56\times3.7$	耐油耐寒橡胶	1
3	Y形橡胶密封圈	$\phi46\times\phi37\times7$	耐油耐寒橡胶	1
4	夹心阀	—	耐油耐寒橡胶	1

(3) C-A 型传感阀防尘罩破损、老化严重或顶部磨耗深度超过 1 mm 时更换，丢失时补装。

4．调整阀

(1) 显示活塞 ϕ8 mm 柱面划伤时可用细砂纸或油石打磨修理或更换。中体铜套内孔划伤时更换。各柱塞及铜套表面须光滑。

(2) 橡胶件按表 4 更换新品，各型橡胶密封件自制造完成之日起至组装使用前的贮存期不超过 6 个月。

表 4 KZW 系列调整阀橡胶件明细表

序号	名 称	规 格	数量	适用型号
1	夹心阀	—	1	KZW-A，KZW-4G，KZW-4GAB，KZW-4
2	O形橡胶密封圈	$\phi56\times\phi3.7$	1	KZW-A
3	密封孔垫	—	4	KZW-A，KZW-4G，KZW-4GAB
			2	KZW-4
4	O形橡胶密封圈	$\phi32\times2.6$	1	KZW-A，KZW-4G，KZW-4GAB，KZW-4
5	Y形橡胶密封圈	$\phi19.5\times\phi12\times4$	1	KZW-A，KZW-4GAB

</td></tr>
</table>

续上表

<table>
<tr><th>工　序</th><th>技　术　要　求</th></tr>
<tr><td>（2）零件检修</td><td>续上表<table>
<tr><th>序号</th><th>名 称</th><th>规 格</th><th>数量</th><th>适用型号</th></tr>
<tr><td rowspan="2">6</td><td rowspan="2">O形橡胶密封圈</td><td rowspan="2">$\phi 12\times 2$</td><td>1</td><td>KZW-A，KZW-4G，KZW-4GAB</td></tr>
<tr><td>2</td><td>KZW-4</td></tr>
<tr><td>7</td><td>O形橡胶密封圈</td><td>$\phi 106\times 3.5$</td><td>1</td><td>KZW-A，KZW-4G，KZW-4GAB</td></tr>
<tr><td>8</td><td>膜板</td><td>—</td><td>1</td><td>KZW-A，KZW-4G，KZW-4</td></tr>
<tr><td>9</td><td>O形橡胶密封圈</td><td>$\phi 14\times 2$</td><td>1</td><td>KZW-A，KZW-4GAB</td></tr>
<tr><td>10</td><td>Y 形橡胶密封圈</td><td>$\phi 56\times\phi 48.5\times 7$</td><td>1</td><td>KZW-4G，KZW-4GAB，KZW-4</td></tr>
<tr><td>11</td><td>上膜板</td><td>—</td><td>1</td><td>KZW-4GAB</td></tr>
<tr><td>12</td><td>下膜板</td><td>—</td><td>1</td><td>KZW-4GAB</td></tr>
<tr><td>13</td><td>Y形橡胶密封圈</td><td>$\phi 24\times\phi 18\times 6$</td><td>1</td><td>KZW-4G，KZW-4</td></tr>
<tr><td>14</td><td>菱形垫片</td><td>—</td><td>1</td><td>KZW-A，KZW-4G，KZW-4GAB，KZW-4</td></tr>
</table></td></tr>
<tr><td>（3）组装及试验</td><td>1．非不锈钢触杆的抑制盘润滑脂腔内须注入适量 GP-9 润滑脂。
2．空重车阀的活塞组成在阀体内推、拉时，动作须灵活，阻力适当。活塞膜板边缘须完全入槽。
3．检修后的 KZW 系列传感阀和调整阀须经微控空重车自动调整装置试验台试验合格后装车使用，试验方法和质量要求按《KZW 系列空重车自动调整装置试验台试验》HG619-2008 规定执行，试验后打印试验记录。</td></tr>
<tr><td>（4）油漆与标记涂打</td><td>漆喷涂后，须在传感阀下部外圆面和调整阀阀体边缘顶部用白油漆涂打检修单位简称和检修年月，字号为 15 号。</td></tr>
<tr><td colspan="2">3. TWG-1 系列空重车自动调整装置</td></tr>
</table>

续上表

<table>
<tr><th>工　序</th><th>技　术　要　求</th></tr>
<tr><td>（1）分解</td><td>1．T-1A 型调整阀
（1）拆下上盖、上体。用孔用弹簧挡圈钳取下挡圈，拆下显示器、显示器弹簧，取下 O 形橡胶密封圈 D25×2.4。
（2）从上体中取出膜板、上衬圈。拧下紧固上活塞的螺钉，拆下上活塞，抽出压杆。
（3）从阀体中取出膜板、下衬圈，拔出下活塞等组件时须使用 2 个 M5 螺钉，不得采用尖嘴钳。从下活塞中取出止回阀、弹簧，取下 O 形橡胶密封圈 D50×5.3。
（4）拧下下盖。拧下下盖上的滤尘缩堵，取出跃升弹簧、调整垫。从阀体中抽出跃升活塞及顶杆，取 2 个 O 形橡胶密封圈 D45×3.1。
2．WG-1A／C 型传感阀
（1）拧松上盖的 2 个螺母，先取下其中的一个，压住上盖向一侧旋转直至活塞等组件露出，在活塞完全露出前须遮挡，防止零件弹出。抽出活塞组件、复原弹簧，取下上盖，取出弹簧垫及 Y 形橡胶密封圈 D33×25。
（2）用专用工具将弹性圆柱销压出，分解活塞与顶杆组成，取下顶杆弹簧、活塞上的 Y 形橡胶密封圈 D40×32。
（3）用孔用弹簧挡圈钳取下活塞上的弹性挡圈 22，取下弹簧座、止回阀弹簧、止回阀 $\phi16$。
（4）将触头组成从顶杆上拧下，将滤尘缩堵从触头上拧下。
（5）用孔用弹簧挡圈钳取下阀体上的弹性挡圈 35，取下弹簧垫及 Y 形橡胶密封圈 D33×25。
3．各部件分解过程中须采取保护措施，分解后应将各零件放置在专用存放盒内，避免磕碰损伤。</td></tr>
<tr><td>（2）零部件的检修</td><td>1．橡胶件按表 5 更换新品。各型橡胶密封件自制造完成之日起至组装使用前的贮存期不超过 6 个月。
表 5　TWG-1 型空重车自动调整装置橡胶件明细表
<table>
<tr><th>序号</th><th>部位</th><th>名称</th><th>图号</th><th>规格</th><th>数量</th></tr>
<tr><td>1</td><td rowspan="4">WG-1 型传感阀</td><td>Y 形橡胶密封圈</td><td>MSP422-10-03</td><td>D40×32</td><td>1</td></tr>
<tr><td>2</td><td>Y 形橡胶密封圈</td><td>MSP422-10-07</td><td>D33×25</td><td>2</td></tr>
<tr><td>3</td><td>O 形橡胶密封圈</td><td>MSP422-10-08</td><td>D63×2.65</td><td>1</td></tr>
<tr><td>4</td><td>阀垫</td><td>MSP422-20-02</td><td></td><td>1</td></tr>
</table></td></tr>
</table>

续上表

<table>
<tr><th>工　　序</th><th>技　　术　　要　　求</th></tr>
<tr><td>（2）零部件的检修</td><td>

续上表

序号	部位	名称	图号	规格	数量
5	T-1 型调整阀	止回阀	MSP120-43-00	$\phi16$	1
6		膜板	MSP424-10-03	$\phi108$	2
7		夹心阀组成	MSP424-13-00	$\phi42$	1
8		阀垫	MSP424-20-02		1
9		O 形橡胶密封圈	MSP424-10-08	D50×5.3	2
10		O 形橡胶密封圈	MSP120B-10-21	D25×2.4	1
11		橡胶密封圈	MSP120B-10-25	$\phi16$	3
12		O 形橡胶密封圈	MSP120B-10-21	D45×3.1	2
13		O 形橡胶密封圈	MSP200-00-39	D14×2.25	1

2. 传感阀顶杆、触头上的通气孔和调整阀的排气塞堵塞须用通针疏通。传感阀触头、调整阀下盖上的滤尘缩堵堵塞时须用直径小于 $\phi2$ mm 的通针疏通，并清洗干净。

3. 触头组成减摩垫剩余高度小于 1 mm 时更换新品。

4. 传感阀弹性圆柱销更换新品。

5. 顶杆组成出现下列情况之一时更换新品：

（1）锁圈松动或脱落；

（2）触头旋进、旋出顶杆组成，有效力矩小于 3 N · m；

（3）顶杆 25 mm 的外圆部分在全长范围内弯曲变形大于 0.5 mm。

6. 传感阀活塞杆上的两长槽下边缘距活塞下端部的距离 L 小于 5 mm 时更换（见表 7）。

7. 弹簧须在数控弹簧测力机上进行检测，符合表 6 的规定。

</td></tr>
</table>

续上表

工　　序	技　术　要　求
(2) 零部件的检修	（见下表6、表7及第8、9条）

表 6　TWG-1 型空重车自动调整装置弹簧参数表

序号	部　位	名　　称	图　　号	规　　格	装配高 (mm)	装配负荷 (N)	工作高(mm)	工作负荷 (N)
1	WG-1 型传感阀	止回阀簧	MSP422-10-05	ϕ0.5× ϕ9.2/7	5	0.64±0.1	3	1.29±0.2
2		复原簧 A 型	MSP422-10-05	ϕ2× ϕ32.5/203	107	43.24±5.2	62	63.51±7.6
3		顶杆簧 A 型	MSP423-10-01	ϕ3.2× ϕ25.4/57.5	56	23.5±2.8	36	337±40
4		复原簧 C 型	MSP426-10-02	ϕ2× ϕ32.6/212	131	36.1±4.3	75	61.1±7.3
5		顶杆簧 C 型	MSP426-10-02	ϕ3.2× ϕ25.5/71.5	70	17.96±2.2	42	353.17±42.4
6	T-1 型调整阀	指示器弹簧	MSP424-10-01	ϕ2× ϕ36.2/23.5	18	14.9±1.8	9	39.28±4.7
7		跃升弹簧	MSP424-20-01	ϕ2.5× ϕ32/78	37	87.3±10.5	27	108.6±13
8		充气阀簧	MSP104-10-03A	ϕ0.8× ϕ15/25	20	0.8±0.1	—	—

8．传感阀活塞内的阀口、调整阀体中的阀口损伤时修理或更换。

9．零件的检修限度见表 7。

表 7　TWG-1 型空重车自动调整装置零件限度表

序号	名称	图　　号	检测项目	原型	限度值	检测器具
1	活塞	MSP422-10-04（A 型） MSP426-10-01（C 型）	长槽边缘距活塞下端部距离不小于	$6^{+0.1}_{0}$ mm	5 mm	游标卡尺或样板
2	顶杆组成	MSP422-13-00（A 型） MSP426-12-00（C 型）	触头组成与顶杆组成的装配力矩不小于		3N・m	力矩扳手
			Φ25 mm 的外圆杆在全长范围内弯曲变形不大于		0.5 mm	刀口尺
3	触头组成	MSP422-12-00	减摩垫露出触头的高度不小于	3 mm	1 mm	游标卡尺或样板

续上表

工　序	技　术　要　求
（3）组装与试验	1．传感阀的弹性圆柱销开口须向上，且弹性圆柱销两端不得露出传感阀活塞杆外壁。 2．触头旋入顶杆后，触头上面与顶杆下端面须有 5 mm 以上的间隙。 3．检修的传感阀、调整阀须在微控空重车自动调整装置试验台上试验合格后装车使用。试验方法和质量要求按《TWG-1 系列空重车自动调整装置试验台试验》HG620-2008 的规定执行，试验后打印试验记录。 4．空重车阀的活塞组成在阀体内推、拉时，动作须灵活，阻力适当。活塞膜板边缘须完全入槽。
（4）油漆与标记涂打	面漆喷涂后，须用白油漆在传感阀和调整阀阀体外圆表面喷涂检修单位简称和检修年月，字号为 15 号。
4. 横跨梁及附件检修	执行《横跨梁及附件检修》HG313-2008 的规定。

	空车安全阀检修	HG607-2008

一、适用范围：空车安全阀检修。
二、工艺流程：外部清洗→分解、检查→组装→.试验→铅封、涂打标记。
三、工装设备：安全阀试验台、检修工作台、扳手、铅封钳。
四、检测器具：安全阀、折角塞门弹簧检测量规。
五、所需材料：三通阀油、ϕ0.5～ϕ0.9 mm 铁丝、清洗剂、铅封、400 号金钢砂。
六、工序及技术要求：

工　　序	技　　术　　要　　求
1. 外部清洗	1. 安全阀须经外部清洗，须符合《空气制动零部件外部清洗》HG601-2008 的要求。 2. 清洗后须烘干或采用压缩空气吹干。
2. 分解、检查	1. 分解铅封，卸下螺帽，取出调整螺套、阀杆、弹簧及阀。 2. 检查 （1）各配件有裂纹、弯曲时更换。 （2）阀与座接触不严密时用 400 号金钢砂研磨。 （3）阀杆与调整螺套应有间隙但不应大于 1 mm。 （4）阀与套间隙不应大于 0.2 mm，超过时换阀调整。 （5）阀体下部螺纹缺损时更换。 （6）弹簧自由高原型为 $73^{+3.5}_{-1.0}$ mm，低于 70 mm 或折断时更换。新品弹簧自由高须为 $73^{+3.5}_{-1.0}$mm。 （7）将零件放入清洗机内洗净，吹干并擦净。
3. 组装	1. 在阀杆、阀芯上涂以适量 120 阀用改性甲基硅油。 2. 依次将阀、阀杆及弹簧装入阀体内，旋入调整螺套（在阀杆孔上涂适量 120 阀用改性甲基硅油）至适当位置待试验。调整螺套丝扣旋入长度不少于 15 mm（即 10 扣以上）。

续上表

工　　序	技　术　要　求
4. 试验	1. 在专用试验台上旋转调整螺套，安全阀应在 190 kPa 排风，降至 160 kPa 前停止排风，且不得漏泄。 2. 试验完毕安装螺帽后，再按上项试验 1～2 次应符合规定。
5. 铅封、涂打标记	试验合格用 ϕ0.5～ ϕ0.9 mm 铁丝铅封，铅封检修单位代号须清晰。涂打“190 kPa”字样，字号为 20 号，不得堵塞排气孔。
6. 包装、贮存、运输	运输过程中应避免磕碰，长距离运输时应有整体包装和能承受压力的外包装。

	锥芯折角塞门检修	HG608-2008

一、适用范围：锥芯折角塞门检修。
二、工艺流程：外部清洗→分解清洗→检查检修→研磨→组装→试验。
三、工装设备：试验台、工作台、塞门研磨机、专用扳手。
四、检测器具：安全阀、折角塞门弹簧检测量规。
五、所需材料：金刚砂、制动缸脂、聚四氟乙烯薄膜、黑铅粉油、清洗剂、防锈检漏剂。
六、工序及技术要求：

工　　序	技　术　要　求
1. 外部清洗	须经外部清洗，须符合《空气制动零部件外部清洗》HG601-2008 的要求，清洗后须烘干或采用压缩空气吹干。
2. 分解清洗	卸下塞门手把、弹簧托盖，分解塞门芯，将各零件放入清洗机内洗净、吹干。
3. 检查检修	1. 塞门芯开通线不清晰者应重新刻打。 2. 塞门体、芯、套、盖、手把等磨损时修理或更换。塞门体上无手把挡者或手把挡不起作用者更换。 3. 塞门体螺纹损坏时更换，塞门托盖螺纹损坏或磨耗严重时更换。 4. 塞门芯通风断面不符合图样要求时更换。 5. 各弹簧变形、折损、衰弱时更换。弹簧自由高不应低于 33 mm。
4. 研磨	塞门芯磨伤或漏泄时，可刮、锉修理，修理后与塞门体用 100～120 号金刚砂对研，然后用玻璃粉或擦铜油对研，直至塞门芯各部呈现一致的光泽，研磨时在塞门芯表面涂以研磨剂，采用上下转动并调转方向的方法研磨。
5. 组装	1. 组装前各零件须清洗、擦拭干净并干燥，组装时塞门芯涂以适量 89D 制动缸脂，托盖螺纹处缠聚四氟乙烯薄膜。 2. 塞门手把与插销应为标准件，插销由左向右装入，并劈开销尾，插销不得以开口销、铁钉代替。

续上表

工　序	技　术　要　求
6. 试验	1. 将塞门置于关闭位，进气端与试验台风源连接，通以压力为 600 kPa 的压缩空气。 （1）开放位：用塞堵堵住另一端管接口，通风后将手把开闭三次后置于开放位，用防锈检漏剂检查各结合部、阀体，不得漏泄。 （2）关闭位：将塞门手把置于关闭位，卸下塞堵用防锈检漏剂检查各结合部、阀体及通风口。在锥芯塞门管接口涂防锈检漏剂，10 s 内气泡不得破裂；球芯塞门不得漏泄。 2. 塞门手把开闭作用应灵活。
7. 包装、贮存、运输	运输过程中应避免磕碰，长距离运输时应有整体包装和能承受压力的外包装。

	球芯折角塞门检修	HG609-2008

一、适用范围：现车检查、试验有故障的球芯折角塞门检修、试验。
二、工艺流程：现车检查试验→外部清洗→分解→零件清洗→检修→组装→试验。
三、工装设备：试验台、工作台、风扳机、扳手、螺丝刀。
四、检测器具：安全阀、折角塞门弹簧检测量规。
五、所需材料：防锈检漏剂、硅脂、棉白细布、铅粉油。
六、工序及技术要求：

工　序	技　术　要　求
1. 现车检查试验	球芯折角塞门现车检查有故障或单车试验不良时，须卸下分解检修、试验。
2. 外部清洗	球芯折角塞门须经外部清洗，须符合《空气制动零部件外部清洗》HG601-2008 的要求。清洗后须烘干或采用压缩空气吹干。
3. 分解	1. 取出塞门芯轴销子，卸下连接手把及套口。 2. 分解上盖及塞门体螺栓，取下上盖、取出塞门芯轴、拆下各密封圈。 3. 松开锁紧螺母，卸下压圈，用带钩的工具插入球芯豁口内取出球芯及密封座。
4. 零件清洗	零件须清洗干净，清除球芯轴沟槽内的油污，擦洗塞门体球芯、轴上盖等各装配面。
5. 检修	1. 球芯、拨芯轴表面有划痕、镀层表面脱落影响密封性能时更换。阀体裂纹、破损时更换。 2. 橡胶密封圈、密封垫、密封座须更换新品。 3. 各橡胶零件严禁接触汽油、煤油等有腐蚀性的物质。 4. 若由于球芯两端密封座压量小漏泄时，允许在密封座肩部加调整垫片消除漏泄。 5. 不锈钢球芯折（直）角塞门的手把和套口（图样 QCP460-00-03、 QCP460-00-02）须更换为铸铁球芯折角塞门的手把和套口（图样 QCP432-00-10、QCP432-00-09）,塞门手把丢失的须补装铸铁球芯折角塞门手把。

续上表

工　　序	技　术　要　求
6. 组装	1. 组装前应将各零件（橡胶件除外）清洗干净。 2. 组装时，O形橡胶密封圈、尼龙密封垫、密封座、拨芯轴、球芯及各配合表面，涂以适量GP-9硅脂或7057硅脂。 3. 组装各部零件，螺纹处涂黑铅粉油，上盖各螺栓均匀紧固。
7. 试验	1. 将塞门置于关闭位，进气端与试验台风源连接，通以压力为600 kPa的压缩空气。 （1）开放位：用塞堵堵住另一端管接口，通风后将手把开闭三次后置于开放位，用防锈检漏剂检查各结合部、阀体，不得漏泄。 （2）关闭位：将塞门手把置于关闭位，卸下塞堵用防锈检漏剂检查各结合部、阀体及通风口。在锥芯塞门管接口涂防锈检漏剂，10 s内气泡不得破裂；球芯塞门不得漏泄。 2. 塞门手把开闭作用应灵活。
4. 包装、贮存、运输	运输过程中应避免磕碰，长距离运输时应有整体包装和能承受压力的外包装。

6

	缓解阀检修	HG610-2008

一、适用范围：缓解阀检修、试验。
二、工艺流程：外部清洗→分解检查→组装→试验→包装、贮存、运输。
三、工装设备：缓解阀试验装置、工作台、清洗机。
四、所需材料：防锈检漏剂、铅粉油或聚四氟乙烯带、清洗剂、润滑脂。
五、工序及技术要求：

工序	技术要求
1. 外部清洗	1. 缓解阀须经外部清洗，须符合《空气制动零部件外部清洗》HG601-2008 的要求。 2. 清洗后须烘干或采用压缩空气吹干。
2. 分解检查	1. 阀体裂纹时更换，阀杆弯曲、裂纹时更换；阀杆头部磨耗严重影响作用时更换。 2. 橡胶垫须更换为新品。组装前橡胶垫应擦拭干净，不得用油类（汽油、煤油）、香蕉水、碱酸等腐蚀性介质清洗。 3. 弹簧衰弱或折断时更换，托盖及阀体丝扣损伤时更换。 4. 缓解阀阀杆销子两端应铆固。
3. 组装	1. 组装时在螺纹上缠聚四氟乙烯薄膜后拧紧。 2. 组装后，压动阀杆时应留有间隙。
4. 试验	将缓解阀装于试验台上，通以压力为 600 kPa 的压缩空气。缓解阀处于关闭位置时，在阀体及排风口处涂防锈检漏剂不得漏泄；拉、压阀杆时，空气应畅通排出，松开压阀杆后，须自动恢复原位，不得漏泄。
5. 包装、贮存、运输	运输过程中应避免磕碰，长距离运输时应有整体包装和能承受压力的外包装。

编织制动软管检修		HG611-2008

一、适用范围：各型编织制动软管总成检修。
二、工艺流程：清洗→检查→风压试验→水压试验→涂打标记。
三、工装设备：微控软管风水压试验装置、字模、喷枪、风管堵。
四、检测器具：制动软管检测量规。
五、所需材料：油漆。
六、工序及技术要求：

工　序	技　术　要　求
1．清洗、检查	1．编织制动软管总成无制造单位、时间标记或使用时间满6年时报废。 2．编织制动软管总成检修前须按《空气制动零部件外部清洗》HG601-2008 进行外部清洗。清除编织制动软管总成外表面尘砂、污物及管接头处的聚氟乙烯带。 3．检查连接器体须无裂纹、变形，连接部分状态良好，连接平面无毛刺，连接轮廓符合样板要求。软管垫须更换新品。 4．接头裂纹、缺损、螺纹磨耗超限时更换。 5．软管体老化、破损、脱层时更换。 6．编织制动软管总成的外护簧断裂、锈蚀严重时更换。
2．风压试验	将编织制动软管总成置于水槽内，通以压缩空气达到650～700 kPa后保压5 min，编织制动软管总成须无漏泄、破裂，软管发生气泡在10 min内逐渐减少并消失者可使用。
3．水压试验	以1 000 kPa的水压进行强度试验，保压2 min须无破损、外径无局部凸起，软管膨胀后直径大于ϕ57 mm时更换。水压试验后须清除管内积水。

续上表

工　序	技　术　要　求
4．标记涂打	经风、水压试验合格的编织制动软管总成涂刷黑色底漆，干燥后，在软管中部按图 611-1 涂打段检修车间代号及年、月标记，汉字字号为 20 号，日期字号为 15 号，颜色为白色。 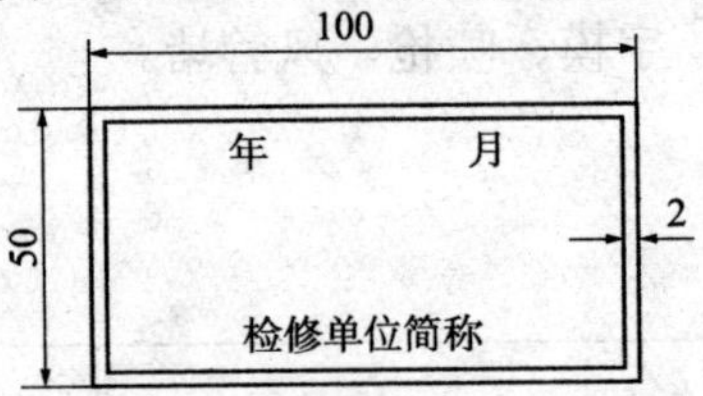 图 611-1　编织制动软管总成检修标记

	脱轨自动制动阀检修	HG612-2008
一、适用范围：脱轨自动制动阀检修。 二、工艺流程：分解→阀检修→组装→油漆与标记涂打。 三、工装设备：扳手、检修工作台、漏泄试验台、砂轮机、标记字模、喷枪。 四、检测器具：力矩扳手。 五、所需材料：黄色油漆。 六、工序及技术要求：		
工　序	技　术　要　求	
1．分解	1．现车检查、试验有故障的脱轨自动制动阀分解检修。 2．用长扳手拧下锁紧螺母，取出阀体下承台上的弹片。 3．拔出阀盖和阀体间的弹性圆柱销，取出阀盖和作用杆组成。取下作用杆键槽内的键，退出弹片。	
2．检修	1．制动阀阀体裂纹时更换。 2．制动阀杆锌铬涂层剥落或露底时更换为表面采用达克罗工艺处理的新品。制动阀杆锌铬涂层剥落、露底或湿法磁粉探伤有裂纹时更换。在试验台上进行试验，制动阀杆内部通以压力为650～700 kPa的压缩空气，保压1 min，不得漏泄。 3．弹片锌铬涂层剥落、露底或湿法磁粉探伤时有裂纹，或平面度超过0.4 mm时更换。 4．调节杆与作用杆螺纹腐蚀深度大于1 mm时更换，损伤时修理或更换。 5．作用杆上的键变形、磕碰伤影响组装时更换。 6．弹性销更换新品。	
3．组装	1．弹片表面、作用杆外表面、阀体内与作用杆接触的表面（包括键槽）、调节杆外表面均须涂适量120阀用改性甲基硅油。 2．将一弹片套装于作用杆上，贴靠作用杆凸肩。将键嵌入作用杆上的键槽后，再将作用杆从阀体上方放入，使弹片贴靠阀体上承台。作用杆应能在阀体内垂向自由移动，无卡滞。 3．将另一弹片套装于作用杆上，贴靠阀体下承台。将制动阀杆放入阀体内，贴靠阀体凸台面，并用2个M12	

续上表

工　序	技　术　要　求
3．组装	×40 的连接螺栓和 2 个弹性垫圈紧固。 4．将锁紧螺母套到作用杆上并拧紧，力矩应为(5±1) N·m，制动阀杆端头与作用杆孔上、下间隙应为(2±0.5) mm。 5．将阀盖装入阀体并贴靠阀体止口，对准阀盖与阀体上的 2 个 ϕ3 mm 孔，装入弹性圆柱销。
4．油漆与标记涂打	1．Ⅰ型拉环（拉环销孔距底部钢管内侧高度 341 mm 表面涂黑色油漆，Ⅱ型拉环（拉环销孔距底部钢管内侧高度 366 mm）表面涂黄色油漆。 2．除拉环外，脱轨自动制动装置表面须涂底、面漆，油漆干膜总厚度不小于 60 μm，调节杆螺纹部分、制动阀杆与作用杆间隙处不得有油漆。球阀手把涂白色油漆。 3．在脱轨自动制动阀阀体外侧面用白色油漆涂打检修单位简称和检修年、月标记，字号为 15 号。

	GK 型三通阀试验台试验	HG613-2008

一、适用范围：GK 型三通阀 701 型试验台试验。

二、工艺流程：准备→充气试验→漏泄试验→缓解感度试验→制动灵敏度试验→缓解试验→三通阀急制动孔试验→主活塞环漏泄试验→稳定性试验→制动安定试验→全制动保压试验→紧急制动试验→紧急部综合试验→存贮、打印试验结果。

三、工装设备：701 型试验台、扳手。

四、检测器具：秒表。

五、所需材料：防锈检漏剂、刷子。

六、工序及技术要求：

工　　序	技　　术　　要　　求
1．试验准备	1. 由微机控制进行自动试验（试验台置于自动位）时，各开关均由微机控制自动开闭。手动试验（试验台置于手动位）时，人工开闭各开关。 2. 701 型试验台每日开工前须进行机能校验，机能校验合格后方可进行 GK 阀性能试验。 3. 试验台的各风门须在关闭状态。 4. 开通 0 号风门，调整给气阀使试验台的空气压力为 500 kPa。 5. 安装安装盘、胶垫和顶杆。 6. 开通 1 号风门将三通阀阀体卡紧。须开通 10 号风门将自动卡具与三通阀下体连接卡紧。 7. H 阀手把置于 3 位。 8. 试验三通阀分别开通如下风门：2、3、7、12、14、15、16、17 号风门。 在试验过程中如无特殊情况，各风门保持上述状态。
2．充气试验	F 阀手把置 1 位，H 阀手把置 8 位，确认储风缸压力为 500 kPa 后将 F 阀手把移置 2 位，H 阀手把移置 1 位，测定副风缸压力由 0 升至 220 kPa 的时间应为 36～50 s。
3．漏泄试验	1. 紧急制动位漏泄试验 F 阀手把置 2 位，H 阀手把置 1 位，待制动管与副风缸的压力均达到 500 kPa 后，将 H 阀手把自 1 位移至 8 位往复 2、3 次后置 8 位。待制动缸压力上升后试验以下内容：

续上表

工　序	技　术　要　求
3．漏泄试验	（1）紧急制动位滑阀与座的漏泄试验 在三通阀排气口涂肥皂水，用漏泄测定器测定漏泄量，水面由第二格升至第三格的时间不得少于20s。 （2）止回阀的漏泄试验 关闭2、3号风门。制动缸压力下降10s内不大于30 kPa。试完后开2、3号风门。 （3）三通阀阀体及各接合部的漏泄试验 堵塞三通阀排气口，将H阀手把移置1位，在三通阀阀体各接合部涂肥皂水，均不得漏泄。试完后将排气口的堵取下。 2. 缓解位漏泄试验 F阀手把置2位，H阀手把置1位，待制动管与副风缸压力均达到500 kPa后，将H阀手把移置5位，三通阀发生制动作用后将H阀手把移置1位，开通4号风门，待制动缸压力排尽后关闭3号风门，在三通阀排气口上涂防锈检漏剂，用漏泄测定器测定漏泄量，水面由第二格上升至第三格的时间不少于20 s。试毕关4号，开3号风门。 3. 紧急阀漏泄试验 F阀手把置2位，H阀手把置1位，待制动管与副风缸的压力均达到500 kPa后： H阀手把移置3位，F阀手把移置1位，待副风缸与制动管的压力减至380 kPa时F阀手把移置2位； H阀手把移置5位，待制动管压力减至280 kPa时，H阀手把移置3位；开6号风门，测定制动管压力若随同制动缸压力徐徐下降则为紧急阀漏泄。试完后关闭6号风门。 4. 制动保压位漏泄试验及节制阀漏泄试验 F阀手把置2位，H阀手把置1位，待制动管与副风缸压力均达到500 kPa后，将H阀手把移置4位或5位，待制动缸压力上升至200 kPa时，H阀手把移置3位，试验以下内容： （1）制动保压位滑阀与座的漏泄试验 在三通阀排气口涂防锈检漏剂，用漏泄测定器测定漏泄量，水面由第二格升至第三格的时间不少于30 s。 （2）节制阀漏泄 关3号风门，制动缸压力上升20 s内不大于30 kPa。试完后开3号风门。

续上表

工　　序	技　术　要　求
4. 缓解感度试验	F 阀手把置 2 位，H 阀手把置 1 位，待制动管与副风缸的压力均达到 500 kPa 后，将 H 阀手把移置 5 位，使制动管减压 20 kPa，三通阀发生制动作用后，立即将 H 阀手把移置 3 位，待压力稳定 20s 后，将 H 阀手把移置 2 位，三通阀的起始缓解时间不超过 20 s。
5. 制动灵敏度试验	开通 13 号风门，F 阀手把置 2 位，H 阀手把置 1 位，待制动管与副风缸的压力均达到 500 kPa 后，H 阀手把置 4 位，使制动管减压 40 kPa，H 阀手把置于 3 位，在此过程中测定： 1. 三通阀在减压 25 kPa 前须发生制动作用； 2. 保压后制动管压力下降值不大于 40 kPa； 3. 保压 1 min，三通阀不得发生自然缓解。 试完后关 13 号风门。
6. 缓解试验	1. 全缓解试验 F 阀手把置 2 位，H 阀手把置 1 位，待制动管与副风缸的压力均达到 500 kPa 后，将 H 阀手把移置 4 位或 5 位，待制动缸压力上升至 220 kPa 时，将 H 阀手把移置 3 位，压力稳定后再将 H 阀手把移置 2 位，制动缸压力由 220 kPa 降至 40 kPa 的时间不得超过 6 s。 2. 减速缓解试验 F 阀手把置 2 位，H 阀手把置 1 位，待制动管与副风缸的压力均达到 500 kPa 后，将 H 阀手把置 5 位，制动缸压力升至 220 kPa 时，将 H 阀手把移置 3 位，压力稳定后再移置 1 位，制动缸压力由 220 kPa 降至 40 kPa 的时间应为 9～14 s。
7. 三通阀急制动孔试验	开 4 号风门，F 阀手把置 2 位，H 阀手把置 1 位，待制动管与副风缸的压力均达到 500 kPa 后，将 H 阀手把移置 3 位，F 阀手把移置 1 位，待副风缸与制动管压力均降至 400 kPa 时再将 F 阀手把移置 5 位，制动管压力下降值 4 s 应为 20～40 kPa。试完后关 4 号风门。
8. 主活塞环漏泄试验	开 4、6 号风门。 关闭 3、12、14、15 号风门。F 阀手把置 2 位，H 阀手把置 1 位，待制动管与副风缸压力均达到 500 kPa 后，H 阀手把移置 5 位，待制动管压力降至 450 kPa 后，H 阀手把移置 3 位；F 阀手把移置 1 位，待副风缸压力下降至 420 kPa 后，F 阀手把移 3 位。

6

续上表

工　　序	技　术　要　求
8．主活塞环漏泄试验	H 阀手把移置 4 位，制动管与副风缸的压力均降为 420 kPa 后，将 H 阀手把移置 3 位。压力稳定后，将 F 阀手把移置 4 位，测定制动管压力下降值，1 min 不大于 15 kPa，也可测定制动管与副风缸的压力差，在 30 s 内应大于 40 kPa。 试完后关 4、6 号风门，开 3、12、14、15 号风门。
9．稳定性试验	F 阀手把置 2 位，H 阀手把置 1 位，待制动管与副风缸的压力均达到 500 kPa 后，将 H 阀手把移置 3 位，开通 9 号风门，制动管与副风缸的压力应同时下降，且 1 min 不得发生制动作用。
10．制动安定试验	开 13 号风门，F 阀手把置 2 位，H 阀手把置 1 位，待制动管与副风缸的压力均达到 500 kPa 后，将 H 阀移置 6 位，制动管与副风缸应保持 20 kPa 左右的压力差同时均匀平稳下降，且制动管减压 140 kPa 前三通阀不得发生紧急制动作用。试毕后须关 13 号风门。
11．全制动保压试验	开 13 号风门，F 阀手把置 2 位，H 阀手把置 1 位，待制动管与副风缸的压力均达到 500 kPa 后，将 H 阀手把置 6 位，待制动管减压 140 kPa 时 H 阀手把置 3 位，待压力稳定后开 6 号风门，待制动缸压力下降 20～40 kPa 后关 6 号风门，此时三通阀不得发生自然缓解。试毕后须关 13 号风门。
12．紧急制动试验	开 13 号风门，F 阀手把置 2 位，H 阀手把置 1 位，待制动管与副风缸压力均达到 500 kPa 后，将 H 阀手把迅速移置 8 位，制动管减压 140 kPa 以前须发生紧急制动，发生紧急制动作用后，制动缸压力应有快—慢—快三阶段跃升。制动缸压力由零升至最高值的时间应为 5～9 s。制动缸压力不小于 380 kPa。试毕后须关 13 号风门。
13．紧急部综合试验	F 阀手把置 2 位，H 阀手把置 1 位，待制动管与副风缸的压力均达到 500 kPa 后，将 H 阀手把移置 8 位，发生紧急制动作用后，将 H 阀手把移置 2 位，待三通阀开始缓解，迅速将 H 阀手把移置 3 位，此时三通阀排气口应正常排气，直至制动缸压力下降为零。 全部试毕后关 1 号及 10 号风门，取下三通阀。
14．存贮、打印试验结果	1．存贮试验数据。 2．打印试验结果。 3. 将试验记录单与检修卡片一同保存。

	103 型分配阀试验台试验	HG614-2008

一、适用范围：103 型分配阀在 705 型试验台试验。

二、工艺流程：试验准备→主阀试验→紧急阀试验→存贮、打印试验结果。

三、工装设备：705 型试验台、喷枪、字模、打印机、扳手。

四、检测器具：秒表。

五、所需材料：防锈检漏剂、白磁漆、黑色（棕色）油漆、打印纸。

六、工序及技术要求：

工　　序	技　术　要　求
1. 试验准备	1. 主阀试验：开控制阀 K1，将主阀卡紧在主阀安装座上，总风源压力应在 650 kPa 以上，调压阀调到 600 kPa，限压阀调到 50 kPa，开风门 1、4、5、6、7、8，关其他。调整到重车位。 2. 紧急阀试验：开控制阀 K2，将紧急阀卡紧在安装座上。开风门 1、2，关其他风门。总风源压力应在 650 kPa 以上。调压阀调整为 600 kPa。
2. 主阀试验	
(1)初充气和充气位漏泄试验	操纵阀手把(以下简称手把)置 1 位，注意观察工作风缸和副风缸压力表的上升，充至定压后用防锈检漏剂检查各结合部，不得有漏泄，并用漏泄指示器检查各排气口漏泄。 1. 工作风缸由零充至 580 kPa 的时间应为 130～150 s。 2. 整个充气过程副风缸压力不得超过工作风缸压力。当工作风缸压力达 580 kPa 时，副风缸压力应不低于 560 kPa。 3. 用漏泄指示器测定均衡部排气口及作用部排气口(以下简称大、小排气口)漏泄，由第 2 格升至第 3 格的时间不得少于 5 s。用流量计测定时，漏泄量应小于 120 mL/ min。 4. 局减排气口用防锈检漏剂检查，在 5 s 内气泡的直径不大于 25 mm。
(2)紧急制动位漏泄试验	待工作风缸和副风缸充至定压后，手把在 1 位至 8 位间来回制动和缓解 2～3 次，然后置 1 位，待工作风缸和副风缸充至定压后，手把置 3 位，开风门 14。待排尽制动管余风后，用防锈检漏剂检查各结合部，不得漏泄。

续上表

工　　序	技　　术　　要　　求
(2)紧急制动位漏泄试验	1. 用漏泄指示器测定大、小排气口漏泄，由第2格升至第3格的时间不得少于10s。用流量计测定时，漏泄量应小于120 mL/ min。 2. 关风门14，手把置2位，制动管压力升至40 kPa后，移置3位，开风门10。当副风缸压力达580 kPa后，关风门10，待压力稳定时，关风门4。制动管压力上升在10 s内不得超过15 kPa。 3. 局减阀盖小孔处涂以防锈检漏剂，不得有漏泄。试毕开风门 4，手把置 1 位。
(3)制动和缓解灵敏度试验	待工作风缸和副风缸充至定压后，手把置4位减压40 kPa，移置3位保压1 min，然后再置2位缓解。 1. 制动灵敏度：应在制动管降压20 kPa以前发生局减作用，减压40 kPa前发生制动作用。 2. 从手把移置3位起到局减室排气完毕的时间不超过10 s。 3. 保压位漏泄试验 （1）保压1 min，不得发生自然缓解。 （2）关风门7，容积风缸压力之上升在10 s内不大于10 kPa。 试毕开风门7。 4. 缓解灵敏度：从手把移置 2 位起到小排气口开始排气的时间不超过 15 s。
（4）局减阀试验	待工作风缸和副风缸充至定压后，关风门7，堵住大排气口，手把置4位，当制动缸压力开始上升时，手把移置3位。待制动缸压力稳定后关风门8，待20 s后开风门8和18。当制动管压力表压力开始下降时，关风门18。注意观察制动缸压力表的压力。 1. 局减阀关闭压力应为50～70 kPa; 2. 制动缸压力之上升在20 s内不大于10 kPa; 3. 局减阀开放压力不小于 20 kPa，试毕手把置 1 位，卸下排气口堵，开风门 7。
（5）稳定试验	待工作风缸和副风缸充至定压后，手把置3位，开放风门14 A，制动管减压50 kPa后，关闭风门14 A。 制动管降压 50 kPa 以前，不得发生局减和制动作用。试毕手把置 1 位。
(6)紧急二段阀跃升试验	待工作风缸和副风缸充至定压后，关风门1，开风门14，注意观察容积风缸压力上升。 1. 容积风缸压力应迅速上升至120～160 kPa，然后缓慢上升至平衡压力。 2. 容积风缸压力由零升至 400 kPa 的时间须为 8～12 s。

续上表

工　序	技　术　要　求
(7) 全缓解试验	关风门14，开风门1，手把置1位。待工作风缸和副风缸充至定压后，手把移置5位，当容积风缸上升至平衡压力时，将手把移置3位保压，待压力稳定后，手把移置2位。 1. 容积风缸压力由400 kPa降至40 kPa的时间为4.5～7 s。 2. 制动缸压力应随容积风缸压力下降，两者压差应小于 25 kPa。
(8)减速缓解和空车位压力试验	待工作风缸和副风缸充至定压后，将空重车装置转换到空车位。然后，手把置5位降压，当容积风缸压力达平衡压力后移置3位保压，再置1位缓解。 1. 空车位制动缸压力应为180～210 kPa; 2. 容积风缸压力由 400 kPa 降至 40 kPa 的时间为 24～28 s。
(9)均衡灵敏度试验（空车位）	待工作风缸和副风缸充至定压后，关风门1、7和8。手把置8位，排尽制动管余风后，开风门7A、11和18，手把置2位。注意观察（单针）容积风缸压力表压力，当风门18排气口开始排风时读取容积风缸压力表的指示值须不大于20 kPa。 试毕手把置 8 位，排尽余风后，关风门 7A、11、18；开风门 1、7、8、14、15、16，排尽余风后，关 K1，卸下主阀。
3. 紧急阀试验	
(1)紧急室充气和紧急放风阀漏泄试验	手把置1位，注意观察紧急室压力的上升。充至定压后用防锈检漏剂检查各结合部，不得漏泄。 1. 紧急室压力由零上升至580 kPa的时间须为40～55 s。 2. 待压力稳定后，关风门 2，在 20 s 内制动管压力不得下降。
(2)紧急灵敏度及紧急室排风试验	开风门2，手把置1位，待紧急室充至定压后，开、关风门14二至三次，使紧急阀发生紧急放风作用二至三次。然后关风门14，待紧急室充至定压后，手把置于7位，注意观察制动管和紧急室压力下降。 1. 在制动管减压100 kPa以前，应发生制动管紧急排风作用。 2. 紧急室压力由发生制动管紧急排风开始到降至 40 kPa 的时间须为 14～18 s。
(3) 安定试验	手把置 1 位，待紧急室充至定压后，手把置 5 位，紧急室压力应随制动管压力下降，不得发生紧急排风作用。

续上表

工　序	技　术　要　求
4. 存储、打印试验结果	1. 存贮试验数据。 2. 打印试验结果。 3. 将试验记录单与检修卡片一同保存。

	120/120-1 型控制阀试验台试验	HG615-2008
一、适用范围：120、120-1 型控制阀在 120 型试验台试验。 二、工艺流程：试验前准备→主阀试验→紧急阀试验→存贮、打印试验结果。 三、工装设备：120 型试验台、打印机、喷枪、字模、扳手。 四、所需材料：防锈检漏剂、白色油漆、黑色（棕色）油漆、打印纸。 五、工序及技术要求：		
工　　序	技　术　要　求	
1．试验前准备	1．开启一、二、三号塞门。 2．确认总风源压力不低于 650 kPa。 3．打开试验台所有电源开关，预热 15 min。 4．调整调压阀，使储风缸压力为 590～610 kPa（试验台定压）。 5．每天应进行试验台机能检测，机能检测合格后方可进行 120 或 120-1 阀性能试验。 6．由微机控制进行自动试验（试验台置于自动位）时，各开关均由微机控制自动开闭。手动试验（试验台置于手动位）时，人工开闭各开关。	
2．主阀试验		
（1）漏泄试验	1. 漏泄试验准备 （1）开通夹紧开关 K1，将主阀卡紧在主阀安装座上。开通夹紧开关 K2，将紧急阀座盲板卡紧在紧急阀安装座上。 （2）依次开通 10、1、2、3、5，9、A、16，待副风缸和加速缓解风缸压力均充至定压后，关断 9、16。 （3）关断 1，开通 7a，使主阀动作。待列车管管路压力空气排至零后,关断 7a。 （4）开通 1、9、16，副风缸和加速缓解风缸压力充至定压。关断 A、9、5，开通 D，列车管压力降至 550 kPa 时，关断 D。待列车管压力稳定在 550 kPa 后，关断 16、1。开通 7a，列车管管路压力空气排至零后关断 7a，开通 5。 2．制动位 （1）各结合面	

续上表

<table>
<tr><th>工　　序</th><th>技　术　要　求</th></tr>
<tr><td>(1）漏泄试验</td><td>在各结合面处及缓解阀排气口、缓解阀手柄处涂刷防锈检漏剂（以下简称为检漏剂）进行检查，不允许产生漏泄。
（2）局减阀膜板
在局减阀呼吸孔涂刷检漏剂进行检查，不允许产生漏泄。
（3）滑阀
开通 8、23，检查主阀排气口漏泄量，流量计显示值不大于 80 mL/min，关断 8、23。
开通 21、22，检查局减排气口的漏泄量，流量计显示值不大于 80 mL/min，关断 21、22。
（4）主活塞膜板及 O 形圈、局减阀杆 O 形圈、加速缓解夹心阀及 O 形圈、紧急二段阀杆 O 形圈、缓解活塞杆 O 形圈及排风阀
关断 2、3、5，检查副风缸管路和加速缓解风缸管路压力，在 10 s 内压力下降不允许超过 5 kPa。开通 2、3、5。
（5）缓解阀膜板及 O 形圈
开通 24，将缓解阀手柄推至制动缸压力开始下降时，立即关断 24，制动缸压力空气排零。
在缓解阀上呼吸孔涂刷防锈检漏剂进行检查，不允许产生漏泄。
（6）缓解阀内副风缸及加速缓解风缸气路、小止回阀、排风阀
开通 24，将缓解阀手柄推至全开位，使副风缸压力降至 100 kPa 后关断 24。在缓解阀手柄处涂刷防锈检漏剂进行检查，不允许产生漏泄；在缓解阀排气口涂刷防锈检漏剂进行检查，在 10 s 内产生的气泡高度不大于 12 mm。
关断 3，开通 A、1、9 后，再开通 16，待副风缸和加速缓解风缸压力均充至定压后，关断 9、16。
3．缓解位
（1）确认 10、1、2、5、A 已开通，列车管、副风缸和加速缓解风缸压力均充至定压。
（2）结合面
除主阀前盖及缓解阀下盖外，在各结合面周围涂防锈检漏剂进行检查，不允许漏泄。
（3）滑阀、加速缓解阀套 O 形圈和顶杆 O 形圈
开通 8、23，检查主阀排气口漏泄量，流量计显示值不大于 80 mL/min，关断 8、23。</td></tr>
</table>

续上表

<table>
<tr><th>工　序</th><th>技　术　要　求</th></tr>
<tr><td>（1）漏泄试验</td><td>（4）滑阀和节制阀
开通 21、22，检查局减排气口的漏泄量，流量计显示值不大于 80 mL/min，关断 21、22，开通 3。
4．常用制动保压位
（1）确认 10、1、2、3、5、A 开通，列车管、副风缸和加速缓解风缸均充至定压。
关断 A、开通 D，使列车管容量风缸压力减 70 kPa 后，关断 D。
（2）节制阀和滑阀、局减阀杆 O 形圈、ϕ38 夹芯阀、紧急二段阀杆 O 形圈
开通 8、23，检查主阀排气口的漏泄量，流量计显示值不大于 80 mL/min，关断 8、23。
开通 21、22，检查局减排气口的漏泄量，流量计显示值不大于 80 mL/min，关断 21、22。
关断 5，开通 19，将加速缓解风缸管内压力完全排零后，开 6、22。检查加速缓解管排气口的漏泄量，流量计显示值不大于 120 mL/min。
关断 6、22、19，开通 5。
（3）滑阀
开通 4，使制动缸容量风缸压力减至 100 kPa 时关断 4，在缓解阀排气口涂刷防锈检漏剂进行检查，不允许漏泄。待压力稳定后关 3、5。
制动缸管路压力在 10 s 内的压力变化不允许超过 7 kPa。
加速缓解风缸管路压力在 10 s 内压力下降不允许超过 5 kPa。
开通 3、5、A、9 后，再开通 16，待副风缸和加速缓解风缸压力均充至定压后，关断 9、16、A。</td></tr>
<tr><td>（2）阀的作用和孔的通量试验</td><td>1．试验准备
确认 10、1、2、3、5 开通，列车管、副风缸和加速缓解风缸压力均充至定压。
2．主阀性能试验
（1）制动及缓解通路
开通 G，当制动缸压力升至 350 kPa 时，关断 G。制动缸压力由零上升到 350 kPa 的时间不大于 4 s。
开通 A，制动缸压力从 300 kPa 降至 150 kPa 的时间：配用 254 mm 直径制动缸为 4～7 s；配用 356 mm 直径制动缸为 3～5.5 s。</td></tr>
</table>

续上表

工　序	技　术　要　求
(2)阀的作用和孔的通量试验	待制动缸压力降至低于 150 kPa 后，开通 9，再开通 16，待副风缸和加速缓解风缸压力均充至定压后，关断 9、5、A。 （2）缓解阻力 开通 D，使列车管压力减至 550 kPa，关断 D。待列车管压力稳定后，关断 16。 开通 D，使列车管减压 50 kPa，关断 D。待制动缸压力稳定后，开通 19、16，再开通 15，待压力稳定后，压差计清零。 关断 19、16，开通 B，制动缸压力降至零后，关断 B、15。检查从开通 B 到制动缸压力降至零的过程中，列车管与副风缸的压差最大值应为 6～16 kPa。 （3）局减孔 开通 9、A 后，再开通 5、16，待副风缸和加速缓解风缸压力均充至定压后，关断 9、16、A。 开通 C，产生局减作用时，关断 C。局减室压力从开始升压到降至 40 kPa 的时间: 120 阀为 3～9 s；120-1 阀为 3～12 s。局减排气结束后列车管减压量：120 阀不允许大于 40 kPa；120-1 阀不允许大于 50 kPa。 （4）局减阀作用 开通 16、4，当制动缸压力降压至 20 kPa 时关断 4，制动缸管路压力由 30 kPa 上升到 50 kPa 的时间为 1.5～4 s，并在 50～70 kPa 时停止升压。再开通 4，当制动缸容量风缸压力降低 30 kPa 时，关断 4。制动缸管路压力应再升到 50～70 kPa。关断 16, 开通 9、A 后，再开通 16。待副风缸和加速缓解风缸压力均充至定压后，关断 9、16、A。 （5）保压稳定孔 开通 D,使列车管减压 80 kPa, 关断 D。 开通 16、D，将列车管压力减为 450 kPa 后，关断 D。 开通 15、11，确认副风缸的漏泄量在流量计上的显示值为(245±5) mL/min。待列车管压力和流量计显示值稳定后，压差计清零。关断 2、16，检查稳定后的压差计数值为 1.5～6 kPa，并且此时主阀不允许缓解。 关断 15、11，开通 2、9、A 后，再开通 16，待副风缸和加速缓解风缸压力均充至定压，关断 9、16、A。 （6）加速缓解阀作用 开通 D，列车管压力减 70 kPa 后，关断 D。开通 4，制动缸容量风缸压力减至 100 kPa 时关断 4。开通 16、D，使列车管压力降到比加速缓解风缸压力低 70 kPa 时，关断 D、16。待列车管压力稳定后，开通 18，主阀开始缓解

续上表

<table>
<tr><th>工　序</th><th>技　术　要　求</th></tr>
<tr><td>(2)阀的作用和孔的通量试验</td><td>时，关断 18。
列车管管路压力，从开通 18 开始，4s 内列车管最高压力值应比开通 18 前的列车管压力值上升 10 kPa 以上，然后再下降。
（7）副风缸充气孔
关断 1，开通 7a、18、19、4，待副风缸和加速缓解风缸压力空气排零后，关断 18、19、5、4、7a。开通 A，待列车管容量风缸充至定压后开通 1。
副风缸压力由 50 kPa 上升到 150 kPa 的时间：配用 254 mm 直径制动缸为 15.5～19 s；配用 356 mm 直径制动缸为 12.5～16 s。
（8）加速缓解风缸充气通路
开通 16，待副风缸压力充至定压后，开通 5，加速缓解风缸压力由 100 kPa 上升到 200 kPa 的时间应为 12～18 s。
关断 A，开通 9，待加速缓解风缸充至 550 kPa 后，开通 A。待副风缸和加速缓解风缸压力充至定压后，关断 9。
（9）紧急二段阀作用
关断 A、5，开通 D，列车管压力降至 550 kPa 时，关断 D。待列车管压力稳定在 550 kPa 后，关断 16、1，开通 7 a。
制动缸容量风缸压力由零快速上升到 110～170 kPa，然后缓慢上升至平衡压力，并检测由零上升到 350 kPa 的时间：配用 254 mm 直径制动缸为 6.5～9 s；配用 356 mm 直径制动缸为 4.5～6.5 s。
关断 7a，开通 5。检测加速缓解风缸压力从 550 kPa 降至 500 kPa 的时间为 1.5～6 s（仅对 120-1 阀）。
（10）120-1 阀常用加速制动作用
开通 A、1、4、16、9、17、8，待列车管容量风缸、副风缸、加速缓解风缸和紧急室均充至定压后，关断 10、4、16、8、5。
同时开通 C、E，使列车管减压 50 kPa，关断 C。等待 20 s 开 21、22，检查 20s 内流量计显示值，如果超过 100 mL/min，则关断 22，等待 20 s，开通 22。检查 20 s 内流量计显示值，流量计显示值不允许超过 100 mL/min。关 E、21、22。
开通 10、4、16、8、5，待列车管容量风缸、副风缸、加速缓解风缸和紧急室均充至定压后，关断 10、4、16、</td></tr>
</table>

续上表

<table>
<tr><th>工　序</th><th>技　术　要　求</th></tr>
<tr><td>（2）阀的作用和孔的通量试验</td><td>8、5。
同时开通C、D，使列车管减压50 kPa，关断D。等待20 s开21、22，20s内流量计显示值大于100 mL/min。从开通21、22到流量计流量显示值大于100 mL/min时,加速缓解风缸管路压力下降不允许大于20 kPa。关断C、21、22、17。
3．缓解阀
（1）缓解阀锁闭性能
开通10、5、16，待列车管容量风缸、副风缸、加速缓解风缸均充至550 kPa后，关断9、16、1。开通7a，待制动缸容量风缸压力稳定后，关断7a。
开通24，缓解阀手柄推至制动缸压力开始下降时，关断24。从副风缸压力开始下降起，2 s内制动缸应开始缓解。制动缸容量风缸压力从350 kPa降至40 kPa的时间不允许超过4 s，并且制动缸压力应能排至零。
（2）缓解阀内副风缸和加速缓解风缸通路
开通24，使缓解阀手柄推至全开位，副风缸压力降至100 kPa后，关断24。此时检查加速缓解风缸压力应低于副风缸压力。副风缸压力从300 kPa降至150 kPa的时间不允许超过7 s。
（3）缓解阀复位
关断3，开通7a、18、19。当副风缸压力降至40~10 kPa时，制动缸管路压力应开始上升。
试验完毕，排空各部压力空气。关断K1，卸下主阀，关断全部开关。</td></tr>
<tr><td colspan="2">3．紧急阀试验</td></tr>
<tr><td>（1）漏泄试验</td><td>1. 试验准备
开通夹紧开关K2，将紧急阀卡紧在紧急阀安装座上。开通夹紧开关K1，将主阀座盲板卡紧在主阀安装座上。确认关断其他开关。
依次开通10、1、A、17，待列车管容量风缸和紧急室压力均充至定压后，关断A、17，开通G和D，使紧急阀发生紧急放风作用。待紧急室压力排零后，关断G和D。开通A、17，将列车管和紧急室均充至定压。
2. 各结合面及排气口
在所有的盖及胶垫周围涂刷检漏剂进行检查，不允许产生漏泄；在紧急阀排气口涂刷防锈检漏剂进行检查，15s内只允许产生一个高度最大为12 mm的气泡。关断1，列车管管路压力在20 s内下降不允许超过5 kPa。</td></tr>
</table>

续上表

<table>
<tr><th>工　序</th><th>技　术　要　求</th></tr>
<tr><td>（2）紧急阀性能试验</td><td>1. 试验准备
开通 1，待列车管容量风缸和紧急室压力均充至定压后，关断 A，开通 C，待列车管容量风缸和紧急室压力均降至 550 kPa 时，关断 C。待压力稳定后，关断 17。
2. 紧急灵敏度
开通 G。列车管减压 160 kPa 以前应发生紧急放风作用。从发生紧急放风作用开始到降至 40 kPa 的时间不允许超过 1.5 s；检查紧急室压力，从列车管发生紧急放风作用开始到降至 40 kPa 的时间为 12.5～16.5 s。开通 17，待列车管和紧急室压力排零后，关断 17、G。
3. 紧急室充气孔
开通 A。紧急室压力由零上升到 200 kPa 的时间为 12.5～17.5 s。
开通 17，待列车管容量风缸和紧急室压力均充至定压后，关断 A。开通 C，待列车管容量风缸和紧急室压力均降至 550 kPa 时，关断 C。待压力稳定后，关断 17。
4. 安定性能
开通 F，列车管减压 200 kPa 后，关断 F。在列车管压力下降过程中紧急阀不允许发生紧急放风作用。
试验完毕，排空各部压力空气。关断 K2，卸下紧急阀，关断全部开关。</td></tr>
<tr><td>4. 存储、打印试验结果</td><td>1. 存贮试验数据。
2. 打印试验结果。
3. 将试验记录单与检修卡片一同保存。</td></tr>
</table>

<table>
<tr><td></td><td>701 型试验台机能检查</td><td>HG616-2008</td></tr>
<tr><td colspan="3">一、适用范围：701 型试验台机能检查。
二、工艺流程：准备→漏泄试验→H 阀的机能检查→K 阀的机能检查→F 阀的机能检查→ 9 号风门的排风时间（稳定性试验位）→存贮、打印检查结果。
三、工装设备：安装盘、堵盘。
四、所需材料：防锈检漏剂。
五、工序及技术要求：</td></tr>
<tr><td>工　序</td><td colspan="2">技　术　要　求</td></tr>
<tr><td>1. 机能检查前的准备</td><td colspan="2">1. 将控制阀手柄全部置于关闭位，开放 0 号风门，关闭其他各号风门。
2. K 阀、H 阀手把均置八位，F 阀手置 1 位。
3. 调整给气阀压力为 500 kPa。</td></tr>
<tr><td>2. 漏泄试验</td><td colspan="2">1. 制动管系统的漏泄试验
安装座安装三号安装盘及胶垫，装上堵盘，开放 1 号风门卡紧堵盘。F 阀手把置 2 位。K 阀手把置 3 位。
（1）9 号风门及 12、13 号风门的漏泄试验
H 阀手把置一位，待制动管压力达 500 kPa 时，H 阀手把移置 3 位，保压 1 min，制动管压力不得下降。或在 9 号风门排气口涂防锈检漏剂不得漏泄。开放 12 及 13 号风门，此时制动管有明显下降为合格。
（2）H 阀手把置 1 位，待制动管压力达 500 kPa 时，关闭 12 号风门。将 H 阀手把移置 4 位，减压至 300 kPa 后 H 阀手把移置 3 位。待压力稳定后，保压 1 min，制动管压力不得上升。
（3）13 号风门的漏泄试验
H 阀手把置 1 位，待制动管压力达 500 kPa 时，关闭 13 号风门。将 H 阀手把移置 4 位，减压至 300 kPa 后，H 阀手把移置 3 位。待压力稳定后，保压 1 min，制动管压力不得上升。
2. 制动缸系统的漏泄试验
安装座安装三号安装盘及专用胶垫，装上堵盘，开放 1 号风门卡紧堵盘。K 阀手把置 3 位。H 阀手把置 3 位。</td></tr>
</table>

续上表

工　　序	技　术　要　求
2. 漏泄试验	（1）3 号、6 号风门的漏泄试验 开放 4 号风门。F 阀手把置 7 位，待制动缸压力达 500 kPa 时，F 阀手把移置 2 位。保压 1 min，制动缸压力不得下降。 （2）4 号风门的漏泄试验 关闭 4 号风门。开放 3 号风门。F 阀手把置 7 位，待制动缸压力达 500 kPa 时，在 4 号风门的排风口处涂防锈检漏剂，不得漏泄。 （3）16 及 17 号风门的漏泄试验 F 阀手把置 7 位，待制动缸压力达 500 kPa 时，F 阀手把移置 2 位。保压 1 min，制动缸压力不得下降。开放 16 及 17 号风门，此时制动缸压力有明显下降为合格。 （4）17 号风门的漏泄试验 F 阀手把置 7 位，待制动缸压力达 500 kPa 时，关闭 17 号风门。将 F 阀手把移置 4 位减压至 300 kPa 后，F 阀手把移置 2 位。待压力稳定后，保压 1 min，制动缸压力不得上升。 （5）16 号风门的漏泄试验 F 阀手把置 7 位，待制动缸压力达 500 kPa 时，关闭 16 号风门。将 F 阀手把移置 4 位减压至 300 kPa 后，F 阀手把移置 2 位。待压力稳定后，保压 1 min，制动缸压力不得上升。 3. 副风缸系统的漏泄试验 安装座安装三号安装盘及专用胶垫，装上堵盘，开放 1 号风门卡紧堵盘。K 阀手把置 3 位。H 阀手把置 3 位。 （1）2 号风门的漏泄试验 开放 11 号风门。F 阀手把置 7 位，待副风缸压力达 500 kPa 时，F 阀手把移置 2 位。保压 1 min，副风缸压力不得下降。 （2）11 号风门的漏泄试验 关闭 11 号风门。开放 2 号风门。F 阀手把置 7 位，待副风缸压力达 500 kPa 时，在 11 号风门排风口涂防锈检漏剂，不得漏泄。

续上表

<table>
<tr><th>工　序</th><th>技　术　要　求</th></tr>
<tr><td>2. 漏泄试验</td><td>（3）14 及 15 号风门的漏泄试验
F 阀手把置 7 位，待副风缸压力达 500 kPa 时，F 阀手把移置 2 位。保压 1 min，副风缸压力不得下降。开放 14 及 15 号风门，此时副风缸压力有明显下降为合格。
（4）15 号风门的漏泄试验
F 阀手把置 7 位，待副风缸压力达 500 kPa 时，关闭 15 号风门。将 F 阀手把移置 4 位减压至 300 kPa 后，F 阀手把移置 2 位。待压力稳定后，保压 1 min，副风缸压力不得上升。
（5）14 号风门的漏泄试验
F 阀手把置 7 位，待副风缸压力达 500 kPa 时，关闭 14 号风门。将 F 阀手把移置 4 位减压至 300 kPa 后，F 阀手把移置 2 位。待压力稳定后，保压 1 min，副风缸压力不得上升。
4. 试验台各阀、管路、风门连接处的漏泄试验
开放 2、3、8、12、13、14、15、16、17 号风门。将 K 阀、H 阀手把自 1 位移至 8 位往复数次后手把置 1 位。将 F 阀手把自 1 位移至 7 位往复数次后手把置 7 位。用防锈检漏剂涂各阀、管路、风门的连接处，均不得漏泄。
5. K 阀、H 阀、F 阀的漏泄试验
将 K 阀、H 阀、F 阀手把分别置充气位和保压位，在其排气口上涂防锈检漏剂，气泡直径 5 s 内不大于 25 mm。</td></tr>
<tr><td>3. H 阀的机能检查</td><td>H 阀是试验 K1、K2、GK 型三通阀时控制制动管的增压及减压用阀。对 H 阀间隙机能检查时，H 阀手把置 3 位，F 阀手把置 2 位。H 阀共有 8 个作用位置，各位置作用及充、排气时间应满足以下要求：
1.　1 位（快充气位）
H 阀手把置 1 位。储风缸的压缩空气迅速进入制动管。
2.　2 位（慢充气位，亦称缓解感度试验位）
H 阀手把置 2 位。制动管压力由 50 kPa 上升到 150 kPa 的时间为 53～56 s。
3.　3 位（中立位）
H 阀手把置 3 位。在此位置切断所有充、排气通路。
4.　4 位（制动灵敏度试验位）
关闭 12 及 13 号风门。H 阀手把置 1 位，待制动管压力达 500 kPa 时 H 阀手把移置 4 位。制动管压力由 500 kPa</td></tr>
</table>

续上表

工　序	技　术　要　求
3. H 阀的机能检查	降到 400 kPa 的时间为 14～15.5 s。 试完后开放 12 及 13 号风门。 5.　5 位（制动灵敏度试验位） H 阀手把置 1 位，待制动管压力达 500 kPa 时 H 阀手把移置 5 位。制动管压力由 500 kPa 降至 400 kPa 的时间为 15～16.5 s。 6.　6 位（制动安定试验位） H 阀手把置 1 位，待制动管压力达 500 kPa 时，H 阀手把移置 6 位。制动管压力由 500 kPa 降至 300 kPa 的时间为 8～9 s。 7.　7 位（紧急制动试验位） 关闭 12 及 13 号风门。H 阀手把置 1 位，待制动管压力达 500 kPa 时，H 阀手把移置 7 位。制动管压力由 500 kPa 降至 220 kPa 的时间为 3.5～5 s。 试完后开放 12 及 13 号风门。 8.　8 位（紧急制动试验位） H 阀手把置 1 位。待制动管压力达 500 kPa 时，H 阀手把移置 8 位。制动管压力由 500 kPa 降至 200 kPa 的时间为 3.5～5 s。
4. K 阀的机能检查	K 阀是试验 L 型、GL 型、P 型三通阀时控制制动管增压及减压用阀。对 K 阀进行机能检查时，H 阀手把置 3 位，F 阀手把置 2 位。K 阀共有 8 个作用位置，各位置作用及充、排气时间应满足以下要求： 1.　1 位（快充气位） K 阀手把置 1 位。储风缸的压缩空气迅速进入制动管。 2.　2 位（慢充气位，亦称缓解感度试验位） K 阀手把置 2 位。制动管压力由 50 kPa 上升至 150 kPa 的时间为 19～21s。 3.　3 位（中立位） K 阀手把置 3 位。在此位置切断所有充、排气通路。 4.　4 位（制动灵敏度试验位）

续上表

<table>
<tr><th>工　序</th><th>技　术　要　求</th></tr>
<tr><td>4. K阀的机能检查</td><td>关闭12号风门。K阀手把置1位，待制动管压力达500 kPa时，K阀手把移置4位。制动管压力由500 kPa降至400 kPa的时间为9.5～11 s。
试完后开放12号风门。
5. 5位（制动灵敏度试验位）
K阀手把置1位，待制动管压力达500 kPa时，K阀手把移置5位。制动管压力由500 kPa降至400 kPa的时间为10～11.5 s。
6. 6位（制动安定试验位）
K阀手把置1位，待制动管压力达500 kPa时K阀手把移置6位。制动管压力由500 kPa降至300 kPa的时间为6～7.5 s。
7. 7位（紧急制动试验位）
关闭12号风门。K阀手把置1位，待制动管压力达500 kPa时，H阀手把移置7位。制动管压力由500 kPa降至200 kPa的时间为3～3.5 s。试完后开放12号风门。
8. 8位（紧急制动试验位）
K阀手把置1位。待制动管压力达500 kPa时，K阀手把移置8位。制动管压力由500 kPa降至200 kPa的时间为3～3.5 s。</td></tr>
<tr><td>5. F阀的机能检查</td><td>F阀能控制副风缸充气或由副风缸向大气排气。F阀还应能控制活塞顶杆的推出或拉回位置。对F阀进行机能检查时，K阀、H阀手把均置3位关闭14、15号风门。F阀共有7个作用位置，各位置作用及充、排气时间应满足以下要求：
1. 1位（快排气位）
F阀手把置1位。副风缸的压缩空气迅速排出于大气。
2. 2位（中立位）
F阀手把置2位。在F阀侧面排气口涂防锈检漏剂，气泡直径10 s内不大于25 mm，或测定副风缸压力下降1 min不得超过5 kPa。
3. 3位</td></tr>
</table>

续上表

工　序	技　术　要　求
5. F 阀的机能检查	F 阀手把置 7 位，待副风缸压力达 420 kPa 时，F 阀手把置 3 位。待压力稳定后，关闭 2 号风门。副风缸压力上升，1 min 内不超过 5 kPa。 4.　4 位（主活塞胀圈漏泄试验位） F 阀手把置 7 位，待副风缸压力达 420 kPa 时，F 阀手把移置 4 位。副风缸压力由 420 kPa 降至 330 kPa 的时间为 55～62 s。 5.　5 位（中立位） F 阀手把置 5 位。副风缸压力由 300 kPa 上升至 440 kPa 的时间为 5～6 s。 6.　6 位（中立位） F 阀手把置 6 位。副风缸压力由 300 kPa 上升至 440 kPa 的时间为 2.5～4 s。 7.　7 位（块充气位） F 阀手把置 7 位。储风缸的压缩空气迅速充往副风缸。
6. 9 号风门的排风时间（稳定性试验位）	H 阀手把置 1 位。待制动管压力达 500 kPa 时，H 阀手把移置 3 位。开放 9 号风门。制动管排气速度应为每分钟 51～70 kPa。
7. 存贮、打印机能检查结果	1. 存贮机能检查数据。 2. 打印机能检查结果。 3. 卸下安装座盖板。

<table>
<tr><td></td><td>705 型试验台机能检查</td><td>HG617-2008</td></tr>
<tr><td colspan="3">一、适用范围：705 型试验台机能检查。
二、工艺流程：准备→风门及管系漏泄试验→操纵阀机能检查→风门14排气时间的测定→风门14A排风时间的测定→存贮、打印机能检查结果。
三、工装设备：主阀安装座盖板、紧急阀安装座盖板。
四、所需材料：防锈检漏剂。
五、工序及技术要求：</td></tr>
<tr><td>工　序</td><td colspan="2">技　术　要　求</td></tr>
<tr><td>1．机能检查前准备</td><td colspan="2">将带塞门的主阀安装座盖板和紧急阀安装座盖板分别夹紧在主阀和紧急阀安装座上，将调压阀压力调整到 600 kPa，将限压阀压力调整到 50 kPa。</td></tr>
<tr><td>2．风门及管系漏泄试验</td><td colspan="2">1. 制动管和紧急室系统
（1）开风门 1、2、4、13，关其他风门，手把移至 1 位，待制动管和紧急室充至定压后，用防锈检漏剂检查制动管和紧急室、管系、表管及风门 14 和 14A 均不得漏泄。
（2）关风门 13，开紧急阀安装座盖板的紧急室排气塞门，其排气口不得漏泄。关风门 2，开紧急阀安装座制动管排气口塞门，待排尽余风后，用防锈检漏剂检查，不得漏泄。
（3）关风门 4，开主阀安装座盖板的制动管排气塞门，用防锈检漏剂检查主阀制动管排气塞门排气口，不得漏泄。
（4）关风门 1，开风门 4，待排尽余风后，用防锈检漏剂检查制动管排气塞门排气口，气泡保持 1 min，不得破裂。
2. 工作风缸系统
（1）关风门 15，开风门 5、9，手把移至 1 位，待工作风缸充至定压后，用防锈检漏剂检查工作风缸管系、表管和风门 15，不得漏泄。
（2）关风门 5、9，开主阀安装座盖板上工作风缸排气塞门，待排尽余风后，用防锈检漏剂检查排气口，不得漏泄。
3. 容积风缸系统
（1）关风门 7A、17。开风门 7、11，手把移至 1 位，待容积风缸充至定压后，用防锈检漏剂检查容积风缸管</td></tr>
</table>

续上表

工　序	技　术　要　求
2．风门及管系漏泄试验	系、表管和风门 17，不得漏泄。 （2）关风门 11，开容积风缸出孔排气塞门。待排尽余风后，用防锈检漏剂检查，并保持 1 min 不得漏泄。试毕关闭容积风缸出孔排气塞门。 （3）手把移至 8 位，排尽余风后，开风门 7A、11，手把移至 2 位，限压阀应在 50 kPa 排风，然后置 3 位，应在 30 kPa 以上停止排风，待压力稳定后，关风门 7A，注意观察容积风缸压力表(单针）在 10 s 内下降不大于 5 kPa。 （4）关风门 7 和 7A，手把移至 1 位，开容积风缸入孔排气塞门，待排尽余风后，用防锈检漏剂检查，不得漏泄。观察容积风缸压力表(单针)30 s 内不得上升。 4. 副风缸系统 （1）关风门 16，开风门 6、10，待副风缸充至定压后，用防锈检漏剂检查副风缸管系、表管及风门 16，不得漏泄。 （2）关风门 6、10，开主阀安装座盖板副风缸排气塞门，排尽余风后，用防锈检漏剂检查，不得漏泄。 5. 制动缸系统 （1）关风门 18，开风门 8、12，待制动缸充至定压后，用防锈检漏剂检查制动缸管系、表管和风门 18，不得漏泄。 （2）关风门 8、12，开主阀安装座盖板制动缸排气塞门，待排尽余风后，用防锈检漏剂检查，不得漏泄。
3．操纵阀机能检查	操纵阀各位置使用及回转阀孔径见附表 1。 1. 准备：开控制阀 K1 和 K2，分别将主阀及紧急阀安装座盖板卡紧在主阀和紧急阀安装座上，并关闭盖板上各排风塞门。然后开风门 1、2、4，关其他风门，总风源压力确认为 650～700 kPa，调压阀调整制动管压力为 600 kPa。 测定操纵阀充排气时间：以制动管和工作风缸双针压力表的制动管指针显示为标准。但在上述数据测试完毕后，用制动管和紧急室双针压力表的制动管指针显示重新核对操纵阀第 8 位的排气，以消除风门 2 通路不畅之弊。 2. 操纵阀漏泄试验 将操纵阀手把置 1 位，待制动管压力充至 600 kPa，将手把移至 6 位，减压 200 kPa，再将手把移至 3 位，保压 1 min，制动管压力不得上升。 3. 操纵阀充排气时间 （1）充气时间

续上表

工　序	技　术　要　求
3．操纵阀机能检查	首先确认总风源压力不得低于 650 kPa。然后将手把移至 2 位，制动管压力由 50 kPa 升至 150 kPa 的时间应为 50～52 s。 （2）排气时间 ① 4 位：待制动管充至定压 600 kPa 后，将手把移至 4 位，制动管压力由 600 kPa 降至 500 kPa 的时间应为 18～20 s。 ② 5 位：待制动管充至定压后，将手把移至 5 位，制动管压力由 600 kPa 降至 400 kPa 的时间应为 6.5～7 s。 ③ 6 位：待制动管压力充至定压后，将手把移至 6 位，制动管压力由 600 kPa 降至 400 kPa 的时间应为 5～5.5 s。 ④ 7 位：待制动管压力充至定压后，手把移至 7 位，制动管压力由 600 kPa 降至 300 kPa 的时间应为 6.5～7 s。 ⑤ 8 位：待制动管压力充至定压后，将手把移至 8 位，制动管压力由 600 kPa 降至 300 kPa 的时间应为 5～5.5 s。
4．风门 14 排气时间的测定	待制动管充至定压后，关风门 1，开风门 14：制动管压力由 600 kPa 降至 40 kPa 的时间应不大于 1.5 s。
5．风门 14A 排风时间的测定	待制动管充至定压后，关风门 1，开风门 14A：制动管压力由 600 kPa 降至 540 kPa 的时间应 55～65 s。
6．存贮、打印机能检查结果	1．存贮机能检查数据，打印机能检查记录。 2．检查完毕后，将主阀安装座盖板和紧急阀安装座盖板分别卸下。

附表1　操作阀各位置作用及回转阀孔径

手把位置	1	2	3	4	5	6	7	8
孔径（mm）	6.4	0.6	—	0.85	2.2	2.5	3.0	3.4
压力变化（kPa）	—	50 升至 150	—	600 降至 500	600 降至 400	600 降至 400	600 降至 300	600 降至 300
时间（s）	—	50～52	—	18～20	6.5～7.0	5.0～5.5	6.5～7.0	5.0～5.5
作　用	充风	慢充风	保压	制动感度试验	安定试验（货车）	安定试验（客车）	紧急制动试验（货车）	紧急制动试验（客车）

	120 型试验台机能检查	HG618-2008

一、适用范围：适用于 120 型试验台机能检查。

二、工艺流程：机能检测前准备→各电磁阀、及管路的漏泄试验→各机能孔径的检测→存贮、打印机能检测记录。

三、工装设备：主阀安装座盲板、紧急阀安装座盲板。

四、所需材料：防锈检漏剂。

五、工序及技术要求：

工　　序	技　术　要　求
1. 机能检测前准备	1. 开启一、二、三号塞门。 2. 确认总风源压力不低于 650 kPa。 3. 打开试验台所有电源开关，预热 15 min。 4. 调整调压阀，使储风缸压力为 590～610 kPa（试验台定压）。 5. 流量显示器置“关断”位，流量值显示零。 6. 将试验台附带的主阀安装座盲板和紧急阀安装座盲板卡紧在试验台安装座上。 7. 由微机控制进行自动试验时（试验台置于自动位），各开关均由微机控制自动开闭。手动试验时（试验台置于手动位），人工开闭各开关。 8. 试验台使用的空气压力表精度不低于 1.6 级（有特殊要求除外），压力表检定周期不超过 3 个月。
2. 各电磁阀、及管路的漏泄试验	
（1）3、13、2、12、16、5、9、17 号电磁阀及管路	开通 10、A、1、9、16、17、13，待制动缸、加速缓解风缸、副风缸和紧急室压力均充至定压。关断 10、9、16、17、13，开通 G、18、4、19，待列车管容量风缸压力降至零后，等待 1 min 消除温度效应。检查制动缸、加速缓解风缸、副风缸、紧急室的压力变化，1 min 内压力变化不允许超过 4 kPa。
（2）3、4、2、18、15 副、11、5、19 号电磁阀及管路	关断 18、4、19，开通 2、3、5，待 5 s 后关断 2、3、5，开通 F、9、16、17、13，待副风缸、制动缸和加速缓解风缸压力均降至零。检查副风缸管、加速缓解风缸管和制动缸管路的压力变化，1 min 内压力变化不允许超过 3 kPa。

续上表

工　序	技　术　要　求
（3）A、B、C、D、E、F、G、7、1、16、12 号电磁阀及管路	关断 1、G、F、9、16、17、13，开通 2、3、5、7a、18、4、19 后，再开通 10，待列车管容量风缸充至定压，关断 10、A，开通 13，等待 1 min 消除温度效应。检查列车管缸的压力变化，1 min 内压力变化不允许超过 4 kPa。
（4）1、7a、15 列、17 号电磁阀及管路	关断 7a，开通 1.5 s 后，关断 1，开通 G，待列车管容量风缸排至零。观察列车管容量风缸管路的压力变化，1 min 内压力变化不允许超过 3 kPa。关断 G、18、4、19。
（5）13、A、B、9 号电磁阀及管路	开通 A、1、9 后，再开通 10。待列车管容量风缸充至 200 kPa 后，关断 10，再关断 13、A、9，开通 10，等待 1 min 消除温度效应。检查制动缸管、列车管和加速缓解风缸管的压力变化，1 min 内压力变化不允许超过 3 kPa。关断 3、5。
（6）6、8、21、流量计排气口、副风缸管和列车管容量风缸管与压差计接口	开通 16、11、A，待副风缸和列车管容量风缸充至 450 kPa 后，关断 10，开 15，关断 16、1、2。检查副风缸管路和列车管容量风缸管路的压力变化，1 min 内副风缸管路压力变化不大于 4 kPa，列车管容量风缸管路压力变化不大于 3 kPa。关断 15、A。
（7）局减及加速缓解风缸管排气口、主阀排气口顶杆	开通 22，2 s 后开通 21、6，然后开通 2，2 s 后关断 2。等待 30 s 消除温度效应，检查副风缸管路压力变化，1 min 内压力变化不大于 20 kPa。关断 21、6、11。 开通 23，在主阀排气口顶杆处涂刷防锈检漏剂进行检查，主阀排气口顶杆处不允许泄漏。关断 23。
3．各机能孔径的检测	
（1）B 孔	开通 10、1、G，待列车管容量风缸压力排至零后，关断 G，然后开通 B。检查列车管容量风缸管路压力由 50 kPa 上升到 150 kPa 的时间为 50～53 s。关断 B。
（2）C 孔	开通 G，待列车管容量风缸压力排至零后，关断 G，开通 A，待列车管容量风缸充至定压后，关断 A,等待 1 min 消除温度效应，开通 C。检查列车管容量风缸管路压力从 500 kPa 降至 400 kPa 的时间为 24～27 s。关断 C。

续上表

工　序	技　术　要　求
(3) D孔	开通G，待列车管容量风缸压力排至零后，关断G，开通A，待列车管容量风缸充至定压后，关断A,等待1 min消除温度效应，开通D。检查列车管容量风缸管路压力从500 kPa降至300 kPa的时间为8～9 s。关断D。
(4) F孔	开通G，待列车管容量风缸压力排至零后，关断G，开通A，待列车管容量风缸充至定压后，关断A，等待1 min消除温度效应，开通F。检查列车管容量风缸管路压力从500 kPa降至200 kPa的时间为6.6～7.2 s。关断F。
(5) G孔	开通G，待列车管容量风缸压力排至零后，关断G，开通A，待列车管容量风缸充至定压后，关断A,等待1 min消除温度效应，开通G。检查列车管容量风缸管路压力从500 kPa降至200 kPa的时间为4.7～5.2 s。关断G。
(6) 7a孔	开通G,待列车管容量风缸压力排至零后，关断G，开通A，待列车管容量风缸充至定压后，关断A，等待1 min消除温度效应，开通7a。检查列车管容量风缸管路压力从500 kPa降至200 kPa的时间为7～8 s。关7a。
(7) E孔	关断10，开通9、17、A、G，待列车管容量风缸、加速缓解风缸和紧急室压力降至零后，关断G，开通10、B，将列车管容量风缸充至定压，关10、B，待列车管容量风缸压力稳定后，开通E。检查列车管容量风缸管路压力从500 kPa降至470 kPa的时间为62～68 s。关断E、17、9、1、A。
(8) 4孔	开通10、13、3，制动缸容量风缸充至定压，关断13，开通4。检查制动缸容量风缸管路压力从500 kPa降至200 kPa的时间应为3～6 s。关断4。
(9) 18孔	开通A、16、2，副风缸充至定压，关断10、A、16，开通18。检查副风缸管路压力从500 kPa降至300 kPa的时间为6～10 s。关断18。
4. 存贮、打印机能检测记录	1. 存贮机能检测数据。 2. 打印机能检测结果。 3. 排空各部压力空气，关断全部开关。

	KZW 系列空重车自动调整装置试验台试验	HG619-2008

一、适用范围：KZW-4 系列空重车自动调整阀试验台试验。
二、工艺流程：准备→传感阀试验→调整阀（比例阀、限压阀）试验→存贮、打印试验记录→贮存。
三、工装设备：KZW-4 系列空重车自动调整装置微控试验台、打印机、字模、喷枪。
四、所需材料：防锈检漏剂、打印纸。
五、工序及技术要求：

工　序	技　术　要　求
1. 试验前准备	试验台调压阀出口压力调整到（500±5） kPa。
2. KZW-4 系列传感阀试验	
（1）空车位小减压量试验	打开慢充电磁阀，当制动缸压力升到（40±10） kPa 时，关闭慢充电磁阀，检查触杆行程，触杆须稳定触及调整挡块。
（2）空车位试验	1. 制动缸压力：、KZW-4GA、B、C、D 型为（160±10）kPa；KZW-4 型为（150±10）kPa，KZW-A 型为（140±15）kPa。 2. 保压 1 min 时，制动缸压力下降不大于 5 kPa。 3. 保压过程中，用防锈检漏剂检查各结合部、各排气口及通气口泄漏， 20 s 内不得鼓泡。 4. 缓解时间不大于 30 s。
（3）半重车位试验	1. 制动缸压力：KZW-4、KZW-4GA 型为（240±40） kPa；KZW-4GB、C、D 型为（220±40） kPa，KZW -A 型为（230±40） kPa。 2. 保压 1 min 时，制动缸压力下降不大于 5 kPa。 3. 保压过程中，人工用防锈检漏剂检查各结合部、各排气口及通气口泄漏，20 s 内不得鼓泡。 4. 缓解时间不大于 30 s。

续上表

工　序	技　术　要　求
（4）重车位试验	1. 制动缸压力：KZW-4 和 KZW-4GA、C、B、D、KZW-A 型均为（360±10） kPa。 2. 保压 1 min 时，制动缸压力下降不大于 5 kPa。 3. 保压过程中，人工用防锈检漏剂检查各结合部、各排气口及通气口泄漏，20 s 内不得鼓泡。 4. 缓解时间不大于 30 s。
3. KZW-4 系列调整阀（比例阀、限压阀）试验	
（1）空车位试验	1. 制动缸压力：KZW-4GA、C 型调整阀为（160±10） kPa；KZW-4GB、D 型调整阀为（100±10） kPa；KZW-4 型比例阀为（150±20） kPa；KZW-4G 型限压阀为（160±20） kPa。KZW -A 型限压阀为（140±15） kPa，X-A 型限压阀上的空重车位显示牌应处在空车位。 2. 保压 1 min 时，制动缸压力下降不大于 5 kPa。 3. 保压过程中，人工用防锈检漏剂检查各结合部、各排气口及通气口泄漏，20 s 内不得鼓泡。 4. 缓解时间不大于 20 s。
（2）半重车位试验	1. 制动缸压力：KZW-4GA、C 型调整阀为（240±40） kPa；KZW-4GB、D 型调整阀为（145±20）kPa；KZW-4 型比例阀、KZW-4G 型限压阀为（240±40） kPa；KZW -A 型限压阀为（230±40）kPa，限压阀上的空重车位显示牌应翻起显示半重车位。 2. 保压 1 min 时，制动缸压力下降不大于 5 kPa。 3. 保压过程中，人工用防锈检漏剂检查各结合部、各排气口及通气口泄漏，20 s 内不得鼓泡。 4. 缓解时间不大于 20 s。
（3）重车位试验	1. 制动缸压力: KZW-4GA、C 型调整阀，KZW-4 型比例阀，KZW-4G 型限压阀均为（360±10） kPa；KZW-4GB、D 型调整阀为（220±10）kPa；KZW -A 型限压阀为（360±10）kPa，限压阀上的空重车位显示牌应翻起显示重车位。 2. 保压 1 min 时，制动缸压力下降不大于 5 kPa。 3. 保压过程中，人工用防锈检漏剂检查各结合部、各排气口及通气口泄漏，20 s 内不得鼓泡。 4. 缓解时间不大于 20 s。

续上表

工　序	技　术　要　求
4．存贮、打印试验记录	试验合格后，录入正确的生产厂、出厂编号以及试验员后，存贮、打印试验记录。
5．贮存	1．各阀的通气孔、排气口须用塞堵或压板等方法密封防护。 2．空气制动阀检修后应在干燥、通风、避光、避热的室内贮存。 3．空气制动阀检修完成后，贮存期超过3个月不足6个月的，须经试验台试验合格后装车使用；贮存期超过6个月的须分解，涂抹硅脂、硅油或润滑脂，装用的橡胶件距生产日期超过1年时更换新品，经试验台试验合格后装车使用；贮存期超过1年的须分解检修，橡胶件更换新品，经试验台试验合格后装车使用。试验后须重新涂打检修标记。

<table>
<tr><td></td><td>TWG-1 系列空重车自动调整装置试验台试验</td><td>HG620-2008</td></tr>
<tr><td colspan="3">一、适用范围：TWG-1 系列空重车自动调整阀试验台试验。
二、工艺流程：准备→WG-1 型传感阀试验→T-1 型调整阀试验→存贮打印试验记录→贮存。
三、工装设备：空重车自动调整装置微控试验台、喷枪、字模、打印机。
四、所需材料：防锈检漏剂、白色油漆、打印纸。
五、工序及技术要求：</td></tr>
<tr><td>工　　序</td><td colspan="2">技　术　要　求</td></tr>
<tr><td>1. 试验前准备</td><td colspan="2">试验台调压阀出口压力调整到（500±5）kPa。</td></tr>
<tr><td colspan="3">2. WG-1 型传感阀试验</td></tr>
<tr><td>（1）漏泄试验</td><td colspan="2">传感阀行程调整器自动置入空车位。打开快、慢充电磁阀，当压力稳定后，调整行程调整器手轮，使调整器上平面刚好与传感阀触头接触（简称零点调整），用防锈检漏剂检查传感阀各结合部及顶杆周围漏泄情况，顶杆周围及触头排气口处在 20 s 内不得鼓泡，其余各部不得漏泄。</td></tr>
<tr><td>（2）空车试验</td><td colspan="2">通过快、慢充电磁阀充气，同时控制上游压力为（360±5）kPa，待压力稳定后，关闭充气电磁阀，接通上切、制切、降切、调切电磁阀保压 15 s，释放上切、制切、降切、调切电磁阀，同时打开排气阀缓解。
1. 降压气室压力从 0 升至 300 kPa 的时间不超过 12 s。
2. 保压 15 s 时，上游压力不得下降且与降压气室压力差不超过 15 kPa。
3. 降压气室压力由 300 kPa 降至 40 kPa 的时间不超过 9 s。
4. 降压气室压力应能排尽，传感阀顶杆应能完全缩回到缓解位。</td></tr>
<tr><td>（3）半重车位试验</td><td colspan="2">通过快、慢充电磁阀充气，同时控制上游压力为（360±5） kPa，待压力稳定后，关闭充气电磁阀，接通上切、制切、降切、调切电磁阀保压 20 s，保压时用防锈检漏剂检查顶杆周围及触头排气口处在 20 s 内不得鼓泡，其余各部不得漏泄。保压后释放上切、制切、降切、调切电磁阀测量降压气室压力，打开排气电磁阀缓解。降压气室压力：
（1）WG-1A型（105±25）kPa
（2）WG-1C 型（100±25）kPa</td></tr>
</table>

续上表

工　序	技　术　要　求
（4）重车位试验	开始时，通过快、慢充电磁阀充气，同时控制上游压力为（360±5） kPa，待压力稳定后，关闭充气电磁阀，接通上切、制切、降切、调切电磁阀保压 15 s，释放上切、制切、降切、调切电磁阀，同时打开排气阀缓解。 1. 保压 15 s 时，上游压力不得下降。 2. 降压气室压力为零。 3. 缓解后，要求传感阀顶杆须退回原位同时传感阀行程调整器自动置入空车位为下一次试验作好准备。
3. T-1 型调整阀试验	
（1）漏泄试验	打开快、慢充电磁阀，当压力稳定后，用防锈检漏剂检查调整阀各结合部、各排气口及通气口漏泄，各结合部、各排气口处在 20 s 内不得鼓泡。
（2）空车试验	打开慢充电磁阀，监测调整室压力和制动缸初跃升压力（制动缸开始时应随同上游压力一起缓慢上升到一个压力值后暂时停止升压，此时的制动缸压力即为初跃升压力）初跃升测量结束后，打开快充电磁阀，同时控制上游压力为（360±5）kPa，待压力稳定后，关闭充气电磁阀，接通上切、制切、降切、调切电磁阀保压 20 s，释放上切、制切、降切、调切电磁阀，同时打开快排气阀缓解。 1. 制动缸初跃升压力为：（60±10）kPa。 2. 调整室压力：T-1A 型阀始终为零。 3. 制动缸压力：T-1A 型阀（150±10）kPa。 4. 保压 20s 时，制动缸压力上升不得超过 10 kPa。 5. 制动缸压力开始下降起到 40 kPa 的时间：T-1A 型阀应不超过 20 s。 6. 制动缸压力应能排尽。
（3）重车试验	接通降切、空重电磁阀，然后通过快、慢充电磁阀充气，控制上游压力为（360±5）kPa，待压力稳定后，关闭充气电磁阀,测量制动缸压力，打开通量排气电磁阀缓解。 1. 制动缸压力：T-1A 型阀为（360±10）kPa。 2. 缓解时，制动缸压力应能排尽。

续上表

工　　序	技　术　要　求
4. 存贮打印试验记录	试验合格后，录入正确的生产厂、出厂编号以及试验员后，存贮、打印试验数据。
5. 贮存	1. 各阀的通气孔、排气口须用塞堵或压板等方法密封防护。 2. 空气制动阀检修后应在干燥、通风、避光、避热的室内贮存。 3. 空气制动阀检修完成后，贮存期超过 3 个月不足 6 个月的，须经试验台试验合格后装车使用；贮存期超过 6 个月的须分解，涂抹硅脂、硅油或润滑脂，装用的橡胶件距生产日期超过 1 年时更换新品，经试验台试验合格后装车使用；贮存期超过 1 年的须分解检修，橡胶件更换新品，经试验台试验合格后装车使用。试验后须重新涂打检修标记。

	空重车自动调整装置微控试验台机能检查	HG621-2008

一、适用范围：空重车自动调整装置微控试验台机能检查。
二、工艺流程：准备→机能检查→存贮、打印机能检查结果。
三、工装设备：传感阀座盲板、调整阀（限压阀、比例阀）座盲板。
四、所需材料：防锈检漏剂。
五、工序及技术要求：

工　序	技　术　要　求
1．机能检查前准备	1．风源压力不低于 650 kPa。 2．拉出开关 1，推入其他所有开关，操纵阀手把置 3 位，调整调压阀，压力表Ⅳ压力应为（500±10）kPa。 3．推入开关 1，手把置 1 位,排净（副风缸）余气。 4．推入开关 K1、K2，分别卡紧调整阀（限压阀、比例阀）座和传感阀座上的盲板。
2．机能检查	1．副风缸系统 （1）拉出开关 4、6，手把置 3 位，观察压力表Ⅳ压力，10 s 内压力不应上升。 （2）拉出开关 1，副风缸充至定压，推入开关 1，待压力稳定后，观察压力表Ⅳ压力，10 s 内压力不应下降。 2．制动缸系统 （1）拉出开关 1、8，推入开关 4、6，手把置 1 位，制动缸充至定压后，手把置 3 位，待压力稳定后，观察压力表Ⅲ压力，10 s 内压力不应下降。 （2）拉出开关 3，观察压力表Ⅱ压力，压力应有明显的下降，手把置 1 位，充至定压后,手把置 3 位，待压力稳定，观察压力表Ⅲ压力，10 s 内压力不应下降。 3．降压风缸系统 （1）推入开关 8，拉出开关 5，手把置 1 位，充至定压后手把置 3 位，观察压力表Ⅰ压力，10 s 内压力不应上升。 （2）拉出开关 2，待压力稳定后，推入开关 2，观察压力表Ⅰ压力，10 s 内压力不应下降。 （3）推入开关 1，手把置 1 位，拉出开关 4、6、8，各风缸压力均应降至 0 kPa。

续上表

工　序	技　术　要　求
3. 存贮、打印机能检查结果	1. 存贮校验数据。 2. 打印校验结果。

七、车号自动识别标签

车号自动识别标签检修		HG701-2008

一、适用范围：各型货车车号自动识别标签（以下简称标签）的检修。
二、工艺流程：检查防护→拆装标签→核对、上报→标签处理。
三、工装设备：车号自动识别标签读出仪，转储仪，氧-乙炔割炬，拉铆枪。
四、所需材料：氧气，乙炔，铝拉铆钉。
五、工序及技术要求：

工　序	技　术　要　求
1．检查、防护	1．车辆检修前、后，均须使用标签读出器读取、确认标签内存信息。 2．除铁道部指定不安装标签的车辆外，均须装有技术状态良好的标签。 3．需高温洗罐、调修处理、抛丸除锈、焊修等作业时须对标签进行防护。修理标签安装部位时，须将标签拆下，修理完毕后须将标签安装回原车。 4．标签变形失效时更换，标签铆钉破损、失效、丢失时重新铆装。 5．标签内容与车体标记不符时须报铁道部，并须符合下列要求： （1）标签内车种、车型与现车结构一致，车号不符时以标签为准，更改车体标记。 （2）标签内车种、车型与现车结构不一致，应以现车为准，报铁道部批准后更换标签。
2．拆装标签	1．标签变形失效、更改标签内容需拆卸标签时，不得使用火焰切割，不得损伤标签。 2．安装标签时，标签底面与防盗底板应密贴，用拉铆钉将其铆固并将防盗底板的防盗止耳弯曲压下，不应损伤标签。
3．核对、上报	1．现车落成时核对标签与现车标记，同时用标签转储仪进行存储，并于当日 18 点前上报铁道部。 2．标签故障须在检修记录内详细记录，认真填写；货车标签补装换装改写申请记录由有关部门保存备查。 3．有关更改信息记录单和验收记录单由各有关部门分别保存备查。 4．因操作失误、软硬件故障等原因造成写标签失败、标签错写等需要改写或清空标签的单位，要在发生失

续上表

工 序	技 术 要 求
4．核对、上报	误或故障的第二个工作日将产生的原因、过程、责任分析和整改措施以正式报告的形式报铁道部，并派专人将需要清空处理的标签送铁道部，发现标签信息的车种车型与现车不符的应将情况说明及有关照片报铁道部。
5．标签处理	1．失效、损坏的标签须用彩笔画“×”。 2．因标签内车种、车型与现车不一致而拆下的标签须用彩笔画“○”，并注明产生原因，按规定上交铁道部清空。 3．信息写错的标签须用彩笔画“○”，并注明产生原因、时间、当事人，定时上交铁道部清空。 4．企业自备铁路货车标签检修、管理同国铁货车，但改号时须上报相关材料，经铁道部批准后重新安装标签，更改车号。

车号自动识别标签防盗底板检修	HG702-2008

一、适用范围：各型货车车号自动识别标签（以下简称标签）防盗底板的检修。

二、工艺流程：检修。

三、工装设备：氧-乙炔割炬、电焊设备。

四、检测器具：钢卷尺。

五、所需材料：氧气，乙炔，J422 焊条。

六、工序及技术要求：

工　序	技　术　要　求
1．检修	1．无标签的车辆须安装标签，对应有安装位置的车种、车型时按《标签安装技术条件》进行安装，如无安装位置方案，须设计安装位置报部批准后安装。 2．防盗底板破损、裂纹时更换，变形时调修；附加底板破损、裂纹、变形时修理或更换。 3．更换防盗底板时，须将原焊装防盗底板位置磨平，防盗底板四爪须与附加底板或底架盖板密贴，三面满焊，防盗底板纵向中心线与车体横向中心线的夹角误差须小于 3°，防盗底板横向中心线与车体纵向中心线偏移量须小于 30 mm，特种车型偏移量须小于 200 mm，见图 702-1。 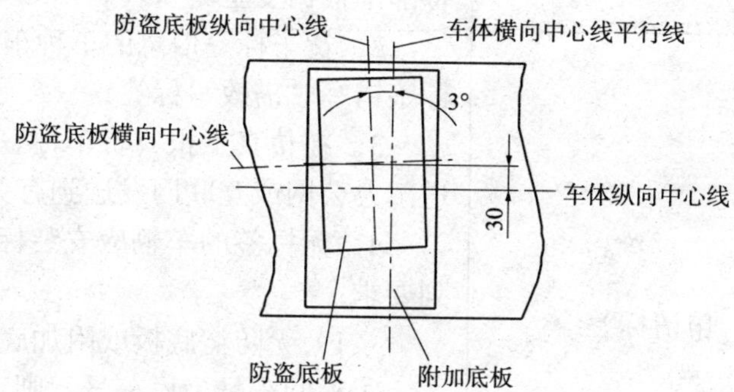 图 702-1　防盗底板安装示意图 4．更换附加底板时不得伤及车体或底架母材。 5．防盗底板端面须用 5 号钢印刻打安装单位代号和安装年、月，字迹须清晰，现车安装时该端面朝向现车 1 位端。 6．在液化石油气等罐车上焊装时须符合有关规定。

	车号自动识别标签申请	HG703-2008

一、适用范围：各型货车车号自动识别标签（以下简称标签）申请。

二、工艺流程：申请标签→更改标签。

三、工装设备：车号自动识别标签读出仪、转储仪。

四、工序及技术要求：

工　序	技　术　要　求
1．申请标签	1．货车标签丢失、损坏、失效需进行补装、换装时，填写《货车标签补装换装改写申请表》（见附表1）一式二份，验收员应确认并且盖名章，一份由检修单位自存，一份在当日用车递挂号或邮政挂号寄铁道部运输局装备部车辆调度室。 2．货车标签信息的车种车型与现车不符、货车改造需要改变车种车型、自备车产权变更车号、写标签失败、标签错写时需改写标签。 3．在传真上报《货车标签补装换装改写申请表》的同时，还应将申请表按照标准格式制成电子版，通过铁道部办公网或互联网发送到有关邮箱中：铁道部办公邮箱编号：11496；互联网邮箱：mayunling@china-mor.gov.cn。 4．无标签的车辆应安装标签，如无安装位置方案，除应设计安装位置报铁道部批准后安装外，还应符合下列要求： （1）无防盗底板或附加底板等安装痕迹者，用初次安装程序申请标签： ①返回车号为原车号，则正常安装； ②返回车号为新车号，则须与中央数据库核对现车车辆制造时间和制造单位等辅助信息，不一致时（重号）则正常安装；车号等信息均一致时（丢失），须用运用补写程序申请安装，同时报铁道部。 （2）有防盗底板或附加底板安装痕迹者须按规定抄录“再次安装车辆标签申请表”，用运用补写程序申请安装，同时报铁道部。 5．标签损坏、变形失效等的车辆，用运用补写程序补写标签。 6．换装标签时原标签应装原车，不应混装，原标签失效或丢失时，要先按原车型、车号用空标签补写后再修改标签内容。

续上表

工　　序	技　术　要　求
2．更改标签	1．XN_{17}系列车型须以NX_{17}系列车型重新申请安装标签，原标签上交铁道部。 2．已装用转 K2、转 8G（转 8AG）型转向架的C_{64B}（P_{64B}）、C_{64C}（P_{64C}）型车须按规定改为C_{64K}（P_{64K}）、C_{64T}（P_{64T}）型；新装、换装转 K2、转 8G（转 8AG）型转向架的车辆须按规定在车型编码尾部加注大写字母 K、T；凡已安装标签且标签内容与现车不符时，须根据新车型与原车号按有关规定申请换装标签；换装标签时原标签须装原车，不得混装；原标签失效或丢失时，要先按原车型、车号用空标签补写后再修改标签内容。 3．对装用转 8G、转 8AG 型转向架且不进行完善改造的既有国铁、自备货车，在检修时，将原车型标记中代表转 8AG、转 8G 型转向架结构的"T"字母改为"E"字母，变更车型，具体要求如下： （1）国铁车：不进行完善改造的C_{61T}、X_{6AT}、B_{10BT}、B_{6AT}、B_{6NT}、B_{6T}车型对应变更为C_{61E}、X_{6AE}、B_{10BE}、B_{6AE}、B_{6NE}、B_{6E}。 （2）自备车：自备车产权单位要求不进行完善改造、未签订完善改造合同、不在计划内进行完善改造的自备车须变更车型，在检修时具体对应关系：GY_{80ST}改GY_{80SE}、GY_{80T}改GY_{80E}、G_{11JT}改G_{11JE}、G_{11ST}改G_{11SE}、G_{11T}改G_{11E}、G_{17T}改G_{17E}、G_{60T}改G_{60E}、G_{70T}改G_{70E}、GF_{18T}改GF_{18E}、GF_{1T}改GF_{1E}、GF_{2T}改GF_{2E}、GF_{AT}改GF_{AE}、GH_T改GH_E、GL_{BT}改GL_{BE}、GL_{CT}改GL_{CE}、NT 改 NE、K_{14T}改K_{14E}、K_{18AT}改K_{18AE}、K_{18DT}改K_{18DE}、U_{61WT}改U_{61WE}等。 4．在对GY_{100SK}型货车进行标签信息录入时，标签信息统一录入为GY_{10SK}，现车的GY_{100SK}标记不变。

附表 1　货车标签补装换装改写申请表

单位（盖章）：　　　　　　　　　　　　填报人：

联系电话：

序号	原标签信息（车体标记）			申请新标签信息			补写（改写）原因	批准信息		
	车种车型	车号	制造年月	车种车型	车　号	制造年月		车种车型	车　号	制造年月
1										
2										
3										
4										
5										

预（质）检员名章：

车间主任名章：

验收员名章：

单位意见：

主管领导签字：

年　　月　　日

部审核情况及批复意见：

授权编码：

填写说明：

1.该表除盖章和签字外，所有内容不应手工填写；单实线栏目内均由申请单位填写、签字或盖章。

2.该表一式二份，一份自存，一份在当日用车递挂号或邮政挂号寄铁道部运输局装备部车辆调度室。

3.在传真上报该表的同时，还应将申请表按标准格式制成电子版通过铁道部办公网或互联网发送到有关邮箱中。

4.标签补装换装改写原因栏按标签丢失、损坏、变形失效（外观良好）、写入（或改写）失败、错写、标签信息与现车不符、货车改造、自备车产权变更和其他（须注明具体原因）等分别进行填写。

八、油漆与标记

车辆油漆涂装		HG801-2008

一、适用范围：适用于各型货车车辆油漆涂装。
二、工艺流程：除锈(垢)→确认油漆种类、涂刷部位→涂刷油漆。
三、工装设备：喷枪、油漆刷。
四、所需材料：油漆。
五、工序及技术要求：

工　　序	技　　术　　要　　求
1．除锈	1．车体及底架锈蚀部位、油漆脱落处，须清除锈层补漆。车辆防锈漆及面漆须符合规定。 2．新换侧板、端板、门板、顶板的外侧面除锈后涂漆，涂漆前金属表面清洁度须执行 GB 8923《钢表面锈蚀度等级和涂装前清洁度等级》的规定。各部位须符合下列标准： （1）车体及底架须达到 Sa2 级，局部不低于 Sa1 级。 （2）对不易抛（喷）丸除锈的部位或局部仍达不到标准者，须进行手工除锈，钢结构表面清洁度不低于 St2 级。 （3）经抛（喷）丸除锈后，固着良好的油漆可不处理，不作为清洁度要求。
2．涂刷	1．油漆中不得掺汽油、煤油，以防油漆粉化。 2．冬季涂刷时，油漆中允许加不超过 5%的催干剂。 3．不同种类的油漆，禁止掺兑使用。 4．涂漆应在焊铆件或加热调修、热处理充分冷却后进行，涂漆处所应呈干燥状态，金属表面锈垢或熔渣须清除。 5．各涂刷部位的漆膜须覆盖全面、均匀、良好，不流坠，涂刷方正。 6．车体及底架锈蚀部位、油漆脱落处，须全部清除锈层、周边脱层的漆膜，表面清洁干燥后再补漆，补漆须全部覆盖脱漆部位，涂抹均匀，与周围漆色一致，所补油漆形状应呈方形且四边与车体或底架四边基本平行，油漆干膜总厚度不小于 80 μ m。 7．凡需涂刷 2 遍及以上油漆者，须于前遍油漆干燥后（以不粘手为准），再涂刷下遍油漆或铺装地板；遇有特殊情况底漆不能干燥而需铺装地板时，以不碰坏底漆为准。 8．竣工时车体部位的油漆，须干燥后（以不粘手为准）方可交验。

<table>
<tr><td></td><td>车辆标记涂打</td><td>HG802-2008</td></tr>
<tr><td colspan="3">一、适用范围：各型货车车辆标记涂打。
二、工艺流程：现车标记抄写→ 除锈(垢)→油漆涂刷→标记涂打。
三、工装设备：喷枪、油刷、标记漏模。
四、检测器具：钢卷尺。
五、所需材料：油漆，快干剂，腻子，稀释剂。
六、工序及技术要求：</td></tr>
<tr><td>工　　序</td><td colspan="2">技　术　要　求</td></tr>
<tr><td>1．现车标记抄写</td><td colspan="2">抄写现车原标记并与车辆标签内信息核对，准确无误后用油漆涂盖，待底漆干燥到不粘手程度时方可重新喷涂标记。</td></tr>
<tr><td>2．基本要求</td><td colspan="2">1．各种标记均须重新涂打，规格、位置等须符合 TB/T 1.1《铁道车辆标记　一般规则》、TB/T 1.2《铁道车辆标记　文字与文体》规定及图样要求。涂打须齐全、准确、位正、清晰。
2．技术性能标记须符合下列要求：
（1）性能标记须符合现车性能、特点的要求，车体两侧标记、车号须一致。
（2）部属车辆须涂打路徽。货车均须有车种、车型、车号、载重、自重、容积、换长、定检、定位、车钩中心线等共同标记。车钩中心线标记在钩舌中心水平线，沿钩舌外侧及钩头两侧涂打，标记宽 5 mm。
（3）企业自备铁路货车的车种、车型、车号按《企业自备铁路货车车种、车型、车号编码规则》的规定涂打，并须涂打企业自备铁路货车产权单位的名称及所在局简称标记，涂打在车辆两侧（墙）适当位置，字体为 150 号汉字。租用车或专用车均须有单位名称、产权性质标记。部属的配属车辆须涂打配属单位名称标记。
（4）各型货车不得涂打铁道部规定以外的标记或图案；固定配属的货车和企业自备车的配属、到站标记字高为 150 mm ，有特殊要求的不超过 200 mm。
3．除下列车辆外，均须涂打“ Ⓜ︎Ⓒ ”国际联运标记：
（1）无自动制动机的车辆。
（2）车轮轮辋宽度小于 127 mm 的车辆。</td></tr>
</table>

续上表

工　序	技　术　要　求
2．基本要求	（3）守车、企业自备铁路货车、租出车、由国外租入车、新技术试验车和专用车（如工程专用车、救援车、除雪车等）。 （4）非中国式自动车钩的车辆。 （5）禁止（含临时和永久）参加国际联运的车辆。 4．下列车辆须涂打“”禁止上驼峰标记： （1）长大货物车、自翻车、底开门式车。 （2）压缩气体或液化气体的专用罐车。 （3）无自动制动机的车辆。 5．救援车、装运酸碱类货物罐车及运输危险品专用车辆，按《危险货物运输规则》等有关规定涂打标记。 6．装用牵引钩的车辆，须在牵引钩上方涂打“㊝卷”标记。 7．长大货物车的“限速”和“限制运行曲线半径”等标记，按有关规定涂打（参照其使用说明书）。 8．配属局、段标记，指定使用区间的标记，或经批准有特殊回送要求等标记，均按规定位置涂打。 9．铁道部临时指定的其他标记按规定涂打。 10．退出行包快运的 P_{65} 型通用货车取消行包专列专用标记和配属标记，车辆载重 58 t，车种车型由 P_{65} 型更改为 P_{64AK} 型，并更改标签；改型的 P_{64AK} 型车检修周期与既有 P_{64AK} 型车检修周期一致，厂修 9 年，段修 1.5 年。
3．标记字号	1．大车种车号字号 200 号、车型字号 120 号。 2．小车种车号字号 120 号、车型字号 70 号。 3．载重、自重等汉字及数字字号 70 号，载重、自重等的单位（t、m）及小数字号 50 号。 4．本次厂、段修单位字号 40 号，本次厂、段修时间字号 30 号，下次厂、段修时间字号 40 号；辅修标记字号 30 号。 5．制动阀（紧急阀）检修标记字号 20 号；制动软管总成、闸瓦间隙自动调整器、脚踏式制动机检修单位标记字号 20 号，检修时间标记字号 15 号；钩舌、钩体、钩尾框、制动梁、ST 型缓冲器、下心盘、交叉支撑装置检修标记字号 20 号。

续上表

<table>
<tr><th>工　　序</th><th>技　　术　　要　　求</th></tr>
<tr><td>4．标记颜色</td><td>标记颜色和标记处所的底色应符合表 1 规定。

表 1　标记颜色和底色表
<table><tr><td>底　　色</td><td>黑、棕</td><td>白、黄或银色</td><td>绿和蓝</td></tr><tr><td>标记颜色</td><td>白</td><td>黑</td><td>淡黄</td></tr></table></td></tr>
<tr><td>5．车型、车号标记</td><td>1．货车应在车体两侧侧墙左端涂打大车号，在底架侧梁（或侧墙下缘）涂打小车号。车号包括车辆的车种、车型和车号。
2．对有活动墙板的平车，均在活动墙板上涂打大车号，在侧梁上涂打小车号；对无活动墙板的侧梁为非鱼腹梁的平车，仅在侧梁上涂打小车号。侧梁为鱼腹梁的平车，仅在侧梁中部涂打大车号。
3．转 8B、转 8AB 完善改造车辆落成后，原车型车号不变，车辆标记自重按实际称重涂打，并在大车号后面涂打“已改造”字样， 150 号字，间距 20 mm，下端与原大车号下端对齐。不同改造车型字样与车号间距值可适当放大或缩小，但不能小于 150 mm。
4．除有特殊规定者外（如 P_{65} 等型车），装用转 K2 型转向架的车辆，须在车型编码尾部加注大写字母“K”标记；装用转 8AB、转 8B 型转向架的车辆，须在车型编码尾部加注大写字母“T”标记；装用转 K4 型转向架的车辆，须在车型编码尾部加注大写字母“H”标记。装用转 K2 型转向架的 C_{64B}、P_{64B} 型车，须将车型标记改为 C_{64K} 、P_{64AK}；装用转 8AG、转 8G 型转向架的 C_{64C}、P_{64C} 型车，须将车型标记改为 C_{64T}、 P_{64AT}。
5．2008 年 4 月 1 日起,对装用转 8G、转 8AG 型转向架且不进行完善改造的既有国铁、自备货车，在检修时，将原车型标记中代表转 8AG、转 8G 型转向架结构的“T”字母改为“E”字母，变更车型，具体要求如下：
（1）国铁车：不进行完善改造的 C_{61T}、X_{6AT}、B_{10BT}、B_{6AT}、B_{6NT}、B_{6T} 车型对应变更为 C_{61E}、X_{6AE}、B_{10BE}、B_{6AE}、B_{6NE}、B_{6E}。
（2）自备车：自备车产权单位要求不进行完善改造、未签订完善改造合同、不在计划内进行完善改造的自备车须变更车型，在检修时具体对应关系为： GY_{80ST} 改 GY_{80SE}、GY_{80T} 改 GY_{80E}、G_{11JT} 改 G_{11JE}、G_{11ST} 改 G_{11SE}、G_{11T} 改 G_{11E}、G_{17T} 改 G_{17E}、G_{60T} 改 G_{60E}、G_{70T} 改 G_{70E}、GF_{18T} 改 GF_{18E}、GF_{1T} 改 GF_{1E}、GF_{2T} 改 GF_{2E}、 GF_{AT} 改 GF_{AE}、</td></tr>
</table>

续上表

工　　序	技　术　要　求
5．车型、车号标记	GH_T 改 GH_E、GL_{BT} 改 GL_{BE}、GL_{CT} 改 GL_{CE}、NT 改 NE、K_{14T} 改 K_{14E}、K_{18AT} 改 K_{18AE}、K_{18DT} 改 K_{18DE}、U_{61WT} 改 U_{61WE} 等。
6．棚车标记	1．有车窗和车顶烟囱的棚车及 P_{64}、P_{65} 型系列棚车 ,须涂打“(人)”标记。 2．有栏马杆座的棚车，须涂打“(古)”标记。
7．集、平车标记	1．载重为 60 t 及以上的平车、长大货物车，须在侧梁外侧横中心线处涂打车体中心标记（车辆定距中心点处）和集中载荷标记。 2．集装箱平车须涂打“集装箱专用平车”标记，采用 200 号汉字。 3．原标记为 XN_{17} 等型车辆须更改为 NX_{17} 等型。 4．对于 DL_1 运梁车组中的 NX_{17K} 型平车-集装箱共用车在其车体上涂打“运梁车组专用车”标记。
8．罐车标记	1．粘油罐车须在罐体两侧性能标记下方涂打表示加温套允许进汽压力标记，其字样为“进汽管道静压力不大于 0.49 MPa”。 2．1992 年及以后制造的 G_{17}、G_{60} 型车载重标记分别按 57 t、53 t 涂打。 3．罐车须在性能标记上方涂打装载液体、气体分类名称（如“粘油”、“轻油”），并附汉语拼音字母。 4．粘油罐车已拆去下部排油装置改为轻油罐车者，须在辅助记号加“D”字标记，如 G_{17D}，字高与辅助记号相同。 5．装运危险品货物的罐车，罐体纵向中部须涂打 1 条宽 200 mm 表示货物主要特征的水平环形色带，红色表示易燃，黄色表示有毒，黑色表示腐蚀，蓝色与其他颜色分层涂刷表示液化气体（上层 200 mm 宽涂蓝色，下层 100 mm 宽涂红色表示易燃液化气体，涂黄色表示剧毒液化气体，涂白色表示不燃无毒的液化气体。色带中部留一空处涂打专用货物名称及以分子分母形式表示专用货物名称及其危险性。如：装运苯的罐车涂打“$\frac{\text{苯}}{\text{易燃有毒}}$”标记。如遇水会发生剧烈化学反应，事故应急处理严禁用水的货物，还须在分母内涂打“禁水”二字。分数线宽 20 mm，采用 150 号汉字。当车体为黄色时，不涂黄色色带。

8

续上表

<table>
<tr><th>工　序</th><th>技　术　要　求</th></tr>
<tr><td>9．毒品车标记</td><td>1．毒品车须在门左侧涂打毒品标志“”，并在车门上的车号标记下面涂打“毒品专用车”标记。
2．W_6改造押运间后车型改为W_{6S}。性能标记改为载重55t，自重取前五辆车称重平均值，容积118 m^3，换长1.5。
3．W_5改造押运间后车型改为W_{5S}。性能标记改为载重50 t，自重取前五辆车称重平均值，容积108 m^3，换长1.5。
4. W_{5S}和W_{6S}押运间内的端墙上应铆装标志牌，标志牌的中心位于车宽中心线上，高度距车内底面1 400 mm。标志牌上的字体为宋体，并采用酸蚀处理，深度不小于0.2 mm，颜色为红色。标志牌的尺寸和内容见附录1。</td></tr>
<tr><td>10．押运间标记</td><td>1．棚车押运间须在内端墙适当高度涂打固定备品表，内容见表2。
2．罐车押运间须在内端墙适当高度涂打固定备品表，内容见表3。

表2　棚车押运间固定备品表
<table>
<tr><th>顺号</th><th>名称</th><th>规格</th><th>数量</th></tr>
<tr><td>1</td><td>干粉灭火器安装卡</td><td>MF3</td><td>1</td></tr>
<tr><td>2</td><td>茶　桌</td><td></td><td>1</td></tr>
<tr><td>3</td><td>床　铺</td><td></td><td>1</td></tr>
<tr><td>4</td><td>支架组成</td><td></td><td>1</td></tr>
<tr><td>5</td><td>衣 帽 钩</td><td>A型</td><td>2</td></tr>
</table>
注：备品表规格为 500 mm×360 mm，表内字号为30号、标题为40号。

表3　罐车押运间固定备品表
<table>
<tr><th>顺号</th><th>名称</th><th>规格</th><th>数量</th></tr>
<tr><td>1</td><td>干粉灭火器安装卡</td><td>MF3</td><td>1</td></tr>
<tr><td>2</td><td>床铺</td><td></td><td>1</td></tr>
<tr><td>3</td><td>“严禁烟火”标牌</td><td></td><td>1</td></tr>
<tr><td>4</td><td>暖瓶支架、卡子</td><td></td><td>1</td></tr>
</table>
注：备品表规格为 500 mm×360 mm，表内字号为30号、标题为40号。</td></tr>
<tr><td>11．定检标记</td><td>1．厂修标记按原标记涂打，段修期按年、月，辅修、轴检期按月、日涂打，下次修程到期日期，均须按段修竣工的翌月、翌日起算，本级修程下次检修到期时间标记须与上级修程的到期时间标记相对应，即经本级修程的若干个检修周期后，最后到期时间须与上级修程到期时间相同。下次段修周期延长或缩短时，第1次辅修周期</td></tr>
</table>

续上表

工　　序	技　术　要　求
11．定检标记	须相应调整。 2．检修段简称按铁道部规定涂打，段简称为 3 个字时可不涂打局简称，但段简称为 2 个字及以下时须涂打局简称。 3．取消辅修的车辆不涂打辅修标记，在原辅修标记处涂打“取消辅修”字样；70 t 级货车不涂打辅修和“取消辅修”标记。 4．按走行里程检修的车辆检修标记字号为 50 号、标记框线宽 5 mm，标记框高 70 mm，长度依次分别为 80 mm、320 mm 和 100 mm，如附录 2 所示，涂打在侧墙左下部。C_{76}、C_{80} 等不设置重点检查修的敞车不涂打重点检修标记（取消 C 栏）。 5．段修周期为 1 年及 1.5 年的车辆其辅修内容分别按附录 3、附录 4 涂打。 6．辅修标记栏左侧不涂打“辅修”修程字样；辅修标记中的年、月、日应涂打为 2 位数字，数字之间的间隔为 2 mm； 月、日之间应涂打 ϕ6 mm 的间隔圆点，圆点与月、日的左右间隔为 4 mm，圆点与年、月、日下方应对齐。 7．C_{61} 型敞车检修标记应涂打在车体两端端墙板的右侧，辅修标记右侧距角柱外侧面 200 mm、下方距地板上平面 30 mm，厂、段修标记距辅修标记的间隔为 50 mm。
12．部件标记	1．手动空重车转换塞门手把截断塞门手把涂白漆；空重指示牌底涂白漆，字涂红漆；紧急制动阀体及手把涂红漆。空重车自动调整装置指示牌：重车位涂白漆，空车位涂红漆。 2．制动缸活塞杆按图 802-1 及表 5 的规定在 B、C 部涂打白色油漆标记，但装用密封式、半密封式制动缸的车辆可不涂打 B 部标记。

续上表

工 序	技 术 要 求

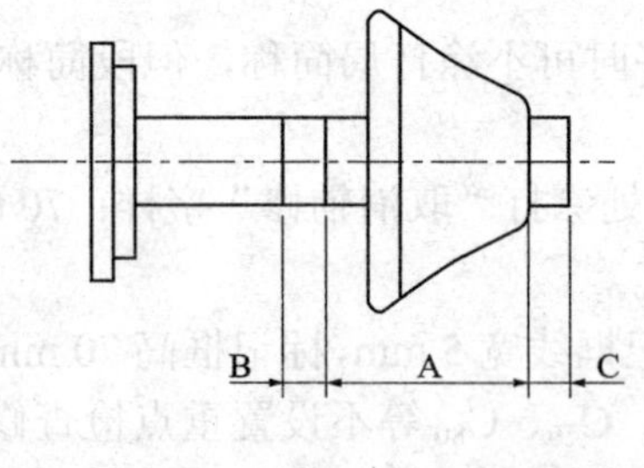

图 802-1　制动缸活塞杆定位标记示意图

表 5　活塞杆标记尺寸表　单位：mm

制动缸规格	装用闸瓦间隙自动调整器		未装闸瓦间隙自动调整器	
	A	B	A	B
356×254	115	20	110	50
305×254	145	20		
254×254	145	20		
203×254	115	20		

12．部件标记

5．单车试验合格的闸瓦间隙自动调整器须在铭牌附近外体上按图 802-2 示涂打标记，汉字字号为 20 号，日期为 15 号。

6．交叉支撑装置组装时，须在组装的标志板上刻打标记，具体刻打尺寸和位置见图 802-3。

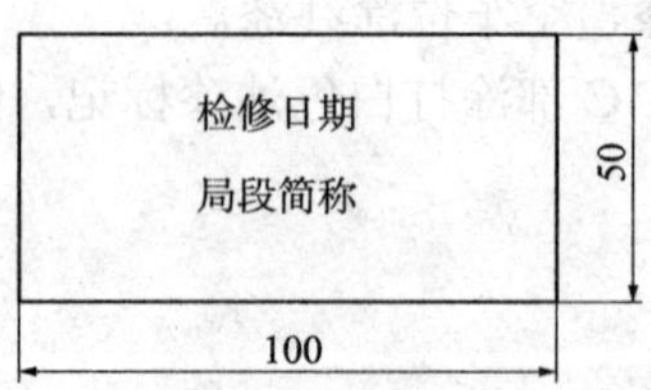

图 802-2 闸瓦间隙自动调整器检修标记示意图

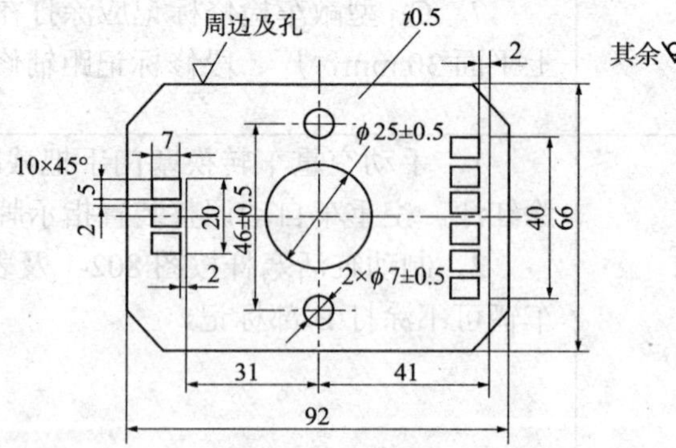

图 802-3　交叉杆标志板刻打标记示意图

续上表

工　序	技　术　要　求
12．部件标记	7．脱轨自动制动阀须用白油漆在阀体外侧面涂打检修单位简称和检修年月，字号为 15 号。 8．空气制动安全阀组装试验合格后在阀体上涂打“190 kPa”字样，字号为 20 号。 9．罐车呼吸式安全阀性能试验合格，须在阀盖侧壁上涂打定压值：轻油罐车定压为（150±20）kPa；粘油、食油罐车定压为（100±20）kPa，字号为 15 号。
13．人力制动机标记	1．试验合格的脚踏式制动机涂打标记，见图 802-4，日期为 15 号字，单位简称及“段修”为 20 号汉字。 2．NSW 型手制动机手轮上涂打“制动”和“缓解”方向指示标记，在箱壳上涂打“调力”和“常用”方向指示标记，见图 802-5。 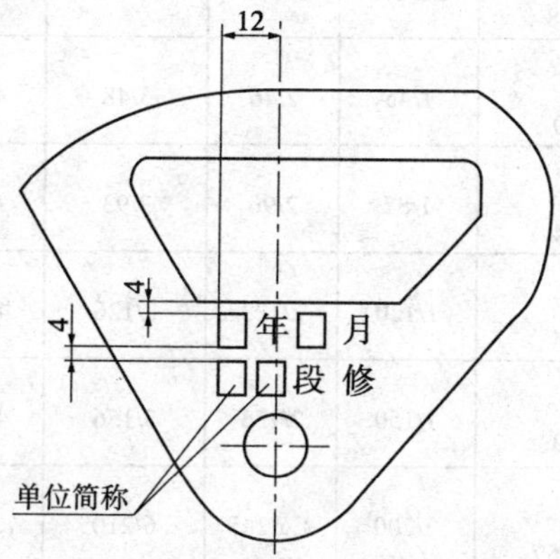 图 802-4　脚踏式制动机涂打标记示意图 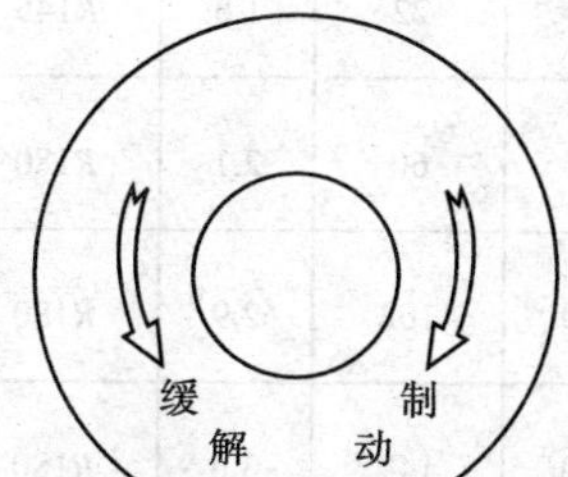 图 802-5　NSW 型制动机检修标记示意图

附表 1　长大货物车、平车集中载荷参数表

顺号	车型	制造厂	载重(t)	自重(t)	换长	空车通过最小曲线半径(m)	功能尺寸(长×宽)(m×m)	地板面长(m)/集中载重(t)								
								1	2	3	4	5	6	7	8	9
1	D_2	哈	210	166.7	3.2	*R*180	凹底 9×2.78	1/175	2/178	3/180	4/183	5/187	6/190	7/190	8/200	9/210
2	D_{2G}	哈等	210	148.5	3.3	*R*180	凹底 9×2.78	1.5/172	3/178	4.5/183	6/189	7.5/197	9/210			
3	D_{2A}	哈	210	136	3.4	*R*180	凹底 9×2.78	1.5/172	3/178	4.5/183	6/189	7.5/197	9/210			
4	D_5	连等	60	22	1.6	*R*145	凹底 8×3.0	1/45	2/46	3/48	4/49	5/52	6/53	7/56		
5	D_6	德	110	60	2.1	*R*180	凹底 7×2.4	1/87	2/90	3/93	4/97	5/101	6/105	7/110		
6	D_7	德	150	102	2.9	*R*180	凹底 9×2.4	1/120	2/123	3/126	4/130	5/133	6/137	7/141	8/145	9/150
7	D_8	德	180	149	3.6	*R*180	凹底 9×2.4	1/150	2/153	3/156	4/160	5/163	6/167	7/171	8/176	9/190
8	D_{9G}	哈	230	176.6	4.0	*R*180	凹底 9.3×2.57	3/200	4.5/205	6/210	7.5/219	9.3/230				
9	D_{10}	哈等	90	35.6	1.8	*R*145	凹底 10×3.0	1.5/71	3/72	4.5/74	6/77	7.5/81	9/87	10/90		
10	D_{12}	哈	120	46.7	2.2	*R*145	凹底 9×3.0	1.5/95	3/100	4.5/105	6/109	7.5/113	9/120			
11	D_{15}	哈	150	48.9	2.3	*R*150	凹底 9×2.7	15/129	3/131	4.5/134	6/137	7.5/142	9/150			

续上表

顺号	车型	制造厂	载重(t)	自重(t)	换长	空车通过最小曲线半径(m)	功能尺寸（长×宽）（m×m）	地板面长(m)/集中载重(t)								
								1	2	3	4	5	6	7	8	9
12	D_{16G}	哈	110	53	2.8	R180	凹底 9×2.8	1.5/95	3/96	4.5/98	6/101	7.5/104	9/110			
13	D_{17}	株	150	50	2.3	R145	落下孔 4.6×2.3									
14	D_{18A}	哈	180	135.45	3.2	R180	凹底 9×2.8	1.5/95	3/96	4.5/98	6/101	7.5/104	9/110			
15	D_{18G}	哈	180	152.3	3.5	R180	凹底 9×2.7	3/140	4.5/143	6/145	7.5/165	9/180				
16	D_{19G}	哈	250	158.4	4.2	R180	落下孔 12.2×2.06	5/250								
17	D_{70}	哈	70	26.6	1.8	R180	平板 19.426×2.05	2/32	4/36	6/40	8/44	10/46	12/48	14/50	16/70	
18	D_{22}	齐等	120	414	2.3	R180	平板 25×3.0	2/42	4/48	6/55	8/60	10/65	12/70	14/75	16/80	18/85
19	D_{22G}	哈	120	419	2.2	R180	平板 20.4×3.0	2/30	4/48	6/55	8/60	10/65	12/70	14/75	18/85	20.4/120
20	D_{23G}	哈	265	70.7	2.8	R180	平板 19.17×3.128									25/235
21	D_{25A}	哈	250	142	3.7	R180	凹底 9.8×2.63	3/215	4.5/216	6/24	7/29	8/26	9/23	9.8/250		
22	D_{26}	齐	260	73.6	2.9	R145	双联 32.138×2.99	8/260	16.5/260							
23	D_{27}	齐	150	43.2	2.4	R180	平板 25×3.0	2/42	4/48	6/55	8/60	10/65	12/70	14/75	16/80	18/85
24	D_{30}	齐等	370	126		R180	双联									
25	D_{30G}	齐	370	101	3.9	R180	双联									
26	D_{30A}	齐	300	119	3.0	R150	钳夹									
27	D_{35}	齐	350	290	4.6	R150	钳夹									
28	D_{38}	齐	380	226	4.8	R150	钳夹									

续上表

顺号	车型	制造厂	载重(t)	自重(t)	换长	空车通过最小曲线半径(m)	功能尺寸（长×宽）(m×m)	地板面长(m)/集中载重(t)								
								1	2	3	4	5	6	7	8	9
29	N_{17}	齐	60	20.4	1.3	$R145$	平板	1/25	2/30	3/40	4/45	5/50	6/53	7/55	8/57	9/60
30	N_{17A}	二七	60	19.8	1.3	$R145$	平板	1/25	2/30	3/40	4/45	5/50				
31	N_{17G}	二七	60	20.8	1.3	$R145$	平板	1/25	2/30	3/40	4/45	5/50				
32	NX_{17}	二七	60均布	22.5	1.3	$R145$	共用车	1/25	2/30	3/40	4/45	5/50				
33	NX_{17B}	二七	61均布	22.5	1.5	$R145$	共用车	1/25	2/30	3/40	4/45	5/50				

附表2 定期检修周期表

车种、车型		厂修（大修）	段修（全面检查修）	辅修（重点检查修）
棚车	P_{60}、P_{13}、P_{61}等普碳钢车	5年	1年	6个月
	P_{65}、P_{65S}型行包快运车	6年	1年	取消辅修
	P_{62}	6年	1.5年	6个月
	P_{70}、P_{70H}	8年	2年	
	其他耐候钢棚车	9年	1.5年	取消辅修
敞车	C_{16}、C_{16A}、C_{62A}（车号为44字头）	5年	1年	6个月
	C_{62A}（车号为45字头）	6年	1.5年	6个月
	CF、C_{5D}	6年	1年	6个月

续上表

车种、车型		厂修（大修）	段修（全面检查修）	辅修（重点检查修）
敞车	C_{61Y}、C_{63}、C_{63A}	120万km或6年	20万km或1年	10万km或6个月
	C_{61}	8年	1年	6个月
	C_{76}、C_{80}系列	160万km或8年	40万km或2年	
	C_{70}系列	8年	2年	取消辅修
	C_{64A}	9年	1年	6个月
	其他耐候钢敞车	9年	1.5年	取消辅修
罐车	酸碱类罐车、液化石油气罐车、液氯罐车、铝粉罐车等	4年	1年	6个月（取消辅修者除外）
	GQ_{70}、GQ_{70H}、GN_{70}、GN_{70H}	5年	1年	
	GF_{70}、GF_{70H}	8年	2年	
	其他型罐车	5年	1年	6个月（取消辅修者除外）
矿石车	K_{13}、K_{18}、K_{18F}、K_{F60}等型普碳钢车	5年	1年	6个月
	KZ_{70}、KZ_{70H}、KM_{70}、KM_{70H}	8年	2年	
	其他耐候钢矿石车	8年	1年	6个月
水泥车	U_{15}、U_{60}、U_{60W}	5年	1年	6个月
	U_{61W}、U_{61WZ}	9年	1.5年	6个月
冰冷车	普碳钢车	4年	1年	6个月
	耐候钢车	6年	1年	6个月
集装箱平车	X_{6A}	6年	1年	6个月（取消辅修者除外）
	X_{6B}	6年	1.5年	

续上表

车种、车型		厂修（大修）	段修（全面检查修）	辅修（重点检查修）
集装箱平车	X_{4K}	8年	2年	
平车（含NX）系列、家畜车、守车、长钢轨车、60t的凹型车		5年	1年	6个月（取消辅修者除外）
毒品车		10年（扩大段修）	1年	6个月
L_{18}		8年	2年	取消辅修
1996年以后生产的D_{22G}、D_{12}、D_{70}、D_{10}（经轴承密封改造）		9年	3年	6个月
厂修、段修周期原分为9年、1.5年的不常用专用车		10年	2年	6个月
其他型不常用专用车、载重90 t以上的车辆		8年	2年	6个月

注 1：专用车指：救援车、机械车、线桥工程车、宿营车、发电车、检衡车、磅秤修理车、生活供应车、战备车等。

2：因装用转向架型式的变化而引起的车型变化（在车型编码尾部加注K、T、H的车辆），原检修周期不变。

3：鉴于目前所收购的企业自备车车况，车号为“14”字头的C_{62A}型车辆检修周期规定为厂修5年、段修1年。

附录 1　押运间使用注意事项

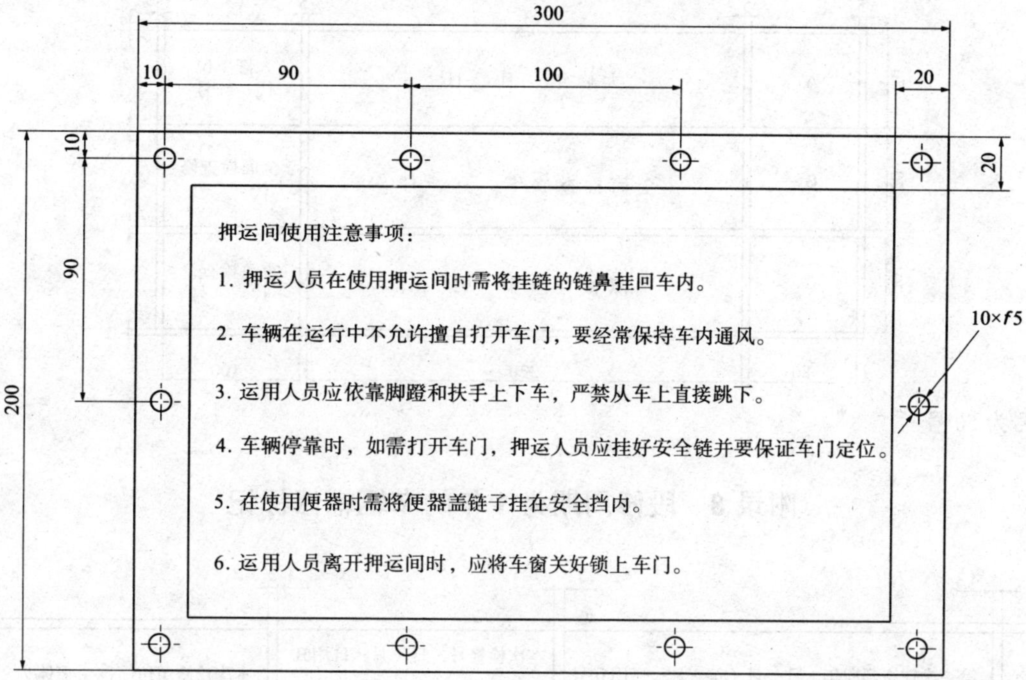

附录 2　按走行里程检修的车辆检修标记

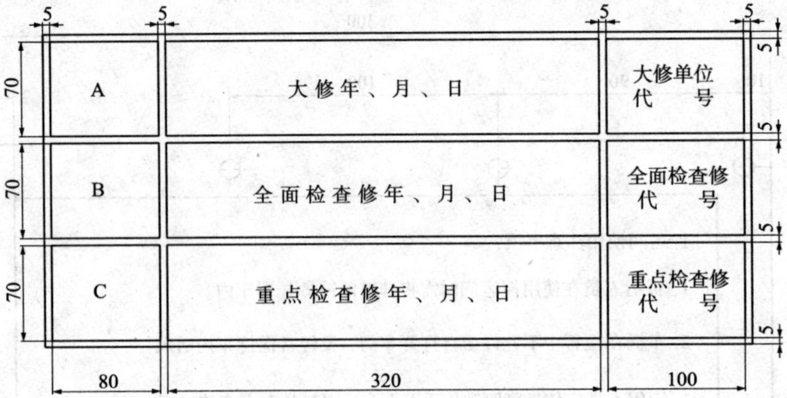

注：栏内字号为 50 号

附录 3　段修周期为 1 年的车辆辅修标记

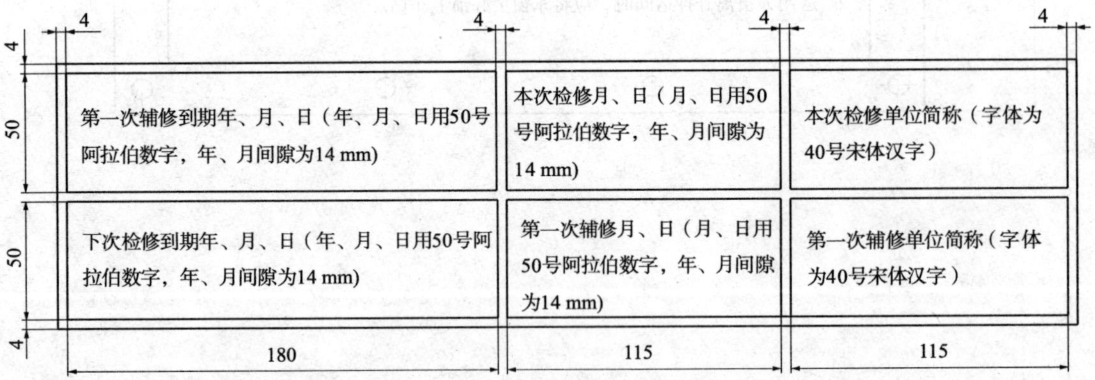

附录 4　段修周期为 1.5 年的车辆辅修标记

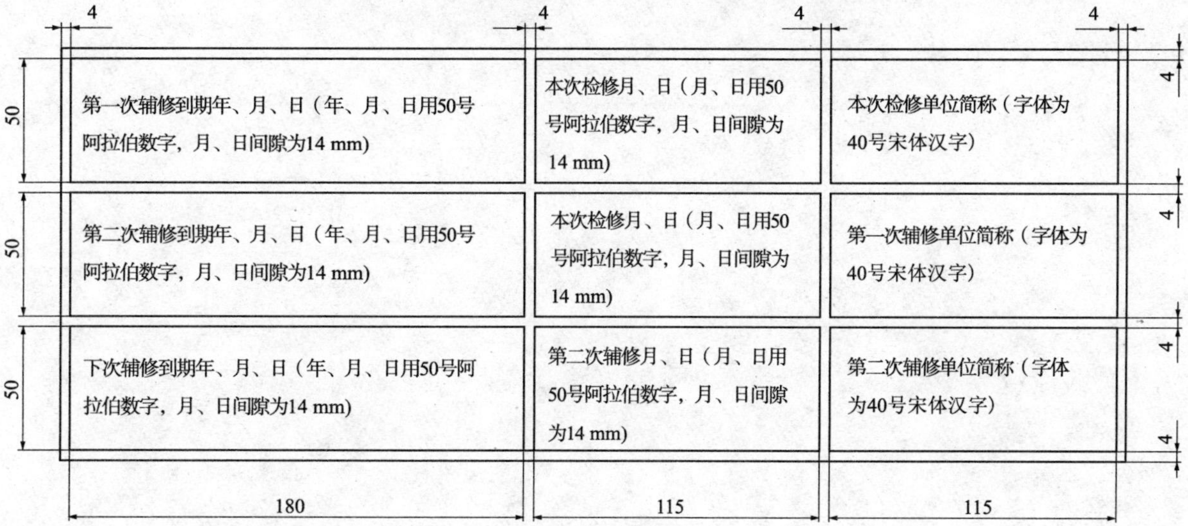

九、车辆落成及检查

	车辆落成及检查	HG901-2008

一、适用范围：各型货车车辆落成及检查。

二、工艺流程：落车→综合检查→车体检查→钩缓装置检查→转向架检查→检查、调整旁承间隙→制动装置检查→交验。

三、工装设备：10 吨天车、架车机、标签读出仪、电焊设备、铅封钳等。

四、检测器具：钩高尺、塞尺、线坠、卷尺。

五、所需材料：旁承垫板、铅封、$\phi0.5 \sim \phi0.9$ mm 铁丝。

六、基本要求：车体及零部件须经检修、检验合格方可落车，车辆落成由工长（车间主任）向质检员交车、质检员向验收员交车，验收员验收合格。按《车辆及零部件检修、交验标识》HG1001-2008 的要求标注标识。

七、工序及技术要求：

工序	技术要求
1. 落车	1. 落车时须清除下心盘、心盘磨耗盘内异物及油污。 2. 上心盘须落槽，中心销须落入下心盘座孔内。 3. 车辆落车前，将脱轨制动阀中除拉环之外的部分用安装螺栓紧固在安装座上，同时将顶梁组成向上旋至不能旋转为止。 4. 落车后（空车状态）调整好旁承间隙及车钩中心距轨面的高度。 5. 调节车轴上边缘与顶梁下平面的距离 ΔY_2 至规定值后插入圆销。 6. 将拉环两端插入顶梁限位孔中，并插入圆销。 7. 检查车轴下边缘与拉环的距离 ΔY_1。如 ΔY_1 比规定值大，取下拉环，逆时针方向转动顶梁将顶梁往上移；如 ΔY_1 比规定值小，则顺时针方向转动顶梁将顶梁往下移。顶梁转动 1 圈，向上（下）移动 3.5 mm。 8. 检验 ΔX、ΔY_1 及 ΔY_2 都符合规定值后，将拉环与限位筒、调节杆与作用杆连接处圆销上的不锈钢抽芯铆钉铆上。 9. 重新调整旁承间隙或车钩高后须重新调整拉环、顶梁与车轴的位置尺寸。

9

续上表

工　序	技　术　要　求
2. 综合检查	1. 检修车辆修竣落成时，各零部件须齐全，作用良好。各部尺寸符合《铁路技术管理规程》规定的限界，但铁道部批准局部超过限界的车辆除外。 2. 各型车辆标记按规定涂打须齐全，车体两侧标记须一致，用标签读出仪读取识别车辆标签信息，须与现车一致。 3. 在车辆的 4 位角靠近牵引梁的端梁内侧面须安装技术履历簿装置（无端梁者安装在牵引梁腹板处，浴盆式敞车按原位置安装）。 4. 技术履历簿填写：原技术履历簿应取出检查、填写，并由有关人员签字。技术履历簿须装入车辆履历簿装置内并施封。
3. 车体检查	车辆须在平直线路上检查下列部位： 1. 同一端梁上平面至轨面的垂直距离左、右相差不大于 20 mm（无端梁上盖板的车辆，可换算成在两侧梁下平面处测量）。 2. 棚车等有棚顶车辆车体倾斜不大于 30 mm。 3. 敞车下侧门组装圆销与垫圈，平车端门、侧门组装圆销与垫圈均须满焊，焊角为 4 mm×4 mm，垫圈与座轴向间隙为 3～8 mm，原开口销取消。 4. 车内须清扫，车内设施须齐全良好。 5. 各门、窗、盖、排油阀等均须关闭，并须扣搭良好。罐车排油管盖、链放下后距轨面垂直距离不小于 50 mm。 6. 人力自然攀登 1、4 位脚蹬时，车体不得动摇，脚蹬下平面至轨面的垂直距离为 400～500 mm。
4. 钩缓装置检查	1. 同一辆车的车钩、缓冲器、钩尾框型式须分别一致，Ш-1-TM 型、SZ-1-TM 型缓冲器可与 ST 型缓冲器混装。组装时各部件摩擦面须涂润滑脂。 2. 原设计装用 C 级钢、E 级钢车钩的车辆仍须装用 C 级钢、E 级钢车钩。取消辅修的 60 t 级车辆须装用 C 级钢或 E 级钢的 13A 或 13B 型车钩及钩尾框。 3. 已装用Ш-1-TM 型、SZ-1-TM 型缓冲器的车辆可换装为 ST 型缓冲器，但不可换装为其他型缓冲器。 4. 原结构装用 MT-2、MT-3 型缓冲器的车辆仍须装用 MT-2、MT-3 型缓冲器（60 t 级货车须同时装用凹型冲击座），其钩肩与冲击座间距为 91^{+10}_{-3} mm。装用 ST 型缓冲器时，钩肩与冲击座间距为 76^{+10}_{-5} mm，不符时可更换

续上表

工　序	技　术　要　求
4. 钩缓装置检查	为凹槽型冲击座,钩肩与冲击座的间距须大于 76 mm。装用 2 号缓冲器时，钩肩与冲击座间距不小于 60 mm。 5. 车钩缓冲装置装车时，缓冲器须有压缩量，安装后须取出工艺垫。 6. 装用的钩缓装置钩尾端面与从板间隙不大于 8 mm（MT-2、MT-3 型缓冲器缩短销未断者除外），车钩两侧不许碰撞冲击座内侧。 7. 从板或缓冲器与前、后从板座各工作面须接触，钩身、钩尾框下框身的下面与其接触的配件须接触。 8. 13 号、13A(B)型、16 型、17 型车钩上翘量和 13 号、13A（B）型车钩下垂量均不大于 5 mm；16、17 型车钩下垂量不大于 8 mm。 9. 钩身上部上平面与冲击座上口下平面的间隙：13 号、13A 型不小于 10 mm， 16、17 型不小于 28 mm（钩体和钩体托梁、钩尾框和钩尾框托板接触）。 10. 13 号、13A 型车钩缓冲装置组装时须确认钩尾框的型别并按附表 1 配套装用相应高度的钩尾框托板。 11. 16、17 型车钩上翘、下垂量可更换支撑弹簧或支撑座磨耗板调整，磨耗板厚度为 4～16 mm。 12. 钩尾框托板螺母须采用 FS 型、BY-B 型或 BY-A 型防松螺母，70 t 级货车托梁组成、安全托板、钩尾框托板组装螺栓螺母须采用 BY-B 型防松螺母，并须配套使用强度满足 GB 3098.1 规定的 10.9 级，精度等级符合 GB 9145 中 6g 要求的螺栓，螺栓头部须有 10.9 级标记。装用 BY-B 型防松螺母时，须安装弹簧垫圈、开口销。 13. 车钩托梁须采用 M22 螺栓，安装背母和 ϕ4 mm 开口销，开口销卷起。2007 年 3 月 1 日以前出厂的 C_{70} 型敞车，冲击座止挡铁螺栓和螺母紧固后须将靠近螺母的螺栓螺纹铲堆(3 扣及以上)，每扣螺纹铲堆长度不小于 10 mm,且深度不小于螺纹深度的 2/3。 14. 上作用车钩钩提杆左、右横动量均为 30～50 mm（当车钩纵向中心与车体纵向中心重合时，以上锁销孔纵向中心与钩提杆头部纵向中心重合时为基准测量），不符时移动钩提杆座调整；提钩链松余量为 45～55 mm，钩提杆孔与上锁销孔垂直线的前后水平距离不大于 45 mm。提钩链上、下马蹄环组装圆销与垫圈须均分三处点焊固。 15. 下作用车钩钩提杆扁平部位在钩提杆座处每侧长度不小于 60 mm；在闭锁位置时，扁平部位须能自由落入钩提杆座的扁孔内，其间隙不大于 2 mm；钩提杆弯曲部位与手制动轴托上、下部和水平距离均须大于 20 mm；钩提杆手把下端面至钢轨上平面的距离须大于 380 mm；活动端柱落下时与钩提杆距离不小于 45 mm。装用 13 号、13A 型、13B 型下作用式车钩的货车须加装符合图样 QCP860-05A-00 要求的车钩防跳插销。

续上表

工　序	技　术　要　求
4. 钩缓装置检查	16. 钩提杆座采用M16螺栓组装，并安装背母。 17. 车钩须进行三态作用试验,作用良好。 18. 16、17型车钩闭锁位下锁销肘杆显示孔须整体可见。车钩防跳插销须符合图样QCP860-05A-00。 19. 16、17型车钩安装时，装有制动软管吊链的车辆，防跳插销可安装在制动软管吊链的第一个链环中，与制动软管吊链一同安装在车钩上；没有安装制动软管吊链的车辆，可直接安装在车钩下部的吊耳上。 20. 70 t级货车17型车钩安装后测量车钩支撑座与冲击座（B部）间隙不小于46 mm；其他型货车装用16、17型车钩测量车钩冲击座支承弹簧座腔顶部到弹性支承座支承托板下平面距离不小于42 mm；16、17型车钩支撑座左右横向移动量（C部）不大于15 mm。 21. 16型车钩须在装车时进行转动试验，转动角不小于180°，双向往复1次、360°转动1次，转动须灵活，不得有卡阻、异音。 22. 16型车钩弹性支承装置组装后，弹性支承托板上平面（不含磨耗板）至冲击座上口的距离不小于197 mm。 23. 在平直线路上，测量车钩中心线至轨面的垂直距离：守车为（870±10）mm，其他型车为（880±10）mm。同一车辆两车钩中心线高度差不大于10 mm。 24. 调整钩高时，可采用以下方法: （1）翻转活动式车钩托梁。 （2）调换车钩托梁磨耗板（厚度3～8 mm）或在车钩尾框托板上焊装1块厚度不大于8 mm的钢板，两侧端部各施以30 mm长的段焊。 （3）在冲击座与车钩托梁接触面两侧各安装1块60 mm×60 mm，厚度不大于10 mm，中间有ϕ24 mm孔的垫板，或在钩尾框托板与牵引梁下翼板间两侧各安装1块厚度不大于10 mm的垫板。 （4）调整下心盘与摇枕间的下心盘垫板。 （5）装用螺栓紧固上心盘的车辆，可在上心盘处安装垫板，垫板总厚度不大于50 mm，钢质、竹质垫板混用时，钢垫板须放于竹质垫板上部。在保证旁承间隙的情况下，可在上旁承处安装适当厚度的钢垫板，且不超过3块，钢垫板超过1层时，须将钢板层间四周点焊固。 （6）装用控制型转向架的C_{63A}（C_{63}）型车，可在下心盘与摇枕心盘座间安装圆形钢垫板，垫板不超过2块，

续上表

<table>
<tr><th>工　序</th><th>技　术　要　求</th></tr>
<tr><td></td><td>总厚度不大于 40 mm。</td></tr>
<tr><td>4. 钩缓装置检查</td><td>25. 13 号、13A 型、13B 型车钩缓冲装置钩尾框托板高度须符合《现车车钩缓冲装置及附属件检修》HG201-2008 附录 2 规定。</td></tr>
<tr><td>5. 转向架检查</td><td>1. 同一车辆不得装用异型车轴，转向架须为同一型号。同一辆车的承载鞍、旁承型式须一致，斜楔型号及材质均须一致。
2. 转向架检修后须装回原车，不得互换；更换转向架时，须符合原设计车型规定。
3. 装用转 8AG、转 8G、转 K2、转 K4 型转向架的车辆，更换转向架时须符合下列要求：
（1）转 8A 型转向架不得替换转 8AG、转 8G、转 K2、转 K4 型转向架；
（2）转 8G、转 8AG 型转向架不得替换转 K2、转 K4 转向架；
（3）转 8G、转 8B 型转向架可分别替换转 8AG、转 8AB 型转向架，但全车型式须一致。
（4）转 8G、转 8AG 型侧架可以替换转 8A 型侧架，但同一转向架型式须一致。
4. 转 8AG、转 8G、转 K1、转 K2、JC 型、JC-1 型旁承座安装方向须为：同一摇枕相反，同一车辆同侧同向。
5. 上、下心盘之间的螺栓与铆钉垂直相对距离不小于 5 mm；上心盘底座平面与下心盘立棱间的距离不小于 3 mm。
6. 转向架的簧下配件与底架相对部位的垂直距离不小于 45 mm。人力制动机拉杆及托与摇枕间、固定支点与牵引梁须有间隙。
7. 整车落成后，转向架的枕弹簧和减振弹簧须保持正位，转向架摇枕两端弹簧定位脐须落入减振内圈弹簧和摇枕内圈弹簧中，不得卡阻。
8. 转 K4、转 K5 型转向架用样板检查斜楔上移量不得大于 4 mm，当样板落在斜楔肩之间，但不能接触摇枕端部上表面时，更换斜楔主摩擦板。
9. 新型专用转向架及其专用配件装用的车型须符合附表 1 要求。
10. 车体落成后，横跨梁与转向架移动杠杆及上拉杆的距离不小于 6 mm；在空车状态下，横跨梁与车体枕梁下盖板的距离不小于 60 mm，转 8AB 型、转 8B 型转向架不小于 68 mm。
11. 测重机构触头中心应位于以触板中心为圆心、半径 20 mm 的圆范围内。触头与触板的间隙须符合《空气</td></tr>
</table>

9

续上表

工　序	技　术　要　求
5. 转向架检查	制动机单车试验》HG409-2008 中表 3 的规定，经调整间隙达不到要求时，按《横跨梁及附件检修》HG313-2008 规定在横跨梁触板上焊装材质为 0Cr18Ni9 的触板。
6. 检查、调整旁承间隙	1. 同一转 8A 型转向架左、右旁承间隙之和为 10~12 mm，任一侧不小于 4 mm。不符合时，调整采用更换旁承铁或旁承垫板的方式调整，旁承垫板不少于 1 块，且厚度不小于 2 mm。 2. 装用转 8AG、转 8G、转 8AB、转 8B、转 K2 型、转 K6 型转向架时，上旁承下平面与下旁承滚子的间隙为（5±1）mm；X_{4K} 型集装箱平车装用转 K6 型转向架时，上旁承下平面与下旁承滚子的间隙为（6±1）mm,不符合时可用下列方法调整： （1）转 8AG、转 8G 型更换下旁承座，且下旁承底部高度不大于 30 mm。 （2）调整下旁承垫板，转 8AG、转 8G 型下旁承垫板总厚度须为 2～14 mm，数量为 1～2 块；转 K2 型总厚度须为 2～25 mm，数量为 1～3 块；JC 型为 2～25 mm，数量为 1～3 块；JC-1 型总厚度不大于 30 mm，数量为 1～3 块。 3. 安装转 K4、转 K5 型转向架车辆整车落成后，旁承体上部与旁承体下部的间隙为（9±1）mm（在旁承体中部测量），不符时可调整下旁承调整垫板。垫板厚度：转 K4 型为 2～25 mm，数量为 1～3 块；转 K5 型为 2～30 mm，数量为 1～3 块。 4. 更换下旁承座和调整下旁承垫板仍达不到要求时，可调整上旁承垫板：装用转 8AG、转 8G、转 8AB、转 8B 型转向架者为 2～20 mm，数量为 1～2 块；装用转 K2 型转向架者为 2～35 mm，数量 1～3 块；装用转 K5 转向架者为 2～25 mm，数量为 1～3 块；装用转 K6 转向架者为 2～25 mm，数量为 1～2 块；转 K4 型心盘垫板厚度大于 25 mm 时，可在上旁承焊装厚度不小于 20 mm 的垫板。 5. 上旁承垫板调整后，磨耗板、调整垫板、上旁承面的组装间隙不大于 0.5 mm。 6. 车体落成后，用 0.5 mm 的塞尺检查上、下旁承磨耗板之间的间隙，插入深度不得超过 10 mm。
7. 制动装置检查	1. 同一车辆上装用的制动梁形式须一致，装用的闸瓦形式须一致，敞车的闸瓦插销上须安装闸瓦插销环。 2. 圆销或螺栓上的开口销双向劈开的角度为 60°～70°，手制动轴上、下端及手制动轴链羊眼螺栓的开口销及各扁开口销安装后须劈开卷起。 3. 制动缸前、后制动杠杆与闸调器、上拉杆间，后制动杠杆与支点座间，控制杠杆与闸调器控制杠杆间，转

续上表

工 序	技 术 要 求
7. 制动装置检查	向架移动杠杆、固定杠杆与制动梁间，转向架固定杠杆支点与支点座间，手制动拉杆上链子与前制动杠杆间，或手制动附加杠杆上的圆销组装后须装用符合图样 Q/QC56-122-2008 的止退开口销，劈开角度按止退开口销结构自然成型。前制动杠杆与制动缸活塞推杆间圆销仍装用 GB 93 开口销。 4. 斜向或竖向安装的圆销须由上向下装入，横向安装的圆销须以车体纵向中心线为准，由里向外装入（无安装空间者及有特殊要求的除外）；横向安装的圆销须在开口销与被连接件之间装平垫圈。 5. 手制动滑轮组装圆销与垫圈，手制动拉杆、拉杆链组装圆销与垫圈，手制动摰子锤组装圆销与垫圈，摰子组装圆销与垫圈，平车手制动轴折叠处组装圆销与垫圈，货车空气制动阀、安全阀防丢失罩安装螺栓与螺母，空重车阀防丢失装置与螺母，传感阀支架安装螺栓与螺母，脚踏式制动机安装螺栓与螺母，NSW 型和 FSW 型手制动机安装螺栓与螺母，脱轨自动制动装置安装座的螺栓与螺母，手制动轴链眼环螺栓与螺母等均须点焊固（可重复用拉铆钉者除外）。圆销与垫圈焊固时，焊缝长度须大于圆销周长的 1/2，垫圈与组装件间须有 1～3 mm 的轴向间隙。 6. 阀及缸类零部件安装须正位、牢固。缸与吊座间、制动管与吊座间原设计是木垫者须更换为尼龙垫或短纤维增强橡胶垫；原车装用尼龙垫者须使用尼龙垫装用球芯折角塞门（TB/T 2698)者，须在端梁外侧吊座与塞门之间安装尼龙垫。原车设计无垫者，检修时可不加垫。 7. 储风缸采用圆钢 U 形吊和短纤维增强橡胶垫或尼龙垫安装的，须安装背母；采用螺栓安装的，须安装弹簧垫圈。阀类和储风缸安装螺栓须由上向下装入（无安装空间者除外），在长圆孔侧加平垫圈。 8. 各螺栓组装紧固后，螺杆须露出螺母 1 扣以上，但不大于 1 个螺母厚度（U 形管吊卡和储风缸吊卡除外）。 9. 主管、支管穿过各梁处不得与底架各梁接触，间距不小于 3 mm；超过时分解主管、支管调整。 10. 装用球芯折角塞门的罐车，未加装加装折角塞门吊板的按照改造方案在原车端梁外加装折角塞门吊板，同时切除原端梁内侧的制动主管吊板及制动主管吊组装，切除原吊板时不得伤及端梁母体，并在根部留有 1～2 mm 的茬口。加装前，按图纸要求确认要加装的零配件技术状态及几何尺寸良好无误后，再装车使用。焊接时，要求焊缝不得有夹渣及砂眼等焊接缺陷。折角塞门吊板卡子安装好后用电焊将螺栓与螺母点固。 11. 脱轨自动制动装置顶梁、拉环与车轴之间的间隙须符合《现车脱轨自动制动装置检修》HG406-2008 规定。 12. 向车上安装的三通阀或分配阀、制动软管、折角塞门、安全阀、缓解阀、紧急制动阀、压力表等须为经试验合格品，三通阀或分配阀、制动软管须有试验标记，压力表、安全阀须有铅封。无检修试验标记的配件，不

续上表

<table>
<tr><th>工　序</th><th>技　术　要　求</th></tr>
<tr><td>7. 制动装置检查</td><td>得装车使用。
13. 单车试验结果符合规定。编织制动软管总成须符合《制动管系及附属配件检修》HG401-2008 规定。
14. 人力制动机拉杆及托与摇枕间、固定支点与牵引梁间须有间隙。
15. 敞车手制动机手轮在上端梁上方时，手轮下面至车体端部上平面的距离不小于 80 mm；手轮在上端梁下方时手轮上面至上端梁下平面的距离不小于 200 mm。手制动踏板上平面至手轮上面的距离为 950～1 050 mm。手轮原为 ϕ400 mm 时，不得更换为 ϕ300 mm 的手轮。（原设计上述各尺寸小于者除外。）
16. 70 t 级货车制动装置
（1）制动装置中空气制动阀、制动缸的安装须采用自锁螺母，其余件的安装和连接均须采用防松螺母或自锁螺母。须装用经表面防腐处理的螺栓、螺母、圆销。
（2）安装空气制动阀、限压阀防丢失箱及手制动机须采用专用拉铆钉。
（3）制动管使用 U 形螺栓式管吊卡固定时，除折角塞门处的 U 形管吊卡外，其余管吊卡与管子接触部位均须为宽度不小于螺栓直径的平面。折角塞门吊须使用自锁螺母，塞门吊须安装在塞门体定位凹槽位置。
（4）拉杆与缓解阀的连接须使用直径 ϕ8 mm 的开口销。
（5）须装用编织制动软管总成 665ZC（总长 795 mm），并装有软管吊链组成。编织制动软管总成与软管吊链组成连接后，软管连接器的最下端距轨面的距离不小于 120 mm。
17. 制动阀、安全阀、限压阀、比例阀、调整阀须安装防盗装置。</td></tr>
<tr><td>8.电焊要求</td><td>1. 装用滚动轴承的转向架，整车落成需进行电焊作业时，禁止电流通过轴承，须将轮对与侧架分离，或架车后进行。
2. 制动装置组装过程中进行焊接操作时，须使用专用电焊回路并靠近施焊处，接地线的材质、直径应与电焊电缆相匹配，严禁用修车线路的钢轨作接地线，防止电流通过滚动轴承。</td></tr>
<tr><td>9. 交验</td><td>1. 确认各部修竣后，经工作者、工长（车间主任）、质检员检查合格向验收员交车，交验标识符合《车辆及零部件检修、交验标识》HG1001-2008 的规定。
2. 经交验合格的车辆涂去车体上规定以外的标记。</td></tr>
</table>

附表 1　转向架、轮对及配件与装用车型对照表

序号	转向架及配件	轮对型号	车种车型	备注
1	转 8AG（8AB）、转 8G（8B）型	减重轮对	C_{64T}、P_{64AT}、P_{64GT}、NX_{17BT} 等	
		RD_2	其他车型编码尾部加注字母 T 的车辆	
2	转 K1 型	提速轮对	P_{65}	
3	转 K2 型	提速且减重轮对	P_{65}、P_{65S}、P_{64AK}、P_{64GK}、NX_{17BK} 等	
		提速轮对	其他车型编码尾部加注字母 K 的车辆	
4	转 K3 型	提速轮对	X_{1K}	
5	转 K4 型	提速且减重轮对	P_{65}、C_{64H}、P_{64AH}、P_{64GH}、NX_{17BH} 等	
		提速轮对	其他车型编码尾部加注字母 H 的 60 t 级车辆	
6	控制型	RD_2	C_{63}、C_{63A}	装用 16、17 型车钩
7	转 K5	RE_{2B}	其他车型编码尾部加注字母 H 的 70 t 级车辆	装用 17 型车钩
8	转 K6	RE_{2B}	车型编码尾部不加注字母 H 的 70 t 级车辆	装用 17 型车钩
9	MT-3 型缓冲器		装用凹型冲击座的车辆	
10	MT-2 型缓冲器		C_{63}、C_{63A}、C_{76} 系列、C_{80} 系列及 70 t 级车辆	部分 C_{80} 装用其他新型缓冲器

注：1. 装用 RD_2 型轮对者可装用提速且减重轮对和提速轮对，装用提速轮对者可装用提速且减重轮对。

2. 原装用减重轮对者，可装用轮辋厚度小于 55 mm 的非减重轮对。

3. 70 t 级货车转向架须装用 HEZB 或 HESA 型车轮，同一车辆须装用相同型号的车轴。须装用 353130A、353130B、353130C、C353130、SKF OR-7030A ITALY、SKF353130-2RS 型滚动轴承，同一车辆须装用相同温升标准的轴承。

9

十、综合部分

车辆及零部件检修、交验标识		HG1001-2008

一、适用范围：车辆及零部件检修、交验。
二、工艺流程：工作者（预检员）→工长→质检员→验收员。
三、检测器具：手电筒、检点锤。
四、所需材料：白色、黄色、蓝色、红色粉笔。
五、工序及技术要求：

工　序	技　术　要　求
1. 标识颜色规定	工作者用白色粉笔，工长用黄色粉笔、质检员用蓝色粉笔、验收员用红色粉笔。
2. 故障标识	经检查车辆或零部件有故障需施修时，故障标识须书写在车辆或零部件明显可视的部位，在故障部位附近简要标明故障名称和施修方法，并用箭头指向故障部位，故障消除后，方可进行交验。车辆修竣后涂去车体外部各种标识。
3. 检修标识	检查、检测良好，不需加修、交验的配件，书写良好配件标识“○”；需加修的配件书写配件加修标识“#”；需调的修配件书写配件调修标识“△”；报废的配件，书写配件报废标识“×”；报废的大型配件，在配件上用白铅油涂打报废标识“×”。
4. 交验标识	需交验的零部件及整车，经检查、检测良好者，工作者在规定位置画“人”，工长复查合格的在“人”下面画“一”，质检员检查合格的在“一”下面画“口”，形成“合”字标识，验收员验收或抽验合格者在“合”字标识外画“○”形成“㊎”。

<table>
<tr><td></td><td>杠杆、拉杆及制动圆销检修</td><td>HG1002-2008</td></tr>
<tr><td colspan="3">一、适用范围：各型转向架固定杠杆、移动杠杆、固定杠杆支点、中（下）拉杆；制动缸前、后杠杆；现车各拉杆、连杆、各制动圆销的检修。
二、工艺流程：检测→加修→镶套→拉力试验→质量检查。
三、工装设备：电焊机、镶套机、钻床、砂轮机、拉力试验机、氧-乙炔割具等。
四、检测器具：圆销孔检测量规、圆销检测量规、制动杠杆孔距校对尺等。
五、所需材料：J422 焊条、氧气、乙炔等。
六、基本要求：
1. 转向架的固定杠杆、移动杠杆、固定杠杆支点、中（下）拉杆、各制动圆销分解后须在规定的场所，指定专人进行检测。制动缸前、后杠杆；现车各拉杆、连杆现车分解检测。
2．经检查、检测的配件须按《车辆及零部件检修、交验标识》HG1001-2008 的要求标注标识。
七、工序及技术要求：</td></tr>
<tr><td>工　序</td><td colspan="2">技　术　要　求</td></tr>
<tr><td>1．杠杆检测</td><td colspan="2">1. 各杠杆裂纹时更换，腐蚀、磨耗深度大于 3 mm 时堆焊后加工或更换；弯曲变形时调修或更换。检测杠杆腐蚀深度时以距杠杆边缘 15 mm 处测得的剩余厚度为准。
2. 各销孔或衬套磨耗大于 2 mm 时镶套或更换衬套，原衬套裂纹或松动时更换。
3. 各杠杆圆销孔中心至外端面的距离小于圆弧半径减 5 mm 时，堆焊磨修或更换。
4. 制动杠杆孔距须符合现车车型制动倍率的要求。制动缸前后杠杆尺寸须符合图样要求，转向架固定杠杆和移动杠杆扩孔镶套时，按附图 1 及附表 1 校对孔距，偏差大于 5 mm 时修理，堵孔新钻者，两孔距离偏差不超过图样尺寸的±1mm。</td></tr>
<tr><td>2. 拉杆检测</td><td colspan="2">1. 各拉杆磨耗或腐蚀超过 15%时加修或更换，锻造拉杆裂纹时更换，焊接结构的拉杆头焊缝裂纹时焊修
2. 各销孔或衬套磨耗大于 2 mm 时镶套或更换衬套，原衬套裂纹或松动时更换。
3. 新焊装下拉杆头的搭接量不小于 85 mm，上拉杆头的搭接量不小于 50 mm，并须进行拉力试验。</td></tr>
<tr><td>3．杠杆、拉杆镶套</td><td colspan="2">各杠杆、拉杆的镶套执行《制动杠杆、拉杆销孔镶套》HG1003-2008。</td></tr>
</table>

续上表

工　　序	技　术　要　求
4. 杠杆、拉杆焊修	各杠杆、拉杆的焊修执行《车辆配件焊修》HG1005-2008。
5. 拉杆拉力试验	新焊装拉杆头的拉杆须进行拉力试验，保持 1 min，不得有裂纹，拉力值见附表 2。
7. 制动圆销检测	圆销裂损或磨耗、腐蚀大于 2 mm 时更换，各型圆销规格见附图 2、3 及附表 3、4。
8. 质量检查	1. 衬套不得松动，内径圆度为 0.5 mm。 2. 装用转 8AG、转 8G、转 8AB、转 8B、转 K1、转 K2、转 K3、转 K4、转 K5、转 K6 型转向架车辆的各制动衬套材质为奥-贝球铁，硬度为 38～48 HRC；制动圆销材质为 45 号钢，热处理后表面硬度为 50～55 HRC。装用控制型转向架车辆的制动衬套材质为 27SiMn，硬度为 45～59 HRC，制动圆销材质为 20CrMnMo，热处理后表面硬度为 58～62 HRC。 3. 转 K4、型转向架用杠杆与支柱相配的外球套、内球套更换新品时，外球套材质须为 45 号钢，内球套材质为奥-贝球铁。

附表 1　转向架固定杠杆和移动杠杆尺寸

转向架类型		D_1	D_2	D_3	L_1	L_2	R_1	R_2
转 8A、转 8AG、转 8G、转 8AB、转 8B、转 K3 型		$\phi32$	$\phi36$	$\phi28$	182	408	R45	R 40
转 K4 型		$\phi32$	$\phi50$	$\phi28$	145	290	R 45	R 40
控制型		$\phi32$	$\phi36$	$\phi28$	190	380	R 45	R 40
转 K2 型	固定杠杆	$\phi36$	$\phi36$	$\phi28$	145	290	R 50	R 40
	移动杠杆	$\phi36$	$\phi36$	$\phi28$	180	360	R 50	R 40
转 K5 型	固定杠杆	$\phi36$	$\phi36$	$\phi28$	148	296	R50	R 40
	移动杠杆	$\phi36$	$\phi36$	$\phi28$	196	392	R50	R 40
转 K6 型	固定杠杆	$\phi36$	$\phi36$	$\phi28$	150	300	R 50	R 40
	移动杠杆	$\phi36$	$\phi36$	$\phi28$	190	380	R 50	R 40

附表 2　拉杆拉力试验拉力值

序号	拉杆直径 d（mm）	拉力值 F（kN）
1	16	23.5
2	20	36.8
3	25	57.4
4	30	82.7

附图 1　杠杆示意图

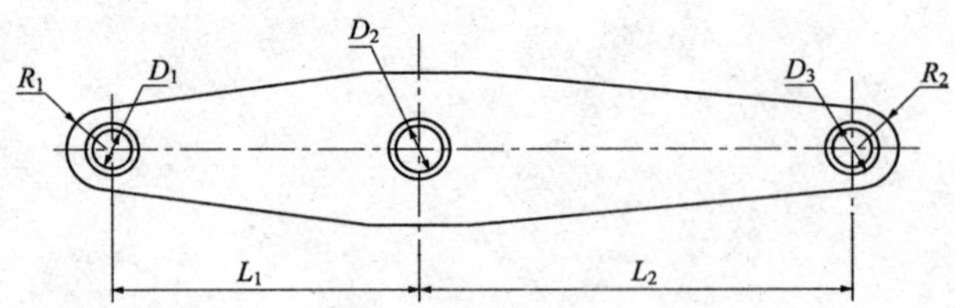

注：表中未列入的拉杆进行拉力试验时，拉力值按拉杆截面积与 117 MPa 的乘积取值，如下式：$F=\dfrac{\pi\times d^2}{4\times10^3}\times117$

附图 2　圆孔制动圆销

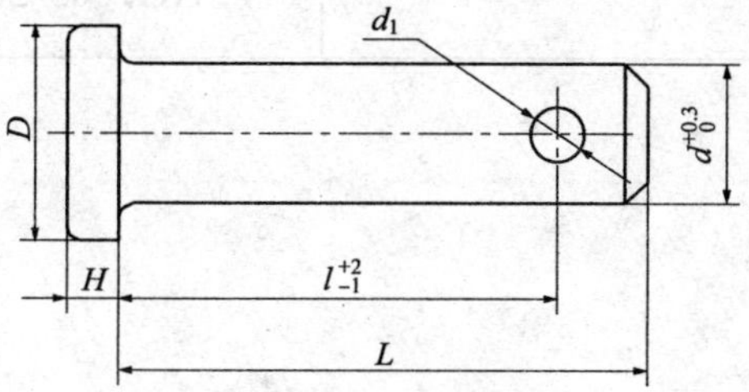

附图 3　扁孔制动圆销

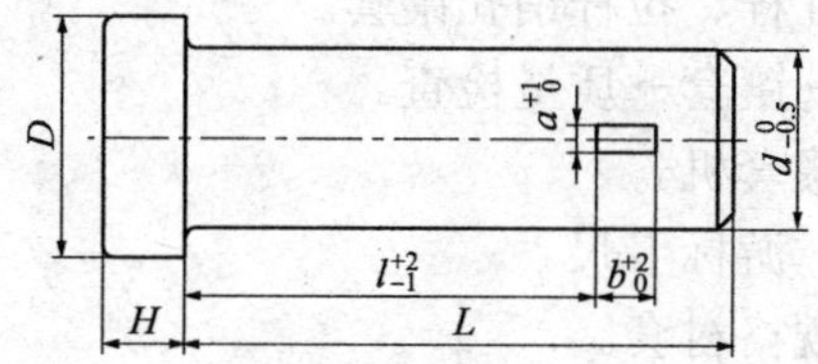

附表 3　圆孔制动圆销规格

d	L	l	d_1	D	H	适用范围
28	75	65	6.3	42	6	各型转向架固定杠杆支点、制动缸前后杠杆支点、上拉杆
36	90	85	8	52	8	转 8A、转 8AG、转 8AB、转 8G、转 8B 型转向架制动梁支柱；制动缸前后杠杆连接

附表 4　扁孔制动圆销规格

d	L	l	D	H	a	b	适用范围
32	100	70	48	6	6	18	转 8A、转 8AG、转 8AB、转 8G、转 8B、控制型、转 K4 型下拉杆
36	100	65			10	22	转 K2、转 K5 型、转 K6 型中拉杆

	制动杠杆、拉杆销孔镶套	HG1003-2008

一、适用范围：制动杠杆、拉杆销孔镶套。

二、工艺流程：退套→镶套→质量检查。

三、工装设备：液压镶套机。

四、检测器具：塞尺、游标卡尺。

五、所需材料：各种规格衬套。

六、工序及技术要求：

工　　序	技　术　要　求
1. 退套、衬套选择	1. 经检测，标有加修标识的杠杆、拉杆销孔在压力机上退套。 2. 镶套前销孔不得有裂纹，孔的表面粗糙度 R_a 上限值为 6.3 μm，圆度为 0.5 mm。衬套内、外表面不得有裂纹、破损、夹杂物及氧化锈蚀等缺陷。 3. 衬套与孔的过盈量为 0.05～0.10 mm。 4. 装用转 8G、转 8AG、转 K2、转 K4、转 K5、转 K6 型转向架车辆的的各制动衬套材质需为奥-贝球铁，硬度为 38～48 HRC。 5. 转 K4 型转向架用杠杆与支柱相配的外球套、内球套更换新品时，外球套材质须为 45 号钢，内球套材质为奥-贝球铁。
2. 镶套	1. 钢衬套外表面须涂铅油。 2. 镶套应使用专用工装压装，不得锤击。镶套配件应平放在镶套机工作台上，衬套放平后，使用镶套机缓慢压入。 3. 使用手提式液压镶套机时，须使衬套正位放入定位销内。
3. 质量检查	1. 衬套与孔之间不应有贯通间隙，不带倒角一端须与杠杆表面平齐，另一端低于孔面不大于 2 mm。 2. 镶套后衬套内径圆度不大于 0.5 mm。 3. 孔套周边不得有裂纹，衬套不得松动。

	上、下心盘检修	HG1004-2008

一、适用范围：各型货车上、下心盘检修。

二、工艺流程：检测→焊修→热处理→调修→加工→油漆→涂打标记。

三、工装设备：心盘自动焊机、电焊机、闷火炉、心盘车床、压力机、平台等。

四、检测量具：下心盘检测量规、上心盘检测量规、平尺、塞尺等。

五、所需材料：电焊条（GBJ422、J606 或符合国际、铁标规定其他性能相同牌号的电焊条）、电焊丝、醇酸清漆等。

六、基本要求：

1. 分解后的下心盘须在规定的场所，指定专人进行检测。上心盘现车检测。

2. 经检测、检修的上、下心盘须按《车辆及零部件检修、交验标识》HG1001-2008 的要求标注标识。

七、工序及技术要求：

工　　序	技　术　要　求
1. 平面下心盘检测、检修	1. 下心盘平面磨耗测量以深度计算：转 8A 型原型深度为 25 mm，磨耗大于 6 mm 时焊修；转 8AG、转 8G、转 8AB、转 8B 原型深度为 29 mm，转 K2、转 K4、转 K6 型原型深度为 33 mm，转 K5 型原型深度为 30 mm，磨耗大于 3 mm 时焊修。 2. 下心盘直径磨耗测量由平面向上 10 mm 起计算：转 8A 型原型直径为 305 mm，磨耗大于 3 mm 时焊修；转 8AG、转 8G、转 8AB、转 8B 原型直径为 308 mm、转 K2、转 K4 原型直径为 355 mm、转 K5、转 K6 型原型直径为 375 mm，磨耗大于 1 mm 时焊修。 3. 下心盘平面裂纹时应钻止裂孔，清除裂纹后焊修，焊修后应热处理（经埋弧自动堆焊者除外）；其他部位裂纹时（含圆脐部）铲坡口焊修。 4. 转 8A 型平面下心盘须按规定进行心盘磨耗盘改造，改制须符合图样 QCP706-00-04，新品须符合图样 QCZ105-40-01。严禁使用焊修、堆焊、调修后的下心盘进行改制，改制后的下心盘不得存在任何缺陷。
2. 平面上心盘检测、检修	1. 上心盘平面磨耗测量以原型厚度减少量计算：转 8A 型、转 8AG、转 8G、转 8AB、转 8B 型、转 K2、转 K4 原型厚度为 70_{0}^{+2} mm；转 K5、转 K6 型原型为 41_{0}^{+1} mm，磨耗深度大于 6 mm 时焊修。

续上表

工　　序	技　　术　　要　　求
2. 平面上心盘检测、检修	2. 上心盘直径磨耗测量由平面向上 15 mm 起计算：转 8A 型直径原型为 300 mm、转 8AG、转 8G、转 8AB、转 8B 型直径原型为 295 mm，转 K2、转 K4 型直径原型为 338 mm，转 K5、转 K6 型直径原型为 358 mm，磨耗大于 3 mm 时应使用自动堆焊机堆焊，焊修后加工恢复原型。 3. 上心盘外圆周裂纹总长度大于 200 mm 或其他平面处裂纹大于 80 mm 时分解焊修，圆周裂纹焊后加工恢复原型； 4. 上、下心盘铆钉孔、螺栓孔直径大于 ϕ25 mm（转 K5、转 K6 型大于 ϕ27 mm）或气割伤及母材时应堵孔重钻。 5. 装用转 8A 型转向架车辆的上心盘须按规定进行心盘磨耗盘改造，改制须符合图样 QCP900-00-04，新品须符合图样 QCH148-01-09-003。严禁使用焊修、堆焊、调修后的上心盘进行改制，改制后的上心盘不得存在任何缺陷。 6. 上心盘参数示意图及参数表见《底架附属配件检修》HG103-2008。
3．焊修	1．裂纹、堆焊焊修按《车辆配件焊修》HG1005-2008 执行； 2．直径磨耗时须采用自动焊机堆焊； 3．裂纹焊修前须开坡口消除裂纹，并须在裂纹末端钻 ϕ3 mm 止裂孔； 4．上心盘圆周裂纹总长度大于周长的 50%时，须堆焊出圆弧半径不小于 15 mm的加工余量。
4．热处理	心盘焊修后，须按《配件焊后热处理》HG1009-2008 规定进行热处理。
5．调修	1. 经热处理后的心盘应用压力机调平；调平时若温度下降至 650 ℃以下，再送入炉内继续加温至 730～750 ℃后出炉调平。 2.调平后检测心盘底面平面度不大于 1 mm。 3.观察颜色确认温度： （1）550～580 ℃为暗褐色；580～650 ℃为褐红色； （2）650～700 ℃为暗红色；730～770 ℃为暗樱红色； （3）770～800 ℃为樱红色；800～830 ℃为亮樱红色； （4）830～900 ℃为亮红色；900～1050 ℃为橙红色；

续上表

工　序	技　术　要　求
5．调修	（5）1 050～1 150 ℃为暗红色；1 150～1 250 ℃为亮黄色； （6）1 250～3 000 ℃为亮白色。 4．调修后，心盘置于 5 ℃以上的空气中缓冷，不得浇水。 5．经调修后的心盘各部应无裂纹。发现焊波开裂应铲除焊波重新焊修（不再回火）。
6．加工	1．焊修并热处理后的心盘应在专用铣（车）床上进行加工。 2．加工后上心盘根部圆弧半径不小于 15 mm（上心盘圆周裂纹总长度在周长的 50%及以下时，焊后可用砂轮机打磨出该圆弧形），下心盘圆脐根部圆弧半径不小于 5 mm。 3．上、下心盘平面、圆周、圆脐及改进型铸钢上心盘斜面应加工恢复原型。
7．油漆、标记	1．经焊修、热处理的心盘须涂醇酸清漆，心盘支承面不得涂漆。 2．检修合格的下心盘用白油漆在下心盘规定位置用漏模涂打检修单位简称和年、月标记。见图 1004-1。标记字号 20 号。 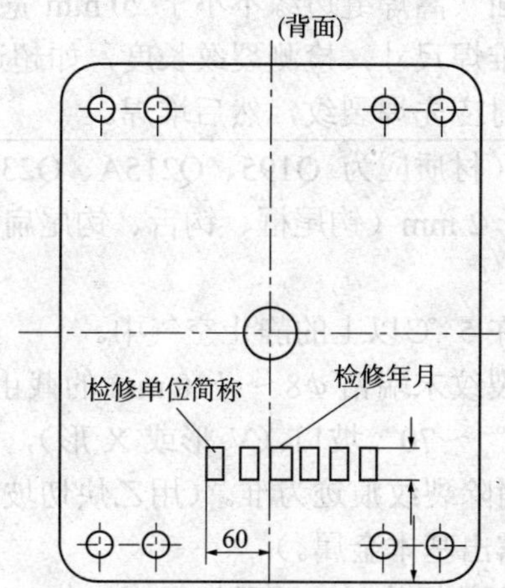 图 1004-1　下心盘标记涂打示意

车辆配件焊修	HG1005-2008

一、适用范围：车辆配件焊修。
二、工艺流程：焊前检查→焊前准备→焊修→质量检查。
三、工装设备：工作台、胎卡具、电焊设备、机床、预热设备、保温设备、排烟和避光装置。
四、检测器具：焊修及坡口样板。
五、所需材料：电焊条。
六、工序及技术要求：

工　序	技　术　要　求
1. 焊前检查	1. 鉴别材质，按照材质选择匹配材质的焊条。 2. 按照焊件厚度、直径、坡口形式选用适当直径焊条，调整电焊机电流。 3. 清除施焊表面（离焊缝边缘不小于 20 mm 宽度范围内）的油垢及氧化物。 4. 检测磨耗需堆焊尺寸，检测裂纹长度，如超过规定不得施焊。 5. 配件有裂纹时应先焊裂纹，然后堆焊。
2. 焊前准备	1. 加金属填料（材质应为 Q195、Q215A、Q235A 等），要适当增大电流保证熔深不小于 2 mm（钩尾框、钩舌、钩尾扁销等配件不得加填充材料）。 2. 焊修场地应在 5 ℃以上的静止空气中。 3. 锻钢件应在裂纹末端钻 $\phi 8 \sim \phi 10$ mm 的截止孔。 4. 裂纹处开 60° ～70° 坡口（V 形或 X 形），坡口深度和长度根据裂纹情况而定，以消除裂纹痕迹为准。（用乙炔切坡口时，应彻底清除坡口熔渣和氧化物，露出基本金属。） 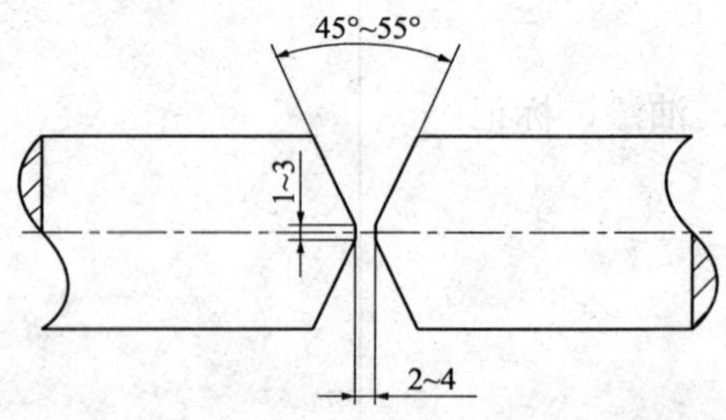 图 1005-1　圆钢配件对接焊 X 形坡口 5. 圆钢制作的配件焊修时，两段间开 45° ～55° X 形坡口，见图 1005-1。 6. 裂纹焊修后易产生毛细裂纹者，焊前用预热炉或乙炔焰局部预热 250～300 ℃。

续上表

工　序	技　术　要　求
3. 磨耗堆焊	1. 一般由左向右施焊，焊波宽度应为焊条直径的2～3倍。 2. 焊第二条焊波前，应将第一条焊波的熔渣彻底清除掉（待焊件暗红色完全消失方可清除熔渣），焊波相互重叠30%以上。 3. 电弧中断时，应在弧坑前引弧，不应在弯角处落弧。 4. 灭弧前采取横向摆动焊条等方法填满弧坑。 5. 同一配件相应对称面焊补时不应焊偏。 6. 在较大面积上施行多层焊时，为防止扭曲变形，采取逆向分段法施焊，应先后交叉45°左右或90°分层焊。
4. 裂纹焊修	1. 一般由裂纹末端向外施焊，裂纹长度超过150 mm时采用逆向分段法施焊。 2. 施焊第一层焊波时，应采用适合坡口的焊条焊透。 3. 由下向上逐层施焊时，要彻底清除前一层焊波熔渣，焊波接头要错开20 mm以上。 4. 裂纹焊后，为防止焊缝裂纹应覆盖干燥的石棉粉或石棉被缓冷。
5. 圆钢制品配件焊修	1. 沿坡口方向分层平焊，留1～3 mm加工余量。 2. 两段对接中心偏差不应超过0.5 mm。 3. 由下向上逐层施焊时须彻底清除前层焊波熔渣。 4. 焊后加热至800 ℃以上，用胎具调修。 5. 调修后进行机加工恢复原型。 6. 配件焊后或焊完热调后，均应置于5 ℃以上静止空气中缓冷，严禁与水接触。
6. 质量检查	1. 堆焊后焊波凸凹不平高低差不应超过2 mm。 2. 堆焊后有扭曲变形者应加热调修。 3. 焊波与焊波、焊波与基本金属应充分熔合。 4. 焊波与焊缝不应有裂纹、夹渣、气孔、缺肉及未焊透等缺陷。 5. 咬边深度不应超过0.5 mm。

续上表

工　序	技　术　要　求
6. 质量检查	6. 焊波、焊缝应有 1～3 mm 的加工余量或增强量（以图纸名义尺寸确定加工余量）。 7. 按规定需要在焊修时进行热处理的配件，可在热处理后进行质量检查。 8. 根据配件的特定要求进行电磁探伤和拉力试验，无裂纹和变形。

附录 1　按焊条直径调整电流参考表

焊件厚度(mm)		3	5	6	8	10	12	14	16 以上
坡口对接焊	焊条直径（mm）		3～4	4～5	4～5	4～5	4～5	4～5	4～5
	电流(A)		90～120	150～180	160～185	160～190	160～190	160～200	160～200
			120～150	180～220	180～230	180～240	180～240	180～240	180～250
无坡口对接焊	焊条直径（mm）	3～4	4～5						
	电流(A)	90～120	150～180						
		120～150	180～220						
搭接及 T 型焊	焊条直径（mm）	3	4～5	4～5	4～5	4～5	4～5	5～6	5～6
	电流(A)	90～120	150～180	160～180	160～180	160～190	160～200	180～230	180～240
			180～220	180～230	180～230	180～230	180～250	230～270	240～280
孔的堵焊	焊条直径（mm）	3～4	4～5	4～5	4～5	4～5	4～5	5～6	5～6
	电流(A)	90～110	140～170	160～180	160～180	160～190	160～190	180～230	180～240
		100～130	170～220	180～220	180～220	180～220	180～230	230～270	240～280

续上表

焊件厚度(mm)		3	5	6	8	10	12	14	16 以上
堆焊	焊条直径（mm）	3～4	4～5	4～5	5～6	5～6	5～6	5～6	
	电流(A)		90～110 100～130	140～160 160～200	140～170 170～200	180～220 220～250	180～220 220～270	180～240 240～280	180～240 240～280

注：①表内分子是指小直径焊条，分母为大直径焊条的电流强度范围。

②立焊与横焊时，电流应比上表减少 5%～10%；仰焊时减少 5%～15%。

③配件工艺中未指明焊条牌号时可选用 GB/T 421 号焊条。

④堆焊填充材料时，如焊条直径为 5～6 mm，电流选择 200～280 A 为宜。

B级钢配件焊修及热处理		HG1006-2008

一、适用范围：B 级钢配件焊修及焊后热处理作业。
二、工艺流程：焊前检查→选择焊条→开制裂纹坡口→检查环境、调整电流→焊前预热→焊修（磨耗堆焊、裂纹焊修）→质量检查→回火处理。
三、工装设备：砂轮机、切割设备、点温计、直流弧焊机、焊条烘干箱、保温桶。
四、所需材料：J506电焊条、保温材料。
五、工序及技术要求：

工　序	技　术　要　求
1．焊前检查	焊前检测待加修部位的磨耗尺寸、裂纹长度，如超过焊修范围时不应施焊。
2．选择焊条	1．鉴别材质为 B 级钢时，使用 J506 电焊条。 2．焊条在使用前应用烘干箱 350～400 ℃烘烤 1～2 h 后，放入保温桶内，焊时随用随取。 3．按照焊件厚度、直径、坡口形式选用适当直径焊条。
3．开制裂纹坡口	1．清除裂纹附近（离焊缝边缘不小于 20 mm 宽度范围内）的油垢及氧化物。 2．开制裂纹坡口：坡口表面应露出金属母材本色，坡口底部与侧壁过渡要圆滑，不应留有尖角。 3．坡口具体形状应根据铸件厚度、坡口位置等因素确定 （可参照 TB/T 1583），一般情况下开 60°～70° 坡口（V 形或 X 形）即可，坡口深度和长度根据缺陷情况而定，以彻底消除缺陷为准。
4．检查环境、调整电流	1．焊修场地应在 5 ℃以上静止空气中。 2．根据焊件厚度、坡口形式选用适当直径焊条，按焊条直径调整电流（直径 4 mm 的焊条电流调整为 150～190 A，直径 5 mm 焊条为 180～220 A）。 3．焊条采用直流反接。
5．焊前预热	焊前预热应尽可能的采用配件整体预热，不能满足要求时可采用局部预热的方法，将被焊区域预热至 200～300 ℃，预热范围应至少保证焊缝周围 75 mm 范围内被均匀加热。

续上表

工　序	技　术　要　求
6．焊修	1．引弧时注意防止电弧击伤铸件表面，不得在非焊补表面上引弧。 2．施焊部位不应有人为流动空气或穿堂风。 3．施焊过程中应保证焊缝层间温度不低于预热温度。 4．多层焊可参照 TB/T 1583 所示焊接顺序，第一层焊缝建议采用较小直径焊条，每焊完一层后，应彻底清除熔渣后（发现裂纹或其他缺陷时亦应彻底清除），方可进行下一层的焊接。
（1）磨耗堆焊	1．配件有裂纹时首先按照裂纹焊修要求加修，合格后方可进行堆焊作业。 2．一般由左向右施焊（建议焊缝延配件工作受力方向），焊波宽应为焊条直径的 2～3 倍。 3．引弧应在坡口内引弧，不应在坡口外引弧。 4．多层焊时，每焊完一道焊缝应将熔渣彻底清除（注意保持层间温度不应低于预热温度）。 5．焊后应保证保温材料覆盖焊修部位不小于预热范围，时间保证 1h 以上，以降低焊缝冷却速度，防止产生裂纹。
（2）裂纹焊修	1．一般由裂纹末端向外施焊。 2．施焊第一层焊波时，应采用适合坡口的焊条充分焊透。 3．由上而下逐层施焊时要彻底清除前一层焊波熔渣，焊波接头要错开 20 mm 以上。 4．焊后应保证保温材料覆盖焊修部位不小于预热范围，以降低焊缝冷却速度，防止产生裂纹。 5．配件焊后采用回火热处理工艺。
7．质量检查	1．焊缝表面应平整，焊缝各部与母材的连接应平缓过渡。 2．焊缝不应有裂纹、未焊透、未熔合和凹坑等缺陷，咬肉深度不应大于 0.5 mm。 3．焊缝表面气孔直径总和不应超过焊缝长度的 5%，或每 $100cm^2$ 面积上气孔数量不应超过 5 个，单个气孔直径不应大于 2 mm。 4．焊缝发现裂纹、未焊透、未熔合、夹渣及气孔等缺陷时，应重新按照本标准将缺陷消除后重新作业。
8．回火处理	将配件加温至 550～650℃，保温 2～4 h 后，在空气中冷却至室温即可，不应有过烧、脱碳、热裂及扭曲变形。

	C级钢配件焊修	HG1007-2008

一、适用范围：C 级钢配件磨耗堆焊及裂纹焊修。
二、工艺流程：焊前检查、准备→焊修（磨耗堆焊、裂纹焊修）→质量检查。
三、工装设备：工作台，电焊设备（交、直流电焊机），预热设备，电焊条烘干箱，保温设备，排烟设备和避光装置。
四、所需材料： J506、J507、J606、J607焊条，石棉布。
五、工序及技术要求：

工　序	技　术　要　求
1. 焊前检查及准备	1. 鉴别材质，按照材质选择适当焊条。 2. 按照焊件厚度、直径、坡口形式选用适当直径焊条，调整电焊机电流。 3. 清除施焊表面（离焊缝边缘不小于 20 mm 宽度范围内）的油垢及氧化物。 4. 配件有裂纹应先焊裂纹，然后堆焊。 5. 根据焊件厚度、直径、坡口形式选用适当直径焊条，按焊条直径调整电流。J507、J607 焊条应使用直流焊机反接。J506、J606 焊条应使用交流焊机。 6. 焊修场地应在 5 ℃以上的静止空气中。 7. 焊修裂纹时，根据板厚情况，将裂纹部位开出 60° ±5° 的 V 形、X 形或 U 形坡口，坡口深度和长度根据裂纹情况而定，以消除裂纹痕迹为准（用乙炔切坡口时，应彻底清除坡口熔渣和氧化物，露出基本金属）。 8. 施焊前应将焊条在烘干箱内以 350～400 ℃温度烘烤 1～2 h，装入保温筒，随用随取。 9. 焊前焊区应予热到 150 ℃左右，其予热范围为距施焊处周围各个方向均不少于 75 mm 的区域。预热方式可采用氧、乙炔焰局部烘烤。
2. 磨耗堆焊	1. 一般由左向右施焊，焊波宽应为焊条直径的 2～3 倍。 2. 在较大面积上施行多层焊时，为防止扭曲变形，采用逆向分段法施焊，应先后交叉 45° 左右，或 90° 分层焊。多层焊时，除根部和表面层外，中间各焊层的厚度，应不超过 6 mm 。 3. 多层焊时，每焊完一层后应彻底清除熔渣（发现裂纹应清除）后，方可进行下一层焊缝的焊接。焊波相互重叠 30%以上。上下层焊缝的接头应相互错开 20～30 mm。

续上表

工　序	技　术　要　求
2. 磨耗堆焊	4. 电弧中断时，应在弧坑前引弧，不应在弯角处落弧。 5. 灭弧前采取横向摆动焊条等方法填满弧坑。 6. 同一配件相应对称面焊补时不应焊偏。
3. 裂纹焊修	1. 一般由裂纹末端向外施焊，裂纹长度超过 150 mm 时采用逆向分段法施焊。 2. 施焊第一层焊波时，应采用直径适合坡口的焊条充分焊透。 3. 由下向上逐层施焊时要彻底清除前一层焊波熔渣，焊波接头要错开 20 mm 以上。 4. 配件焊后均应置于 5 ℃以上静止空气中缓冷，可采用石棉布履盖焊区等措施。
4. 质量检查	1. 堆焊后焊波凸凹不平高低差不应超过 2 mm。 2. 堆焊后有扭曲变形者应加热调修。 3. 焊波与焊波、焊波与基本金属应充分熔合。 4. 焊波和焊缝不应有裂纹、夹渣、气孔、缺肉及未焊透等缺陷。 5. 咬边深度不应超过 0.5 mm。 6. 焊波、焊缝应有 1～3 mm 的加工余量或增强量（以图纸名义尺寸确定加工余量）。 7. 按规定需要在焊修后进行热处理的配件，应在热处理后进行质量检查。 8. 根据配件的规定要求进行电磁探伤，不应有裂纹和变形。

	高强度耐候钢焊接	HG1008-2008

一、适用范围：高强度耐候钢零部件的焊接。

二、工艺流程：选择焊接材料→选择焊接参数→焊接。

三、工装设备：工作台、电焊设备（交、直流电焊机）、预热设备、电焊条烘干箱、保温设备、排烟设备和避光装置。

四、所需材料：

1. Q450NQR1高强度耐候钢焊接：Q450NQR1高强度耐候钢焊条、J556CrNiCu焊条、TH550-NQ-Ⅱ焊丝、TH550-NQ-Ⅲ焊丝、配合焊剂SJ101。

2. Q450NQR1与C级钢从板座的焊接: J556CrNiCu碱性焊条、TH550-NQ-Ⅱ焊丝。

3. Q450NQR1与Q345A的焊接: ER50-6焊丝。

五、工序及技术要求：

工　序	技　术　要　求
1. Q450NQR1 高强度耐候钢	
1.1 选择焊接材料	1. Q450NQR1 高强度耐候钢同种材质钢焊接以及 Q450NQR1 高强度耐候钢与 09CuPCrNi-A 耐候钢对接接头焊缝，应选用 Q450NQR1 高强度耐候钢焊接材料；Q450NQR1 高强度耐候钢与 09CuPCrNi-A 耐候钢的角焊缝，采用气体保护焊或埋弧焊时可选用 09CuPCrNi-A 焊接材料或选用 Q450NQR1 高强度耐候钢焊接材料，采用手工电弧焊时须选用 Q450NQR1 高强度耐候钢焊条。Q450NQR1 高强度耐候钢焊接材料应符合运装货车[2005]67 号文件关于公布《铁道车辆用高强度耐大气腐蚀钢焊接材料（焊条、焊丝）订货技术条件》的要求。 2. 手工焊选用 J556CrNiCu 焊条；气体保护焊选用 TH550-NQ-Ⅱ焊丝；埋弧焊选用 TH550-NQ-Ⅲ焊丝，配合焊剂 SJ101。

续上表

<table>
<tr><th>工　　序</th><th>技　术　要　求</th></tr>
<tr><td>1.2 选择焊接参数</td><td>
<table>
<tr><th>焊材牌号</th><th>焊条直径（mm）</th><th>焊接电流（A）</th><th>焊接电压（V）</th><th>焊接速度</th><th>保护气体流 量</th><th>焊剂</th></tr>
<tr><td>J556CrNiCu</td><td>ϕ3.2</td><td>90～140</td><td rowspan="3"></td><td rowspan="3">180～300 mm/min</td><td rowspan="3"></td><td rowspan="4">无</td></tr>
<tr><td>J556CrNiCu</td><td>ϕ4</td><td>130～190</td></tr>
<tr><td>J556CrNiCu</td><td>ϕ5</td><td>220～260</td></tr>
<tr><td>TH550-NQ-Ⅱ焊丝</td><td>ϕ1.2</td><td>220～260</td><td>24～30</td><td>300～500 mm/min</td><td>18～25 L/min</td></tr>
<tr><td>TH550-NQ-Ⅲ焊丝</td><td>ϕ3</td><td>350～450</td><td>42～44</td><td>30 m/h</td><td></td><td>SJ101</td></tr>
</table>
</td></tr>
<tr><td>1.3 焊接</td><td>1. J556CrNiCu 焊条为碱性焊条，应经 350 ℃烘干 1～2 h。生产现场使用焊条保温桶保温，随用随取，当天未用完的焊条第二天使用前须重新烘干，重复烘干次数不超过 3 次。
2. 焊剂 SJ101 使用前经 350 ℃烘干 1～2 h，焊剂要清洁并放在密闭的容器内。
3. 使用 J556CrNiCu 焊条时，应采用短弧焊接，保证焊缝成型良好，多层焊时层间应严格清理熔渣。
4. 所有板材对接的焊接接头应设置引、熄弧板，引、熄弧点应超过引、熄弧板 30 mm 以上。</td></tr>
<tr><td>2. Q450NQR1 与 C 级钢从板座的焊接</td><td>1. 焊前预热到 200～250 ℃。
2. 手工电弧焊时，焊条采用 J556CrNiCu 碱性焊条，焊条使用前须进行 350～400 ℃、1～2 h 的烘焙。焊接电流为 90～130 A，焊条直径为 3.2 mm。气体保护焊时，采用 TH550-NQ-Ⅱ焊丝，焊接电流为 200～240 A，焊丝直径为 ϕ1.2 mm。</td></tr>
<tr><td>3. Q450NQR1 与 Q345A 的焊接</td><td>气体保护焊，采用 ER50-6 焊丝，焊接电流为 220～260 A，焊丝直径为 ϕ1.2 mm。</td></tr>
</table>

配件焊后热处理		HG1009-2008

一、适用范围：钩体、钩尾框、钩舌裂纹焊修后，平面下心盘平面裂纹焊修后（经埋弧自动堆焊处除外），拆下焊修的上心盘焊（圆脐、筋部焊修除外），拆下焊修的一体式从板座的热处理炉热处理和铸钢侧架、铸钢摇枕裂纹焊修后的局部热处理。

二、工艺流程：装炉→加热→检查质量→涂油。

三、工装设备：热处理炉、配件取送及起重设备。

四、检测器具：热电偶、点温计、毫伏计。

五、工序及技术要求：

工　　序	技　术　要　求
1. 热处理炉热处理	
（1）装炉	1. 将配件放入炉床，配件与配件之间须有适当间隙，放置须规整，大小配件不得相差悬殊。 2. 冬季时，配件须达到室温后入炉。
（2） 加热	1. 炉内温度分布须均匀，0.5～1.0 h 内须缓慢达到 650～700 ℃，然后保温 0.5～1.0 h。 2. 继续加温，在 2 h 内要缓慢达到 850～900 ℃，并根据表 1 保温一定时间，然后出炉。 （表 1 见下）
（3）检查质量	1. 出炉后在室温中自然冷却。然后检查，不得有过烧、脱碳、热裂及扭曲变形。 2. 经热处理退火的衬套须更换。
（4）涂刷清漆	经热处理后合格的配件须涂刷清漆。
2. 局部热处理	
（1）环境温度	局部正火件的环境温度应不得低于 5 ℃。

表 1

配件壁厚（mm）	＜10	10～50	＞50
保温时间（h）	＞0.5	＞1.0	＞2.0

续上表

工　　序	技　　术　　要　　求
（2）热处理	1. 利用氧气-乙炔焰加热焊修裂纹四周 50 mm 范围内，温度须达到 850～900 ℃。 2. 加盖石棉灰保温材料，保温 1 h 以上，然后缓慢冷却至室温。
（3）检查、涂刷清漆	1. 经检查不得过烧、热裂和变形。 2. 经热处理后合格的配件须涂刷清漆。

	车辆部件拉铆钉铆接	HG1010-2008

一、适用范围： 车辆采用拉铆钉铆接零部件的铆接。

二、工艺流程： 检查液压站→准备拉铆枪→铆接作业→质量检查。

三、工装设备： 拉铆钉铆接设备。

四、检测器具： 塞尺。

五、所需材料： 拉铆钉。

六、基本要求：

1. 采用专用拉铆钉连接的部件重新铆接时，须采用专用拉铆钉及专用设备。
2. 操作人员应经过培训后才能使用专用拉铆钉铆接设备。

七、工序及技术要求：

工　序	技　术　要　求
1. 检查液压站	1. 首次使用时，将符合要求的液压油装入油箱中，约 $1\frac{1}{2}$ 美加仑(0.006 m^3)，直到液压油的水平面在测量尺（3~2）槽之间。每次使用前要检查油箱中的液压油容量应符合要求。 2. 检查液压站的“拉伸”和“返回”压力是否调整到符合它的使用范围。2600 系列专用拉铆枪，最大拉伸压力 39.3 MPa(393 bar，即 5 700 磅/平方英寸)，最大的返回压力 19.3 MPa（193 bar，即 2 800 磅/平方英寸）。 3. 检查所有的气动及液压软管、电线、液压站，不应损坏及泄露；如存在上述现象，不应将接通电源使用，否则会导致严重的人身伤害。 4. 在将设备接通电源之前，要保证所有的气动、液压软管及电源插头、插座正确连接。
2. 准备拉铆枪	1. 按照待铆的专用拉铆钉选择枪头。 2. 按照“液压拉铆枪使用说明书”的要求调整压力。 3. 检查枪头应符合专用拉铆钉的规格要求。 4. 将拉铆枪的控制开关电缆连接到液压站。

续上表

工　序	技　术　要　求
2. 准备拉铆枪	5. 液压站电源接通后打开开关，先按压板机 30 s，再按压板机几次使拉铆枪液压油循环。观察拉铆枪的反应，应无漏油。
3. 铆接作业	1. 操作者应戴防护眼镜。 2. 不要直视拉铆枪的前、后端。 3. 按压铆枪的板机后手不要在枪头周围握着拉铆枪。 4. 在用手拿拉铆枪零部件过程中要保持手及枪头中孔隙的清洁。 5. 将专用拉铆钉放入工件中。 6. 将套环套入专用拉铆钉上。 7. 检查工件，专用拉铆钉尾部应露出足够的长度供枪头夹紧。 8. 将枪头面向套环推到枪头的砧座顶住套环，拉铆枪及枪头应与工件成垂直。 9. 按动板机，开始拉铆工作。 10. 当枪头砧座向前运动停止且专用拉铆钉尾拉断时，松开板机；拉铆枪进入返回行程，推开已安装的紧固件并排出专用拉铆钉尾部。 11. 准备进行下一个工作循环。
4. 质量检查	专用拉铆钉铆接后，零部件的接触面间须严密，在距铆钉中心 50 mm 范围内用厚 0.5 mm 的塞尺测量，不得触及铆钉杆，触及时须重新铆接。

	磁 粉 探 伤	HG1011-2008

一、适用范围：车辆零部件（不包括轮对、轴承）的湿法磁粉探伤。

二、工艺流程：确定探伤的零部件→抛丸、除锈→选择磁粉和磁悬液→选择探伤设备→日常性能校验→探伤→填写探伤记录。

三、工装设备：具备复合磁化功能的磁悬液探伤机、A1-15/50 型试片、放大镜。

四、检测器具：梨形沉淀管、照度计、盒尺。

五、所需材料：磁粉和反差增强剂，分散剂，消泡剂，防锈剂。

六、基本要求：

1. 人员要求

（1）从事车钩零件磁粉探伤的人员应具有高中或相当于高中以上的学历，并取得铁道部门无损检测人员技术资格鉴定考核委员会颁发的技术资格证书。

（2）探伤人员应了解车钩零件的结构特点、制造工艺，掌握车钩的受力状态、材质要求、缺陷形式等方面的知识，并应熟知和掌握配件探伤工艺的技术要求。

2. 环境要求

（1）车钩零件的磁粉探伤作业应在室内进行。作业场地应整洁、通风良好，环境温度应达到 5 ℃以上。

（2）探伤作业场地应设有车钩零件专用存放架，待探、待处理、合格的零件应分别放置，并设有明显的标志。

七、工序及技术要求：

工　序	技 术 要 求
1. 确定探伤的零部件	1. 钩尾框、钩舌、钩舌销、钩尾销、16 号车钩转动套、钩身弯曲加热调修后、ST 型缓冲器新品螺栓、钩尾销组装螺栓。 2. 裂纹判断有疑问的摇枕、侧架；支撑座、侧架、连接板间焊缝开裂时；转 K4、转 K5 型摇动座。 3. 交叉杆故障时连接焊缝（不包括转 8AG、转 8G、转 8AB、转 8B 型转向架盖板上的塞焊缝）、杆体压型处。 4. 制动梁滚子轴外露部分，新滚子轴，L-A 型、L-B 型组合式制动梁闸瓦托滑块根部、L-C 型制动梁端头。

续上表

工　序	技　术　要　求
2. 抛丸、除锈	探伤前钩尾框、钩舌须进行抛丸除锈，表面清洁度须达到 GB 8923 规定的 Sa2 级，局部不低于 Sa1 级。其他配件可进行机械或手工除锈，表面清洁度须达到 GB 8923 规定的 Sa2 级，局部不低于 Sa1 级。 Sa1 表面清洁度标准:钢材表面应无可见的油脂和污垢，并且没有附着不牢的氧化皮、铁锈和油漆涂层等附着物（GB 8923—1988）。 Sa2: 表面清洁度标准:钢材表面会无可见的油脂和污垢，并且氧化皮、铁锈和油漆涂层等附着物已基本清除，其残留物应牢固附着（GB 8923—1988）。
3. 选择磁粉和磁悬液	1. 磁粉 （1）非荧光磁粉和荧光磁粉的性能应分别符合 TB/T 2047 和 TB/T 2600 的要求。 （2）使用与车钩零件表面有明显色差的磁粉。当对比度不满足磁痕识别要求时，应在探伤部位喷涂反差增强剂。 （3）湿法磁粉颗粒直径小于 0.04 mm，颗粒度目数小于 320 目(即用 320 目磁粉筛漏下的磁粉粒度目数即为小于 320 目）。 2. 磁悬液 （1）推荐使用水和一定比例的分散剂、消泡剂和防锈剂的混合液作为载液，其酸碱度 pH 值为 7～9。 （2）浓度 非荧光磁粉磁悬液使用浓度为 1.3 mL/100 mL～3.0 mL/100 mL，荧光磁粉磁悬液使用浓度为 0.2 mL/100 mL～0.5 mL/100 mL。 （3）浓度测量方法 用梨形沉淀管进行测量。操作过程：启动油泵，将磁悬液充分搅拌均匀（搅拌时间至少 5 min），取 100 mL 注入沉淀管内，静置沉淀 30 min 后读出沉淀管中磁粉的沉淀量。 （4）应根据季节变化、作业环境和探伤工作量来评价磁悬液的清洁程度，由各单位自行确定更换周期，但全部磁悬液最长更换周期不应超过 1 个月。

续上表

工　序	技　术　要　求
4. 选择探伤设备	1. 裂纹判断有疑问的摇枕、侧架，支撑座、侧架、连接板间焊缝开裂时，转 K4、转 K5 型摇动座，交叉杆故障时连接焊缝（不包括转 8AG、转 8G 型转向架盖板上的塞焊缝）、杆体压型处可采用便携式探伤机，其他零部件探伤须采用具有复合磁化功能的专用磁粉探伤设备进行探伤。 2. 采用非荧光磁粉探伤时，工件被检区域的白光照度不低于 1 500 lx。 3. 采用荧光磁粉探伤时，距紫外线灯 400 mm 处，紫外线辐照度应不低于 800 $\mu W/cm^2$，紫外线的波长范围为 320～400 nm，中心波长为 365 nm。
5. 日常性能校验	1. 每班开工前应进行探伤机性能校验。全面检查探伤设备各部技术状态，应做到配件齐全良好，灯光照明符合规定标准。设备各部动作性能良好无故障。工件表面检验区域内的磁场强度至少为 2 000 A/m，由探伤工、工长、质量检查员和验收员共同参加。由探伤工填写探伤记录，有关人员签字。 2. 磁悬液检验 每日开工前应检查磁悬液的浓度。取样时应对磁悬液进行充分搅拌，用梨形沉淀管接取从喷嘴喷出的磁悬液 100 mL，进行沉淀试验，时间不应少于 30 min，然后观察梨形沉淀管中的磁粉，浓度不符合规定时重新调配。 3. 粘贴试片 （1）将被探测物粘贴试片部位的锈蚀、油污及灰尘清除干净，露出基本金属面并保持干燥。 （2）试片应平整，无破损、折皱和锈蚀，表面要擦拭干净。 （3）粘贴试片时，试片沟槽面应与被探测物表面密贴，带有“+”沟槽的试片，应有一条“+”线与被探测物中心线平行，并用胶带纸将试片四周封闭，粘贴应平整、牢固，胶带纸不应遮盖试片沟槽部位。 （4）磁痕分析 在试件磁化的同时，应观察试片上磁痕显示情况。局部磁化时，与磁场垂直的圆形沟槽位显示不封闭的“()”形聚粉磁痕和十字沟槽显示“|”形聚粉磁痕，清晰者为合格；复合磁化的，圆形的沟槽显示封闭的“○”形聚粉磁痕，“+”字沟槽显示“+”字形聚粉磁痕清晰者为合格。
6. 探伤	1. 探伤作业时，应严格按照探伤机使用说明书和设备操作规程的要求操作。 2. 待探伤配件表面经过抛丸处理达到要求后，才能进行探伤检查。 3. 探伤时应对被探伤部位表面喷洒磁悬液进行充分湿润，控制磁悬液的喷洒压力和覆盖面，应做到缓流、均匀、全面覆盖，磁化时应符合规定要求。

续上表

工　　序	技　术　要　求
6. 探伤	4. 探伤部位经过修磨、焊补或机械加工及车钩零件经调直修理后应进行复探，复探时应采用湿法探伤。 5. 质量标准 （1）进行缺陷磁痕评定时，应确认磁痕不是由于割疤、撑疤等伪缺陷引起的，必要时应对探伤面打磨再重新探查。 （2）钩舌：普碳钢的钩舌有裂纹时报废；C、E 级钢的钩舌内侧面上下弯角处有裂纹时报废，内侧面有裂纹时应清除后焊修。 （3）钩尾框后端上下弯角 50 mm 范围内有裂纹时报废，其他部位有纵裂纹时应进行焊修，横裂纹不大于 30 mm 时焊修，大于时更换。材质为 ZG230-450 的 13 号、13A 型钩尾框裂纹时报废。 （4）钩舌销有裂纹时报废。 （5）钩尾销有横裂纹时报废，有纵裂纹时应进行焊修。 （6）钩颈、钩身横裂纹在同一断面总长度不大于 50 mm 时焊修。 （7）转 K4 型摇动座裂纹时更换。 （8）制动梁滚子轴裂纹更换。 （9）组合式制动梁滑块（端头）横裂纹裂纹深度不大于 1 mm、长度不大于 30 mm 时焊修后磨平，大于时更换闸瓦托或梁架。 （10）铸钢侧架弯角处（A 区）横裂纹长度不大于裂纹处断面周长的 30%；转 K4 型侧架摇动座支承安装槽底面（B 区）横裂纹长度不大于 60 mm；其他部位的横裂纹长度不大于裂纹处断面周长的 50%时焊修，大于时更换。 （11）铸钢摇枕上平面、侧面横裂纹长度不大于裂纹处断面周长的 20%，底面横裂纹长度不大于底面宽的 20%焊修（测量周长或宽度时，铸孔计算在内，测量裂纹长度时，铸孔不计算在内），大于时更换。 （12）转 K3 型构架导框座、斜楔座裂纹长度不大于 20 mm 或深度不大于 2 mm 时，消除裂纹后焊修，大于时更换。 （13）交叉杆杆体纵裂纹长度不大于 50 mm 或深度不大于 0.6 mm 时，磨修消除缺陷，磨修面与非磨修面须平滑过渡；焊缝开裂时铲除裂纹后补焊，补焊后进行磁粉探伤；盖板（扣板）裂纹时，须钻止裂孔，消除裂纹后施焊磨平，并进行湿法磁粉探伤。

续上表

工　序	技　术　要　求
7. 填写探伤记录	探伤记录填写时字迹应整齐清晰，使用专用术语应准确。
8. 术语和定义	1．裂纹：在工艺过程中，使金属的连续性破坏而形成缺陷。磁粉探伤时，其磁痕特征一般为线性锯齿形，两端呈尖角状，磁粉聚集的图像不规则，但清晰、密集。 2．发纹：是由原材料中的微小气孔、针孔、金属和非金属夹杂物等，经锻轧而形成的原材料缺陷。磁粉探伤时，其磁痕特征呈直线或微弯的细线状，磁粉聚集的图像规则呈细长、平直。 3．伪磁痕：磁粉探伤时，其磁痕特征是绝大部分的磁粉聚集图像都比较散乱，再磁化检查时，一般复现状况不好或完全不复现。 4．横向裂纹或横向发纹：磁粉探伤时，其磁痕的延伸线与车轴轴线的夹角大于或等于45°。 5．纵向裂纹或纵向发纹：磁粉探伤时，其磁痕的延伸线与车轴轴线的夹角小于45°。